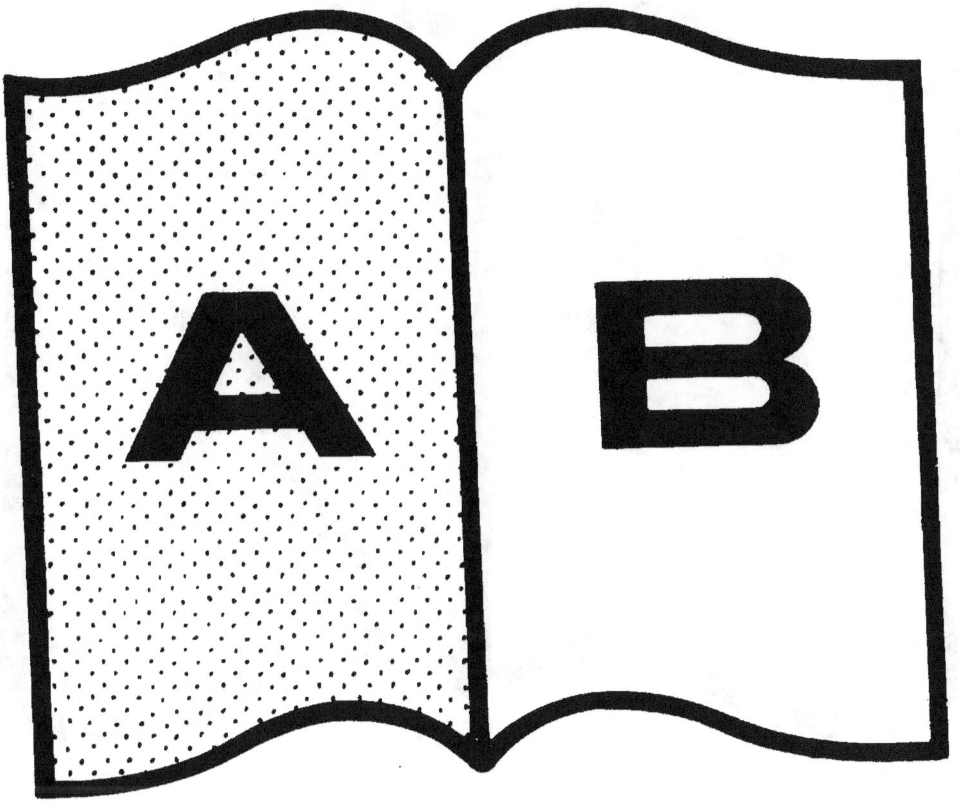

Contraste insuffisant

NF Z 43-120-14

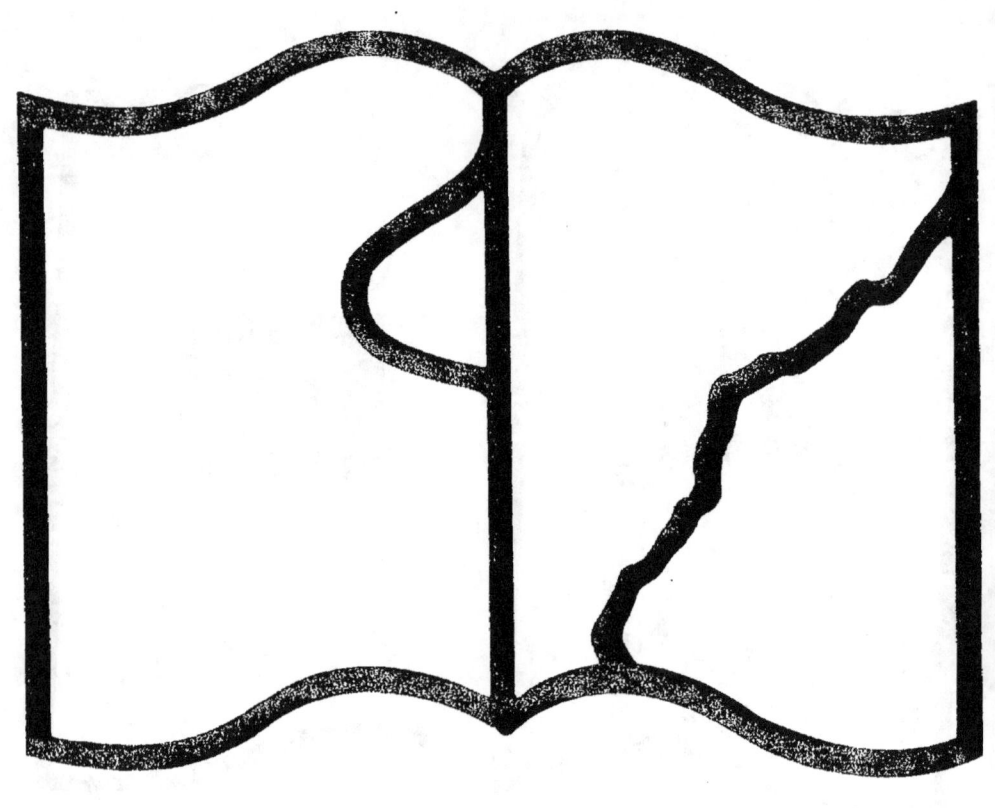

Texte détérioré — reliure défectueuse

NF Z 43-120-11

LES DEUX BERCEAUX

PAR

ÉMILE RICHEBOURG

F. ROY, Libraire-Éditeur, rue Saint-Antoine, 185, PARIS.

LES DEUX BERCEAUX

PROLOGUE

I

Il y a quelque trente ans, il fallait plusieurs jours à pied et un temps relativement considérable avec les diligences pour franchir les extrêmes limites de cette zône que nous appelons la grande banlieue de Paris. Aujourd'hui, grâce aux lignes ferrées qui s'élancent de la grande ville et sillonnent la France tout entière, allant au nord, au sud, à l'est et à l'ouest, Lille, Amiens, Sens, Dijon, Reims, Châlons, Rouen, Le Havre ne sont plus qu'à quelques heures de Paris.

Toutes les distances sont rapprochées. On ne marche plus, on vole.

Voilà le progrès. Rien ne l'entrave, rien ne l'arrête.

Que de choses admirables l'homme a déjà acquises par la science! Il laisse aux éléments leur force, leur puissance; mais il les domine, leur dicte des lois et, soumis à son action, dociles à sa volonté, les éléments deviennent ses coopérateurs et ses principaux agents pour le développement merveilleux de son commerce et de son industrie.

La vapeur nous venge des inondations; l'air comprimé nous fait oublier les désastres causés par la tempête; la télégraphie électrique raille la foudre du ciel; la locomotive jette un défi aux canons, à tous les engins homicides.

Oui, le progrès marche, le progrès industriel, qui est aussi le progrès moral; il ne s'arrêtera pas, en dépit de ces trembleurs qui crient partout, affolés : « Où allons-nous? » et qui, comme Josué, voudraient ordonner à la terre de cesser de tourner.

Le progrès a dit : « Je donnerai au monde, aux peuples travailleurs, aux peuples frères la paix, la prospérité, la richesse. » Et il marche, et, confiante, l'humanité attend !

Dans le département de Seine-et-Marne, sur la ligne du chemin de fer de Paris à Strasbourg, — je ne veux pas me souvenir que Strasbourg n'est plus une ville française, — se trouve la jolie petite ville de La Ferté-sous-Jouarre.

On aurait pu l'appeler aussi bien La Ferté-sur-Marne, car elle est gracieusement et même coquettement assise sur les deux rives de cette rivière aux eaux vertes si chère aux Parisiens et aux jolies Parisiennes, qui aiment à courir, les jours de fête, du côté de Nogent, de Joinville, d'Alfort, de Saint-Maur et de Charenton.

Au lecteur qui l'ignore, — et cela à titre de renseignement seulement — je puis dire encore que la Ferté-sous-Jouarre possède d'importantes carrières de pierres meulières. De nombreux ouvriers carriers et tailleurs de meules ont là du travail pendant toute l'année. Aussi La Ferté est-elle une ville heureuse, riche. Où les bras de l'ouvrier ne restent pas au repos, la prospérité règne toujours.

C'est par milliers qu'il faut compter les meules gérantes et courantes que La Ferté expédie chaque année, dans toute la France, pour les moulins hydrauliques, à vapeur et autres.

Autrefois, pour aller à pied de Paris à La Ferté-sous-Jouarre en une journée, il fallait être un marcheur extraordinaire ; maintenant, emporté par la vapeur de l'eau qui bout dans le ventre de la locomotive, on franchit la distance en moins de deux heures.

Mais il y a encore quelque chose de plus rapide que le train express, que l'électricité courant sur le fil de fer du télégraphe : c'est la pensée. Instantanément, elle franchit des distances incalculables, traverse les mers, plonge dans l'infini.

Si le lecteur veut bien me suivre par la pensée, je ne l'emmènerai pas au-delà de l'Océan ; nous nous arrêterons en route, à La Ferté-sous-Jouarre.

Nous traversons la ville en passant sur le pont jeté sur la Marne. Nous laissons à gauche le château et son parc, et nous nous engageons sur la route de Montmirail, une route magnifique. Deux rangées de platanes et de sycomores la bordent et l'ombragent. De chaque côté encore, des bosquets, des taillis, coupés à droite par des vignes et des champs admirablement cultivés, à gauche par des prairies. Et dans toute cette verdure pleine de fraîcheur, qui réjouit la vue, les oiseaux chantent pour charmer l'oreille.

Cette route côtoie presque constamment une jolie petite rivière sinueuse, bordée d'aulnes, de vieux saules et d'osiers, qu'on appelle le Morin et qui se jette dans la Marne. Elle passe aussi sur la Dhuys, cette autre rivière que le travail de l'homme a couverte d'une voûte, et dont les eaux fraîches et limpides arrivent à Paris et se répandent par des milliers de fontaines dans Charonne, Belleville, Montmartre, les Batignolles.

Nous marchons depuis un quart d'heure après avoir quitté La Ferté. N'allons pas plus loin.

A notre droite se dresse un coteau assez élevé, presque une montagne. La pente est rapide. De distance en distance, sortant brusquement d'un fouillis de verdure, l'œil découvre, sur la crête, un toit rouge, la blanche façade d'une maison qui regarde la vallée du Morin. Il y a là un village, c'est Jouarre. Jouarre, sur le plateau de la montagne, domine La Ferté. La Ferté est bien sous Jouarre. Une route pour les voitures, et, pour les piétons plusieurs sentiers qui serpentent au flanc du coteau, conduisent au village de Jouarre.

A l'extrémité de Jouarre, du côté de Saint-Cyr, on voit, au milieu des champs, une petite maison assez solidement bâtie avec de la pierre meulière et de la brique. Une haie d'aubépine défend l'entrée de son jardinet où végètent quelques vieux arbres à fruits. L'habitation se compose de deux chambres carrées au rez-de-chaussée; au-dessus les combles pouvant servir de grenier.

Telle on voit aujourd'hui la maison, telle elle était il y a environ trente ans, à la fin de l'année 1847, époque où commence notre récit. Il est vrai que des réparations récentes l'ont rajeunie et lui donnent un air tout joyeux.

Nous sommes en novembre. Toutes les feuilles sont tombées des arbres. Plus de fleurs, plus de chants d'oiseaux, plus de bourdonnements d'insectes; les sentiers se sont transformés en ravines. Le vent souffle avec violence et il semble que la nature en deuil pousse des gémissements. C'est l'approche de l'hiver.

La nuit est venue, froide, sombre, profonde.

Un brouillard épais enveloppe la maisonnette isolée. On dirait un linceul.

Cependant, perçant ce rideau de brume, l'œil d'un passant aurait pu voir une fenêtre éclairée par la lumière blafarde d'une lampe et la flamme du foyer.

Devant le feu clair, qui pétillait dans la cheminée, une jeune femme était assise. Dans son giron, doucement couchés sur ses bras, elle tenait deux jeunes enfants blonds et roses, deux adorables bébés, aux lèvres merveilles, potelés, robustes, joufflus comme des chérubins ou des amours.

Seule, ne craignant pas d'être surprise par une visite importune, la jeune femme avait ouvert son vêtement et mis sa gorge à nu. Et les deux amours, l'un à droite, l'autre à gauche, avaient pris ses seins.

Spectacle ravissant et touchant à la fois! Quel délicieux tableau pour un peintre!... Mère de l'un, nourrice de l'autre, la jeune femme allaitait ses deux enfants. Elle faisait son devoir.

En présence de la grandeur de la maternité, le railleur et le sceptique s'inclinent!

Au cœur de tous les hommes, Dieu a mis le respect pour la mère!

Pendant que les deux enfants, les yeux à demi-fermés, leurs petites mains unies, faisant frétiller leurs jambes nues, prenaient avidement leur nourriture, en laissant échapper par instants de petits cris de plaisir, la jeune femme songeait.

A quoi?

Nous allons le dire.

Elle pensait au passé, elle pensait à l'avenir; à sa vie brisée, à son bonheur détruit; à la chose inconnue qui, placée devant son berceau, attendait son enfant.

Elle avait à peine vingt-cinq ans et elle était belle. Mais, déjà, frappée par le malheur, désolée, meurtrie, elle n'espérait plus avoir des jours de joie.

Son regard était triste, mais plein de douceur; son visage portait l'empreinte d'une douleur profonde; dans le pli de ses lèvres, il y avait quelque chose d'amer.

Oui, cette jeune femme avait déjà souffert, beaucoup souffert. Mais sa douleur était contenue, et, forte contre l'adversité, elle paraissait résignée. Elle avait un enfant, un fils!... Faisant abnégation de tout, elle s'oubliait complétement pour ne penser qu'à l'avenir de ce cher petit être.

Pâle, la tête inclinée, elle regardait tour à tour les deux enfants. Pour l'un, son regard était plein de sollicitude; mais quand il s'arrêtait sur l'autre, quelle tendresse! Comme l'amour maternel rayonnait!

Elle rêvait toujours!

Tout à coup, de grosses larmes s'échappèrent de ses yeux, inondèrent son visage, et elle éclata en sanglots.

II

Les enfants ne tétaient plus; leurs lèvres étaient closes, leurs yeux tout-à-fait fermés, ils venaient de s'endormir.

La jeune mère prit successivement les quatre petits pieds dans sa main.

— Ils sont chauds comme des cailles, murmura-t-elle.

Puis, regardant encore les deux jolies têtes blondes avec une tendresse infinie :

— Comme ils sont beaux ! fit-elle. Ils n'ont pas encore la pensée, ils sont heureux et ne demandent qu'à vivre. Quelle sera leur destinée ? Ah ! puissent-ils ne jamais connaître le malheur !

Elle appuya les deux têtes sur son épaule gauche et elle se leva, les tenant d'un seul bras, serrés contre son cœur. Elle prit la lampe et passa dans la seconde pièce, qui avait pour tout mobilier un lit, deux berceaux, une vieille armoire en noyer et deux chaises.

Elle posa doucement les deux enfants sur son lit, et, vivement, elle prépara les deux berceaux.

Cela fait, elle prit des langes de toile bien blancs, chauffés légèrement derrière la plaque de fonte de la cheminée, et l'un après l'autre, elle emmaillota les enfants. Elle les coucha ensuite chacun dans son berceau.

Les deux bébés, à peine secoués d'ailleurs, ne s'étaient pas réveillés.

Elle les contempla un instant comme en extase ; puis, après leur avoir mis un baiser sur le front, elle sortit de la chambre lentement, sans bruit, posant avec précaution ses pieds sur le parquet. Elle tira la porte derrière elle, mais elle la laissa entr'ouverte, afin d'entendre un cri, un soupir, ou seulement un mouvement que pourrait faire l'un des enfants.

Elle plaça la lampe sur une petite table, reprit sa place près du feu, déroula quelques pièces de linge et se mit à l'ouvrage : des reprises à faire aux petites chemises, aux brassières et aux langes des enfants.

Comme nous l'avons dit, la nuit était venue, noire et sombre. Le vent, une sorte de vent de tempête, hurlait autour de la maison en se cognant avec rage aux angles des murs, il faisait trembler et sonner les vitres des fenêtres ; puis, furieux de se voir un instant arrêté dans sa marche rapide, il bondissait par-dessus l'obstacle et allait faire entendre plus loin, dans la campagne tourmentée, ses sifflements sinistres.

Pendant ce temps, les doigts agiles de la jeune mère poussaient et tiraient l'aiguille.

Elle se nommait Louise, elle était née à Jouarre, et la maison où elle demeurait était la sienne.

Elle n'avait que quatre ans lorsqu'elle eut le malheur de perdre son père, Claude Verdier, un brave et honnête ouvrier, un des bons parmi les tailleurs de meules, dont on se souvient encore à La Ferté.

Claude Verdier n'avait pas encore eu le temps de faire de grosses économies, ce qui doit être le but de tout honnête ouvrier qui aime sa femme et qui pense à l'avenir, au bonheur de ses enfants. Hélas! pour sa femme, pour sa fille, Claude Verdier était mort trop tôt.

La veuve pleura son mari, qui était bon et affectueux pour elle, et qu'elle aimait tendrement.

Mais elle se dit qu'elle avait un enfant à élever et qu'elle ne devait pas être au-dessous de sa tâche. Alors elle reprit courage. Elle travailla pour ceux-ci, pour ceux-là, à la maison, aux champs, partout où il y avait une journée à gagner, et, le mieux qu'elle put, elle parvint à élever sa fille.

Quand elle mourut, elle avait su conserver à Louise sa petite maison et son modeste mobilier, sans laisser un sou de dettes.

Louise était tout-à-fait orpheline. Elle n'avait pas encore dix-sept ans. Qu'allait-elle devenir? On s'intéressa à elle. Une dame de La Ferté, qui avait des relations d'amitié à Paris, lui trouva une place de domestique dans une maison sûre, chez un médecin.

Louise Verdier fit un paquet de son linge et de ses effets d'habillement, ferma la porte de sa petite maison, dont elle confia la clef à une voisine qui avait été l'amie de sa mère, et se mit en route pour Paris, où elle était attendue.

Le docteur Gervais, aujourd'hui un de nos plus grands médecins, jouissait déjà à cette époque d'une certaine réputation comme praticien. Il avait commencé à exercer la médecine fort modestement avec une toute petite clientèle. Mais, travailleur infatigable, médecin par vocation et plein de dévouement pour ses malades, il ne tarda pas à se faire remarquer. Son savoir et quelques cures heureuses appelèrent bientôt l'attention sur lui et le mirent en lumière. Sa clientèle devint considérable, et, à peine âgé de trente ans, on pouvait déjà dire de lui : « Il marche à grands pas vers la célébrité et la fortune. »

Le docteur Gervais était marié et avait deux enfants. Ceux-ci furent confiés aux soins de Louise Verdier, qui les prit tout de suite en affection et veilla sur eux avec la plus vive sollicitude.

Le docteur et sa femme n'eurent qu'à se louer de leur jeune servante, et ils le lui témoignèrent en la considérant comme un membre de la famille.

Dans cette maison, Louise eut constamment de bons exemples sous les yeux, et les excellents conseils, dont elle sut profiter d'ailleurs, ne lui manquèrent point.

Quand les enfants du docteur furent assez grands pour être mis en pension, madame Gervais, qui s'était sincèrement attachée à Louise, l'éleva au rang de femme de chambre.

Un jour, la jeune fille fut demandée en mariage par un jeune homme, plus âgé qu'elle de quelques années, qu'elle avait rencontré plusieurs fois chez des personnes de Jouarre établies à Paris.

Ce jeune homme était assez bien de figure; de plus il avait un excellent état,

LES DEUX BERCEAUX

Ployé en deux, les mains appuyées sur ses genoux, il regardait sa femme. (Page 18.)

celui de tourneur en bronze. Il venait, disait-il, de faire un petit héritage de quelques milliers de francs. Il ajoutait :

— Avec cela et les huit francs que je peux facilement gagner par jour, il m'est permis de rendre une femme heureuse.

Louise Verdier se laissa séduire par les belles paroles de l'amoureux et éblouir par le mirage d'une félicité parfaite. Mal conseillée, d'un côté par ses amis de Jouarre, et de l'autre par son cœur, qui n'était pas resté insensible aux sollicitations de l'amour, elle consentit à se marier.

Malheureusement, comme cela arrive trop souvent à Paris, où chacun peut cacher sa vie, même à ses voisins, Louise ne put rien savoir de l'existence du tourneur. Du reste elle négligea de faire prendre des informations, ce qui est toujours prudent en pareille circonstance. Elle avait confiance en lui, elle crut tout ce qu'il lui dit; elle l'aimait!... Ce n'est pas sans intention que les anciens représentaient l'Amour avec un bandeau sur les yeux. Et puis, en le voyant affectueux, empressé près d'elle, plein d'attentions charmantes, pouvait-elle supposer qu'il la trompât?

Un peu contre le gré du docteur et de madame Gervais, qui avaient le pressentiment de l'avenir, Louise Verdier se maria. Elle devint madame Ricard. Elle avait vingt-trois ans.

Pendant les premiers mois, tout alla assez bien dans le jeune ménage.

Ricard avait loué et gentiment meublé un petit appartement rue Saint-Laurent, à Belleville; mais ce qu'il avait laissé ignorer à sa jeune femme, c'est que le mobilier n'était pas à lui. Il ne l'avait pas même acheté à crédit; il avait trouvé plus simple et plus commode de se le faire prêter.

Ricard travaillait, si l'on peut appeler travailler prendre trois jours de repos sur six. Cela ne l'empêchait pas, le samedi, d'écorner fortement sa moitié de semaine. Il apportait au logis juste l'argent qu'il fallait pour ne pas mourir de faim.

Heureusement, il restait à Louise une partie de ses épargnes; elle y toucha, et, petit à petit, elles disparurent.

La bonne harmonie entre les deux époux dura jusque-là. La lune de miel était à son dernier quartier après quatre mois de mariage.

Ricard montra alors ce qu'il était réellement : un paresseux, un coureur, un ivrogne, enfin un homme sans cœur.

Marié à une femme jeune, jolie, intelligente et bonne, il la dédaigna, la délaissa pour reprendre sa déplorable vie de garçon. Il se remit à fréquenter les bals de barrières, et il passait des jours et des nuits à boire et à jouer dans des bouges infects en compagnie d'autres mauvais sujets et de filles impudiques. Il dépensait ainsi le peu qu'il gagnait, laissant sa femme dans un dénûment complet.

Louise savait coudre, elle travailla. Mais on sait ce que produit généralement le travail d'une femme. Et encore, quand il lui sentait un peu d'argent, son indigne mari le lui volait.

Du reste, Ricard n'avait jamais été scrupuleux sur les moyens de se procurer de l'argent.

Louise aimait toujours son mari. Cependant, à la fin, après avoir usé d'une longue patience, elle se plaignit et lui fit des reproches. C'était son droit. Il ne l'entendit pas ainsi. Aux observations, aux prières, aux larmes de la jeune femme, Ricard répondit par de la brutalité. Il la frappa. Puis, presque chaque jour, le mari rentrant ivre au logis, il y eut de nouvelles scènes de violence.

La pauvre Louise pleura toutes ses larmes.

La vie en commun était devenue impossible.

Un soir, après avoir été battue et traînée par les cheveux, craignant pour elle et pour l'enfant qu'elle portait dans son sein, la jeune femme s'enfuit du domicile conjugal.

III

Louise, bien décidée à ne plus retourner avec son mari, et voulant se soustraire à ses recherches, s'était réfugiée et se cachait dans une chambre d'hôtel de la rue Pagevin.

Elle avait écrit à madame Gervais qui s'était empressée de venir la voir.

La malheureuse était très-découragée et aussi fort inquiète, car elle ne voyait pas sans effroi le jour où elle deviendrait mère.

— Seule, malade et sans ressources, que vais-je devenir? se demandait-elle avec épouvante. Et lui, le pauvre petit être que je vais mettre au monde, que deviendra-t-il? Comment ferai-je pour l'élever?

La femme du docteur lui parla avec bonté, parvint à la rassurer et à lui rendre un peu de courage.

— Vous ne manquerez de rien, lui dit-elle, et je viendrai vous voir souvent. Ainsi ne vous effrayez pas, n'ayez pas peur de l'avenir.

En la quittant, madame Gervais lui laissa une première somme d'argent.

Son malheur était grand, mais elle n'était pas abandonnée de tous.

Madame Gervais tint la promesse qu'elle lui avait faite; elle lui fit de fréquentes visites et elle ne manqua de rien.

Louise donna le jour à un petit garçon, qui fut inscrit sur les registres de l'état-civil sous les noms et prénoms de Ricard, Louis-Ernest.

Elle ne voulait plus penser à son mari, qui l'avait odieusement outragée de toutes les manières; elle reporta sur son enfant toute sa tendresse, tout son amour.

Un jour, un mois environ après la naissance de son enfant, le docteur Gervais vint la trouver.

— Ma chère Louise, lui dit-il, la position dans laquelle vous êtes me préoccupe beaucoup. D'après ce que m'a raconté ma femme, vous ne pouvez compter en aucune façon sur votre mari, et je vous connais assez pour être sûr que vous supporteriez toutes les misères avant de songer à retourner près de lui. Après vous avoir trompée, il vous a maltraitée et froissée dans vos sentiments les plus nobles ; il y a des femmes, et vous êtes de celles-là, Louise, qui ne pardonnent, jamais cela. On peut aujourd'hui vous considérer comme une veuve et votre enfant comme un orphelin. Tout cela est triste. Avez-vous déjà refléchi sérieusement à votre cruelle situation ?

Elle répondit d'un ton douloureux :

— Oui, monsieur, et je ne sais pas, vraiment, ce que je dois faire. Je ne veux rien, je ne peux rien demander à mon mari... D'ailleurs, pourrait-il venir à mon aide, que je n'accepterais rien de lui. Ce qu'il me faut pour mon enfant doit venir du travail et non d'une source inconnue. Cependant je veux l'élever et je veux vivre pour lui. Grâce à vous, monsieur, grâce aux bontés que madame Gervais a eues pour moi, j'ai pu passer des jours moins sombres ; mais, je le sens, je ne dois pas abuser de l'intérêt qu'on me témoigne, je ne puis vous être à charge plus longtemps.

— Ma chère Louise, répliqua le docteur avec émotion, ce que ma femme a fait pour vous est peu de chose ; elle vous devait cela, et elle vous doit plus encore en reconnaissance des services que vous nous avez rendus. Nous avons pour vous une amitié sincère, Louise, et quoi qu'il arrive, nous ne vous abandonnerons jamais. Toutefois, vous avez raison : vous ne pouvez pas rester dans cette situation, il faut que vous preniez un parti.

— Lequel ?

— Je suis ici pour en causer avec vous. Louise, voulez-vous que je vous donne un conseil ?

— Dites, monsieur, dites ; donnez-moi des ordres, je vous obéirai comme j'obéirais à mon père.

— Vous n'avez pas vendu votre petite maison de Jouarre ?

— Dans le courant de l'année dernière, mon mari le voulait ; mais alors elle était louée ; j'ai refusé. Et j'ai cette consolation aujourd'hui d'avoir conservé le modeste héritage de ma pauvre mère.

— Maintenant, votre maison est-elle-libre ?

— Oui. Les personnes qui y demeuraient ont quitté Jouarre il y a un mois.

— Eh bien ! Louise, voici le conseil que je vous donne : il faut retourner à Jouarre, dans votre maison.

— Elle baissa tristement la tête.

— C'est là seulement, continua le docteur, que vous retrouverez le calme, la tranquilité, l'apaisement.

— Là-bas, comme ici, murmura-t-elle, il faut vivre : comment ferai-je ? Je ne vois pas...

— Attendez, interrompit le docteur, je ne vous ai pas tout dit encore.

Elle l'interrogea avidement du regard.

— Ma chère Louise, reprit M. Gervais, j'ai une proposition à vous faire. Écoutez-moi : je suis chargé de trouver une nourrice pour un enfant, un petit garçon, qui n'a encore que quelques jours d'existence ; j'ai pensé à vous, et si vous le voulez, vous serez la nourrice de cet enfant. Au lieu d'un, vous en aurez deux, avec cet avantage, Louise, que l'argent que vous recevrez pour les mois de nourrice de l'un vous aidera à élever l'autre. Dites-moi si cela vous est agréable, si vous acceptez.

— Oh ! oui, monsieur, j'accepte, j'accepte... Et je vous promets de soigner et d'aimer cet enfant comme le mien.

— Je suis sans inquiétude sous ce rapport ; aussi, chargé d'une mission fort délicate et toute de confiance, n'ai-je pas hésité à venir à vous. Donc, c'est entendu, vous serez la nourrice de cet enfant.

— Où et quand dois-je aller le chercher ?

— Vous n'avez pas à vous déranger. Demain matin je vous l'apporterai moi-même. D'ici là, faites vos préparatifs de départ. Si rien ne vous retient à Paris, dès demain vous pourrez partir pour Jouarre.

— Rien ne me retient ici, monsieur Gervais, je partirai demain. Verrai-je les parents de l'enfant ?

— Non. Vous ne devez pas les connaître, quant à présent. Le petit garçon se nomme Léon : c'est le seul nom qu'il doive porter pendant un certain temps. Je n'ai pas à vous cacher que le berceau de cet enfant est enveloppé d'un mystère et que, pour des raisons de famille qu'il ne m'est pas permis de vous faire connaître, il doit être momentanément éloigné de sa mère. Pendant combien de temps vous le laissera-t-on ? Je l'ignore. Mais qu'on vous le reprenne un peu plus tôt, un peu plus tard, vous serez récompensée des soins que vous lui aurez donnés. Malgré le voile sous lequel on le cache, de grandes espérances reposent déjà sur la tête de cet enfant. Un avenir brillant lui est destiné.

Le docteur se retira.

Profitant du sommeil de son enfant, Louise fit immédiatement ses préparatifs de départ.

Le lendemain, vers neuf heures, le docteur Gervais revint, comme il l'avait annoncé, apportant l'enfant.

La jeune femme le prit dans ses bras.

— Oh! comme il est beau! s'écria-t-elle avec attendrissement.

Puis, le couchant à côté de son fils :

— Monsieur Gervais, reprit-elle, regardez-les, les deux petits anges ; on dirait qu'ils sont frères, tellement ils se ressemblent. N'est-ce pas qu'ils sont bien beaux tous les deux?

— Ravissants, répondit le docteur en souriant.

— Comme mon cœur bat! reprit-elle ; je suis tout émue ; vous pouvez me croire, monsieur Gervais, je l'aime déjà, ce cher petit, presque autant que le mien.

Elle se pencha sur le berceau et couvrit de baisers le front et les joues des deux enfants.

A ce moment, la langue du petit Léon, frappant le palais, fit entendre un bruit très-significatif.

— Oh ! le mignon chéri, dit-elle, il me demande à boire. Monsieur Gervais, me permettez-vous ?

— Certainement, Louise, certainement.

Elle donna aussitôt satisfaction à l'enfant.

Le docteur avait posé sur la table un paquet assez volumineux.

— Vous trouverez là, dit-il à la jeune femme, une layette complète ; pendant plus d'un an vous n'aurez rien à acheter pour l'enfant. Êtes-vous toujours décidée à partir aujourd'hui?

— Ce soir, les enfants et moi nous serons à Jouarre, répondit-elle.

— Je vais, alors, vous faire mes adieux.

— Vous remercierez bien pour moi madame Gervais ; dites-lui que je me souviendrai toujours de ses bienfaits.

— Elle ne vous oubliera pas non plus, Louise. Dans n'importe quelle circonstance, si vous avez besoin d'elle, de moi, vous nous trouverez. D'ailleurs, je vous demande de m'écrire quelquefois, pour nous donner de vos nouvelles et de celles des enfants.

— Je le ferai, je vous le promets.

Le docteur tira de son portefeuille dix billets de cents francs qu'il mit dans la main de Louise.

— Voilà pour la première année, lui dit-il.

— Oh! c'est beaucoup, c'est trop! fit-elle.

— C'est la somme qu'on m'a remise pour la nourrice, dit le docteur. On paie largement parce que l'on désire que les soins ne manquent pas à l'enfant.

Il resta encore un instant avec la jeune femme; puis, après lui avoir souhaité de retrouver à Jouarre la tranquilité et un peu de bonheur, il partit en lui disant :

— Au revoir !

Quelques heures plus tard, Louise quitta Paris sans regret. Le soir elle arrivait à Jouarre et reprenait possession de sa petite maison.

IV

Ce jour de novembre où nous avons introduit le lecteur dans la maison de Louise Verdier, il y avait onze mois qu'elle était revenue à Jouarre.

Les souhaits que le bon docteur Gervais avait fait pour elle ne s'étaient pas complétement réalisés. Louise avait trouvé dans sa solitude une tranquillité relative, mais non l'oubli. Elle n'avait pu chasser de son cœur le souvenir de son mari, du père de son enfant.

On dit que le cœur de la femme est plein de mystères insondables; c'est vrai. Louise n'osait pas se l'avouer à elle-même ; mais qui sait? malgré ce que son mari lui avait fait endurer, malgré son abominable conduite, malgré tout, peut-être l'aimait-elle toujours.

Elle n'avait plus entendu parler de lui, et, sans bien s'en expliquer la cause, elle s'inquiétait. Où était-il? A Paris, sans doute. Que faisait-il? Elle l'ignorait; mais, hélas! elle ne le devinait que trop. Elle ne se faisait jamais cette dernière question sans qu'un frisson courût dans tous ses membres.

— Après tout, se disait-elle alors voulant échapper à l'obsession de ses sombres pensées, que m'importe, puisque nous ne devons jamais nous revoir, puisque tout est fini entre nous !

Pour réconforter son âme et son cœur, elle prenait son enfant, le serrait contre son sein palpitant et le dévorait de baisers.

— Il est ma seule joie, mon dernier espoir, disait-elle ; tout, tout pour lui !.....

Dix heures venaient de sonner. Après avoir couché les deux enfants, la jeune femme s'était mise à travailler. Le foyer ne jetait plus de flammes, mais il était encore plein d'un brasier ardent.

Au dehors, la fureur du vent semblait redoubler de violence. Son souffle terrible tordait les arbres du jardin, dont on entendait craquer les branches. La maison tremblait jusque dans ses fondations.

— Quelle horrible nuit! murmura la jeune femme. Heureusement les enfants ne se réveillent pas.

Au bout d'un instant elle reprit :

— Il est déjà tard; pourtant je voudrais achever ce travail avant de me coucher.

Et l'aiguille, docile aux doigts qui la tenaient, allait, allait toujours.

Tout à coup, Louise dressa la tête brusquement. Son regard se dirigea vers la porte, et l'oreille tendue, elle écouta.

— Je ne me suis pas trompée, murmura-t-elle; ce n'est pas le vent, j'ai bien entendu marcher; il y a là quelqu'un. Les gens de Jouarre sont couchés depuis longtemps. Mon Dieu! qui donc peut venir à une heure pareille? Si c'était un méchant homme, un malfaiteur! Imprudente! j'ai oublié de fermer la porte à clef.

Elle se leva. Elle était pâle; toute tremblante.

Elle marcha précipitamment vers la porte. Mais elle n'eut pas le temps d'aller jusque-là.

La porte s'ouvrit toute grande, et le vent s'engouffra dans la maison, poussant devant lui un homme qui chancelait sur ses jambes.

La jeune femme poussa un cri et, épouvantée, recula jusqu'au fond de la chambre.

L'homme referma la porte. Puis il avança de quelques pas et s'arrêta, un sourire narquois sur les lèvres, ses yeux glauques fixés sur la jeune femme, qui restait maintenant immobile, comme pétrifiée.

Louise avait reconnu cet audacieux visiteur. C'était son mari!

Comment Ricard avait-il appris que sa femme était retournée à Jouarre? Nous ne saurions le dire. Peut-être, après l'avoir longtemps cherchée vainement dans Paris, l'avait-il instinctivement deviné.

Le malheureux était dans un état d'ivresse presque complet. Il avait bu, sans doute, pendant une partie de la journée, dans un cabaret de la Ferté, afin de se donner le courage et la hardiesse de se présenter devant sa femme.

Comme la plupart des misérables, Ricard, en plus de ses vices, avait la lâcheté.

LES DEUX BERCEAUX

— Mon bon monsieur, répondit la paysanne, je peux très-bien vous dire où demeure Louise. (Page 29)

Ses habits fripés étaient souillés de boue; sous sa casquette de velours noir, mise de travers, la visière sur le cou, ses cheveux mal peignés débordaient tout autour de la tête et couvraient son front jusque sur les yeux. Il avait le visage enluminé, rouge comme du feu, et, aux coins de la bouche, sur les lèvres, de la salive en écume.

Il était repoussant à voir.

Ployé en deux, les mains appuyées sur ses genoux, il regardait sa femme. Cependant, malgré l'ivresse, ses yeux avaient un éclat singulier.

Louise, frisonnante, frappée de stupeur, restait toujours à la même place, immobile, muette.

Soudain, l'ivrogne fit entendre un rire sec, ironique, qui eut la puissance de tirer la jeune femme de sa torpeur.

— Oh! oh! oh! fit-elle.

Ricard se redressa lentement.

— Ah çà! dit-il d'une voix avinée, on ne fait donc pas une risette à son mari chéri?

Louise ne put se défendre d'un mouvement de répulsion.

— De la froideur, du dédain, reprit Ricard en faisant aller sa tête de gauche à droite; je m'attendais à une réception plus aimable. Hein! faites-donc plus de vingt lieues sur vos jambes pour venir voir votre chère petite femme... Ainsi, voilà ma récompense. Eh bien! vrai, ça n'est pas encourageant du tout.

Il fit deux pas vers elle les bras croisés sur la poitrine, la couvrant de son regard étincelant :

— Louise, dit-il, tu m'as quitté, tu as mal fait : une bonne femme ne doit jamais se séparer de son mari. Oh! je sais bien que j'ai eu des torts envers toi; je bois parfois un petit coup de trop, et quand on me taquine, ça m'agace, ça m'échauffe la tête, alors je me laisse aller et je... je tape. Mais après je n'y pense plus. D'ailleurs, entre mari et femme, il faut bien se passer quelque chose. Oui, tu as eu tort de t'en aller; vois-tu, je me serais corrigé; au lieu de ça, depuis que je ne t'ai plus, rien n'a marché. Le patron m'a flanqué à la porte; mais ça m'est égal, j'en trouverai dix autres. Je sais travailler, je m'en vante, il n'y en a guère pour me damer le pion.

— Il sait travailler, murmura la jeune femme, mais il n'aime pas le travail!

— Louise, continua-t-il, il y a plus d'un an que je ne t'ai vue; sais-tu que tu es toujours jolie, très-jolie! Tiens, il faut que je t'embrasse; c'est ce que je devais faire tout en arrivant.

Il s'avança les bras ouverts.

Elle le repoussa avec une sorte de dégoût et se rejeta en arrière.

Une lueur fauve passa dans son regard.

— Voyons, dit-il d'une voix creuse, est-ce que je ne suis pas ton mari?

— Malheureusement, répondit-elle d'une voix oppressée. Ah! maudit soit le jour où je vous ai rencontré la première fois! Oui, j'ai le malheur d'être votre femme, mais vous devriez comprendre que nous sommes à jamais séparés, que tout est fini entre nous.

— Tu dis que je devrais comprendre, Louise, mais je ne comprends pas. Tu es ma femme, je t'aime et je t'embrasse, c'est mon droit.

D'un bond il s'élança sur elle et la saisit par le bras.

— Laissez-moi, laissez-moi! s'écria-t-elle effrayée.

Et elle le repoussa encore.

— Louise, prends garde, prends garde! prononça-t-il les dents serrées.

— Oh! répliqua-t-elle en haussant dédaigneusement les épaules, je sais de quoi vous êtes capable. Autrefois, pour vous répondre, je n'avais que des larmes; mais aujourd'hui je ne me laisserais pas frapper sans me défendre.

— Louise, reprit Ricard d'un ton radouci, si tu voulais oublier le passé, nous pourrions encore être heureux.

— C'est pour trouver l'oubli que je suis revenue à Jouarre. Mais que me voulez-vous? Pourquoi êtes-vous venu ici?

— Pourquoi je suis venu, Louise? Pour te voir et pour t'emmener.

— M'emmener?

— Oui, à Paris.

— Avec vous, jamais! jamais! s'écria-t-elle avec force.

— Et si je te le dis : Je le veux... Si je t'ordonne de me suivre?

— Je vous répondrai encore et toujours : Jamais! jamais! Ah! votre hardiesse est grande, et vous avez de moi une étrange opinion, si vous avez pu croire un instant que je consentirais à me remettre au cou la lourde chaîne dont je me suis un jour débarrassée par un acte réfléchi de ma volonté. Quoi! vous avez fait à pied la route de Paris à Jouarre avec la pensée de ressaisir votre victime!... Vous trouvez donc que la malheureuse n'a pas assez souffert et assez versé de larmes près de vous? Je suis venue ici pour y trouver le repos, — je ne dis pas le bonheur, il n'y en a plus pour moi, — et vous m'y poursuivez!... Tenez, vous êtes sans pitié comme vous êtes sans honte! Vous ne voyez pas ce que sont les autres et moins encore ce que vous êtes. Si vous vous connaissiez mieux, vous auriez moins d'audace. Faire souffrir et pleurer une femme, qu'est-ce que cela pour un homme comme vous? Rien : un jeu, une manière de tuer le temps! Est-ce que je vous demande quelque chose, moi? Ne venez donc pas troubler la paix que je trouve dans ma solitude, dans mon isolement... Et ne conservez pas cette illusion, qu'après m'avoir humiliée, cruellement outragée, torturée, qu'après avoir meurtri mon âme, et abreuvé mon cœur de toutes les amertumes, je serai assez faible, assez lâche, et aurai assez peu de dignité pour me remettre sous votre dépendance et redevenir votre esclave, votre victime!

— Tout ça, c'est des mots, des bêtises! fit l'ivrogne en ricanant.

Et les poings sur les hanches, un mauvais sourire sur les lèvres, il se mit à se dandiner.

V

La jeune femme, indignée de l'audace de son mari, avait parlé haut et avec énergie ; mais seule, ne pouvant compter sur le secours de personne à cette heure de la nuit, elle n'était nullement rassurée.

Après un moment de silence, Ricard reprit :

— Il paraît, Louise, que tu ne te souviens plus des paroles du maire quand il nous a mariés. Il a dit : « La femme doit obéissance à son mari ; elle doit le suivre partout où il lui plaît de résider. » C'est dans le code, c'est la loi.

— La loi, la loi, répliqua-t-elle d'un ton amer, je trouve bien singulier que vous osiez l'invoquer!

— Hé! hé! je ne dédaigne pas les droits qu'elle me donne!

— Vous n'en avez plus aucun sur moi, plus aucun, vous m'entendez?

— Tu te trompes, Louise ; nous avons été séparés parce qu'il t'a plu de t'en aller sans ma permission, mais les hommes de justice n'ont point ratifié cela. Sois tranquille, je connais tous mes droits.

— Ah! s'écria-t-elle, ne me faites pas me repentir d'avoir eu pitié de vous et de ne pas m'être plainte à la justice dont vous parlez! Je le pouvais, pourtant, et bien des gens m'en donnaient le conseil. Je ne l'ai pas fait ; j'ai eu peur du scandale. Il fallait, le rouge de la honte au front, révéler à d'autres mes douleurs, accuser le père de mon enfant! Je n'ai pas eu ce triste courage. La loi, que vous invoquiez tout à l'heure, était alors pour moi ; elle le serait encore aujourd'hui, car elle a été faite surtout pour protéger et défendre les faibles.

— Eh bien! fit-il railleur, nous verrons si elle te défendra.

— Ah! cette discussion me fait mal, dit-elle d'un ton douloureux ; laissez-moi retirez-vous.

— Hein! tu me chasses, tu chasses ton mari?

— Je vous prie de me laisser ; je souffre, j'ai besoin de repos.

— C'est fâcheux, dit-il en s'asseyant tranquillement, mais je ne suis pas venu ici pour m'en aller si vite.

La jeune femme jeta autour d'elle un regard plein d'effroi.

— Mais, encore une fois, qu'est-ce que vous me voulez? exclama-t-elle.

Il se mit à rire.

Puis il répondit :

— Je croyais te l'avoir dit. Tu m'as quitté, je te retrouve, je te reprends. Voilà!

Avec le bout de ses doigts, il se mit à tambouriner sur la table.

Louise ne put se contenir davantage.

— Mais il n'y a donc plus rien d'honnête en vous, vous êtes donc absolument un misérable! lui dit-elle d'une voix frémissante. Ainsi, ce n'est pas assez de vous avoir dit que tout est fini entre nous, que je ne consentirai jamais à redevenir votre victime!... Eh bien! à cela j'ajouterai que je vous méprise, que je vous hais, et que ce n'est plus seulement comme autrefois de la terreur, mais encore du dégoût que vous m'inspirez!...

Ricard se dressa d'un seul mouvement.

Il était devenu blême. Ses traits se contractèrent horriblement, et son regard prit une expression terrible.

— Malgré toi tu me suivras! hurla-t-il avec une fureur concentrée.

Elle se redressa en face de lui magnifique de fierté, d'indignation, de colère.

— Toujours en vertu de ce que dit la loi, n'est-ce pas? répliqua-t-elle avec animation, Mais elle ne dit pas cela seulement, la loi; elle dit aussi que le mari doit assistance, secours et protection à sa femme, et qu'il est obligé de lui fournir tout ce qui est nécessaire pour les besoins de la vie. M'avez-vous donné cela? Non. Quand je me suis mariée, je ne connaissais que le beau côté de la vie. Restée naïve, j'étais pleine de confiance. J'ai cru en vos paroles, et vous me mentiez, vous me trompiez... Paresseux et débauché, vous n'avez su ni me protéger, ni fournir à mes besoins. J'ai passé un hiver rigoureux, à peine vêtue, sans lumière et sans feu dans la chambre, pendant que vous alliez je ne sais où, boire et vous enivrer, pour venir ensuite me maltraiter. Seule, désolée, je pleurais mes illusions disparues, mon bonheur perdu... Je manquais de tout, et souvent je me suis passé de manger parce que je n'avais pas deux sous pour m'acheter seulement du pain!... Et c'est là la belle et heureuse existence que vous voudriez me faire encore! Je la connais, je n'en veux plus. Oh! ce n'est pas la misère qui m'épouvante, c'est vous... Vous invoquez la loi. Demandez-lui donc, d'abord, de rendre votre âme plus fière et de vous donner le courage de gagner honnêtement votre vie!

« Je vous le répète encore, nous sommes séparés pour toujours; ne pensez plus à moi, c'est ce que vous avez de mieux à faire, car, je vous le dis, plutôt que de retourner avec vous, je préférerais me plonger un couteau dans la poitrine! »

Après ces paroles, elle le tint un instant écrasé sous le poids de son regard plein de mépris.

Cependant quelque chose comme un grognement rauque sortit de la gorge de Ricard.

Il avait baissé la tête ; un tremblement convulsif le secouait. Peut-être n'était-ce qu'un effet de l'ivresse et de la fatigue.

A ce moment, un des enfants jeta un cri.

La jeune femme tressaillit, et elle écouta, prête à s'élancer dans l'autre chambre.

Au cri de l'enfant, la tête de Ricard s'était redressée. Ses yeux étincelaient, et les mouvements de son visage flétri par la débauche exprimaient quelque chose d'indéfinissable qui ressemblait à de la joie.

Quelle émotion subite venait de s'emparer de lui ?

Sentait-il se réveiller dans son cœur le sentiment de la paternité ?

Non. Son émotion avait une autre cause.

Une pensée monstrueuse, aussi lâche que féroce, venait de passer dans son cerveau.

Et pendant qu'un pli cruel se formait sur sa lèvre supérieure, il regardait sournoisement et méchamment sa femme.

Elle devina qu'il méditait quelque chose de terrible.

Bien qu'elle n'eût encore que l'appréhension d'un danger inconnu, il lui sembla que son sang se figeait dans ses veines.

Toutefois, voulant faire bonne contenance, elle défia son mari du regard.

Deux éclairs se croisèrent.

— Ainsi, dit Ricard d'une voix sourde, c'est ton dernier mot, tu ne veux plus revenir avec moi ?

Elle garda un silence dédaigneux.

— Eh bien ! soit, reprit-il, reste ici... Seulement, moi, je ne m'en irai pas seul.

Il s'élança vers la chambre des enfants.

Mais la jeune femme avait compris son intention. Poussant un cri éclatant folle d'épouvante, elle s'était précipitée vers la porte.

Ricard la trouva devant lui, l'œil enflammé, la poitrine haletante, défendant l'entrée de la chambre.

Il s'arrêta, non qu'il eût l'intention de reculer, mais comme on s'arrête toujours en présence d'un obstacle qu'on se dispose à franchir.

— Laisse-moi passer, dit-il d'une voix creuse.

— Tu n'entreras pas dans cette chambre

— Ah! ah! ah! fit-il avec un rire bestial, je n'entrerai pas?... nous allons bien voir. Encore une fois, laisse-moi passer!

— Lâche, infâme, cria-t-elle, tu veux me prendre mon enfant! Mais je suis là pour le défendre; avant d'arriver jusqu'à lui, tu m'auras assassinée!

— L'enfant m'appartient autant qu'à toi, et, ne serait-ce que pour te faire souffrir, pour me venger de toi, je le veux, je l'aurai!

— Eh bien! monstre, tue-moi, tue-moi!

Il haussa les épaules.

Puis, se jetant sur sa femme, il la saisit à la gorge et la repoussa brutalement. Mais elle revint aussitôt sur lui, menaçante, furieuse. La lionne qui défend ses lionceaux n'est pas plus terrible.

Alors, entre le mari et la femme, une lutte effroyable, horrible, s'engagea.

A tout prix, la malheureuse voulait l'empêcher de pénétrer dans la chambre. C'est plus que sa vie qu'elle défendait. Elle employait toute son énergie, tout son courage; elle réunissait toutes ses forces. Pendue après lui, accrochée à ses vêtements, elle cherchait à l'entraîner loin de la porte. Appelant à son secours, elle jetait des cris désespérés; mais en vain, nul ne pouvait l'entendre.

Ils s'agitaient, se mouvaient, bondissaient, se tordaient comme deux athlètes dans l'arène ou deux énormes reptiles se livrent bataille.

Pour lui faire lâcher prise, le misérable, devenu furieux, fou, un voile de sang devant les yeux, la frappait dans le dos, dans la poitrine, sur la tête, en poussant des rugissements de bête fauve.

A chaque coup qu'elle recevait, elle répondait par ces mots :

— Le lâche! le lâche!

A la fin, elle sentit qu'elle n'avait plus de force, que ses bras s'engourdissaient. Le sang battait violemment ses tempes, ses oreilles bourdonnaient, sa vue s'obscurcissait, et elle voyait passer comme des zigzags de feu. La respiration lui manqua tout à coup; ses bras se détendirent, elle poussa un gémissement sourd et s'affaissa lourdement sur le carreau, où elle resta étendue sans mouvement.

Ricard eut un cri de triomphe.

En voyant sa femme à ses pieds, ne donnant plus signe de vie, il ne vint même pas à la pensée du misérable qu'il pouvait l'avoir tuée.

Pouvant maintenant mettre à exécution son projet abominable, il s'élança dans la chambre des enfants.

VI

Quand la jeune femme revint à elle, vingt minutes à peine s'étaient écoulées. Elle se souleva lentement et promena autour d'elle son regard étonné.

A l'intérieur de la maison régnait un morne silence. Le feu s'était complétement éteint. La mèche fumeuse usait ce qui restait d'huile dans la lampe, et sa flamme agonisante projetait sur les objets une lumière pâle, indécise.

Soudain, la jeune femme ressaisit sa pensée. Le souvenir de la scène terrible lui revint.

Elle poussa un cri effroyable et, les yeux hagards, les traits bouleversés, le cœur étreint par une angoisse horrible, elle bondit sur ses jambes.

La porte de la chambre était ouverte toute grande. Placée en face de la porte, la lampe jetait une lumière suffisante dans la chambre.

La jeune femme s'y précipita comme une folle et courut au berceau de son enfant.

Il était là, le cher petit, sa jolie tête posée sur l'oreiller blanc. Il avait les yeux grands ouverts, et à la vue de sa mère il se mit à sourire. Et comme il avait les bras libres, il les lui tendit en agitant joyeusement ses petites mains rosées.

La jeune mère se pencha sur le berceau, et pendant un instant elle dévora l'enfant de baisers délirants.

Après avoir eu si peur, le saisissement, la joie, le bonheur l'étouffaient.

En proie à une émotion violente, elle tomba sur ses genoux, joignit les mains, et, le visage tourné vers le ciel, elle se prit à sangloter.

— Ah! il n'est donc pas aussi méchant que je le croyais! s'écria-t-elle au bout d'un instant. Si bas qu'il soit tombé, il lui reste encore quelque chose de bon dans l'âme. Il voulait me prendre mon enfant; devant ce crime sans nom il a reculé. Il a réfléchi, il n'a pas osé... il a compris qu'en faisant cela il me tuait, il a eu pitié de moi... Merci, mon Dieu! c'est vous qui l'avez arrêté. Ah! je lui pardonne tout le mal qu'il m'a fait!

Son agitation nerveuse calmée, elle se releva. Debout devant le berceau, elle contempla avec ivresse l'enfant qui venait de se rendormir.

—- Et l'autre? murmura-t-elle; je l'oublie, ce n'est pas bien!

Elle courut au second berceau.

Aussitôt sa figure changea d'expression, ses traits se décomposèrent, et ses yeux démesurément ouverts restèrent fixes.

LES DEUX BERCEAUX

— Monsieur, dit-il en s'adressant à l'aveugle, vous êtes sans doute monsieur Blanchard? (Page 37.)

L'enfant avait disparu.

Ricard n'avait pas vu, sans doute, les deux berceaux en entrant dans la chambre. Il s'était jeté sur l'enfant confié à sa femme, l'avait roulé dans sa petite couverture, puis, comme un voleur ou un loup qui sort d'une bergerie, il s'était sauvé, croyant emporter son enfant.

La pauvre femme, ne s'en rapportant point au témoignage de ses yeux, croyant à une hallucination, plongeait ses mains fiévreuses dans le berceau ; elle fouillait la paillasse sans avoir vraisemblablement conscience de ce qu'elle faisait.

Hélas ! le berceau était bien vide.

Le silence qu'elle gardait était lugubre.

Elle passa ses mains sur son front à plusieurs reprises comme pour provoquer l'éclosion d'une idée. Elle n'avait plus de pensée ; il semblait que sa raison allait l'abandonner. Elle était écrasée, anéantie.

Cependant, après quelques minutes de prostration, des sons rauques, coupés par des tressaillements, sortirent de sa gorge serrée. Elle ne doutait plus ; elle voyait l'immensité du malheur qui venait de la frapper.

— Ah ! le misérable, le maudit ! exclama-t-elle.

Elle bondit hors de la chambre, traversa l'autre pièce, ouvrit violemment la porte de sortie et s'élança hors de la maison.

Qu'espérait-elle ? Elle n'en savait rien. Elle ne raisonnait plus.

Depuis un instant, la tempête s'était apaisée, la pluie tombait à verse, et la nuit était plus noire encore.

Elle fit en courant le tour de la maison et du jardin, ses pieds s'enfonçant dans la terre détrempée et risquant à chaque instant de faire une chute. Puis elle s'arrêta et prêta l'oreille comme pour entendre un bruit lointain. Mais, sauf le bruit que faisait la pluie en tombant sur le toit de la maison et autour d'elle sur le sol, la nuit était partout silencieuse. Son regard chercha vainement à percer l'obscurité qui l'entourait ; elle ne voyait à dix pas devant elle que des nuages sombres sans forme et le tronc noir des arbres.

Elle rentra chez elle dans un état pitoyable, mouillée, ayant de la boue jusqu'aux genoux. Ses cheveux dénoués, ruisselants d'eau, se plaquaient sur son dos. Son visage avait une pâleur de cadavre, ses yeux un éclat fiévreux. Tous ses membres frissonnaient.

— C'est fini, murmura-t-elle d'un ton lugubre ; perdu... il est perdu !

Elle se tordait désespérément les bras.

— Mais quel sera donc un jour le châtiment de ce monstre ? s'écria-t-elle avec fureur.

Elle passa dans la chambre à coucher. Là, à bout de forces, elle se laissa tomber sur le parquet. Alors elle fut prise d'horribles convulsions ; des spasmes violents soulevaient sa poitrine, brisaient ses membres. Elle se roulait, s'allongeait, se repliait sur elle-même en poussant d'affreux gémissements. Elle s'arrachait les cheveux, s'égratignait le visage, meurtrissait son corps. C'était épouvantable.

Et cela dura plus d'une heure.

Enfin elle se calma. Mais ce fut pour sentir son malheur d'une autre façon, non moins cruelle. Après les souffrances physiques, la douleur, les tortures morales. Rien ne saurait donner l'idée de son désespoir.

Assise sur une chaise, pressant son front dans ses mains frémissantes, le corps glacé dans son vêtement qui séchait sur sa peau, elle faisait entendre des sanglots déchirants, elle versait des ruisseaux de larmes.

Peu à peu le trouble, le désordre de son esprit cessa; elle retrouva en partie ses facultés intellectuelles; elle commença à ressaisir sa pensée et à rassembler ses idées. Elle examina la situation et se mit à réfléchir profondément.

— Que vais-je faire? que vais-je faire? se demandait-elle.

Elle cherchait et ne trouvait pas.

Il lui vint cependant cette pensée que son devoir était d'écrire immédiatement au docteur Gervais pour le prévenir de ce qui s'était passé. C'était une bonne pensée, la meilleure idée qu'elle pût trouver. Pourtant elle la repoussa. Quelle crainte la retenait? Certes, si on l'eût interrogée à ce sujet, elle n'aurait probablement su quoi répondre.

Aussitôt le jour venu, elle pouvait aller chez le maire de Jouarre ou même encore trouver les autorités de La Ferté pour faire sa déclaration. En se mettant immédiatement à la recherche du ravisseur de l'enfant, peut-être aurait-on pu l'atteindre avant qu'il ait eu le temps de rentrer à Paris, en supposant qu'il se fût dirigé de ce côté. Elle repoussa encore cette idée. Elle ne sut jamais bien à quel sentiment elle obéissait alors.

Son mari était un odieux gredin: il aurait été étrange qu'elle l'eût pris en pitié et qu'elle eût reculé devant une dénonciation qui lançait les gendarmes à sa poursuite et le livrait aux mains de la justice.

Quoi qu'il en soit, qu'elle eût peur de ceci ou de cela, elle renonça à prendre une résolution immédiate.

C'était une faute, elle ne le comprit pas.

— Attendons, se dit-elle, je réfléchirai encore. Il croit que c'est son fils, mais ce n'est pas lui qui peut l'élever; il en aura bientôt assez; l'enfant l'embarrassera; il se repentira de ce qu'il a fait et il me le rapportera.

D'ailleurs, personne maintenant ne s'occupe du pauvre innocent, ne s'intéresse à lui; c'est comme s'il n'avait ni père ni mère. C'est tout à fait un abandonné. Depuis que je l'ai je n'ai plus entendu parler de ses parents inconnus, le docteur Gervais lui-même paraît l'avoir oublié. Il est si occupé, il a tant à faire, le docteur! Pauvre petit, il n'a personne au monde, il est à peu près certain qu'on ne le réclamera jamais!

Le jour vint. Il la surprit à la même place, réfléchissant toujours.

Elle tremblait de froid. Elle alluma un grand feu. Au bout d'un quart d'heure, quand elle se fut à peu près réchauffée, elle prépara la bouillie à donner à son enfant à son réveil, puis elle se mit à vaquer aux occupations du ménage. Elle avait les yeux rouges, la tête lourde, le visage fatigué, et elle était toujours bien désolée.

Cherchant à s'illusionner, elle se disait à chaque instant

— Il ne pourra pas le garder, il me le rapportera.

La pluie était tombée jusqu'au matin, puis le temps s'éleva ; les gros nuages noirs ayant disparu, le soleil s'était montré. La journée promettait d'être belle.

Dans la matinée, deux ou trois femmes de Jouarre vinrent faire une visite à Louise. Elle ne les fit point entrer dans la seconde chambre, et elle garda le silence sur l'événement de la nuit.

VII

Il pouvait être quatre heures de l'après-midi. Le temps s'était maintenu au beau, il faisait encore grand jour.

Une berline de voyage, traînée par deux beaux chevaux normands, et qui semblait venir de La Ferté, entra bruyamment dans Jouarre.

Arrivée au centre du village, un jeune homme mit la tête à la portière et cria au cocher :

— Arrêtez !

Obéissant à l'ordre qu'il venait de recevoir, le cocher roidit les guides, et les chevaux s'arrêtèrent presque subitement.

La portière de la voiture s'ouvrit, et le jeune homme, dont nous venons de parler, sauta lestement à terre.

Il pouvait avoir vingt-sept ou vingt-huit ans; il était grand, il avait la physionomie noble et expressive, le regard clair et brillant, avec quelque chose de doux et de bienveillant qui se retrouvait dans le sourire au coin des lèvres. Il avait en plus dans ses manières et la façon dont il portait sa tête, un grand air de distinction.

Deux femmes l'accompagnaient.

La première, à peine âgée de vingt ans, était d'une beauté remarquable ; elle paraissait agitée et très-impatiente. Cependant son gracieux visage était calme et sa bouche souriante. Elle portait une robe de soie noire et sur ses épaules un cachemire de l'Inde. Le chapeau de velours noir, orné de rubans, de valenciennes et d'un bouquet de roses blanches, dont elle était coiffée, n'empêchait pas de voir ses magnifiques cheveux châtain-clair et laissait à découvert son front haut et large sur lequel ne se montrait pas un pli.

L'autre femme était une femme de chambre.

Le jeune homme s'approcha d'une paysanne qui se tenait debout sur le seuil de sa porte, regardant curieusement la voiture, les chevaux et les voyageurs.

En voyant le bel étranger venir à elle, la brave femme rougit jusqu'aux oreilles.

— Madame, lui dit le jeune homme en la saluant, c'est la première fois que que je viens à Jouarre, j'ai besoin d'un renseignement que vous pouvez me donner, sans doute. Voulez-vous être assez obligeante pour m'indiquer la demeure d'une jeune femme de Jouarre qui se nomme Louise Verdier?

Louise n'avait pas cru devoir porter à Jouarre le nom de son mari, et le voyageur devait ignorer qu'elle en eût un autre que celui de Louise Verdier.

— Mon bon monsieur, répondit la paysanne, je peux très-bien vous dire où demeure Louise. Vous n'avez qu'à suivre la route tout droit jusqu'aux dernières maisons. Plus loin, à votre gauche, vous verrez sa maison. Impossible de vous tromper, la maison de Louise est toute seule sur le chemin que vous prendrez. Seulement, votre voiture ne pourra pas aller jusque-là à cause des buissons.

— Nous la laisserons sur la route. Je vous remercie, madame.

Puis, s'adressant au cocher :

— Vous allez continuer, en allant au pas, jusqu'aux dernières maisons. Je vais suivre à pied.

— C'est sûr, se disait la paysanne, le monsieur et la belle dame viennent voir le nourrisson de la Louise.

Les chevaux s'étaient remis en marche. Dociles au mors, ils allaient au pas. Après avoir dépassé les dernières maisons, le cocher fit arrêter la voiture à l'entrée d'un chemin étroit entre deux haies. Au bord de ce chemin, à cinquante pas environ, on voyait une habitation isolée.

Le jeune homme aida les deux femmes à mettre pied à terre, puis ayant offert son bras à la plus jeune, ils se dirigèrent tous trois rapidement vers la maison.

Devant la porte, la jeune femme s'arrêta.

— Avant d'entrer, dit-elle d'une voix oppressée, j'ai besoin de me remettre, de respirer un peu... Je suis si émue ! Mon cœur bat à se rompre.

Elle aspira l'air à pleins poumons.

Son émotion était grande, en effet, car tous ses membres tremblaient et elle se soutenait à peine.

— C'est la joie, c'est le bonheur, reprit-elle en baissant la voix et en regardant son compagnon avec tendresse. Songe donc, Édouard, c'est à peine si je l'ai vu et eu le temps de l'embrasser !

— Et moi, dit le jeune homme, je vais le voir pour la première fois. Chère Mathilde, je ne suis pas moins ému que toi; mais il faut savoir nous contenir. Te sens-tu maintenant assez forte?...

— Oui, entrons...

Le jeune homme frappa à la porte.

— Entrez! répondit à l'intérieur la voix de Louise.

Le jeune homme ouvrit la porte. La jeune femme et lui entrèrent en même temps, suivis de la femme de chambre.

Louise était assise tenant son enfant sur ses genoux. A la vue de ces deux personnes inconnues qui, à en juger par leur air distingué, devaient occuper un rang élevé dans la société, elle se leva précipitamment.

— Ne vous dérangez pas; restez assise, lui dit le jeune homme avec bonté.

La jeune femme s'était approchée lentement; les yeux fixés sur l'enfant elle le dévorait du regard.

Le jeune homme reprit.

— Il y a aujourd'hui onze mois et quelques jours que le docteur Gervais vous a confié un tout jeune enfant, un petit garçon à qui on a donné le nom de Léon.

Louise se troubla, et, de pâle, devint livide.

— Je suis le père de cet enfant, continua le jeune homme, et voilà sa mère. Nous venons le chercher.

— Vous... vous venez... le chercher, balbutia Louise éperdue.

La jeune femme était près d'elle, courbée, presque à genoux.

— C'est lui, n'est-ce pas? dit-elle avec une sorte d'exaltation; c'est mon enfant, mon fils!... Il me semble que je le reconnais.

La malheureuse Louise perdit complétement la tête.

— Votre fils, votre fils... oui, c'est lui, c'est lui; fit-elle ne trouvant que cela à répondre.

Mais elle n'eut pas plutôt prononcé ces paroles, fait ce mensonge, qu'elle s'en repentit. Elle pouvait encore en détruire l'effet en avouant la vérité; elle n'osa pas. Il semblait que quelque monstre hideux, menaçant, dressé devant elle, l'épouvantât.

La jeune femme poussa un cri de joie, enleva l'enfant des bras de Louise et se redressa le front rayonnant.

La malheureuse Louise, emportée par le sentiment maternel, s'élança pour reprendre son fils à l'étrangère.

Le jeune homme qui ne pouvait deviner ce qui se passait en elle, l'arrêta.

— Laissez-la embrasser son enfant, lui dit-il d'une voix douce ; elle a été forcée de se séparer de lui dès le lendemain de sa naissance ; après ce qu'elle a souffert, ce bonheur lui est bien dû.

Louise le regarda avec effarement ; il lui sembla que mille pointes d'acier pénétraient en même temps dans son cœur. Elle laissa échapper un gémissement, baissa la tête et fit trois pas en arrière.

L'autre mère, les yeux étincelants, ne cessait d'embrasser l'enfant que pour le contempler. Elle était émerveillée, ravie. Elle ne pouvait se lasser de l'admirer.

— Édouard, dit-elle avec enthousiasme, regarde comme il est beau, notre fils ! Viens, viens l'embrasser à ton tour.

— Oui, il est beau, fort et bien portant, répondit le jeune homme en mettant deux baisers sur le front de l'enfant.

Puis, se tournant vers Louise, il dit :

— Nous vous serons reconnaissants des soins que vous lui avez donnés.

La pauvre femme revint près de lui et, joignant les mains :

— Oh ! vous me le laisserez, dit-elle d'une voix suppliante, vous ne me le prendrez pas !

— Je le voudrais, mais c'est impossible ; nous sommes forcés de vous le retirer.

— Mais il n'est pas encore sevré ! s'écria-t-elle d'une voix douloureuse.

— Nous pouvons maintenant le sevrer sans danger, nourrice, répliqua la jeune femme, c'est l'avis du docteur Gervais. Du reste, vous pouvez être tranquille, c'est moi-même qui en aurai soin, je ne le confierai pas à des mains étrangères.

— Je suis attaché à l'ambassade d'Espagne, reprit le jeune homme, je retourne à mon poste dans trois jours, ma femme me suit, et vous comprenez qu'elle tienne à emmener son fils. A Madrid, le climat est doux, même en hiver ; il aura sur notre enfant, nous l'espérons, une influence très-salutaire.

— Mon Dieu, mon Dieu ! gémit Louise.

Et ne pouvant plus se soutenir sur ses jambes elle se laissa tomber sur un siége.

Vingt fois elle fut sur le point de leur crier :

— Mais cet enfant ne vous appartient pas, il est à moi ; le vôtre, je ne l'ai plus, on me l'a volé !

Et vingt fois, ces mots, qui s'élançaient de son cœur, expirèrent sur ses lèvres.

Elle ne voyait point qu'en gardant le silence elle substituait son enfant à un autre et commettait une mauvaise action, un crime. Elle ne sentait que la douleur de s'en voir séparée, elle ne voyait que la grandeur de son sacrifice.

L'attaché d'ambassade et sa jeune femme, tout entiers à leur joie, ne furent pas suffisamment frappés de l'étrange attitude de Louise ; ils mirent son embarras, son trouble, sur le compte de l'étonnement, de l'émotion et aussi du chagrin de voir partir si tôt son nourrisson.

— Chère nourrice, lui dit le jeune homme, nous ne resterons pas toujours en Espagne : dès que nous reviendrons en France, dans deux ou trois ans, je l'espère, nous vous écrirons et vous viendrez nous voir.

— Et si vous le voulez, si cela vous plaît, ajouta la jeune femme, vous resterez avec nous.

Louise répondit par quelques mots entrecoupés, inintelligibles.

— Ah ! reprit le jeune homme, tirant un papier de sa poche et le remettant à Louise, j'oubliais de vous présenter cette lettre du docteur Gervais.

Louise l'ouvrit machinalement et la parcourut des yeux.

Elle n'était pas longue. Le docteur disait seulement à Louise qu'il donnait son adresse au père et à la mère de l'enfant qu'il lui avait confié, et qu'elle pouvait le leur remettre sur le vu de sa lettre.

Par une sorte de délicatesse facile à apprécier, le docteur ne disait point le nom du père de l'enfant. Usant de la même réserve à l'égard de Louise, il n'avait dû donner aucun renseignement sur sa vie. Ce qui indiquait que le diplomate et sa femme ne connaissaient pas la véritable situation de Louise et ignoraient ses chagrins domestiques, c'est qu'ils ne lui adressèrent aucune question touchant le frère de lait de leur fils.

Pendant que Louise lisait la lettre du docteur, le jeune homme posa discrètement sur la table une bourse qui contenait cinq cents francs en or.

Ensuite, se tournant vers sa jeune femme, qui continuait à embrasser l'enfant, il lui dit :

— Le jour baisse, il faut partir ; nous ne devons pas nous mettre en retard.

LES DEUX BERCEAUX

— Veuillez me suivre, dit le jeune homme. Et ils sortirent de la salle d'attente. (Page 38.)

— Oui, mon ami, oui, partons, répondit-elle en commençant à envelopper l'enfant dans son cachemire.

Louise entendit. Aussitôt elle bondit sur ses jambes et courut à eux en s'écriant :

— C'est donc bien vrai, vous l'emmenez... vous l'emmenez !...

— Oui, mais vous le reverrez quand il sera déjà grand.

— Oh! pas tout de suite, attendez encore!

— Nous sommes pressés par l'heure, notre voiture nous attend sur la route, les chevaux s'impatientent.

— Mais je veux l'embrasser, je veux l'embrasser!

La jeune femme s'empressa de lui tendre l'enfant.

Elle le prit avec une vivacité fébrile, le serra fortement contre son cœur et couvrit son front, ses joues et ses yeux de baisers frénétiques. Puis, le regardant, elle se mit à pleurer, à sangloter.

Quelques minutes s'écoulèrent. Elle ne pensait pas à rendre l'enfant. Il fallut que, sur un signe de son mari, la jeune femme le lui enlevât doucement.

— Ainsi, dit-elle d'une voix défaillante, c'est bien fini... fini... je ne le verrai plus!

— Vous le reverrez, je vous le promets, je vous le jure, répondit la jeune femme avec attendrissement.

— Allons, reprit le mari, partons partons.

Et prenant le bras de sa femme, il l'entraîna.

Louise agita désespérément ses bras. Elle éprouvait intérieurement une souffrance horrible, comme si une main de fer lui eût arraché les entrailles.

Elle se retrouva seule.

— Ah! malheureuse! malheureuse! s'écria-t-elle d'une voix déchirante.

Il lui sembla que tout s'écroulait autour d'elle, que la terre s'entr'ouvrait, et qu'elle était précipitée au fond d'un abîme.

Elle poussa un cri rauque, affreux, et elle tomba à la renverse sans connaissance au milieu de la chambre.

FIN DU PROLOGUE.

PREMIÈRE PARTIE

LA FILLE DE L'AVEUGLE

I

LA GARE DE L'EST

Un jour du mois de mai de l'année 1872, le train 32 de la compagnie des chemins de fer de l'Est entrait en gare à Paris, arrivant directement de Nancy, où ses wagons de toutes classes s'étaient remplis d'hommes, de femmes et d'enfants ; des émigrants d'Alsace et de Lorraine.

Les pauvres gens abandonnaient le pays où ils sont nés, où reposent les cendres de leurs pères, où ils se sont mariés, où ils ont aimé, où, Français, on voulait du jour au lendemain les faire Allemands, Prussiens.

Certes, ils n'étaient pas sortis de leurs maisons, ils n'avaient pas vendu leurs petits biens aux étrangers et dit adieu pour toujours au vieux clocher sans chagrin, ni sans verser des larmes. Mais ils voulaient rester Français.

Nous étions au lendemain de l'année terrible ; la France commençait sa résurrection. Calme, réfléchie et toujours grande dans son malheur, elle comptait ses épargnes, afin de verser aux Allemands, qui occupaient encore plusieurs de ses départements, les cinq milliards de sa rançon.

Parmi ces braves gens qui arrivaient à Paris, où des sociétés patriotiques de secours s'étaient créées pour les recevoir, pour les nourrir, les habiller et leur trouver du travail, se trouvaient un vieillard aveugle et une jeune fille qui ne devait pas avoir plus de dix-sept ans.

Ils étaient du village de Lours, à trois lieues plus loin qu'Avricourt, où les Allemands ont tracé de ce côté la frontière française.

Le vieillard paraissait avoir soixante-dix ans. Sa barbe et ses cheveux étaient blancs comme la neige. Sa haute taille restait droite et semblait jeter un défi aux années. Il avait dû être fort et robuste. Son visage était calme et austère. Son sourire bienveillant, affectueux et doux, et les mouvements de sa physionomie exprimaient ce que son regard éteint ne disait plus. Habituée à le conduire, à l'écouter, à l'observer, à prévenir ses désirs, la jeune fille n'avait qu'à le regarder pour deviner sa pensée. Malgré sa cécité, après une noble vie de travail, Dieu semblait vouloir donner à cet homme une belle vieillesse.

La jeune compagne du vieil aveugle était bien la plus charmante et la plus gracieuse enfant qu'on pût voir. Sa taille, moyenne, était bien prise et pleine de souplesse. Elle portait une robe de laine noire dont le corsage ajusté permettait de deviner les trésors d'une gorge ravissante, la forme doucement arrondie des épaules, tout en laissant voir un cou délicieux. Son bonnet de crêpe, coquettement attaché sur le haut de sa tête, cachait à peine ses magnifiques cheveux d'un blond cendré, dont les longues nattes enroulées formaient plusieurs anneaux qui descendaient jusque sur le cou. Dénouée, cette merveilleuse chevelure devait tomber et ruisseler sur ses épaules comme l'eau d'une cascade et la couvrir ainsi qu'un manteau.

La coupe de son visage était d'un dessin très-pur, et les traits d'une finesse exquise. Les joues bien remplies, avec une teinte de rose fondue, avaient la fraîcheur de la fleur qui vient de s'épanouir et le doux velouté de la pêche mûre. Ses yeux grands, bien fendus et bien frangés de longs cils, étaient d'un bleu très-clair. Le regard profond, plein de lumière, avait une expression indéfinissable. C'était en même temps de la douceur, de l'étonnement naïf, et quelque chose de rêveur et de triste. La bouche, moyenne, aux lèvres vermeilles, était ornée de dents très-blanches, petites et bien alignées. Comme le regard, le sourire avait un charme, une suavité inexprimables.

Mais ce qui augmentait encore le ravissement, c'était le timbre délicieux de la voix, à la fois doux et argentin. Une lyre n'a pas de notes plus suaves, plus mélodieuses. Quand elle parlait, on prêtait l'oreille comme si on eût entendu une musique divine.

Son front, légèrement bombé, était haut et bien découvert. Le nez, petit, aux narines mobiles, était charmant. Les oreilles roses et transparentes, délicieusement bordées, s'attachaient délicatement à la tête. On voyait que ses mains mignonnes et blanches, aux doigts effilés terminés par des ongles roses, n'avaient pas été déformées par le travail des champs.

Tout cela était rehaussé et rendu plus attrayant encore par un air de véritable distinction, beaucoup de modestie et une adorable candeur d'enfant.

Dans son maintien, ses gestes, ses mouvements de tête, tout était grâce et provoquait une sorte d'enchantement. Enfin, près d'elle, il semblait qu'on respirât comme un parfum d'innocence et de pureté.

Elle se nommait Léontine.

Elle était descendue du wagon ayant à son bras un panier assez lourd, puis elle avait tendu son bras à l'aveugle pour l'aider à mettre pied à terre à son tour. Ensuite, le tenant par la main, ils suivirent la foule qui se précipitait vers la porte de sortie où se tenaient, d'un côté un employé de l'administration, de l'autre un agent de l'octroi de la ville.

Le vieillard avait la tête haute, immobile, et il marchait lentement, avec cette allure gênée et cette roideur particulière aux aveugles.

Arrivée dans la salle d'attente des bagages, la jeune fille regarda de tous côtés d'un air inquiet.

— Eh bien? fit le vieillard.

— Je ne vois personne encore, répondit-elle. Grand-papa, si M. Guérin n'avait pas reçu votre lettre?...

— Oh! c'est peu probable.

— Vous m'avez dit que M. Guérin était un homme de votre âge, reprit la jeune fille; je cherche en vain des yeux...

A ce moment, un jeune homme d'une tournure distinguée et fort bien de figure, qui n'avait pas plus de vingt-quatre à vingt-cinq ans, s'approcha du vieillard et de la jeune fille, tenant son chapeau à la main.

— Monsieur, dit-il en s'adressant à l'aveugle, vous êtes sans doute monsieur Blanchard, de Lours?

— Oui, monsieur, c'est moi.

— Vous avez écrit à M. Guérin pour lui annoncer votre arrivée à Paris. Depuis quelque temps M. Guérin est très-sérieusement malade...

— Guérin est malade! s'écria le vieillard interrompant le jeune homme; ah! si j'avais su!...

— C'est pour cela que je suis venu à la gare à sa place, envoyé par lui.

— Comment allons-nous faire? murmura la jeune fille.

— Rassurez-vous, mademoiselle; je ferai de mon mieux pour remplacer M. Guérin.

— J'en suis persuadé, répliqua l'aveugle; mais j'avais prié mon ami Guérin de s'occuper de notre installation; malheureusement...

— A la demande de M. Guérin, j'ai fait en cela aussi tout ce que j'ai pu pour que vous soyez satisfaits.

— Alors ?

— Je vais avoir l'honneur de vous conduire chez vous, rue de Lille, de l'autre côté de la Seine.

Le visage de Léontine parut s'épanouir.

Le vieillard tendit sa main au jeune homme en disant simplement ce mot :

— Merci.

Il y a des riens qui deviennent des événements importants et qui sont tout dans la vie. Cette rencontre, si naturelle et si ordinaire dans une gare de chemin de fer, allait décider de l'avenir de ce jeune homme et de cette belle jeune fille qui, sans l'horrible guerre et la maladie d'un vieillard, ne se seraient probablement jamais rencontrés.

— Avez-vous des bagages ? demanda le jeune homme à Léontine.

— Oui, monsieur, deux grosses malles, répondit-elle en lui présentant le bulletin du chemin de fer.

— Je me charge du soin de les retirer, dit le jeune homme en prenant le bulletin ; il ne faut pas, mademoiselle, que vous quittiez M. Blanchard. Mais il est inutile que vous restiez ici plus longtemps ; veuillez me suivre.

Ils sortirent de la salle d'attente. Le jeune homme appela par son numéro un cocher qui attendait dans la cour, assis sur son siége. La voiture vint se ranger près du trottoir, couvert, dans toute sa longueur, d'une magnifique marquise.

— Veuillez monter la première, mademoiselle, reprit le jeune homme en ouvrant la portière du fiacre ; M. Blanchard montera plus facilement ensuite en prenant votre main.

Un regard de Léontine le remercia de sa prévenance pour l'aveugle.

Quand il les vit bien installés sur les coussins de la voiture, le jeune homme s'éloigna.

— Ce garçon-là est tout à fait convenable, dit le vieillard à Léontine ; il a la voix très-sympathique. Quel âge peut-il avoir ?

— Je ne saurais le dire, mon père.

— Crois-tu qu'il ait plus de trente ans ?

— Oh ! non, il n'est pas aussi âgé.

— A-t-il une figure agréable ?

A cette question, Léontine rougit subitement. Certes elle n'aurait guère su pourquoi.

— Il m'a paru très-bien, répondit-elle, mais je l'ai à peine regardé.

L'aveugle resta silencieux. Il réfléchissait,

Un instant après les malles furent placées sur le fiacre.

— Monsieur Blanchard, mademoiselle, nous partons, dit le jeune homme en grimpant à côté du cocher.

La voiture roula sur le pavé.

— Tiens, où donc est-il? demanda le vieillard étonné ; est-ce qu'il nous a quittés ?

— Non, grand-papa, il s'est mis près du cocher.

— Décidément, murmura le vieillard, ce jeune homme est parfaitement élevé ; il montre un sentiment de délicatesse qui me donne de lui la meilleure opinion.

La jeune fille éprouva comme une sensation de plaisir. Son regard s'éclaira, un doux sourire effleura ses lèvres, puis, se penchant vers l'aveugle, elle l'embrassa sur les deux joues.

II

UN ÉPISODE DE L'ANNÉE TERRIBLE

La voiture s'arrêta rue de Lille devant la maison portant le numéro 62.

Le jeune homme sauta légèrement à terre et s'empressa d'ouvrir la portière. Les deux voyageurs descendirent. Le concierge de la maison était accouru pour se mettre à la disposition de ses nouveaux locataires et du jeune homme

— Monsieur Fabrice, lui dit ce dernier en prenant le panier de la jeune fille, je monte d'abord ceci et je reviens immédiatement pour vous aider à transporter les malles.

— Vous trouverez ma femme dans le logement, monsieur Pierre ; elle a fait tout ce que vous lui avez recommandé.

Le jeune homme se tourna vers la jeune fille, qui avait pris le bras de l'aveugle, et lui dit :

— Venez, mademoiselle, je vais marcher devant vous. Vous n'aurez guère à monter, le logement est au deuxième étage.

Ce logement, qu'on pouvait appeler un petit appartement, se composait de quatre pièces fraîchement décorées, bien éclairées, sans compter l'entrée de deux mètres carrés, sur laquelle donnaient trois portes : à gauche, la porte de la cuisine; en face celle de la salle à manger; à droite, celle d'une première chambre à coucher. De cette chambre on pénétrait dans une seconde pièce, laquelle avait une autre entrée dans la salle à manger, dont elle était séparée par un cabinet noir.

Chaque pièce était petite, mais gaie, bien aérée et confortablement meublée, quoique très-simplement.

Après avoir fait entrer les locataires dans la première chambre, le jeune homme leur dit :

— J'ai pensé que cette pièce devait être la chambre de M. Blanchard; mademoiselle Léontine n'a qu'à ouvrir cette porte pour être dans la sienne. Monsieur Blanchard, ajouta-t-il, je me suis conformé à vos intentions; pour la location du logement et pour l'ameublement, je n'ai point dépassé la somme que vous vouliez dépenser. J'ai eu soin, d'ailleurs, de suivre les conseils de M. Guérin, et j'ai fait de mon mieux.

Sur ces mots il les quitta pour rejoindre la concierge qui l'attendait en bas.

La jeune fille examina la chambre destinée à son grand-père et la trouva très-bien. Elle entra ensuite dans la sienne. Elle n'avait rien rêvé de si gracieux, d'aussi coquet; c'était un nid charmant, une véritable chambre de jeune fille. Il semblait que tous ses goûts eussent été devinés. Elle laissa paraître sa satisfaction dans le rayonnement de son regard, et quand un instant après le jeune homme reparut, elle le remercia vivement.

— Vous êtes contente, vous êtes satisfaite, mademoiselle, répondit-il un peu confus, je suis trop heureux.

Il fit entrer le vieillard et la jeune fille dans la salle à manger.

Sur la table, couverte d'une nappe, il y avait deux couverts.

Léontine lui adressa un regard plein de reconnaissance.

— Ah! lui dit-elle d'un ton gracieux, vous n'avez rien oublié, vous avez songé à tout!

— J'ai pensé, naturellement, que vous auriez besoin de prendre quelque chose tout en arrivant à Paris, répondit-il simplement, et j'ai voulu vous éviter l'ennui d'aller chez un traiteur. A la suite d'un long voyage on est fatigué, on a besoin de repos. J'ai prié madame Fabrice, la concierge de la maison, qui sera heureuse plus tard de vous rendre mille petits services, de vous préparer à dîner chez vous. Elle va vous servir.

— Avez-vous fait mettre trois couverts? demanda l'aveugle.

— Non, mon père, il n'y en a que deux, répondit la jeune fille.

LES DEUX BERCEAUX

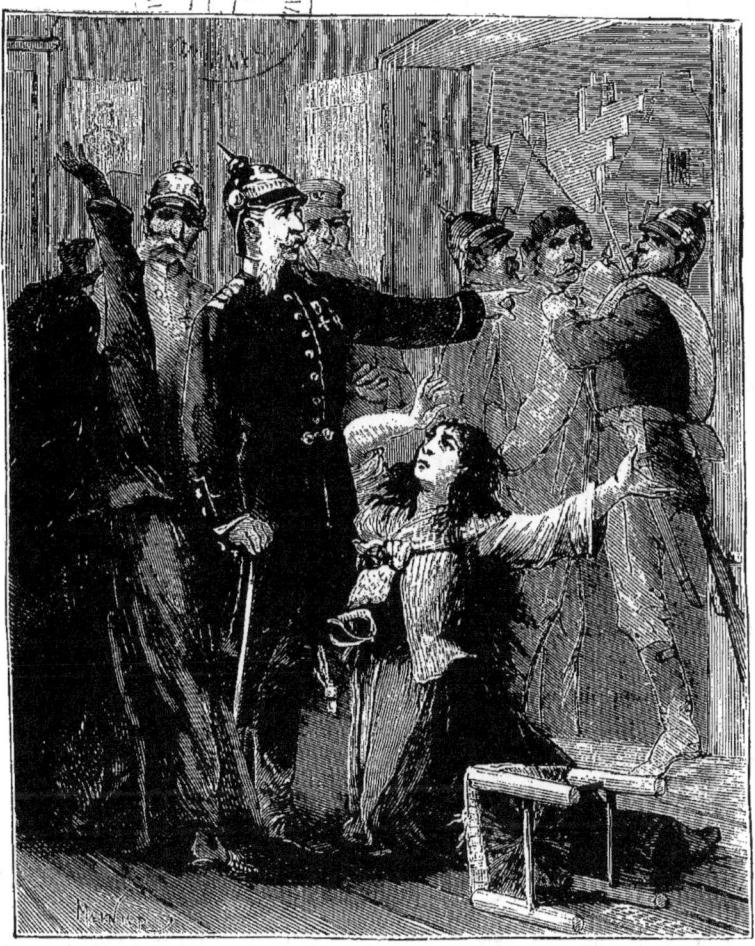

On ne lui permit même pas d'embrasser sa femme et sa fille. (Page 45.)

— Vous ne voulez donc pas prendre votre part du dîner que vous avez commandé? reprit le vieillard en s'adressant au jeune homme.

— Vous voudrez bien m'excuser, monsieur, répondit-il, mais je suis forcé de vous quitter. Je vous ai installés chez vous, ma mission est remplie.

— Nous ne trouvons pas quittes envers vous, ma petite-fille et moi, monsieur; j'espère que vous viendrez nous voir.

— Quelquefois, si vous voulez bien me le permettre.

— Oui, venez, nous vous recevrons comme un ami.

Il allait partir.

— Encore un mot, lui dit l'aveugle. Je ne suis pas indiscret, je pense, en vous priant de me dire votre nom.

— Je me nomme Pierre.

— Pierre? répéta le vieillard attendant un nom de famille.

Le jeune homme comprit.

— Monsieur Blanchard, dit-il tristement, je suis ouvrier et mes camarades de travail ne me connaissent que sous le nom de Pierre. J'ai un nom de famille, pourtant, le nom de mon père ; mais ce nom, je le cache... Je voudrais l'avoir oublié, car je ne le prononce jamais sans douleur. Mais à vous, monsieur, je le dirai.

— Non, non, répliqua vivement l'aveugle, je ne veux pas vous faire de la peine, gardez votre secret, mon ami.

— Pour vous, monsieur Blanchard, ce nom ne sera pas une révélation; je me nomme Pierre Ricard. Où est mon père? Je n'en sais rien. Ce qu'il a fait? Il ne m'appartient pas, à moi, son fils, de le révéler... J'incline mon front, je baisse les yeux et je me tais... Quand la justice des hommes a jugé, il ne doit plus y avoir que le jugement de Dieu!

— C'est bien, dit le vieillard avec émotion, vos paroles sont celles d'un garçon de cœur et d'un honnête homme. Monsieur Pierre, le vieil aveugle vous tend la main et vous appelle son ami.

Le jeune homme poussa un soupir, s'inclina respectueusement devant la jeune fille et se retira.

— Pauvre jeune homme! murmura le vieillard, il m'a remué jusqu'au fond du cœur.

— Il n'y a personne de véritablement heureux sur la terre, soupira la jeune fille, il a aussi son chagrin.

— Allons! allons! fit l'aveugle, éloignons de nous les horribles souvenirs. J'ai grand'faim, ma chérie, et puisque le dîner est prêt, mettons-nous à table.

Si l'épouvantable guerre de 1870, a été follement funeste à la France tout entière, elle a particulièrement et impitoyablement frappé nos populations de l'Est. Atteintes les premières par le fléau, c'est-à-dire par la dévastation, la destruction, la ruine, elles ont des plaies qui ne se cicatriseront jamais.

Que de familles plongées dans le deuil!

On se souviendra éternellement des morts, de tous ces héros inconnus tombés glorieusement en essayant de s'opposer à l'envahissement de la patrie, et on gardera aussi le souvenir de ceux qui les ont tués.

Ce vieillard aveugle et cette jeune fille que nous venons de voir arriver à Paris, étaient deux innocentes victimes de la guerre.

Leur histoire est navrante. La voici :

Antoine Blanchard était un riche cultivateur. Pendant plus de cinquante ans, il avait travaillé afin d'augmenter le patrimoine laissé par son père et qu'il devait transmettre à son tour à son fils unique, Philippe Blanchard. Celui-ci s'était marié et, après deux ans de mariage, sa femme lui avait donné une petite fille : Léontine.

Antoine Blanchard travaillait toujours. Mais un jour il fut atteint par une cruelle maladie. Malgré le savoir et les soins empressés des médecins appelés près de lui, il perdit la vue. Antoine Blanchard était fatalement condamné au repos. Léontine avait alors douze ans. Elle était à Nancy dans un pensionnat de jeunes demoiselles.

L'aveugle céda immédiatement à son fils la direction de la ferme.

Pendant trente ans, Philippe Blanchard avait eu sous les yeux les exemples de son père et appris à travailler avec lui. Il était depuis longtemps en état de le remplacer. Rien ne souffrit. Plusieurs bonnes années, au contraire, augmentèrent encore la prospérité de la ferme.

D'importantes et utiles réparations furent faites aux bâtiments de l'exploitation, qui se trouvèrent remis à neuf.

Au moment où la guerre fut déclarée, il y avait dans les écuries de la ferme huit beaux chevaux, douze bêtes à cornes, un superbe troupeau de près de deux cents moutons.

La fenaison terminée, les greniers se trouvaient chargés de fourrages. On allait commencer la moisson qui promettait d'être exceptionnellement abondante.

Chaque jour, venant de tous les côtés, on voyait passer les soldats : le matin un régiment de ligne, le tantôt de l'artillerie, le soir des dragons, des hussards, des cuirassiers ou des chasseurs. Tous, obéissant au devoir, se dirigeaient joyeusement vers la frontière.

On est patriote en France, dans l'Est surtout; ah! on ne doutait pas du succès. Admettre que les soldats de la France pussent être vaincus, ce n'était pas posssible ! On ne savait pas encore qu'ils allaient lutter un contre cinq.

Les premiers coups de canons furent tirés. Ce n'était rien. Peu de jours après, écrasé par le nombre, un brave général se fit tuer avec ses soldats, voulant défendre jusqu'à la dernière goutte de son sang l'entrée du territoire sacré. Les

Allemands passaient sur des cadavres et, comme des loups affamés, débordaient de tous côtés pour se ruer sur la France.

Puis vint la douloureuse journée de Reischoffen. Trahis de nouveau par la fortune, et luttant un contre cinq, nous l'avons dit, nos pauvres enfants ne purent empêcher l'invasion de passer.

Quand on apprit cela en Lorraine, en Champagne, en Franche-Comté et plus loin encore, ce fut une grande douleur à laquelle succéda un frémissement de colère. Et des hommes qui n'étaient pas des soldats, mais qui voulaient défendre leur pays, prirent leur fusil et se jetèrent dans les bois, les plaines, les buissons, les ravins, partout, pour tirer sur les Prussiens.

La poudre et le plomb étaient achetés pour un autre usage, mais on ne songeait plus au plaisir de la chasse. On voulait chasser, oui, les Allemands hors de France.

A l'approche de l'ennemi, Philippe Blanchard sentit son cœur se briser; son sang patriotique bouillonnait dans ses veines.

Un soir, il dit à son père :

— Mes camarades de Lours et des environs m'engagent à prendre mon fusil et à me joindre à eux pour aller recevoir l'ennemi. Dois-je les accompagner?

Le vieillard réfléchit un instant.

— Combien êtes-vous? demanda-t-il.

— Nous serons vingt.

— Vingt, c'est peu... Si j'avais encore mes yeux, vous seriez vingt et un. Va, mon fils. Aujourd'hui, tout homme valide doit son sang et sa vie à son pays.

Revenue de Nancy depuis un mois, Léontine était là, près de sa mère. Elle baissa tristement la tête et ne dit rien. La mère aussi garda le silence, et elle renfonça les larmes qui lui vinrent aux yeux.

Le lendemain matin, le franc-tireur embrassa son vieux père, sa femme et sa fille, puis partit.

Les Prussiens s'avançaient; les francs-tireurs les rencontrèrent à trois lieues de Lours; ils étaient au moins deux cents, un fort détachement. Les francs-tireurs les attaquèrent courageusement. Ils étaient vingt, ils en tuèrent plus de quarante.

L'ennemi, effrayé, et ne se trouvant pas assez fort, s'empressa de battre en retraite, emportant ses morts. Mais il reparut le soir même. Ils n'étaient plus deux cents, ils étaient quatre mille.

Philippe Blanchard et les autres francs-tireurs ne les avaient pas attendus.

Contents de leur journée, ils étaient revenus chez eux, ne se doutant pas des conséquences que leur attaque, plus patriotique que réfléchie, devait avoir.

Comme ils le firent pendant toute la durée de la guerre, les Prussiens procédaient déjà par intimidation ; partout sur leur passage ils laissaient l'épouvante. Leur système était bon, car ils pouvaient sans crainte, sans danger, rançonner et piller les populations terrifiées.

Comment surent-ils que Philippe Blanchard était un des hommes qui avaient tiré sur eux ? Nous l'apprendrons peut-être plus tard. Mais on sait qu'ils avaient des espions partout.

Leur première pensée, en arrivant à Lours, fut de se venger. Ils arrêtèrent Philippe Blanchard avant même qu'il eût soupçonné le danger qui le menaçait. Une sorte de conseil de guerre s'assembla et le fermier fut condamné à l'unanimité à être passé par les armes.

On ne lui permit pas de dire adieu à son père, ni d'embrasser sa femme et sa fille, qui se roulaient éplorées et sanglotant aux pieds des officiers allemands.

Philippe Blanchard fut immédiatement fusillé sur la petite place du village, devant la maison commune.

Ce n'était pas assez ; il fallait aux Prussiens une vengeance plus complète. Après s'être emparés des chevaux, des vaches, des bœufs et des moutons du fermier, ils mirent le feu à la ferme. Et pendant une partie de la nuit, ils firent de la musique, dansèrent et jouèrent à la flamme rouge de l'incendie.

Madame Blanchard, ramassée dans la rue sans connaissance, avait été recueillie dans une maison. Une fièvre violente s'était emparée d'elle et, dans le délire, elle n'avait plus conscience de son effroyable malheur.

En incendiant la ferme, les Prussiens ne s'étaient pas occupés du vieil aveugle qui, ne sachant rien encore de ce qui venait de se passer au village, s'était mis dans son lit. Le malheureux vieillard serait mort étouffé par la fumée ou brûlé vif, si Léontine, donnant la preuve d'une force admirable, d'un courage extraordinaire, n'était accourue à son secours.

Appuyé sur son bras, elle le fit sortir de la maison en feu.

A la vue de ce grand vieillard sans regard et de cette jeune fille si charmante les clameurs des incendiaires cessèrent. Ce qui est grand, ce qui est beau impressionne toujours, même les barbares ! Ils s'écartèrent pour les laisser passer. Et le vieillard et l'enfant, serrés l'un contre l'autre, s'éloignèrent du lieu sinistre pour se rendre au village.

Ils le traversèrent lentement. Aux gens effarés qu'elle rencontrait, la jeune fille disait :

— Savez-vous où est ma mère ?

Elle fit plusieurs fois la même question.

Enfin, une femme lui répondit :

— Venez, je vais vous conduire près d'elle.

Hélas! sa mère la vit et ne la reconnut pas.

Les balles qui avaient tué son mari l'avait frappée aussi. Elle mourut le lendemain. Le père et la mère de Léontine furent portés en même temps au cimetière.

Après cela, des jours et des mois s'écoulèrent. Il y eut l'armistice, puis on signa la paix, une paix imposée, qui abandonnait aux Allemands l'Alsace et la Lorraine.

Antoine Blanchard et sa petite-fille n'avaient plus d'habitation. Ils logeaient chez des étrangers. L'incendie avait dévoré leur mobilier, leur linge et toute la récolte de 1870. Il leur restait les champs en friche, parce que l'aveugle n'avait trouvé personne pour les cultiver.

Le moment arriva où, bon gré mal gré, il fallait devenir Allemand, à moins de vouloir rester Français. On appela cela l'option.

— Je suis Français, je ne veux pas être Allemand, pensa Antoine Blanchard.

Et il dit à l'enfant :

— Si tu veux, ma mignonne, nous vendrons tout.

— Vendons tout, répondit-elle.

— On m'offre trente mille francs comptant de la ferme, reprit le vieillard, bien qu'elle vaille plus du double de cette somme.

— N'importe, mon père, vendez.

— Un capital de trente mille francs bien placé ne donne qu'une rente de quinze cents francs, c'est peu pour vivre deux.

— A Nancy, j'ai appris à faire de la dentelle, je trouverai, je l'espère, le moyen d'occuper mes doigts.

— Où irons-nous ?

— Où vous voudrez mon père.

— Tu n'as pas de préférence ?

— Il me semble que je me plairais à Paris. Mademoiselle Ernestine de Lucerolle y demeure une partie de l'année. Mademoiselle de Lucerolle n'a qu'un an de plus que moi; nous nous sommes connues à Nancy, au pensionnat; elle me témoignait alors beaucoup d'amitié. Elle ne m'a certainement pas oubliée. J'irai lui faire une visite, elle parlera de moi à sa mère, et si madame la comtesse de

Lucerolle veut bien me recommander à quelques personnes, j'aurai tout de suite du travail.

— Soit, dit l'aveugle, nous irons à Paris.

Un mois après le domaine était vendu et Antoine Blanchard recevait trente mille francs.

— Je ne toucherai pas à ce capital, se dit-il, il sera la dot de Léontine.

III

UNE AMIE

Dès les premiers jours de leur arrivé à Paris, lorsqu'ils se trouvèrent tout à fait installés dans leur petit logement de la rue de Lille, Léontine songea à se procurer du travail. Elle tenait à assurer l'avenir et elle voulait entourer son vieux-père de tout le bien-être possible.

Un matin elle se présenta à l'hôtel de Lucerolle, rue de Grenelle-Saint-Germain.

Un domestique lui demanda son nom, et, après l'avoir fait entrer dans une antichambre, il alla prévenir mademoiselle de Lucerolle. Celle-ci ne tarda pas à paraître. Elle s'approcha de Léontine les bras ouverts, un sourire affectueux sur les lèvres.

Les deux amies de pension s'embrassèrent avec effusion, puis mademoiselle de Lucerolle prit la main de Léontine et la conduisit dans un élégant boudoir où elle se trouva en présence de la comtesse de Lucerolle.

On la fit asseoir et les questions commencèrent. On voulait savoir comment elle se trouvait à Paris, si elle y était venue pour longtemps, pourquoi elle portait un vêtement de deuil.

Encouragée par l'accueil affectueux et plein de bonté qui lui était fait, la jeune fille raconta à madame et à mademoiselle de Lucerolle comment le malheur l'avait cruellement frappée. Elle leur exposa ensuite l'objet de sa visite.

La comtesse était visiblement émue, de grosses larmes roulaient dans ses yeux.

— Oh! pauvre enfant, pauvre enfant! s'écriait-elle à chaque instant.

La jeune fille avait obtenu immédiatement non-seulement la sympathie, mais encore l'amitié de la grande dame.

Mademoiselle de Lucerolle pleurait silencieusement en serrant dans ses mains les mains de Léontine.

— Ma chère enfant, dit la comtesse, ce que vous venez de nous apprendre est épouvantable, horrible. Pauvre orpheline, j'admire votre courage et je suis fière que ma fille soit votre amie. Ah! vous êtes cruellement éprouvée, je vous plains sincèrement et de tout mon cœur. Presque ruinés par la guerre, aujourd'hui vous voulez travailler, c'est très-bien ; je vous approuve, et quand on connaîtra votre dévouement pour un vieillard aveugle, d'autres que moi s'intéresseront à vous et vous aimeront. Oui, ce que vous faites est très-bien, vous êtes à la hauteur de votre devoir... Je parlerai de vous à mes meilleures amies, je vous le promets, et puisque vous savez réparer les dentelles, vous aurez constamment du travail.

Allons, allons, ajouta la comtesse avec bonté, après de si grands malheurs vous avez le droit d'attendre des jours plus heureux. Espérez, mon enfant, espérez!

Léontine se leva pour se retirer.

Mademoiselle de Lucerolle voulait la retenir encore.

Elle s'excusa, disant qu'elle avait promis à son grand'père de ne pas être absente longtemps, et que, si elle tardait trop à rentrer, il s'inquiéterait.

— Vous avez raison, mon enfant, dit la comtesse; malgré le plaisir que nous aurions de vous garder, nous devons vous laisser partir. Mais vous reviendrez nous voir souvent; vous trouverez toujours ici un accueil amical. Nous passerons probablement tout l'été à Paris. Nous ne voulons pas aller encore en Lorraine cette année.

Mademoiselle de Lucerolle passa familièrement son bras sous celui de Léontine, et elles sortirent du boudoir.

Maman ne sera peut-être pas toujours à l'hôtel quand vous viendrez nous voir, dit Ernestine; alors c'est moi qui vous recevrai, et nous pourrons causer toutes les deux comme autrefois au pensionnat. En attendant que je vous reçoive, je vais vous montrer mon appartement. Comme cela, vous le connaîtrez déjà. Venez.

Elles traversèrent une première pièce. Mademoiselle de Lucerolle allait ouvrir la porte d'une seconde chambre, lorsque la voix d'un homme, qui devait être fort en colère, frappa leurs oreilles.

Toutes deux s'arrêtèrent. Ernestine paraissait vivement contrariée. Léontine

LES DEUX BERCEAUX

— Dis-le donc, ce mot, dis-le tout de suite, si tu n'es pas un lâche! (Page 59.)

recula jusqu'au milieu de la chambre, comprenant instinctivement qu'elle ne devait ni voir ce qui se passait à côté d'elle, ni l'entendre. Cependant elle entendit distinctement ces mots :

— C'est trop fort, on n'a pas idée d'une semblable audace!... Il y a certaines observations que ma mère ne se permettrait pas de me faire; certes, je n'admettrai jamais qu'elles viennent de vous. Vous abusez étrangement de l'intérêt qu'on vous témoigne ici. Je vous défends, vous entendez, je vous défends de me parler de ce ton, et je vous ordonne d'être plus respectueuse à l'avenir, si vous ne voulez pas que j'exige votre renvoi immédiat.

Une femme répondit d'une voix entrecoupée :

— C'est bien, monsieur, c'est bien, je ne vous dirai plus rien.

La porte de la chambre où ces paroles venaient d'être prononcées s'ouvrit brusquement.

Une femme déjà âgée sortit en sanglotant et en essuyant son visage baigné de larmes. Elle passa à côté des deux jeunes filles sans les voir. Cette femme devait être une domestique, quelque chose comme une femme de charge

Mademoiselle de Lucerolle la laissa passer sans lui rien dire; mais elle poussa un soupir, et son regard prit une expression de tristesse indéfinissable.

La domestique venait à peine de disparaître, lorsque, sortant à son tour de la chambre, un jeune homme se trouva en face de mademoiselle de Lucerolle.

Ce jeune homme pouvait avoir vingt-cinq ans. Il était grand, bien fait, et portait avec élégance son élégant costume d'homme du monde. Son visage, aux traits énergiques, était assez beau, mais d'une beauté commune, sans autre expression que la fierté et la rudesse. Ses yeux, d'un gris sombre, communiquaient au regard quelque chose de dur qu'on ne pouvait définir. Il avait le teint légèrement coloré et le front d'un dessin hardi. Sa moustache châtain foncé était de la même nuance que ses cheveux, qu'il portait séparés par une raie au milieu de la tête, selon la mode et le goût de ces jolis messieurs qui, lassés de s'entendre appeler petits-crevés, se laissent donner aujourd'hui le nom de gommeux. Ses lèvres étaient minces et pâles. Quand il souriait, ce qui ne lui arrivait pas souvent, son sourire devait être pâle comme ses lèvres.

Sans prononcer une parole, Ernestine arrêta ses yeux sur lui; son regard attristé contenait un reproche.

Il le sentit.

— Cette femme prend vis-à-vis de moi trop de liberté, dit-il brusquement.

Sa colère n'avait pas eu encore le temps de se calmer.

— Elle a été votre nourrice, répliqua la jeune fille d'un ton plein de douceur, elle nous a élevés tous les deux et elle nous aime.

— Si sa manière d'agir est de l'affection, elle peut se dispenser d'en avoir autant.

— On ne doit jamais se plaindre d'être trop aimé.

— Je n'ai pas besoin de l'amitié d'une servante.

— Ah! ce sont là de mauvaises paroles qui m'affligent profondément, plus encore peut-être que vos emportements. Parler ainsi d'une pauvre femme dont le dévouement est à toute épreuve, c'est mal, Léon, c'est bien mal !

Ces paroles, dites d'une voix émue et en même temps avec fermeté, produisirent sur le jeune homme un certain effet.

— Il paraît donc que j'aurai toujours besoin d'être grondé, dit-il d'un ton singulièrement radouci et en ébauchant un sourire.

Il fit quelques pas, se dirigeant vers la porte. Il vit alors Léontine, qu'il n'avait pas encore aperçue. En passant devant elle il la salua, pendant que son regard ardent semblait la dévorer.

Il sortit de la chambre en se disant :

— Voilà une bien belle fille ; c'est probablement une couturière, ou une modiste d'Ernestine ; il faudra que je sache où elle demeure. Elle serait une ravissante maîtresse !

Sous le regard du jeune homme, Léontine avait senti quelque chose de froid passer en elle, et éprouvé un malaise étrange. Elle ne pouvait se rendre compte de son impression ; mais les femmes ont un instinct qui ne les trompe jamais, qui les préviént d'un danger qu'elles peuvent courir, et les met en défiance.

— C'est mon frère, lui dit mademoiselle de Lucerolle.

— Ah ! c'est monsieur votre frère, balbutia-t-elle ; j'ignorais..... je ne savais pas...

— Il est de sept ans plus âgé que moi. Nous avons presque constamment vécu séparés l'un de l'autre ; c'est pour cela, sans doute, que je ne vous ai point parlé de lui autrefois. Pendant que j'étais en Lorraine, Léon achevait ses études à Paris.

— Vous ne lui ressemblez pas, ne put s'empêcher de dire Léontine.

— C'est une remarque qu'on fait généralement, répondit Ernestine, qui ne voulut peut-être pas interpréter autrement la pensée de mademoiselle Blanchard. Mon frère, continua-t-elle, est très-instruit ; il est docteur en droit ; malheureusement, il a le défaut d'être un peu susceptible et de se mettre trop facilement en colère..... Mais il n'a pas encore vingt-cinq ans, il se corrigera. Notre père, le comte de Lucerolle, qui est le meilleur des hommes, a rendu des services à la France comme diplomate ; il désire que son fils suive la même carrière que lui, et il espère lui faire donner bientôt une place de secrétaire dans une ambassade ou un consulat général. Le comte de Lucerolle est de ceux qui pensent que tout homme doit être utile à son pays et que la fortune ne saurait dispenser de travailler.

« Mais je ne veux pas vous retenir plus longtemps ! Venez, nous ne ferons que traverser les deux pièces de mon appartement, et nous nous retrouverons dans le corridor, devant l'escalier de la cour.

— Voici ma chambre, reprit Ernestine en faisant entrer mademoiselle Blanchard dans une délicieuse petite pièce, dont la fenêtre, ouvrant sur un jardin planté d'arbres centenaires et garnie de doubles rideaux, ne laissait pénétrer à l'intérieur qu'une lumière discrète.

— C'est frais, c'est joli, c'est charmant, dit Léontine en admirant les tentures de soie, les larges dentelles des rideaux du lit et la richesse de l'ameublement.

Elles entrèrent dans l'autre pièce.

— C'est mon petit salon, dit mademoisselle de Lucerolle ; c'est ici que je reçois mes jeunes amies, où je vous recevrai, continua-t-elle d'un ton gracieux, quand vous aurez un instant pour venir me voir. Quand je ne suis pas avec maman, c'est encore ici que je travaille. Voilà mon métier à tapisserie et mes dessins pour les ouvrages au crochet. Je fais aussi de la musique, tous les jours pendant une heure ou deux. Quand je suis fatiguée de mon piano, je prends mes crayons et je dessine. La prochaine fois que vous viendrez, je vous montrerai mon album. Nous avons des amis qui disent que je ne suis pas trop maladroite, mais ce sont des amis... Enfin, je m'occupe, et les heures et les jours s'écoulent vite. J'entends dire par des jeunes filles de mon âge qu'elles s'ennuient ; je ne comprends pas cela ; moi, je ne m'ennuie jamais.

— Vous n'avez rien à désirer, dit Léontine ; mademoiselle de Lucerolle est heureuse !

— Si, répliqua vivement la charmante jeune fille ; si, j'ai quelque chose à désirer.

Léontine la regarda avec surprise.

— Ce que j'ai à désirer, reprit mademoiselle de Lucerolle, en passant son bras autour de la taille de Léontine, c'est que vous soyez un jour heureuse aussi.

— Oh ! comme vous êtes bonne, comme vous êtes bonne ! murmura Léontine très-émue.

— A Nancy, je vous aimais déjà beaucoup ; mais aujourd'hui, quand vous avez tant souffert, je vous aime bien davantage ; tenez, je vous aimerai comme si vous étiez ma sœur.

Léontine ne put plus retenir ses larmes.

— Ah ! s'écria-t-elle d'une voix vibrante, je suis venue à vous en toute confiance, mais je n'espérais pas autant : vous me comblez de vos bontés.

Mademoiselle de Lucerolle l'entoura de ses bras, et, la tutoyant pour la première fois, elle lui dit en l'embrassant :

— Pour toujours je suis ton amie.

IV

AU CABARET

Anselme Guérin, l'ami d'Antoine Blanchard, qu'on appelait plus familièrement le père Guérin dans le quartier de Ménilmontant, où il habitait depuis plus de quarante ans, était un ouvrier serrurier. Né en Lorraine, il s'était assis sur les bancs de l'école primaire à côté d'Antoine Blanchard. Les deux vieillards étaient des amis d'enfance.

M. Blanchard s'adressa à lui, naturellement, pour le prier de s'occuper de son installation à Paris. Il lui envoyait en même temps la somme d'argent nécessaire aux premières dépenses.

Le père Guérin, retenu sur son lit par la maladie, après avoir donné ses instructions à ce jeune ouvrier qui s'était fait connaître à M. Blanchard sous le nom de Pierre Ricard, l'avait chargé de louer et de meubler le logement destiné à l'aveugle et à sa petite-fille.

Comme nous le savons, le jeune homme avait eu à cœur de répondre à la confiance que le père Guérin lui témoignait en cette circonstance.

Anselme Guérin avait appris son état de serrurier à Nancy, puis il était venu à Paris à l'âge de vingt-deux ans. Il entra tout de suite en qualité d'ouvrier serrurier chez MM. Corbon et Cie, rue Saint Maur, dont les ateliers de construction pour le bâtiment occupent plus de cent ouvriers. Apprécié par ses patrons, qui savaient ce que vaut un ouvrier actif, honnête, qui ne se dérange jamais, estimé et aimé de tous ses camarades d'atelier, Anselme Guérin ne chercha jamais à offrir ses services à une maison rivale, qui aurait pu augmenter le prix de son travail.

Au bout de vingt ans, il devint contre-maître de l'atelier de serrurerie ; puis, quand il eut soixante ans, comme il n'avait plus la force et la vigueur des bras, on lui confia la surveillance générale des divers ateliers. C'était une récompense méritée, un hommage rendu à toute une vie de travail.

C'est Anselme Guérin qui avait fait entrer dans l'un des ateliers de MM. Corbon et Cie Pierre Ricard, dont nous raconterons bientôt la touchante histoire.

Le jeune homme y était depuis cinq ans, et déjà on le considérait comme un des premiers ouvriers de la maison. Du reste, en le recommandant vivement aux patrons, le père Guérin l'avait désigné lui-même comme un futur contre-maître.

Pierre justifiait pleinement la bonne opinion que le vieux serrurier avait de son avenir et méritait qu'on s'intéressât à lui il n'avait pas de famille ; abandonné tout petit, il avait été élevé par charité. Mais, plein de cœur, le jour où il apprit ce qu'il était, il résolut de vaincre l'infortune.

A peine sorti de l'école, où il reçut l'instruction commune à tous les enfants des pauvres, il voulut apprendre un état. Dans ses mains encore bien faibles on mit une lime. Ce n'était pas assez pour lui ; le soir, après sa journée d'apprenti, il suivait les cours d'adultes de la ville. Il se perfectionna dans l'étude de la langue française ; il apprit l'histoire, la géographie, la musique vocale, le dessin, un peu d'architecture, la physique, la chimie, les mathématiques, l'anglais et l'allemand.

A dix-neuf ans, quand, présenté par le père Guérin, il entra chez MM. Corbon et Cie, il n'était pas seulement un ouvrier intelligent et habile, mais encore un jeune homme instruit, presque un savant.

Il n'était rien, il voulut devenir quelque chose.

Les autres ouvriers savaient qu'au lieu de fréquenter les cabarets il rentrait chez lui, s'entourait de livres et étudiait ; ils sentaient aussi la supériorité qu'il avait sur eux. Parmi ces derniers, plusieurs le regardaient de travers, le détestaient. Ceux-là étaient les envieux, les jaloux, les mécontents toujours, de ceux qui font le lundi, souvent aussi le mardi, qui se plaignent sans cesse de leur position et qui s'en prennent à tout, excepté à eux, de leur mauvaise fortune, de leur misère.

Pourtant Pierre était bon et affectueux pour tous ; ils étaient ses camarades, ses frères aux heures de travail ; il les aimait, et à l'occasion, quand il le pouvait, il leur rendait service.

Or, un mois environ après l'arrivée d'Antoine Blanchard à Paris, le père Guérin mourut.

Le jour des obsèques du vieil ouvrier, on ne ferma point les ateliers de la rue Saint-Maur ; mais la moitié des ouvriers fut autorisée par les patrons à accompagner l'ancien contre-maître à sa dernière demeure.

Anselme Guérin était connu et respecté : pendant toute sa vie il avait donné l'exemple du travail et de la bonne conduite : il y eut une foule nombreuse derrière son cercueil.

En tête on voyait Pierre, jeune ami du défunt, marchant à côté d'un grand vieillard aveugle qui tenait son bras.

Et tout le monde se demandait :

— Qui donc est ce vieillard aveugle ?

Pierre ne disait ses affaires à personne. Depuis quelque temps, il allait souvent rue de Lille, mais on ne le savait pas.

Anselme Guérin fut inhumé au Père-Lachaise, dans un caveau qu'il avait fait construire autrefois, lorsqu'il eut la douleur de perdre sa femme. En ce temps-là, l'ouvrier était presque riche. Il venait de mourir pauvre. Pourquoi ? Ah ! c'est bien simple : tout ce qu'il gagnait, il le donnait.

Il n'avait eu qu'une fille. Il la maria à vingt ans à un ouvrier qu'elle aimait et qu'il avait agréé, lui, parce qu'il le connaissait et le savait capable de rendre sa fille heureuse.

C'était un mécanicien. Un jour la chaudière d'une machine éclata ; le malheureux fut atteint et tué raide. Il laissait sa femme avec cinq enfants, dont le plus âgé avait huit ans.

Alors le père Guérin dit à sa fille :

— Tout ce que je possède est à toi dès aujourd'hui, et tout ce que je gagnerai encore sera pour élever tes enfants.

Il n'y eut pas de trop. Mais s'il ne resta rien, le père Guérin, voyant arriver sa dernière heure, eut la consolation d'avoir fait son devoir. Il ne laissait pas de misère après lui. Le dernier des orphelins était encore en apprentissage ; mais les quatre autres se trouvaient en état de gagner leur vie et de venir en aide à leur mère.

Voilà l'homme à qui venaient de dire un dernier adieu ceux qui l'avaient connu.

A la porte du cimetière, après avoir échangé des poignées de main avec quelques ouvriers, ses amis, Pierre monta avec l'aveugle dans une voiture de place pour le reconduire à son domicile.

La plupart des ouvriers pensèrent que, en retournant immédiatement à l'atelier, ils pouvaient faire encore trois ou quatre heures de travail. Huit ou dix ne furent pas de cet avis. Les patrons n'avaient point exigé qu'ils vinssent se remettre à l'ouvrage ; ils tenaient à jouir complétement du congé qui leur avait été accordé. D'ailleurs, après un enterrement, même quand c'est un parent qu'on a perdu, n'est-il pas d'usage de s'amuser et de trinquer au cabaret ? C'était leur raisonnement.

Ils laissèrent partir leurs camarades et ils entrèrent chez un des marchands de vin en face du cimetière. Ils demandèrent à boire et ils entourèrent une table, qui fut bientôt couverte de bouteilles.

On parla d'abord du père Guérin.

Un ouvrier ayant dit qu'il n'y avait pas à le regretter, que le vieux avait fait son temps, les autres ne crurent pas devoir émettre une opinion contraire.

La conversation tomba ensuite sur Pierre, le protégé du père Guérin.

— En voilà un qui ne me va pas, dit l'ouvrier qui venait de faire à sa façon l'oraison funèbre de l'ancien contre-maître ; je le hais...

— Voyons, Robin, qu'est-ce qu'il t'a fait?

— Hein? qu'est-ce qu'il m'a fait? Il m'a fait qu'il me déplaît. Voilà.

— Dis donc, on ne peut pas plaire à tout le monde. Pierre n'est pas un mauvais camarade, au contraire, et la preuve, c'est qu'il ne manque pas d'amis dans les ateliers.

— Parce que c'est un flagorneur, un diseur de belles paroles, et les autres se laissent enjôler comme des imbéciles qu'ils sont. Ah! on ne m'en conte pas, à moi... Monsieur, avec ses grands airs, se permet de nous faire de la morale... un blanc-bec! A-t-on jamais vu ça? Est-ce qu'il se croit plus que nous autres? Je me promets à l'occasion de lui dire, et au besoin de lui faire sentir, ce que je pense de lui.

Un geste et un regard farouche de Robin appuyèrent ses paroles.

— Moi, déclara un ouvrier, qui n'avait pas encore parlé, je n'ai rien à dire contre Pierre, je trouve, au contraire, que Robin est injuste envers lui.

— Tu le soutiens, toi! s'écria Robin.

— Oui, je le soutiens ; c'est mon droit et peut-être mon devoir.

— Alors j'ai eu tort de parler devant toi, Boyer ; je ne te savais pas de sa coterie.

— Ce n'est pas moi, tu le sais bien, qui irai rapporter tes paroles.

— Et quand tu irais lui raconter ce que j'ai dit, qu'est-ce que ça peut me faire?

— Non, je ne suis pas un mouchard, mais je tiens à te dire, Robin, ma façon de penser.

— Écoutez, camarades, ça promet d'être drôle.

— Robin, tu es jaloux.

— Jaloux, moi, jaloux de M. Pierre ! exclama Robin.

Et il se mit à rire aux éclats.

— Tu es jaloux de Pierre parce que tu voudrais être contre-maître et qu'il est probable que Pierre le sera avant toi.

Le regard de Robin eut un rapide éclair.

— Si ton M. Pierre devenait contre-maître avant moi, dit-il d'une voix creuse, ce serait une injustice des patrons ; le jour même je quitterais l'atelier.

— Est-ce qu'il n'est pas aussi digne que toi du choix des patrons?

— Non, car j'ai huit ans de plus que lui et je suis depuis dix ans dans la maison.

LES DEUX BERCEAUX

Elle jeta ses bras autour du cou du vieillard et se prit à sangloter. (Page 67.)

— Dis donc, Robin, il ne manque pas chez M. Corbon d'ouvriers encore plus anciens que toi. Mais ce n'est pas seulement parce que Pierre peut devenir un jour contre-maître que tu lui en veux. Je sais ce que tu lui reproches. Il est aussi bon ouvrier que toi, mais il a l'instruction, que tu n'auras jamais. Ah! dame, ça t'embête, car tu n'aimes pas à reconnaître la supériorité des autres. Je sais bien que tu peux dire: « Pierre est fier, il nous dédaigne, jamais il ne vient boire avec nous. »

« Pierre ne boit pas, il n'entre jamais chez un marchand de vins : chacun son goût. Il n'aime pas à s'amuser, à jouer aux cartes ou au billard ; il a des livres, il préfère passer ses soirées à lire, à étudier, à s'instruire ; c'est son affaire, cela ne regarde personne.

— Ah ! si Pierre était un mauvais compagnon, s'il disait du mal de celui-ci, de celui-là, s'il cherchait à leur faire tort, je ne prendrais pas sa défense ; mais tu as beau dire et beau faire, Robin, tu n'empêcheras pas Pierre d'être excellent ouvrier, un bon camarade et un brave garçon.

« Tenez, vous autres, je puis encore vous dire ceci, au risque de le mécontenter s'il apprennait que j'ai causé : quand j'ai été malade, il y a six mois, au plus fort de l'hiver, je me suis trouvé sans argent pour payer les médicaments du pharmacien ; sans pain et sans feu pour nourrir et chauffer ma vieille mère. Eh bien ! je ne sais comment Pierre a su ma détresse. Il est venu me voir un soir et, avant de s'en aller, il a mis deux pièces de vingt francs dans la main de ma mère. Il ne m'en a plus parlé depuis, et moi, sans cœur, je ne les lui ai pas encore rendues. »

« Je n'ai plus rien à vous dire. Si tu as quelque chose à répondre à cela, Robin, tu as la parole. »

Robin grimaça un sourire et se mordit les lèvres de dépit.

— C'est bon, fit-il avec aigreur, tout ça ne prouve pas grand'chose.

— Tu es difficile ; est-ce que ce n'est rien de venir au secours d'un camarade dans la peine ?

— C'est de la solidarité ; il faut bien que les ouvriers s'aident entre eux ; chacun de nous aurait fait cela.

— Soit ; mais, toi, mon vieil ami, tu ne l'as pas fait.

Robin se sentit piqué par ce reproche et il répondit avec humeur :

— D'abord, j'ignorais que tu fusses gêné ; et puis nous n'avons pas, comme M. Pierre, de l'argent à la Caisse d'épargne.

— Ça, c'est vrai, approuvèrent les autres ouvriers ; les temps sont durs et on a ses charges.

— Cela n'empêche pas d'être juste, répliqua Boyer, d'être reconnaissant quand on vous rend service, et de trouver bien ce qui est bien. Je n'étais pas l'ami de Pierre ; je le connaissais à peine ; je ne lui avais peut-être pas adressé deux fois la parole. N'importe, il s'est conduit envers moi comme s'il eût été mon meilleur ami. Certainement que c'est de la solidarité, comme dit Robin, mais cela prouve aussi que Pierre a bon cœur. Maintenant, j'ai de l'amitié pour lui ; je serais un lâche si je n'osais pas le dire. Et je n'aime pas, tu entends, Robin, je n'aime pas qu'on dise du mal de lui devant moi.

Robin haussa les épaules.

— Tu as ton idée, j'ai la mienne, fit-il. Pierre n'est qu'un *poseur* ; c'est tout de même un malin, car il sait cacher son jeu sous un masque d'hypocrite.

— Que veux-tu dire?

— C'est bien, je sais à quoi m'en tenir sur le compte de ton ami Pierre. Tu es libre de l'admirer tant que tu voudras, mais plus tard on verra...

Puis regardant sournoisement un jeune ouvrier déjà à moitié ivre, il ajouta :

— Je n'aurais qu'un mot à dire ici pour faire voir aux camarades que c'est une franche canaille.

Boyer bondit sur ses jambes, et, d'une voix frémissante de colère, s'écria :

- Dis-le donc, ce mot, dis-le tout de suite, si tu n'es pas un lâche!

Robin resta très-calme en apparence, mais son visage était devenu blême.

— Ce n'est pas toi qui m'empêcheras de parler, dit-il en lançant à Boyer un regard sombre.

Il lui tourna le dos et, s'adressant aux autres :

— Notre ami Thibaut, que voilà, a une très-jolie femme, n'est-ce pas?

— On ne peut pas dire le contraire.

— Je n'en connais pas de plus belle.

— Elle est charmante.

— Adorable.

— Vingt-deux ans à peine.

— Et des yeux, un regard... et des dents... Cré nom! Thibaut peut se flatter d'avoir de la chance. Heureux Thibaut!

— Oh! pas si heureux que ça! ricana Robin.

Les ouvriers l'interrogèrent curieusement du regard.

— Eh bien! voilà, reprit Robin en se dandinant sur son siége; je dis que ce n'est pas toujours un bonheur d'avoir une jolie femme : quand le mari est absent du logis, on lui fait la cour et elle devient la maîtresse d'un autre.

— Ah çà! voyons, est-ce que la femme de Thibaut?...

L'ivrogne, dont la tête était tombée sur la table, se redressa brusquement.

— Hein? fit-il d'une voix enrouée, qu'est-ce que tu dis donc, Robin?

— Que tu es aveugle, mon pauvre Thibaut, que ta femme te trompe et que le beau Pierre, le cher ami de Boyer, est son amant.

Thibaut devint subitement très-pâle, ses traits se contractèrent et un éclair fauve sillonna son regard. Il asséna sur la table un formidable coup de poing qui fit danser les verres et culbuta plusieurs bouteilles.

— Tonnerre! jura-t-il sourdement, si c'est la vérité, malheur, malheur à eux !...

Il se leva en chancelant, saisit son verre qu'un ouvrier venait de remplir et le lança violemment contre la muraille où il se brisa en mille morceaux.

Pendant un instant les ouvriers avaient été frappés de stupeur. Ils se regardaient avec anxiété.

— Ce que vient de dire Robin est une infâme calomnie! s'écria tout à coup Boyer, je le mets au défi de prouver ce qu'il avance. Pierre n'est pas de ceux qui volent les femmes des autres !

Thibaut n'écoutait et n'entendait plus ; il avait pris sa tête dans ses mains et marchait à grands pas dans la salle, pendant que des sons rauques s'échappaient de sa poitrine.

Robin s'était levé, l'œil étincelant.

— Toi, dit-il, en s'avançant vers Boyer, il y a une heure que tu m'agaces, je vais te payer tes insolences.

Et il leva son poing, prêt à frapper.

Deux ouvriers eurent le temps de se jeter entre eux.

— Ah çà! est-ce que vous allez vous battre, maintenant? dit l'un en repoussant Robin, pendant que l'autre entraînait Boyer.

— Non, vraiment, dit ce dernier, ce serait trop bête ; j'aime mieux m'en aller et laisser la place à Robin.

Il jeta une pièce de vingt sous sur la table en disant :

— Voilà pour payer mon écot.

Puis il ajouta :

— Au revoir, vous autres, je vous conseille de consoler Thibaut; ce que vient de dire Robin n'est pas vrai, j'en mettrais ma main au feu?

Sur ces mots, il sortit du cabaret.

V

SCÈNES INTIMES

Pendant que l'envie et la haine stupide et lâche essayaient de nuire à Pierre par des insinuations odieuses, ne craignant même pas d'employer la calomnie pour atteindre plus sûrement le but, le jeune homme causait avec M. Blanchard, dans la chambre de ce dernier, pendant que Léontine travaillait dans la salle à manger, assise devant la fenêtre ouverte.

La comtesse de Lucerolle avait tenu sa promesse. Depuis trois semaines la jeune fille avait autant d'ouvrage qu'elle pouvait en faire. Elle n'avait même pas à se déranger; on le lui apportait, et il arrivait de tous les côtés.

Sous ce rapport, l'avenir était assuré; en gagnant de trois à quatre francs par jour, elle n'avait pas à redouter les privations pour son grand-père. L'aveugle était toujours l'objet de ses constantes préoccupations. Elle avait pour le vieillard les soins, les attentions, les prévenances, la sollicitude inquiète et la tendresse d'une jeune mère pour son enfant.

Elle le quittait le moins possible, et, maintenant que les soirées devenaient belles, ils sortaient ensemble après le dîner, traversaient la Seine et faisaient le tour du jardin des Tuileries ou s'asseyaient sous les vieux marronniers.

Quand Pierre devait venir, on l'attendait, et il les accompagnait dans leur promenade, toujours la même.

Il semblait que le jeune homme ne pût plus vivre loin de M. Blanchard et de Léontine; aussi était-il rare qu'il laissât passer deux jours sans accourir rue de Lille.

L'aveugle avait facilement compris que ce n'était pas absolument pour lui tenir compagnie que le jeune homme venait si souvent. La véritable cause de son empressement et de ses assiduités se devinait. M. Blanchard avait assez de finesse et de pénétration d'esprit pour découvrir certain secret sans le concours de ses yeux. Il fut donc vite convaincu que Pierre était tout simplement amoureux de Léontine.

— Je trouve cela fort naturel, se dit-il; il a vingt-cinq ans, elle en a dix-sept, ils sont beaux tous les deux, il leur est bien permis de s'aimer... L'amour est ce qu'il y a de meilleur au monde! Pierre n'est pas riche, mais c'est un honnête garçon et un bon ouvrier, sans compter qu'il est beaucoup plus instruit qu'il ne veut le laisser voir. Il y a en lui quelque chose que je ne puis m'expliquer, mais ce n'est pas, assurément, un ouvrier ordinaire comme il y en a tant. Un ouvrier intelligent peut être patron à son tour; Pierre me paraît destiné à le devenir un jour. Pourquoi, si elle l'aime, ne serait-il pas le mari de Léontine? Je vieillis, je ne tarderai pas à m'en aller, et je ne voudrais pas la laisser, la chère mignonne, seule, sans protecteur. Sa dot est modeste, mais, dans des mains comme celles de ce brave garçon, elle fructifierait et pourrait devenir la base d'une belle fortune. D'ailleurs, tôt ou tard, il faut qu'elle se marie. Pas plus que l'homme, la femme n'est pas fait pour vivre seule; elle a besoin d'aimer et de se dévouer; Dieu a mis en elle des trésors de tendresse qu'il faut qu'elle dépense. Pour cela, il lui faut un mari et des enfants à chérir; c'est la loi de la vie... Des enfants? si, avant de mourir, je pouvais en avoir un ou deux sur les genoux, il me semble qu'ils me consoleraient de la mort des autres !

Ainsi raisonnait le vieil aveugle.

Mais comme Pierre se taisait, que Léontine ne disait rien, il imitait leur discrétion et gardait le silence.

Pierre se taisait parce que, comme tous les amoureux qui aiment sincèrement, il était timide et craintif.

Il n'avait pas été long à se rendre compte de ses impressions. Le plaisir qu'il éprouvait à venir rue de Lille, son trouble et les battements précipités de son cœur lorsqu'il était en présence de la jeune fille, lui avaient fait découvrir que sa vie était pour toujours attachée à celle de la gracieuse enfant, et qu'il ne pouvait plus y avoir de bonheur pour lui sans Léontine.

Mais son respect pour la jeune fille était si grand, qu'il enfouissait son secret au plus profond de son cœur, comme si l'amour pur, l'amour chaste, était un sentiment honteux. Quand il la regardait, ou plutôt quand il l'admirait, il tremblait de laisser échapper un mot qui pût troubler la sérénité de son âme. Souvent même il craignait qu'elle ne s'offensât d'un seul de ses regards.

Pour lui, Léontine n'était pas seulement la plus belle, la plus noble, la plus ravissante, la plus parfaite de toutes les créatures; elle avait un autel dans son cœur, et il l'avait élevée au rang d'une divinité.

Il la croyait pauvre, obligée pour vivre de recourir au travail de ses mains. Il la voyait entourer de soins et d'affection le vieil aveugle... Cela augmentait encore son respect et son admiration. Il ne l'aimait pas plus, c'était impossible, mais comme il la trouvait belle, comme il la trouvait grande!

S'il eût appris que la jeune fille avait un dot de trente mille francs, il eût été désespéré. Peut-être se serait-il condamné à ne jamais reparaître chez M. Blanchard.

En voyant cette jeune fille si dévouée près de ce vieillard infirme, il rêvait de partager son dévouement. En la voyant travailler comme la plus pauvre ouvrière, il souhaitait ardemment qu'il lui fût permis de travailler seul pour trois.

M. Blanchard était très-vivement affecté de la mort du père Guérin.

— C'est encore un bon qui vient de partir, dit-il à Pierre.

Et il lui raconta qu'ils étaient allés ensemble à l'école, comment ils s'étaient aimés dès l'enfance, et comment aussi leur amitié resta la même malgré leur éloignement et le temps, qui fait oublier tant de choses.

— J'ai vu mourir successivement tous mes amis, tous ceux que j'aimais, reprit le vieillard d'une voix émue, et ma pauvre orpheline n'a plus que moi pour la protéger contre les dangers de la vie, moi, un vieillard aveugle !... C'est triste, bien triste... Mais, enfin, si peu que je sois, je suis près d'elle, elle n'est pas seule au monde.

« Après la mort de mon fils et de ma belle-fille, après tout le mal fait à notre pays, à la France tout entière, après tant de sang répandu inutilement et de si grands désastres causés par cette guerre maudite, quand on a mon âge, on ne tient plus à la vie, on meurt sans regret, car la mort est l'oubli de tout, l'éternel repos. Et pourtant je voudrais vivre encore quelques années... pour elle ! Elle ne sait rien de la vie : elle est si jeune, si innocente !... On dit que le malheur est une école ; pas le sien, la chère petite : son malheur l'a frappée brutalement, comme un coup de tonnerre. Que lui a-t-il appris ? Que la guerre est une chose odieuse et barbare. Voilà tout. Elle a pleuré, et elle pleure toujours... Chère enfant, son cœur est si bon et si pur qu'elle n'a pas même de la haine pour ceux qui l'ont faite orpheline !

« Son avenir, son bonheur — car elle sera heureuse, j'en ai la conviction — me préoccupent sans cesse ; oui, je désire vivre encore ; je ne voudrais pas mourir avant de l'avoir mariée. Le jour où je mettrai sa main dans celle d'un brave garçon qui l'aimera, ah ! Pierre, ce jour-là le pauvre aveugle sera bien heureux ! »

Le jeune homme se mit à trembler très-fort.

Certes, il ne pouvait trouver une plus belle occasion pour laisser échapper le secret de son cœur. Il était seul avec M. Blanchard ; Léontine, dont la présence aurait pu paralyser sa langue, ne pouvait l'entendre. Et puis, les paroles du vieillard ne semblaient-elles pas l'encourager à parler ?

Il hésita un instant, puis parvenant à vaincre ses craintes :

— Si j'osais... balbutia-t-il.

— Eh bien ! si vous osiez ?... dit le vieillard, dont l'intention avait été de provoquer un aveu.

— Monsieur Blanchard, pardonnez-moi de me montrer si téméraire ; mais dussiez-vous me défendre de venir chez vous désormais, je ne dois pas vous cacher la vérité plus longtemps. Si je continuais à garder le silence, vous auriez le droit de suspecter mes intentions ; ce n'est pas ici, devant vous si loyal, et devant mademoiselle Léontine, qui ne sait pas ce qu'est le mensonge, qu'on peut se présenter avec un masque sur le visage.

« Monsieur Blanchard, continua-t-il d'une voix vibrante d'émotion, j'aime mademoiselle Léontine, je l'aime ardemment ; elle occupe mon cœur tout entier, et je lui ai donné toute mon âme. J'aurais dû, peut-être, vous dire cela le jour même où j'ai découvert que l'amour s'était emparé de moi. Je redoutais votre réponse. J'étais si heureux de venir ici, le soir, après ma journée, passer une heure délicieuse près de vous !

« Monsieur Blanchard, je vous ai ouvert mon cœur ; maintenant, je suis prêt à faire ce que vous m'ordonnerez. La tranquillité et le bonheur de mademoiselle Léontine sont tout. Si vous me dites : « Ne revenez plus, » vous ne me reverrez jamais !

— Pierre, dit l'aveugle, donnez-moi votre main, que je la serre dans la mienne. Elle tremble, votre main, c'est la preuve que vous venez de me dire la vérité... Pierre, vous avez raison en disant que la tranquillité et le bonheur de Léontine sont tout... tout pour moi. Vous l'aimez c'est bien. J'en suis content, parce que vous êtes un bon, un brave et un honnête garçon. Puisque vous avez été franc avec moi, je le serai avec vous. Depuis quelque temps, quand je suis inquiet sur le sort réservé à ma chère petite, je pense à vous, et je me suis dit souvent que je ne trouverai pas un meilleur mari à lui donner.

— Oh ! monsieur Blanchard !...

— Pierre, je connais une partie de votre vie ; Guérin, que je n'ai pu voir que deux fois pendant sa maladie, Guérin m'a longuement parlé de vous. Il aurait pu se dispenser de me faire votre éloge, je vous avais déjà jugé... Si l'aveugle ne peut voir avec ses yeux éteints, il écoute. Au timbre de la voix, à ses inflexions, il lit dans le cœur et il devine l'âme.

« Vous êtes un excellent ouvrier, Pierre ; les chefs de la maison où vous travaillez ont pour vous de la considération, je puis même dire de l'amitié ; un de ces jours, avant un an peut-être, vous serez contre-maître. Vous voyez que je suis bien instruit.

— C'est vrai, monsieur Blanchard ; mais M. Guérin ne vous a pas dit sans doute...

— Quoi ? J'ai parlé à Guérin de mes idées, de mes projets ; il a cru devoir ne me rien cacher de ce qui vous intéressait. Je sais que vous n'avez jamais connu votre mère, que votre père vous a abandonné presque au berceau.

LES DEUX BERCEAUX

Les jeunes gens se placèrent de chaque côté du vieillard, qui prit leurs bras. (Page 72.)

— Ah! ce n'est pas tout, monsieur Blanchard.

— Non, ce n'est pas tout! votre père, qui se nommait comme vous, Pierre Ricard, a été condamné pour vol à plusieurs années de prison.

Le jeune homme poussa un sourd gémissement et baissa la tête.

— Ah! s'écria-t-il avec désespoir, je porte un nom flétri, je ne suis pas digne d'être votre fils!

— Pierre, répliqua le vieillard en se redressant, vous pouvez lever haut la tête : la vie du fils, honnête et toute de travail, fait oublier celle du père !

L'aveugle sentit sur sa main les lèvres du jeune homme.

— Pierre, reprit-il avec émotion, je ne sais pas encore quelle est la pensée de Léontine ; ce soir même, je l'interrogerai : si elle vous aime, comme je veux l'espérer, elle sera votre femme.

— Mon cœur est en même temps plein d'espoir et rempli d'angoisse, dit le jeune homme.

Il se leva.

— Est-ce que vous partez? demanda l'aveugle.

— Je pars, monsieur Blanchard, vous avez fait pénétrer en moi une joie immense ; j'éprouve le besoin de me trouver seul avec mes pensées. Faudra-t-il revenir?

— Certainement.

— Avant que je sache?...

— C'est aujourd'hui vendredi, venez dimanche. Je ne vous écrirai pas, vous lirez la réponse de Léontine dans ses yeux.

Après avoir souhaité le bonsoir à l'aveugle et à la jeune fille, le jeune homme les laissa seuls.

— Grand-papa, vous avez causé bien longtemps avec M. Pierre, dit Léontine.

— Oui, répondit le vieillard en souriant ; il s'agissait de quelque chose de très-sérieux.

— Ah! fit-elle.

— M. Pierre me disait que son intention était de se marier.

— De se marier! répéta la jeune fille en faisant un mouvement brusque.

— Est-ce que tu ne crois pas qu'il puisse faire le bonheur d'une femme?

— Au contraire, mon père, répondit-elle d'une voix qui trembla légèrement, je suis persuadée que M. Pierre rendra sa femme très-heureuse.

— Je suis charmé de savoir que tu partages mon opinion.

— Et vous a-t-il dit le nom de la personne... qu'il épouse?

— Qu'il désire épouser, oui. Il l'aime véritablement ; seulement, le pauvre garçon ne sait pas encore si elle voudra de lui.

— Elle serait alors bien difficile, dit Léontine d'un ton animé. Comment se nomme-t-elle?

— Elle se nomme Léontine Blanchard.

— Moi! c'est moi! s'écria-t-elle. Ah! mon père, mon père!...

Elle jeta ses bras autour du cou du vieillard et se prit à sangloter.

— J'en étais presque sûr, dit l'aveugle ; ils devaient s'aimer !

VI

LA DOT DE LÉONTINE

Dans presque tous les ateliers, chantiers et manufactures de Paris, les ouvriers touchent chaque semaine le prix de leur travail. Le samedi est le jour de paye.

Or, le samedi soir, après la paye faite aux ouvriers de la maison Corbon et Cie, Boyer se trouva tout à coup en face de Pierre, qui l'attendait dans la rue. Il le salua et fit mine de vouloir s'éloigner. Mais le jeune homme lui tendant la main, il s'arrêta pour répondre à ce témoignage de sympathie.

— Mon cher Boyer, dit Pierre, vous avez peut-être hâte d'aller rejoindre quelques-uns de vos camarades ; s'il en est ainsi, je ne veux pas vous retenir.

— Non, répondit Boyer, je vais rentrer chez moi, près de ma mère, comme j'ai l'intention de le faire tous les soirs. Je ne veux plus boire, je ne veux plus aller chez le marchand de vin avec les camarades. Les camarades ! ajouta-t-il d'un ton amer, je n'en ai plus. Est-ce que vous avez quelque chose à me dire, Pierre ?

— Oui, Boyer, j'ai à vous remercier.

— A me remercier... de quoi ?

— Hier, paraît-il, Robin a parlé de moi avec malveillance.

— Ah! vous savez ça ?

— Oui. Vous étiez-là, Boyer, avec plusieurs autres. Vous avez tenu tête à Robin, qui ne m'aime pas, je le sais ; vous avez pris ma défense.

— Pierre, je ne vaux peut-être pas grand'chose, mais il y a encore là quelque chose qui bat dans ma poitrine ; je ne souffre pas qu'on dise du mal de vous devant moi. J'ai de la mémoire, allez ; je n'ai pas oublié qu'un jour que j'étais dans la peine, vous m'avez tendu la main.

— Mon cher Boyer, si vous voulez me faire plaisir, ne parlons pas de cela.

— Oh! je sais bien... quand vous avez rendu un service, vous ne voulez pas vous en souvenir.

— Boyer, quand un camarade n'est pas heureux et que je peux lui venir en aide, je le fais.

— Oui, en vous cachant.

— Cela se comprend, je ne suis pas assez riche pour pouvoir recommencer tous les jours.

— Non, non, ce n'est pas ça; vous ne voulez pas qu'on connaisse vos belles actions, voilà la vérité. Enfin, c'est bien, vous n'aimez pas qu'on vous parle de cela, mais vous ne m'empêcherez pas de penser que vous êtes un bon camarade, un cœur d'or.

Pierre lui tendit une seconde fois la main.

— Tenez, reprit l'ouvrier avec émotion en saisissant la main du jeune homme, je n'oublierai pas plus ceci que le reste. Pierre, entre nous, maintenant, c'est à la vie, à la mort; et si jamais vous avez besoin de Jules Boyer, je ne vous dis que ça...

— Oh! je sais que je peux compter sur vous, que vous êtes mon ami.

— Oui, oui, je suis votre ami.

— Hier, vous m'en avez donné la preuve.

— Hier, j'ai eu le courage de faire mon devoir.

— Robin a voulu vous frapper; si l'on ne vous eût séparés, vous alliez vous battre.

— Si Robin m'avait frappé, je ne sais pas comment cela se serait terminé; mais j'ai eu la bonne inspiration de m'en aller. Je ne suis ni un querelleur, ni un batailleur, moi; la nuit dernière, je n'ai pas pu dormir et j'ai réfléchi à ce qui s'est passé. Alors je me suis dit : Boyer, tu vois ce qu'on gagne à fréquenter les cabarets ; à partir de demain, il faut que tu fasses comme tous les ouvriers rangés et honnêtes qui aiment leurs parents, leur femme, et trouvent le moyen, avec ce qu'ils gagnent, d'élever plusieurs enfants. Tu rentreras chez toi tous les soirs, et le samedi tu remettras à la maman Boyer ta paye entière. Comme ça, quand tu voudras boire un litre de vin, tu le partageras avec ta mère, qui ne boit jamais que de l'eau. Eh bien! oui, voilà ce que je me suis dit, et vous verrez, Pierre, qu'il en sera ainsi. J'ai trente-deux ans, il est temps que j'aie de la volonté! La bonne vieille mère Boyer est économe; comme d'autres, elle portera de temps en temps quelque chose à la caisse d'épargne, et si un jour — on ne sait pas ce qui peut arriver — l'idée me vient de me marier, j'aurai un peu d'argent d'avance. Et puis, Pierre, je pourrai vous rendre ce que je vous dois.

— Boyer, répliqua vivement le jeune homme, je ne suis pas un prêteur d'argent; quand je partage ma bourse avec un ami malheureux, c'est un frère qui donne à son frère moins riche que lui.

Cette fois ce fut l'ouvrier reconnaissant qui prit la main du jeune homme et la serra dans les siennes.

— Robin dit que vous êtes un enjôleur, fit-il, et il interprète ce mot méchamment. Si vous êtes un enjôleur, c'est pour le bien et pour rendre meilleurs les hommes qui vous connaissent. Pierre, puisque vous savez que je me suis disputé hier avec Robin, vous a-t-on appris le sujet de la querelle?

— Non; on a parlé de cela dans les ateliers et, sans le vouloir, j'ai surpris seulement quelques paroles.

— Alors vous ignorez ce que Robin a dit?

— Oui, et je ne tiens pas à le savoir : je connais assez les sentiments de Robin à mon égard pour tout supposer; mais je ne me donnerai pas cette peine. Il peut vomir tout son venin, il ne m'atteindra pas.

— Pierre, je ne veux pas vous répéter ses paroles.

— Je ne vous le demande point, Boyer. Il me suffit de savoir que vous vous êtes indigné et que vous avez pris mon parti. C'est pour cela que je vous ai attendu ce soir; je tenais à vous serrer la main et à vous dire : Merci!

— Robin est jaloux; il voit bien que vous êtes instruit, distingué, que vous n'êtes pas un ouvrier comme les autres; eh bien! ça l'embête. Il se croit beaucoup et il ne veut pas admettre qu'on soit plus intelligent que lui, que quelqu'un lui soit supérieur. Cela seul explique son animosité contre vous, car vous n'avez jamais cherché à lui nuire, pas plus qu'à aucun de nous.

— Mon cher Boyer, dit Pierre, votre amitié me console de la haine de Robin.

Ils se séparèrent.

Le lendemain, à une heure, Pierre arrivait chez M. Blanchard. Il était troublé et son cœur battait encore plus fort qu'à l'ordinaire; il ne pouvait se défendre d'une certaine appréhension.

On l'attendait. Le père et la fille étaient encore à table. Au coup de sonnette qui retentit, l'aveugle dit :

— C'est lui.

Léontine en était sûre, elle avait reconnu son pas dans l'escalier. Elle se leva très-émue et alla ouvrir. Les deux jeunes gens se trouvèrent en face l'un de l'autre. Leurs regards se croisèrent. Aussitôt la jeune fille, rougissante, baissa les yeux.

Pierre ne doutait plus; il venait de lire son bonheur dans le regard de

Léontine. Elle lui offrait sa main frémissante. Il la prit et la baisa avec transport.

— Eh bien, venez donc, venez donc! cria l'aveugle en se levant.

— Ainsi, dit Pierre en entrant dans la salle à manger avec la jeune fille, vous ne me repoussez pas... Je ne puis en ce moment vous exprimer ce qui se passe en moi; c'est une joie immense, inconnue qui me pénètre. Quel délice! quel ravissement! C'est le ciel ouvert! Il me semble que vous êtes en moi!... Pour moi tant de bonheur!... Ah! comme vous serez adorée!... Léontine, ma vie est à vous, et devant votre aïeul, qui m'écoute et m'entend, le jure de la consacrer à vous rendre heureuse.

— C'est bien, mon fils, dit le vieillard, vous aurez le bonheur tous les deux : on est toujours heureux quand on s'aime. Confiants l'un dans l'autre, la main dans la main, sans vous quitter jamais, vous ne verrez dans la vie que des sentiers fleuris. Aimez-vous, mes enfants, aimez-vous toujours!

— Léontine, c'est donc vrai! s'écria le jeune homme avec exaltation, vous m'aimez!

La jeune fille leva sur lui ses beaux yeux humides et répondit :

— Oui, Pierre, je vous aime!

L'aveugle souriait. Il les voyait avec son cœur.

— Pierre, fit-il d'un ton affectueux, il ne faut pas tout vous dire, demain vous seriez obligés de répéter les mêmes paroles. Nous vous attendions pour prendre e café; n'est-ce pas, Léontine?

— Oui, mon père.

— Venez donc vous asseoir près de moi, Pierre. Nous avons encore à causer ensemble.

Le café était prêt à servir. La jeune fille le versa dans les tasses.

— Pierre, reprit l'aveugle, il y a une chose que je ne vous ai pas dite avant-hier et que je veux vous apprendre aujourd'hui : Léontine a une petite dot.

— Une dot? fit le jeune homme avec surprise.

— Laissez-moi continuer, mon ami. C'est le tiers, peut-être le quart de la fortune que ma chère petite-fille devrait avoir; mais si modeste qu'elle soit, cette dot existe. Je pourrais vous dire qu'une partie de la somme est à moi; mais si j'ai encore quelques années d'existence, ce que je souhaite, afin de voir votre bonheur, mes enfants, je n'aurai besoin de rien, car je vivrai près de vous, avec vous.

— Cher père, dit Léontine, si vous ne m'aviez plus près de vous, vous ne pourriez plus vivre.

— C'est vrai, répondit le vieillard, je ne pourrais me séparer d'elle. Enfin, Pierre, mon ami, la dot de Léontine est de trente mille francs.

— Trente mille francs! exclama le jeune homme en bondissant sur son siége; mais, M. Blanchard, je ne veux pas de dot!

— Elle est à Léontine, Pierre; il faut bien que vous la preniez en épousant ma fille.

— M. Blanchard, répliqua le jeune homme, cette somme est à vous, vous la garderez.

— Je viens de vous le dire, Pierre; vivant avec vous, je n'aurai besoin de rien.

— Trente mille francs, monsieur Blanchard, c'est une fortune!

— Autrefois, mon ami, c'était quelque chose, maintenant ce n'est presque rien. Vous verrez, et nous examinerons ensemble l'emploi le meilleur que vous pourrez faire de cette somme. Elle ne vous sera pas utile. Vous êtes jeune, intelligent, plein d'activité, vous avez le désir d'arriver; eh bien, c'est un premier capital si vous voulez travailler à votre compte ou prendre une part d'association dans une affaire industrielle. J'ai placé dernièrement quinze mille francs en rentes sur l'État, le reste de la somme est ici en or et en billets de banque. Voilà, mon ami, ce que je tenais à vous dire.

— Monsieur Blanchard, je croyais mademoiselle Léontine pauvre et je m'étais fait une joie de travailler pour vous et pour elle. J'espérais donner et c'est moi qui reçois. Si j'eusse soupçonné la vérité, M. Blanchard, je n'aurais jamais osé élever ma pensée jusqu'à mademoiselle Léontine.

— Pierre, on vous en estime davantage. Mais, assez sur ce sujet. Nous donnez-vous votre journée entière?

— Certainement, monsieur Blanchard.

— Le temps est très-beau, m'a dit Léontine, si vous le voulez, nous ferons une petite promenade.

— De grand cœur, monsieur Blanchard. Vous n'êtes pas allé encore au bois de Boulogne. Permettez-moi de vous y conduire. Nous prendrons une voiture; nous irons jusqu'à la cascade de Longchamps et nous reviendrons faire le tour des lacs.

— Votre programme me sourit, Pierre, ce sera une promenade charmante. Allons, Léontine, habille-toi, fais-toi belle; aujourd'hui, mon enfant, c'est le jour de tes fiançailles.

La jeune fille fut bientôt prête. Ils partirent.

C'était vraiment une belle journée d'été. Les acacias et les chèvrefeuilles étaient en fleurs ; la poussière n'avait pas encore souillé la verdure. Le bois était plein de rumeurs et de cris joyeux. Les promeneurs étaient nombreux et les jolies toilettes de saison rivalisaient de fraîcheur et d'éclat avec la verdure des arbres et les rayons du soleil. Des jeunes filles et des enfants aux pieds légers couraient sur toutes les pelouses. De tous les côtés, à travers les taillis, on voyait passer des couples amoureux. Il y avait aussi un grand mouvement de voitures. Les brillants équipages se croisaient sans cesse dans les larges allées.

Léontine était ravie, émerveillée.

— Si mon père pouvait voir tout cela, comme je serais heureuse! dit-elle tout bas à l'oreille de Pierre.

— Votre affection lui suffit, répondit-il.

Au bout d'un instant il reprit :

— Ne désirez-vous pas marcher un peu?

— Cela me serait très-agréable, répondit Léontine.

— Oui, oui, marchons un peu, dit l'aveugle.

Pierre fit arrêter la voiture et ils descendirent.

Les jeunes gens se placèrent de chaque côté du vieillard, qui prit leurs bras, et ils entrèrent dans une allée ombreuse réservée aux piétons.

Ils avaient fait à peine vingt-cinq pas, lorsqu'ils se trouvèrent tout à coup en face de madame et de mademoiselle de Lucerolle.

VII

RENCONTRE AU BOIS

La comtesse et sa fille avaient aussi quitté leur voiture pour marcher un instant.

Les deux jeunes filles laissèrent échapper en même temps un cri de surprise joyeuse. Spontanément elles se tendirent les mains et s'embrassèrent.

Pierre prit son chapeau à la main et s'inclina respectueusement devant la comtesse.

— Qu'est-ce donc? demanda l'aveugle.

— Grand-papa, répondit Léontine, nous venons d'avoir le bonheur de ren-

— Mathilde, ne vous effrayez pas; c'est moi, Édouard, votre fiancé! (Page 85.)

contrer madame la comtesse de Lucerolle et mademoiselle Ernestine de Lucerolle.

— Madame la comtesse, mademoiselle de Lucerolle, dit le vieillard en se découvrant à son tour, je bénis le hasard qui me permet de vous remercier en ce moment de l'intérêt que vous témoignez à ma petite-fille.

— Monsieur Blanchard, répondit gracieusement la comtesse, c'est de l'amitié, une amitié sincère que nous avons pour mademoiselle Léontine.

— Ma petite-fille ne m'a pas laissé ignorer combien vous êtes généreuse et bonne, répliqua le vieillard.

Les yeux de la comtesse s'étaient fixés sur Pierre et semblaient ne plus vouloir s'en détacher. Elle le regardait attentivement avec une curiosité pleine d'étonnement. On aurait dit qu'elle interrogeait son regard et étudiait les mouvements de sa physionomie.

Le jeune homme, troublé par cet examen de sa personne, avait baissé les yeux.

Cependant Ernestine ayant repris le bras de sa mère, celle-ci adressa un salut amical aux trois promeneurs et elle s'éloigna rapidement, entraînant sa fille. Elles rejoignirent leur voiture, qui les attendait à quelques pas.

— Où madame la comtesse désire-t-elle aller maintenant ? demanda le cocher.

— A l'hôtel, Constant, à l'hôtel, répondit la comtesse.

La voiture fila comme une flèche.

La comtesse restait silencieuse, elle paraissait agitée.

— Maman, est-ce que vous êtes souffrante ? demanda Ernestine.

— Nullement.

— Seriez-vous contrariée ?

— En aucune façon, ma chérie ; pourquoi me fais-tu ces questions ?

— Parce que vous ne me dites rien. Vous n'auriez peut-être pas voulu rencontrer Léontine et son grand-père ?

— Au contraire, Ernestine, j'ai été heureuse de les voir.

Après un court silence, la comtesse reprit :

— Qui est donc ce jeune homme ; qui les accompagne ?

— Je ne sais pas.

— Alors Léontine ne t'a jamais parlé de lui ?

— Jamais, maman.

— Il est fort bien, ce jeune homme ; il a beaucoup de distinction. Tu causais avec mademoiselle Blanchard, tu ne l'as probablement pas remarqué ?

— En voyant que vous le regardiez avec beaucoup d'attention, j'ai jeté les yeux sur lui.

— Est-ce que tu ne t'es pas aperçue qu'il a un air de ressemblance avec...

— Avec qui, maman ?

— Avec ton père.

— Non. Il est vrai que je l'ai à peine vu.

— Moi, j'étais en face de lui, j'ai pu l'examiner, cette ressemblance est vraiment frappante. Il est grand comme le comte de Lucerolle ; il a ses yeux, son regard, son air, jusqu'à son sourire. N'est-ce pas étrange ? La nature nous offre de singulières bizarreries.

— C'est vrai, chère mère ; on rencontre souvent une personne qu'on croit reconnaître, tellement elle ressemble à une autre.

— Un certain mirage des yeux a certainement aussi sa part dans ce phénomène, reprit la comtesse.

Et elle resta de nouveau silencieuse.

Toutefois, tout en s'expliquant les causes de la ressemblance, la comtesse restait impressionnée.

En arrivant à l'hôtel, elle dit à sa fille :

— Ernestine, tu ne parleras point à ton père, ni à personne de la rencontre que nous avons faite au bois.

— Maman, je garderai le silence, répondit la jeune fille.

A l'heure du dîner, la comtesse ne s'était pas remise encore. Elle toucha à peine aux mets qu'on lui servit. Elle était agitée, songeuse. A chaque instant elle arrêtait sur le comte, placé en face d'elle, son regard profond.

— Qu'as-tu donc, Mathilde ? lui demanda M. de Lucerolle ; pourquoi me regardes-tu ainsi ?

— Est-ce que je te regarde autrement que d'habitude ? répondit-elle en souriant.

— Non, ton regard a toujours la même douceur, le même charme, mais il me semble que tu es préoccupée.

— C'est une idée que tu te fais, Édouard.

— Vous êtes rentrées de bonne heure ; avez-vous fait une bonne promenade ?

— Charmante, mon ami.

— Ravissante, papa, ajouta Ernestine ; il y avait beaucoup de monde au bois, nous avons rencontré plusieurs personnes de connaissance. Nous avons laissé la voiture et marché pendant près d'une heure ; j'ai pris beaucoup de plaisir à courir sous les grands arbres, comme autrefois dans le jardin de la pension, aux heures de récréation.

— Enfin, tu t'es amusée ?

— Beaucoup, papa.

— Édouard, est-ce que Léon t'a prévenu qu'il ne dînerait pas avec nous ce soir? demanda la comtesse.

— Je n'ai pas vu Léon de la journée, répondit le comte d'un ton assez indifférent. Il est probablement en partie de plaisir à la campagne avec quelques amis. Il ne nous dit peut-être pas assez ce qu'il fait et où il va. Mais il n'y a pas là un sujet d'inquiétude. Ce n'est pas la première fois, d'ailleurs, que Léon ne se montre point à l'heure du dîner.

— Oh! je ne suis pas inquiète, dit la comtesse presque froidement.

Tout en sortant de table, madame de Lucerolle se retira dans sa chambre. Elle éprouvait le besoin de se trouver seule avec ses pensées.

— Ce qui se passe en moi est tout à fait étrange, se dit-elle : c'est une obsession continuelle dont je ne puis me débarrasser; il semblerait que je suis dans un état d'hallucination. J'ai beau me dire qu'il est puéril, ridicule même, d'attacher tant d'importance à un fait, singulier sans doute, mais qui n'en a aucune : la pensée m'y ramène toujours. Et sans cesse, devant mes yeux, je vois ce grand et beau jeune homme donnant le bras à un vieillard aveugle. Décidément, être ainsi approche de l'absurde.

Elle prit un livre, un roman d'un grand intérêt, dont elle avait commencé la lecture la veille. Elle espérait ainsi faire diversion à ses idées. Elle lut une page, puis elle ferma le livre et le jeta avec un mouvement de dépit sur la table où elle venait de le prendre.

— C'est là, murmura-t-elle en se frappant le front. C'est de la maladie; me voilà réellement hallucinée.

Sa tête se pencha lentement sur sa poitrine et elle se plongea peu à peu dans une profonde rêverie.

Elle resta ainsi absorbée jusqu'à dix heures.

Le timbre de la pendule la fit sortir de son rêve. Elle se leva et sonna sa femme de chambre. Celle-ci parut. Elle aida sa maîtresse à faire sa toilette de nuit, puis se retira.

— Le sommeil enlèvera mon agitation intérieure, le tumulte de mon cerveau, se dit la comtesse; demain, je ne penserai plus à cela.

Elle se mit au lit. Mais elle ne retrouva pas le calme de son esprit. Elle eut beau tourner son corps entre les draps, sa tête sur l'oreiller et fermer les yeux, la vision ne s'effaçait point. Elle attendait le sommeil, le sommeil ne vint pas. Le matin seulement, lorsqu'il faisait déjà jour, elle commença à s'assoupir. Mais ce fut un sommeil troublé, qui ne pouvait ni lui donner le repos, ni arrêter le désordre de ses pensées.

Cependant, en se levant, il lui sembla qu'elle était plus calme; elle cherchait à se faire illusion. D'ailleurs, en s'occupant de certains détails intérieurs de la maison, en donnant des ordres aux domestiques, elle put se distraire un peu. Ensuite elle passa deux bonnes heures avec sa fille, causant de mille choses. Par instants, elle se montra fort gaie. Elle fit de la musique avec Ernestine, ce qui lui arrivait rarement.

La journée s'écoula assez rapidement.

Après le dîner, se trouvant seule dans le salon avec sa fille, elle lui dit tout à coup :

— Quand mademoiselle Blanchard viendra-t-elle te voir ?

— Je ne sais pas, maman ; vous savez qu'elle est venue jeudi dernier.

— J'ai vraiment une très-grande amitié pour cette jeune fille ; nous ne la voyons pas assez souvent.

— Léontine travaille ; presque toutes vos amies se sont empressées de lui faire porter de l'ouvrage, et elle est très-pressée en ce moment.

— N'importe, je voudrais la voir, je désire causer avec elle.

— Je puis lui écrire.

— Non. Demain matin tu l'enverras chercher.

— A quelle heure ?

— Vers neuf heures.

— Je vous promets de ne pas oublier.

— Quand elle sera arrivée, tu l'amèneras dans ma chambre, et tu nous laisseras ensemble.

— Oui, chère mère.

La curiosité, tel est le sentiment unique qui faisait agir madame de Lucerolle. Frappée de cette ressemblance, qu'elle trouvait extraordinaire, entre son mari et le jeune ouvrier, elle désirait savoir qui était et ce qu'était ce jeune homme.

La comtesse était bien loin de soupçonner la vérité.

VIII

COUSIN ET COUSINE

Mathilde de Frangis était née en Bretagne, au château de Coüerdec. Ayant perdu sa mère de bonne heure, elle fut élevée par son père, homme fier, froid, sombre souvent, absolu dans ses volontés parfois trop capricieuses, et entêté comme tous les descendants des anciens Armoricains.

L'enfance de Mathilde fut triste et sa première jeunesse sans joie.

A peu près sevrée de caresses, car son père n'avait pour elle qu'une tendresse de commande, la jeune fille fut contrainte de se renfermer en elle-même. Mais douée d'un cœur excellent, les sentiments exquis qui existent en germe chez toutes les jeunes filles, se développèrent heureusement dans le cœur de mademoiselle de Frangis et firent d'elle une femme accomplie.

Repoussée en quelque sorte par la froideur et le caractère excentrique de son père, ne pouvant satisfaire près de lui son extrême besoin d'expansion, elle aima les oiseaux, les fleurs, la nature tout entière. C'est avec les fleurs qu'elle se consolait de ses petits chagrins ; c'est aux oiseaux et au murmure des ruisseaux qu'elle disait ses petites amertumes.

M. de Frangis n'était pas riche. Il vivait fort modestement avec les revenus de son domaine de Coüerdec et d'une autre ferme ; en tout sept ou huit mille francs.

Depuis plus de dix ans, le château tombait en ruine et M. de Frangis se dépitait de ne pouvoir relever une aile écroulée ni même boucher certaines brèches aux murs. Il n'avait jamais trouvé le moyen d'économiser mille francs sur dix mille au moins, qui étaient nécessaires pour les réparations les plus urgentes.

Une semblable situation désolait le gentilhomme pauvre et contribuait à l'assombrir.

Il y avait bien quelque part, dans le midi de la France, une vieille parente presque millionnaire, sur l'héritage de laquelle il comptait ; mais la vieille baronne d'Aigreville, qui devait avoir plus de quatre-vingt ans, ne se pressait pas de faire le bonheur de M. de Frangis en s'en allant dans l'autre monde.

M. de Frangis aurait pu facilement contracter un emprunt, même en escomptant d'avance l'héritage de l'éternelle baronne ; mais il était bien trop fier pour cela. Et puis, ce qu'il avait encore plus en horreur que sa pauvreté, c'étaient les dettes.

Il avait cherché autrefois le moyen de s'enrichir, il ne l'avait pas trouvé. Au contraire, le résultat de ses belles tentatives lui avait valu une vingtaine de mille francs de dettes, qu'il dut payer. Il jugea, dès lors, qu'il avait acquis suffisamment d'expérience.

Un jour, la comtesse de Lucerolle, sa sœur, morte depuis, lui proposa de lui faire prêter par son mari la somme qui paraissait être nécessaire. Il repoussa cette offre avec hauteur, disant qu'il aimerait mieux se couper la main plutôt que de toucher à de l'argent emprunté.

Si bien que le vieux manoir s'en allait pierre par pierre. Et M. de Fragis attendait toujours la mort de la baronne d'Aigreville.

Le comte de Lucerolle avait un fils unique. Édouard de Lucerolle était de quelques années plus âgé que mademoiselle de Frangis, sa cousine germaine. Le vicomte de Lucerolle était un jeune homme sur qui on pouvait fonder de grandes espérances. La fortune de son père était considérable ; mais comme il est du devoir de tout homme de travailler et de se rendre utile à son pays, le jeune vicomte, ne voulant pas rester oisif, se destinait à la diplomatie ; il avait fait de très-brillantes études et siégeait au Conseil d'État en qualité d'auditeur, attendant qu'il fût attaché à une ambassade.

Le comte de Lucerolle et son fils vivaient à Paris ; ils voyaient très-rarement M. de Frangis, qui ne quittait jamais Coüerdec. Le cousin et la cousine se connaissaient à peine.

Or, à l'époque des vacances, au moment de partir pour le château de Lucerolle, dans la Meurthe, le vicomte Édouard proposa à son père de faire d'abord une petite excursion en Bretagne. Il désirait voir son oncle et sa jeune cousine, qui devait être bien grandie depuis trois ans.

Le comte n'avait aucune raison pour ne pas accéder au désir de son fils. Ils se mirent en route pour Coüerdec.

Édouard trouva, en effet, Mathilde bien grandie. Il ne remarqua pas avec moins de plaisir qu'elle était bien embellie.

Mathilde avait dix-huit ans. La douce fleur de l'amour était prête à éclore dans son cœur.

Un regard tendre, plein d'admiration, et deux baisers sur ses joues roses lui causèrent une émotion délicieuse, toute nouvelle. A son tour elle remarqua que son cousin était tout à fait bien, et aussitôt eut lieu l'éclosion de la fleur mystérieuse dont nous venons de parler. Son cœur en fut parfumé.

Ils s'aimèrent. Et comme entre parents on est plus hardi, ils ne laissèrent pas écouler huit jours sans s'être avoué mutuellement leur amour et s'être juré, en unissant leurs mains, de s'aimer toujours.

Le comte avait fixé d'avance le terme du séjour qu'ils feraient à Coüerdec. Mais le vicomte n'ayant nullement l'air de s'ennuyer, il n'eut pas le courage de lui rappeler si vite qu'on les attendait à Lucerolle. Ils devaient rester une semaine ; une seconde semaine se passa, puis une troisième.

— Mon fils paraît se plaire beaucoup à Coüerdec, si dit le comte ; il me semble pourtant que le séjour de Lucerolle est plus agréable.

Le soir il lui dit, en présence de Mathilde et de M. de Frangis :

— Édouard, nous partirons demain pour Lucerolle.

Le jeune homme ne fit aucune objection. Il jeta les yeux sur Mathilde et vit qu'elle était devenue très-pâle et que de grosses larmes roulaient dans ses yeux.

Dès qu'il se trouva seul avec son père, il lui dit :

— Cher père, vous avez décidé que nous partirions demain ; vous devez être, en effet, impatient de vous trouver à Lucerolle. Mais avant notre départ j'ai une confidence sérieuse à vous faire.

— Oh ! oh ! fit le comte, de quoi s'agit-il donc ?

— Cher père, j'aime ma cousine.

Le comte regarda fixement son fils.

— Avant notre départ, continua le jeune homme, je désire que vous demandiez à mon oncle, pour moi, la main de sa fille.

— Édouard, tu me conseilles une démarche grave. As-tu suffisamment réfléchi ?

— Oui, mon père.

— Tu n'en as guère eu le temps, et je crains...

— Que craignez vous, mon père ?

— Que tu ne te sois épris un peu vite et que la demande que tu me charges de faire ne soit un peu précipitée.

— Mon père, répliqua vivement le jeune homme, j'ai interrogé mon cœur ; si je n'étais pas absolument sûr de moi, je ne vous aurais point parlé aujourd'hui de mon amour pour Mathilde.

— C'est bien. Ta cousine sait-elle ?...

— Les sentiments de Mathilde répondent aux miens.

— En ce cas, c'est tout à fait sérieux. Mathilde est une adorable jeune fille ; elle sera une épouse charmante et bonne. Je n'ai pas été sans découvrir quelques-unes de ses précieuses qualités, et il me semble difficile de trouver une femme plus parfaite. J'approuve donc ton choix. Votre mariage enlèvera à M. de Frangis un de ses grands soucis et sera en quelque sorte une réparation des ingratitudes de la fortune à son égard. Demain je parlerai à ton oncle, et, s'il n'y voit pas d'empêchement, dans six mois Mathilde sera ta femme.

Quand, le lendemain, le comte de Lucerolle demanda à M. de Frangis la main de sa fille, le vieux gentilhomme ouvrit de grands yeux ; il ne pouvait en croire ses oreilles. Mais quand il fut bien convaincu que c'était sérieux, il prit les mains du comte et les serra dans les siennes à les briser.

Puis d'une voix émue :

— Mon cher comte, dit-il, vous connaissez ma position : Mathilde n'a pas de dot.

Le comte répondit noblement :

Édouard et Mathilde se virent tous les soirs dans le parc du château. (Page 86.)

— Je suis assez riche pour que mon fils prenne une femme selon son cœur. Ces paroles sont celles qu'a prononcées mon père lorsque j'ai épousé mademoiselle de Frangis votre sœur. Dans notre famille, vous ne l'ignorez pas, mon frère, on ne fait pas de mariages d'argent.

Il fut convenu qu'au mois d'avril suivant les jeunes gens seraient mariés.

Au moment de quitter Coüerdec, le vicomte de Lucerolle mit un baiser sur le front radieux de sa belle fiancée. Il partit, laissant l'espoir et la joie dans le vieux château.

On devait s'écrire souvent et se revoir plusieurs fois pendant les huit mois qui devaient s'écouler avant le mariage.

Mais dans l'espace de huit mois, que d'événements peuvent s'accomplir !

Au commencement d'octobre, le comte et son fils étant encore à Lucerolle, la vieille baronne d'Aigreville mourut. Par un caprice inexplicable de vieille femme, elle avait testé en faveur du vicomte de Lucerolle, qu'elle faisait son légataire universel, au détriment de M. de Frangis et de Mathilde, qui avaient un droit égal à sa succession.

En apprenant cela, M. de Frangis entra dans une colère épouvantable. Il cria à l'injustice. C'était un testament inique ; il parlait de captation et menaçait d'intenter un procès.

Sa fille eut beau lui représenter que le vicomte de Lucerolle était absolument innocent, et qu'il ne pouvait, sans être injuste lui-même, le rendre responsable de ce qu'avait fait leur vieille parente, il ne voulut rien entendre.

— D'ailleurs, ajouta la jeune fille, l'injustice sera réparée, puisque dans quelques mois je serai la femme de mon cousin.

— Jamais ! jamais ! exclama-t-il avec rage.

— Mais, mon père, Edouard m'aime, nous nous aimons...

— Jamais tu ne seras sa femme, entends-tu ? jamais ! Tu cesseras de l'aimer, je le veux, je te l'ordonne !... Je ne veux plus entendre parler de gens-là. Ce que tu appelles la réparation d'une injustice serait pour nous une nouvelle humiliation, un autre affront !

M. de Frangis ne raisonnait plus, sa colère l'aveuglait, il était fou.

La jeune fille comprit qu'elle se briserait inutilement en essayant de lutter plus longtemps contre la volonté de son père.

La pauvre enfant versa des larmes brûlantes. Cependant, pleine de confiance en son cousin, elle n'était pas complétement desespérée.

XI

FILLE ET MÈRE

En déclarant à sa fille qu'elle ne serait jamais la femme du vicomte Edouard, M. de Frangis avait résolu de s'opposer au mariage, d'empêcher les jeunes gens de se revoir et de reprendre la parole qu'il avait donnée au comte de Lucerolle. On peut juger par cela du degré de tendresse qu'il avait pour sa fille. Il la sacrifiait froidement à son ressentiment et ne s'apercevait même pas qu'il faisait deux victimes de deux innocents.

Il écrivit à son beau-frère une lettre dans laquelle, en termes assez peu courtois, il lui déclarait nettement que l'union projetée entre Édouard et Mathilde était devenue impossible ; qu'en conséquence, il pouvait considérer comme nul tout ce qui avait été dit à Coüerdec touchant cette alliance.

Après avoir lu cette lettre, qui était une véritable injure pour son fils et pour lui, le comte se sentit profondément blessé. Puis, haussant les épaules :

— C'est un fou qui m'écrit cela ! fit-il.

Après avoir hésité à communiquer la lettre au vicomte, il se décida à la lui mettre sous les yeux.

Le jeune homme fut consterné.

— Mais c'est impossible, s'écria-t-il, mon oncle ne peut faire cela, il n'en a pas le droit !

— Mon ami, dit le comte, M. de Frangis donne une fois de plus la preuve qu'il n'a pas le sens commun ; sa fille est véritablement bien à plaindre.

— Non, non, je ne puis croire que mon oncle veuille le malheur de sa fille et le mien. Il a l'humeur chagrine, le caractère aigri, mais ce n'est pas un méchant homme. Je vais partir pour Coüerdec et je saurai bien le ramener à de meilleurs sentiments.

— Mon cher Édouard, répliqua le comte, tu ne connais pas M. de Frangis ; rien n'est comparable à son entêtement : il a dit : Je veux cela ; devrait-il voir expirer sa fille de douleur, par amour-propre, par orgueil, il ne se démentira pas.

— C'est une raison de plus pour que j'aille à Coüerdec, mon père. Oh ! mon cœur se brise à cette pensée que Mathilde est désolée, qu'elle souffre !...

— Si, comme je le suppose, Mathilde a connaissance des nouvelles idées de son père, elle doit avoir, en effet, beaucoup de chagrin ; mais elle sait que tu l'aimes et que, moi aussi, j'ai de l'affection pour elle ; elle se consolera et elle s'armera de courage, de patience en se disant qu'elle peut toujours compter sur nous. Je ne veux point que tu ailles à Coüerdec ; d'abord parce que tu ferais ce voyage inutilement ; M. de Frangis ne te recevrait pas. Ensuite ce serait augmenter la colère de l'irascible vieillard. La prudence te conseille d'attendre. M. de Frangis se calmera.

— Étant donné le caractère de mon oncle, vous avez raison, mon père ; mais je ne puis laisser Mathilde dans le doute : je veux lui écrire ; je veux qu'elle sache que rien ne saurait détruire l'amour qu'elle a fait naître en moi.

— C'est une bonne pensée, que j'approuverais certainement, si ta lettre devait lui parvenir ; mais ne te fais pas illusion à ce sujet, M. de Frangis l'arrêterait au passage.

— Que faire, alors, que faire ?

— Attendre, je te l'ai dit. Laisse passer la colère de ton oncle.

— Et dire que tout cela vient d'une misérable question d'argent ! reprit le jeune homme d'un ton douloureux. Madame d'Aigreville a eu une pensée funeste en me faisant son légataire universel. Est-ce que j'avais besoin de son héritage ? N'était-il pas plus juste qu'elle donnât tout à mon oncle, qui est pauvre ? Il ne s'en cachait pas, il avouait franchement qu'il comptait sur cette succession pour faire restaurer son vieux château.

— C'est peut-être bien parce qu'il l'a trop dit que la baronne l'a déshérité.

— Eh bien ! mon père, je veux réparer le tort que baronne d'Aigreville a fait à mon oncle.

— En épousant ta cousine, c'est convenu.

— En renonçant en faveur de mon oncle à l'héritage de notre parente.

Le comte hocha la tête.

— C'est encore une bonne pensée, dit-il, mais M. de Frangis ne la comprendrait pas. Il méconnaîtrait ta générosité et verrait une offense dans ta renonciation.

— Cela est affreux, mon père. Ainsi, voilà ma cousine à la merci d'un despote et je ne puis rien faire pour elle !

— Rien, pour le moment.

Le jeune homme baissa tristement la tête. Il était forcé de convenir que son père avait raison.

On arrivait à la fin de la belle saison et des vacances. Le comte et son fils revinrent à Paris.

Une tristesse profonde s'était emparée du jeune homme. Sans aucune nouvelle de Mathilde et ne pouvant douter qu'elle souffrît, il était comme sur des charbons ardents.

Le comte s'inquiéta.

— En attendant que M. de Frangis ait pris le temps de réfléchir, se dit-il, il faut absolument distraire Edouard de ses sombres pensées.

Alors il mit tout en œuvre pour obtenir près d'un ambassadeur français à l'étranger le poste que son fils ambitionnait.

Édouard n'eut point connaissance des démarches que fit son père à ce sujet. Peut-être s'y serait-il opposé.

Cependant, tourmenté par le désir de revoir Mathilde et d'avoir un entretien avec elle, il partit un matin pour la Bretagne à l'insu du comte. Il s'installa dans une chambre d'auberge à deux lieues de Coüerdec sur la route de Quimper.

Le lendemain, il acheta un costume complet de paysan breton et, ainsi déguisé, il se dirigea vers Coüerdec. Son plan, fort simple, était celui-ci : pénétrer dans le parc et les jardins du château où il devait forcément rencontrer Mathilde.

Ce qu'il avait prévu arriva. Le même jour, caché dans un massif, fouillant du regard tous les alentours, il vit tout à coup apparaître la jeune fille dans une allée du parc.

Pâle et triste, elle marchait lentement, la tête languissamment inclinée sur sa poitrine.

En la revoyant ainsi, portant sur le visage l'empreinte d'une douleur profonde et contenue, le cœur du jeune homme se serra douloureusement. Il s'avança vers elle. A sa vue, ne le reconnaissant pas, d'abord, elle eut un mouvement d'effroi.

— Mathilde, chère Mathilde, ne vous effrayez pas, lui dit-il ; c'est moi, Édouard, votre fiancé !

Elle laissa échapper un cri de joie.

— Enfin, c'est vous, Édouard, fit-elle ; oh ! je savais bien que vous viendriez !

Il ouvrit les bras. Elle se jeta à son cou en pleurant.

L'heure de se séparer arriva trop tôt pour tous les deux.

— Mathilde, dit Édouard, ce n'est pas ainsi en me cachant comme un malfaiteur, que je devrais vous revoir ; si vous me le conseillez, demain je me présenterai chez mon oncle.

— Non, non, ne faites pas cela, répondit-elle vivement ; hélas ! je connais trop le caractère de mon père ; il vous chasserait, et si je voyais cela, j'en mourrais !

— Alors, nous nous retrouverons ici demain ?

— Oui, Édouard, ici.

— Et, à la même heure, tous les jours ?

— Tous les jours.

— Vous me le promettez ?

— Oui.

Évidemment, ces rendez-vous secrets en dehors des convenances étaient blâmables ; mais la situation de ces deux jeunes gens qui s'aimaient, qui s'adoraient, était exceptionnelle. D'ailleurs ils ne croyaient pas qu'ils fissent mal. Mathilde était trop innocente et trop pure pour concevoir seulement l'idée d'un danger. Elle ne savait pas encore que plus la femme aime, plus elle doit se défier de ses faiblesses. Du reste, l'amour sincère, le véritable amour ne raisonne pas. Autrement ce ne serait plus l'amour, ce sentiment exquis, merveilleux, d'essence divine qui glorifie l'humanité.

Pendant quinze jours, Édouard et Mathilde se virent tous les soirs, comme la première fois, dans le parc du château.

Le jeune homme avait écrit à son père pour qu'il ne s'inquiétât pas de son absence. Le comte lui répondit en lui annonçant qu'il venait d'être attaché à l'ambassade française en Espagne en qualité de secrétaire. Il n'avait plus qu'un délai de huit jours pour se rendre à son poste.

Édouard fut forcé de revenir à Paris et de prendre presque aussitôt la route de Madrid.

Quatre mois plus tard, Mathilde découvrit avec terreur qu'elle allait devenir mère. Il fallait à tout prix qu'elle cachât sa position à son père, car, dans sa colère, M. de Frangis eut été capable de la tuer ou de la chasser en lui jetant sa malédiction.

Elle réfléchit longuement au parti qu'elle devait prendre.

Elle avait pour marraine la marquise douairière de Messidon, femme d'une haute vertu, bienveillante, bonne, charitable, protectrice des malheureux, qui, ayant marié ses trois enfants, vivait seule à Paris, dans son vieil hôtel, rue de l'Université. Elle se dit qu'elle trouverait un refuge sûr près de la vieille marquise.

— Ma marraine, si noble et qui a toujours été si grande dans tous les actes de sa vie, saura mieux qu'aucune autre femme excuser ma faiblesse et me pardonner ma faute, pensait Mathilde ; je ne lui cacherai rien, je lui dirai tout.

Dans une lettre qu'elle lui écrivit, elle lui disait que pour des raisons qu'elle lui ferait connaître à Paris, elle désirait ardemment aller passer quelques mois près d'elle. Mais il fallait pour cela que sa chère marraine voulût bien la demander elle-même à M. de Frangis.

La réponse de la vieille marquise ne se fit pas attendre. Elle priait M. de Frangis de lui envoyer sa filleule, qu'elle serait heureuse de posséder pendant quelque temps pour charmer sa solitude ; car, ajoutait-elle, je suis bien isolée, bien abandonnée.

M. de Frangis, sachant que le vicomte de Lucerolle était à Madrid, ne vit aucun inconvénient à laisser partir sa fille.

Dès le lendemain de son arrivée à Paris, Mathilde, agenouillée devant sa marraine, lui en fit pleurant sa confession entière. La vieille dame l'écouta avec la plus grande attention et la jugea avec son cœur. Elle reconnut que, comme tant d'autres pauvres jeunes filles, sa filleule était une victime de son ignorance des choses de la vie. Malgré l'austérité de ses principes, elle n'eut pas le courage de lui faire des reproches. Elle la prit dans ses bras, l'embrassa et pleura avec elle.

— Ma chérie, lui dit-elle, la situation est grave et votre position douloureuse; vous êtes venue à moi, c'est un témoignage de confiance dont je suis flattée. Votre malheur est grand, mon enfant, mais vous avez compté sur moi, votre vieille marraine ne vous abandonnera pas. Nous chercherons et nous trouverons le moyen de tenir secrète la naissance de votre enfant jusqu'au jour où M. de Frangis, devenu plus raisonnable, donnera son consentement à votre mariage. Je connais les Lucerolle ; pour l'honneur, ils valent les Messidon. De ce côté, vous n'avez rien à craindre : un peu plus tôt, un peu plus tard, vous serez vicomtesse de Lucerolle. M. Édouard sait-il votre position ?

— Non, marraine, je n'ai pas osé le lui écrire.

— C'est bien, dans quelque temps je me chargerai moi-même de l'en informer.

Un mois après, la marquise écrivit en effet au vicomte de Lucerolle.

Le jeune diplomate demanda immédiatement un congé de quelques jours et accourut à Paris. Il eut une entrevue avec Mathilde, une seule, en présence de la vieille marquise, il demanda pardon à la jeune fille ; il lui jura de nouveau un dévouement absolu et de consacrer sa vie entière à la rendre heureuse.

Tout fut alors convenu pour que la naissance de l'enfant restât, jusqu'à nouvel ordre, un mystère.

Le vicomte retourna en Espagne.

Le jour fatal arriva. La marquise fit appeler son médecin, en qui elle avait une entière confiance. C'était le docteur Gervais.

Par les soins du docteur, l'enfant fut porté à la mairie et déclaré de père et de mère inconnus ; il fut baptisé le même jour et reçut les noms de Jacques-Léon.

Nous savons comment ensuite le docteur Gervais le confia à Louise Verdier.

X

LE PREMIER BERCEAU

Après un séjour de cinq mois à Paris, Mathilde était revenue à Coüerdec. Elle se montrait empressée auprès de son père et lui témoignait une tendresse qui n'était pas sans importuner souvent M. de Frangis. Malgré ses défauts et le peu d'affection qu'il avait pour elle. Mathilde aimait son père. Toutefois, dans les soins qu'elle lui prodigait, dans les prévenances dont elle l'accablait, il y avait bien quelque chose d'intéressé. Elle espérait le convertir et le ramener à de meilleurs sentiments à l'égard du vicomte de Lucerolle.

Mais, soit qu'il se doutât du manége de sa fille, soit qu'il n'y eût plus une fibre sensible dans son cœur, l'opiniâtre vieillard, roidi dans sa volonté, défiait toute séduction.

Mathilde comprit avec amertume qu'elle recommençait une lutte inutile. Pourtant elle ne se rebutait point ; elle sentait, au contraire, ses forces s'accroître devant l'obstacle à surmonter. C'est que, maintenant, ce n'était plus un seul amour, mais deux amours réunis en son cœur qu'elle défendait.

Certes, son amour pour Édouard était grand ; il pouvait lui inspirer tous les sacrifices ; mais il ne lui avait point communiqué cette force, ce courage que lui donnait l'amour maternel.

Forcément séparée des deux êtres qui étaient tout pour elle : son espoir, ses joies, sa vie, elle travaillait pour se rapprocher d'eux. Elle y serait parvenue certainement, car la patience et la persévérance viennent à bout de tout ; mais plusieurs années, peut-être, se seraient écoulées avant qu'elle eût pu faire fléchir la volonté de M. de Frangis.

Un événement douloureux vint subitement changer la situation.

Un soir, M. de Frangis fut piqué par une mouche charbonneuse et mourut après cinq jours de maladie.

Mathilde pleura sincèrement son père.

Le comte de Lucerolle, prévenu par sa nièce, était arrivé à Coüerdec le jour même de la mort de M. Frangis. La jeune fille eut près d'elle un consolateur et se trouva dispensée de s'occuper elle-même des tristes détails des obsèques.

Au bout de huit jours, le comte emmena Mathilde à Lucerolle.

Le vicomte Édouard n'avait pu quitter l'Espagne. Il avait demandé un congé d'un mois sans pouvoir l'obtenir. Mais, quatre mois plus tard, ce congé lui fut accordé. Aussitôt arrivé à Lucerolle, bien que le deuil de Mathilde fût encore très-récent, Édouard pria son père de s'occuper immédiatement du mariage. Il ne voulait pas retourner à son poste sans emmener Mathilde, devenue sa femme.

En conséquence, le comte fit faire les publications légales et le mariage fut célébré à Lucerolle, sans pompe aucune, en présence des proches parents, de la marquise de Messidon et de quelques amis intimes de la famille.

Le surlendemain, les jeunes époux, impatients de voir et d'embrasser leur enfant, étaient à Paris. Ils ne firent que s'y arrêter, car le vicomte n'avait plus que quelques jours pour se rendre à Madrid.

LES DEUX BERCEAUX

La comtesse poussa un fauteuil à roulettes, dans lequel elle s'assit en face de Léontine. (Page 98.)

Munis d'un lettre du docteur Gervais, qui n'avait pas cru devoir leur faire connaître la véritable situation de Louise Verdier, ils partirent pour Jouarre.

Le lecteur sait comment la pauvre Louise éperdue, folle, leur livra son enfant, le substituant inconsciemment au fils de Mathilde, enlevé dans la nuit par son misérable mari.

Quand la malheureuse femme retrouva sa lucidité d'esprit et qu'elle put réfléchir, elle frémit en songeant aux conséquences fatales que pouvait avoir cette substitution. Elle se repentit amèrement de ce qu'elle avait fait.

Au bout de quelques jours, elle quitta Jouarre furtivement, sans rien dire à personne, et se rendit à Paris. Mais elle n'eut pas le courage de voir le docteur Gervais, dont elle connaissait cependant la bienveillance et qui, seul, en cette circonstance, pouvait la conseiller et lui venir efficacement en aide.

Toujours sous le nom de Louise Verdier, elle trouva facilement une place de femme de chambre, et, pendant trois ans, sans cesser d'espérer, elle fit des recherches infructueuses afin de découvrir ce qu'était devenu son mari. Disons la vérité, elle tenait moins à retrouver Pierre Ricard que le pauvre petit être qu'il lui avait volé.

— Si je le retrouvais, se disait-elle, j'irais me jeter aux genoux de sa mère, je lui avouerais tout, je lui demanderais pardon et je lui reprendrais mon enfant en lui rendant le sien.

C'était son idée fixe; elle ne voyait pas qu'il y eût autre chose à faire. Malheureusement, rien ne vint la mettre sur les traces de Ricard. Elle put supposer qu'il n'habitait plus à Paris et même qu'il s'était expatrié. Mais, dans l'un ou l'autre cas, qu'avait-il fait de l'enfant? A cette pensée, elle se sentait prise de toutes sortes de terreurs.

Nous ne dirons pas ce qu'elle souffrit d'être séparée de son fils pendant ces trois années. Il y a des douleurs intraduisibles. Mère d'un enfant, elle l'avait cédé à une autre mère qui, seule, maintenant, possédait le droit de lui prodiguer sa tendresse. Il lui était interdit désormais de l'appeler son fils; son enfant ne lui appartenait plus! C'était horrible!

Un jour elle apprit que le vicomte de Lucerolle, revenant d'Espagne s'était installé à Paris.

Pour revoir son enfant elle surmonta ses craintes, elle oublia ses terreurs. Sans même demander à sa maîtresse la permission de s'absenter, elle vola à l'hôtel de Lucerolle.

Au nom de Louise Verdier, toutes les portes s'ouvrirent devant elle et elle se précipita dans l'appartement de la vicomtesse en criant :

— Où est-il? où est-il?

— Venez, lui dit madame de Lucerolle.

Elles entrèrent dans une pièce voisine où se trouvait l'enfant s'amusant avec des soldats de plomb sous les yeux d'une gouvernante.

Louise bondit vers lui, l'entoura de ses bras et le serra fiévreusement contre son cœur en le couvrant de baisers.

D'abord, le petit garçon interdit la laissa faire; puis, bientôt, fatigué des caresses de cette femme inconnue, il se mit à pousser des cris perçants, la repoussa de toutes ses forces, s'échappa de ses bras et se réfugia dans ceux de la vicomtesse.

Il sembla à Louise que son cœur se déchirait. Elle regarda autour d'elle avec effarement et fit trois pas en arrière en chancelant. La malheureuse suffoquait. Elle eut pourtant la force de retenir ses larmes.

— Léon vous a oubliée, dit Malthide en souriant; mais vous ferez de nouveau connaissance et il ne tardera pas à s'apprivoiser.

— Oui, c'est vrai, il m'a oubliée, murmura Louise; il ne sait pas que je suis sa... nourrice.

— Maintenant, parlons de vous, reprit madame de Lucerolle; demeurez-vous toujours à Jouarre?

— Non, madame, je suis en place à Paris.

— Êtes-vous satisfaite de votre position?

— Oui, madame; seulement...

— Achevez.

— Je quitterais immédiatement ma place si je pouvais espérer entrer au service de madame.

— Eh bien! Louise, dit madame de Lucerolle, cela se rencontre à merveille, nous avons justement besoin d'une personne en qui nous puissions avoir une entière confiance. Je n'ai pas oublié la promesse que je vous ai faite à Jouarre. Vous pouvez venir quand vous voudrez.

Louise eut de la peine à dissimuler sa joie.

— Ce soir je préviendrai ma maîtresse, dit-elle, et dans huit jours je serai à la disposition de madame. Madame la vicomtesse peut être assurée de mon entier dévouement.

Voilà comment Louise Verdier entra au service de madame de Lucerolle.

Elle eut bientôt acquis toute la confiance de ses maîtres, et elle leur devint indispensable. Mathilde se reposait presque entièrement sur elle de la direction de sa maison. Louise, très-intelligente et très-active, leur rendait beaucoup de services. C'est surtout dans les soins à donner à l'enfant qu'elle se montrait admirable. Que de prévoyance et que de tendresse!

— Louise aime mon fils autant et plus que moi, disait souvent la vicomtesse.

Elle était loin de se douter de la véritable cause de ce grand attachement qu'elle prenait pour du dévouement.

Un jour, ayant interrogé Louise au sujet de l'enfant qu'elle avait eu, celle-ci s'était troublée d'abord, puis avait répondu que la mort le lui avait enlevé.

Louise s'enfonçait de plus en plus dans la voie du mensonge. Avec des sentiments honnêtes, une grande répugnance pour le mal, elle se trouvait entraînée fatalement à dissimuler, à mentir toute sa vie.

Madame de Lucerolle avait remarqué son trouble et vu la rougeur de son front, elle comprit qu'elle touchait à une plaie saignante encore, et que parler à Louise de son enfant, c'était lui rappeler la faute qu'elle avait commise, car la vicomtesse ignorait absolument qu'elle fût mariée.

A partir de ce jour, par un sentiment de délicatesse facile à comprendre, madame de Lucerolle ne fit plus à Louise aucune question sur son passé.

Si ce n'eût été la contrainte qu'elle était forcée de s'imposer, certains reproches que lui faisait sa conscience et peut-être aussi un peu de jalousie qui se glissait dans son cœur comme sa maîtrese, Louise aurait pu se considérer comme absolument heureuse.

Elle suivit ses maîtres partout où M. de Lucerolle dut aller : à Londres, puis à Saint-Pétersbourg, et ensuite à Vienne.

Cependant, sept ans après leur mariage, lorsqu'ils n'espéraient plus avoir d'enfants, M. et madame de Lucerolle eurent une fille, Ernestine. Pour tous les deux ce fut une joie immense.

— Je me souviens de ce que j'ai souffert d'être séparée de mon premier né, dit la jeune mère; ma fille ne me quittera jamais.

Elle voulut la nourrir de son lait et se chargea elle-même de tous les autres soins que réclame un jeune enfant. Il n'y eut jamais dans le cœur d'aucune mère un amour plus grand que celui de Mathilde pour sa fille. Elle l'adorait. C'était l'exaltation de toutes les tendresses.

La naissance d'Ernestine fut aussi pour Louise une augmentation de bonheur, car madame de Lucerolle, tout entière à sa fille, lui abandonna plus complétement le petit garçon. Celui-ci révélait déjà de très-mauvais instincts, malgré tous les efforts qu'on faisait pour en étouffer les germes. Entouré de domestiques serviles, trop prompts à faire ses volontés, absolument gâté par Louise, qui croyait trouver un dédommagement en exagérant sa tendresse, il était devenu volontaire, capricieux, exigeant, colère et même méchant. Il fallait que tout pliât sous sa volonté. C'était un véritable petit tyran. Tout devait être pour lui. Il mentait avec audace, et l'égoïsme semblait le préparer pour les passions qui devaient naître plus tard.

Madame de Lucerolle, qui essayait vainement de développer en lui les bons sentiments, voyait tout cela avec beaucoup de chagrin.

— Hélas! se disait-elle souvent, il ne tient ni de son père ni de moi; il ressemble à son grand'père maternel.

Elle croyait cela, la pauvre Mathilde.

Il arriva un moment où elle n'osa presque plus lui faire de remontrances, car alors c'étaient des emportements, des trépignements, des cris furieux qui remplissaient toute la maison. Un jour le mauvais garnement ne craignit pas de lui cracher à la figure, ce qu'il faisait journellement à Louise et aux autres domestiques.

— Cela se passera en grandissant, disait Louise; il ne faut pas contrarier les enfants, cela leur fait un mauvais caractère.

Que de parents stupides raisonnent ainsi! Nous en avons, en ce moment, un triste exemple sous les yeux. Vous craignez de réprimander vos enfants, de les contrarier, de les corriger sévèrement quand ils le méritent; ce n'est pas seulement de la faiblesse, c'est de la lâcheté! Vous faites des misérables, et ce ne sont pas des hommes, ce sont des monstres que vous donnerez à la société!

M. de Lucerolle savait se faire craindre, mais il n'obtenait pas un meilleur résultat que sa femme.

— Léon est certainement très-intelligent, lui disait-il, mais il est tout à fait détestable; quelle mauvaise nature! S'il ne s'amende pas, s'il ne s'opère pas en lui, d'ici deux ou trois ans, un changement radical, je m'épouvante de l'avenir.

La jeune femme s'attacha de plus en plus à sa fille. Peu à peu la petite Ernestine occupa dans son cœur toute la place que l'autre enfant y avait prise.

Certes, la nature n'abandonne jamais ses droits.

Mais Mathilde ne pouvait deviner les causes mystérieuses des impressions de son cœur. La force du sang, les affinités, tout cela était loin de sa pensée. Quand elle s'aperçut que son cœur appartenait exclusivement à sa fille, elle fut effrayée. Elle se fit d'amers reproches et essaya plusieurs fois de se révolter contre elle-même.

— Oh! c'est mal, c'est abominable, se disait-elle; je suis donc une mauvaise mère?... Est-ce qu'on ne doit pas aimer également ses enfants?

Désolée de cette découverte, elle pleura secrètement.

Souvent, ne pouvant admettre que son amour pour l'un ait pu détruire complétement sa tendresse pour l'autre, elle interrogeait son cœur anxieusement. Mais elle cherchait vainement à se faire illusion, à se tromper sur la nature de ses sentiments. Son cœur, ouvert tout entier pour Ernestine, s'était fermé pour Léon.

Cependant, de temps à autre, — voulait-elle se justifier ou lui demander pardon de ne plus l'aimer? — elle avait pour ce dernier comme une fureur de tendresse. Elle le prenait dans ses bras, le serrait contre elle et l'embrassait avec des mouvements fiévreux.

— Mais non, mais non, se disait-elle alors, je l'aime encore, je l'aime toujours !

Cela durait quelques heures, rarement une journée entière, aussi longtemps qu'elle était sous le coup de sa surexcitation nerveuse.

Une caresse ou un sourire de sa fille chassait toute pensée qui n'était pas pour elle uniquement, et aussitôt son cœur débordait d'amour pour l'enfant chérie. Il n'y avait plus rien pour l'autre.

Louise constamment préoccupée au sujet de Léon, n'eut pas de peine à sonder le cœur et les pensées de madame de Lucerolle. On ne trompe pas les yeux et le cœur d'une mère ! Ce fut pour elle un coup terrible. A ses autres tourments se joignit une angoisse de tous les instants. Sa punition commençait réellement.

Si dans les premiers temps elle avait été jalouse de l'affection de Mathilde, elle ne lui pardonnait pas maintenant sa froideur, son indifférence pour l'enfant qui n'était pas le sien.

— Puisqu'elle ne l'aime pas, elle devait me le laisser ; pourquoi me l'a-t-elle pris ? se disait-elle.

Elle en était arrivée à accuser les autres au lieu de se donner tort à elle-même.

Toutefois, elle n'était pas aveuglée au point de ne pas voir que Léon répondait peu à ce qu'on était en droit d'attendre de lui. Elle donnait des conseils au jeune garçon, lui faisait toutes sortes de recommandations, espérant qu'il se montrerait plus affectueux, plus respectueux envers madame de Lucerolle et qu'il parviendrait ainsi à reconquérir son affection.

Mais, comme dit la parabole de l'Évangile, on a beau semer en mauvaise terre, l'ivraie étouffe toujours le bon grain. L'enfant, constamment gâté et adulé, resta incorrigible.

Plus tard, quand il eut vingt ans, c'est-à-dire quand il fut devenu un homme, il se montra fier, hautain, orgueilleux, arrogant et dédaigneux vis-à-vis de tous ceux qu'il croyait ses inférieurs par la naissance et la fortune. Important avec ses égaux, il traitait ses serviteurs comme des esclaves. L'égoïsme avec toutes ses hideurs ne fut jamais mieux représenté que par lui.

Ce que Louise dépensa en énergie, en ruses, en paroles, en éloquence persuasive pour cacher ses défauts, ses sottises, ou pour en atténuer la gravité, on ne saurait le dire.

Pour un observateur, cette physionomie étrange de Louise Verdier, placée dans une situation plus étrange encore, aurait été extrêmement curieuse à étudier.

Sans que Mathilde lui eût rien dit de ses impressions et de ce sentiment inexplicable qui l'éloignait de Léon, M. de Lucerolle avait éprouvé les mêmes sensations et sentit comme elle son affection diminuer graduellement.

Le jeune homme leur donna cependant un semblant de satisfaction. Très-intelligent et apprenant avec une facilité étonnante, il fit rapidement des études brillantes. Au concours général des lycées de Paris, il obtint presque tous les premiers prix.

Grâce à ses succès scolaires, il put se conserver encore pendant quelque temps ce qui restait d'affection pour lui dans le cœur du comte de Lucerolle.

Nous disons le comte de Lucerolle, parce que dans l'espace de ces dix-neuf ans, que nous venons de franchir au courant de la plume, le vieux comte de Lucerolle était mort.

Le nouveau comte de Lucerolle avait alors donné sa démission de ministre de France à l'étranger et était revenu s'installer à l'hôtel de Lucerolle à Paris.

Louise, témoin des succès de son fils, en fut enivrée. Seule, loin des regards indiscrets, elle pleurait de joie.

— Ah! s'écriait-elle dans son affolement, ils en sont fiers maintenant, il leur fait honneur! Il porte leur nom, il n'est plus à moi, il faudra bien qu'ils l'aiment! Il sera riche, il sera ambassadeur comme l'a été le comte de Lucerolle, il sera puissant, heureux, il sera tout ce qu'il voudra.

La malheureuse femme ne pensait pas que ses triomphes, que l'argent qu'il dépensait, que les habits qu'il portait, que ce titre de vicomte dont il était si vain, que rien ne lui appartenait, que tout cela il le volait à un autre!

Pourtant, elle ne l'oubliait pas, cet autre. Souvent, elle le voyait dans ses rêves. Mais quand elle avait réfléchi, elle se disait:

— Pierre Ricard, dont je n'ai plus entendu parler, l'a perdu dans un bois ou abandonné sur quelque chemin désert... Il est mort, sans doute; il ne reviendra jamais!

XI

LES QUESTIONS DE LA COMTESSE

Entre mademoiselle Ernestine de Lucerolle et le frère que la fatalité lui avait donné, quel contraste! Elle, c'était la grâce, la douceur, la bonté et la sensibilité exquises. Son sourire, son regard avaient un charme inexprimable. Elle faisait tout rayonner autour d'elle. Son cœur plein de trésors inépuisables était ouvert à tous. D'une humeur charmante, toujours égale, elle n'avait jamais eu un mouvement d'impatience contre personne. Tout le monde l'aimait parce que, à des degrés différents, elle aimait tout le monde. Elle avait conquis jusqu'au cœur de Louise Verdier. Mais il faut le dire, si le faux vicomte de Lucerolle avait encore dans la maison quelqu'un de dévoué à côté de Louise, c'était Ernestine. L'affection que la jeune fille avait pour celui qu'elle appelait son frère, sans être très-expansive, n'en était pas moins sûre.

Elle avait sur le jeune homme une certaine autorité ; elle seule pouvait lui parler quelquefois sévèrement sans qu'il se révoltât. Malgré lui, il subissait l'influence de la bonté. Malheureusement le pouvoir de la jeune fille était limité ; elle n'avait pas la puissance de changer la nature du mauvais sujet.

Reçu bachelier ès sciences et bachelier ès lettres, le vicomte suivit assidûment les cours de l'École de droit. Il travailla, comme précédemment, soutenu par son amour-propre et poussé par un immense orgueil. Après sa thèse du doctorat, il se gonfla plus encore, et s'imagina qu'il était un personnage. Il portait un grand nom ; il se voyait, en perspective, à la tête d'une immense fortune ; il crut que l'univers était à lui.

— J'ai assez travaillé, se dit-il.

Et croyant avoir le droit de se croiser les bras et d'être un inutile, il ne fit plus rien.

Nous nous trompons, il fit ce que font malheureusement beaucoup trop de jeunes gens de bonne famille, qui oublient facilement qu'ils doivent à leur pays, à la société tout entière, leur intelligence, leur activité et leur part de travail.

Il se jeta avec frénésie dans le tourbillon des plaisirs et des débauches de la vie parisienne. Le jeu, les femmes, les nuits d'orgie s'emparèrent de son existence. Il garda tous ses défauts, et il eut en plus des passions et des vices honteux.

Le comte de Lucerolle songeait cependant à lui faciliter l'entrée d'une carrière qu'il avait lui-même parcourue brillamment ; mais bien qu'il n'eût qu'un mot à dire pour le faire placer immédiatement dans un poste convenable, il hésitait.

— J'ai peur, disait-il avec chagrin, j'ai peur qu'il ne fasse oublier trop vite les services que j'ai eu le bonheur de rendre à mon pays.

Il était de plus en plus inquiet de l'avenir du jeune homme. Toutefois, il sentait combien il était nécessaire qu'il eût une vie occupée, et combien il était urgent de le retirer du milieu déplorable dans lequel il vivait.

Les choses en étaient là, lorsque madame de Lucerolle fit au bois de Boulogne cette rencontre qui l'avait si vivement impressionnée.

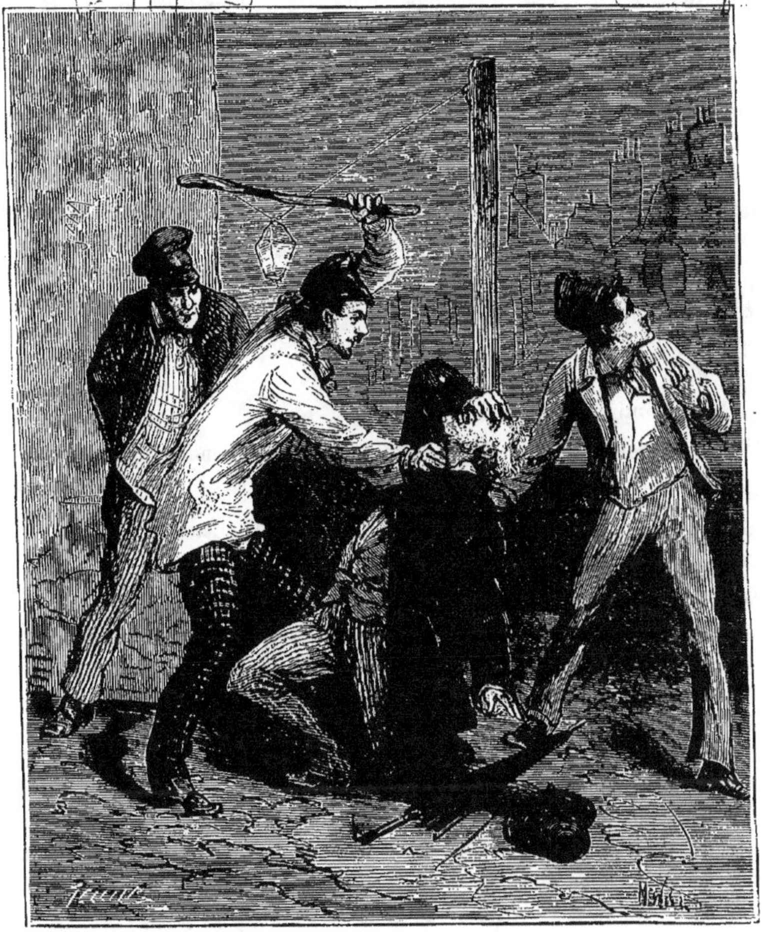

Ils détroussaient les passants après les avoir assommés à coups de gourdins. (Page 108).

Nos lecteurs se souviennent que, désirant causer avec Léontine Blanchard, la comtesse avait prié sa fille de l'envoyer chercher.

Ernestine n'oublia pas la promesse faite à sa mère. Le matin, dès qu'elle fut habillée, elle chargea un des valets de pied d'aller rue de Lille, chez M. Blanchard, et de dire à mademoiselle Léontine qu'on la priait de vouloir bien venir tout de suite à l'hôtel de Lucerolle.

Le domestique partit aussitôt et, une heure après, Léontine entrait dans l'hôtel.

Ernestine, qui guettait son arrivée, accourut au-devant d'elle.

— Comme toujours, tu es sans doute très-pressée, lui dit mademoiselle de Lucerolle, et je t'ai enlevée à ton ouvrage.

— Je travaillerai un peu plus tard ce soir, répondit en souriant la jolie ouvrière ; du moment que vous m'appelez, que vous avez besoin de moi, j'accours. Pouvoir vous être agréable est un bonheur pour moi. Mademoiselle Ernestine, je suis à vos ordres ; qu'avez-vous à me dire ?

— Moi, rien aujourd'hui, si ce n'est te remercier d'être venue, répondit tout-bas Ernestine en se penchant mystérieusement à l'oreille de son amie ; c'est maman qui désire causer avec toi.

— Ah ! fit Léontine.

— Viens, maman t'attend dans sa chambre, je vais te conduire près d'elle.

Elles se dirigèrent vers l'appartement de la comtesse.

— Maman, dit Ernestine en entr'ouvrant la porte de la chambre, Léontine est là ; peux-tu la recevoir ?

— Oui, oui, qu'elle vienne, la chère enfant !

Et venant à la porte qu'elle ouvrit entièrement, elle prit la main de la jeune fille et la conduisit jusqu'à une causeuse où elle la fit asseoir.

Pendant ce temps, Ernestine s'éloignait après avoir refermé la porte.

La comtesse poussa un fauteuil à roulettes, dans lequel elle s'assit en face de Léontine. La jeune fille paraissait très-surprise.

La comtesse tenait évidemment à ce que nul n'entendit la conversation qu'elle allait avoir avec l'ouvrière. Sa fille prévenue, elle était sûre que personne n'entrerait dans sa chambre. Mathilde ne s'aperçut point que derrière une portière la porte d'un cabinet contigu était entre-bâillée.

Or, dans ce cabinet, Louise Verdier travaillait en ce moment.

— Ma chère enfant, dit la comtesse, j'éprouve pour vous un vif intérêt, et ma fille et moi nous vous aimons réellement beaucoup.

— Je le sais, madame la comtesse, et, croyez-le, je ne serai jamais ingrate.

— L'ingratitude ne peut naître dans un bon cœur comme le vôtre. C'est sur ma demande que ma fille vous a envoyé chercher, elle vous l'a appris sans doute.

— Mademoiselle Ernestine m'a dit, en effet, que madame la comtesse avait quelque chose à me dire.

— Oui, je désire causer avec vous, vous adresser quelques questions. Vous allez peut-être me trouver un peu curieuse ; mais ne croyez pas une curiosité banale ; vous y verrez, surtout la preuve que je m'intéresse à tout ce qui vous touche.

Madame la comtesse, je suis prête à vous répondre, et je ferai de mon mieux pour vous satisfaire.

— Dimanche, reprit la comtesse, il faisait un temps magnifique ; nous avons eu beaucoup de plaisir, Ernestine et moi, à vous rencontrer au bois. Cette promenade a certainement fait du bien à votre grand-père et à vous aussi, ma mignonne, qui sortez si rarement,

— C'est vrai, madame.

— Vous aviez le teint animé, l'air joyeux ; il m'a semblé que vous éprouviez une grande satisfaction.

— Je n'avais pas vu encore le bois de Boulogne, j'étais absolument ravie. Ses superbes allées, cette belle verdure, ces grandes nappes d'eau, ces rivières, les promeneurs si nombreux, les toilettes élégantes, les brillants équipages, le mouvement continuel, la gaieté de tout le monde, tout cela m'apparaissait comme une féerie. Je n'avais pas assez de mes yeux pour regarder et admirer.

— Pendant la belle saison, le bois produit toujours cet effet sur ceux qui ne l'ont pas encore visité. Savez-vous, mon enfant, ce que j'ai vu, moi, de vraiment beau, dimanche, au bois de Boulogne ?

— Non, madame.

— Eh bien ! ce que j'ai vu de beau et de touchant à la fois, c'était une jeune fille et un jeune homme ayant entre eux un vieillard aveugle qu'ils conduisaient.

— Oh ! madame la comtesse, fit Léontine qui baissa les yeux.

— Oui, cela est beau, reprit la comtesse et j'aurai longtemps devant les yeux le groupe charmant que vous formiez. Dites-moi, Léontine, qui est donc ce jeune homme qui vous accompagnait ?

— Un ami de mon grand-père, madame.

— N'est-il pas aussi un peu le vôtre ?

— Oui, madame.

— Est-ce qu'il est de la Lorraine ?

— Non, madame, il est de Paris.

— Y a-t-il longtemps que vous le connaissez ?

— Depuis que nous sommes à Paris, madame.

— Comment l'avez-vous connu ?

— Trois semaines avant de quitter notre cher pays, mon grand-père avait prié M. Guérin, un de ses amis d'enfance, de s'occuper de notre installation à Paris. Mais alors M. Guérin était très-malade ; il est mort la semaine dernière des suites de sa maladie. Ne pouvant nous rendre lui-même le service que mon grand-père lui demandait, il en a chargé ce jeune homme, et c'est lui qui est venu nous recevoir à la gare de l'Est.

— Je comprends : vous avez été satisfaits de votre installation, vous l'avez remercié, M. Blanchard l'a engagé à lui faire quelques visites et il est devenu votre ami. Est-ce que vous le voyez souvent ?

— Oui, madame, souvent.

— Il est fort bien, ce jeune homme : il a de bonnes manières et une figure très-sympathique ; je lui ai trouvé aussi un air très-distingué. Il est tout jeune ; il n'a pas plus de vingt-quatre ou vingt-cinq ans ?

— Oui, madame, c'est son âge.

— Que fait-il ?

— Il est ouvrier, madame.

— Ouvrier ! fit la comtesse étonnée, je ne le croyais pas.

— Mais c'est un ouvrier laborieux, rangé et intelligent, répliqua la jeune fille avec une certaine vivacité.

La comtesse arrêta sur elle un regard scrutateur.

— Dieu me garde, mon enfant, reprit-elle, d'avoir jamais du mépris ou seulement de l'indifférence pour cette classe si nombreuse et toujours si intéressante des gens qui travaillent ! S'ils occupent des positions différentes, les hommes n'en sont pas moins tous égaux. La supériorité des uns sur les autres n'est pas dans la naissance et la fortune ; elle est dans l'intelligence, l'honnêteté, le bien qu'on fait et les services qu'on rend à la société, chacun dans sa sphère. Dans toutes les classes, il y a des bons et des méchants. Mais revenons à ce jeune homme : il est d'une bonne famille ?

— Il n'a pas de famille, madame.

— Ni père, ni mère ?

— Ils sont morts.

— Morts !

— Il ne se souvient pas de les avoir connus.

— Comment a-t-il été élevé ?

— De pauvres gens ont eu pitié de lui, ils l'ont pris chez eux. Le mari était cordonnier, la femme concierge. Celle-ci existe encore ; elle est vieille maintenant, elle ne peut plus travailler pour gagner sa vie ; mais son fils adoptif n'a pas été ingrat, ne l'a pas abandonnée ; ils vivent ensemble, et il lui rend en soins et en affection ce qu'autrefois elle a fait pour lui.

— C'est bien, cela ; il a un grand cœur, dit la comtesse avec émotion.

— Oui, madame, un grand cœur.

Louise, dans la pièce à côté, était restée d'abord très-indifférente aux paroles qu'elle entendait sans chercher à écouter ; mais depuis un instant, tout en sentant qu'elle commettait une indiscrétion, elle prêtait une oreille attentive.

— Il n'était rien, il n'avait rien, continua la jeune fille ; il demanda au travail tout ce qu'il pouvait lui donner. Il devint, dans sa partie, un bon ouvrier. Ce n'est pas tout, madame la comtesse : pendant ses années d'apprentissage, il suivait assidûment les cours du soir, et depuis, au lieu de s'amuser avec ses camarades, il a toujours continué à étudier ; presque seul il s'est instruit ; il parle plusieurs langues et il sait beaucoup de choses.

— C'est superbe ! s'écria la comtesse disposée à l'admiration. Ce que vous me dites de ce jeune homme, Léontine, me donne le désir de le connaître davantage. Me permettez-vous de vous faire encore une question peut-être plus indiscrète ?

— Où il y a de l'intérêt, madame la comtesse, il ne peut y avoir de l'indiscrétion.

— Vous avez raison, mon enfant. En vous entendant parler de ce jeune homme avec une sorte d'enthousiasme qui m'a gagnée aussi, il m'est venu à la pensée qu'il était pour vous, déjà, un peu plus qu'un ami ordinaire ; j'ai cru découvrir en vous un sentiment plus tendre.

Une rougeur subite colora les joues de la jeune fille.

— Allons, je ne me suis pas trompée, reprit madame de Lucerolle avec bonté, vous l'aimez.

— Oui, madame la comtesse, je l'aime.

— Et il vous aime aussi ?

— Il m'a demandée en mariage à mon grand-père.

— Alors vous êtes fiancés ?

— Oui, madame, nous devons nous marier.

— Bientôt ?

— L'époque n'est pas encore fixée. Je ne suis pas pressée, d'ailleurs, je suis encore si jeune !

— J'espère bien, ma mignonne, que vous ne vous marierez pas sans nous prévenir.

— Vous m'avez témoigné trop de bienveillance, madame la comtesse, pour que je l'oublie dans aucune circonstance.

— Vous ne m'avez pas dit le nom de votre fiancé?

— Il se nomme Pierre, madame, Pierre Ricard.

— Pierre Ricard, répéta la comtesse, ayant l'air de chercher dans ses souvenirs..

Puis, remuant la tête, elle murmura :

— Allons, j'étais folle !

A ce nom de Pierre Ricard, Louise Verdier se dressa d'un seul mouvement comme poussée par un ressort.

Elle était devenue très-pâle.

— Pierre Ricard, Pierre Ricard ! fit-elle en jetant sur les objets qui l'entouraient un regard effaré.

Puis, portant ses deux mains à son front :

— Qui donc est ce jeune homme qui porte les mêmes noms que mon mari ? se demanda-t-elle.

Elle resta un instant immobile, pressant son front brûlant.

— Oh ! il faut que je le sache, murmura-t-elle, rejetant brusquement sa tête en arrière.

Madame de Lucerolle s'était levée, n'ayant plus rien à demander à Léontine. La jeune fille prenait congé d'elle.

XII

LA MÈRE CHÉRON

Le même jour, dans l'après-midi, Louise Verdier entrait résolûment dans la loge des concierges de la maison portant le n° 62 de la rue de Lille. Le mari et la femme s'y trouvaient. Louise était légèrement embarrassée.

— Que désirez-vous, madame? lui demanda la concierge en la regardant avec une sorte de défiance.

— Je vous prie de m'excuser de la liberté que je prends, répondit Louise ; il s'agit d'un renseignement que je voudrais avoir.

— Faut voir d'abord si l'on peut vous le donner, dit M. Fabrice.

— C'est dans cette maison que demeure M. Blanchard, un pauvre vieillard aveugle, et sa petite fille, mademoiselle Léontine?

— Ah! vous les connaissez? interrogea madame Fabrice.

— Non, mais j'ai beaucoup entendu parler de la touchante affection de mademoiselle Léontine pour son grand'père.

— Madame vient sans doute pour de l'ouvrage?

— Je sais que mademoiselle Léontine est ouvrière en dentelles et qu'elle travaille comme une fée, mais ce n'est pas pour cela...

— Alors expliquez-vous, dit Fabrice.

— Vous devez connaître un jeune homme qui vient voir souvent M. Blanchard.

— Certainement que nous le connaissons; après?

— Il se nomme Pierre Ricard, n'est-ce pas?

— Oui, c'est son nom.

— Ne vit-il pas avec une vieille femme qui l'a élevé?

— Oui. Mais quel renseignement voulez-vous avoir? demanda Fabrice, qui commençait à s'impatienter.

— Mon Dieu, c'est tout simple, et je n'ai aucune raison de vous le cacher : je crois l'avoir connu quand il était jeune, et voudrais m'assurer que c'est bien lui.

Fabrice la regarda en dessous.

— Où donc que vous l'avez connu? lui demanda-t-il.

— Mais... à Paris, balbutia-t-elle.

— Nous aussi, nous l'avons connu tout petit, reprit le concierge.

Puis s'adressant à madame Fabrice.

— Dis donc, ma femme, continua-t-il, est-ce que tu te souviens d'avoir vu madame dans le temps?

— Non, vraiment.

— Enfin, demanda Fabrice à Louise, pourquoi tenez-vous tant à savoir si M. Pierre a été l'enfant que vous avez connu?

— Parce que, dans ce cas, je pourrais lui dire des choses qui l'intéresseraient.

— C'est donc lui que vous voulez voir?

— Oui.

— Eh bien! il viendra aujourd'hui passer la soirée chez M. Blanchard; si vous voulez causer avec lui, vous n'avez qu'à venir; je ne pense pas qu'il refusera de vous voir.

— Non, non, je préfère le voir chez lui et lui parler sans témoin. Je vous serais très-reconnaissante de vouloir bien me donner son adresse.

Le concierge et sa femme échangèrent un regard.

Après examen, la mise décente de Louise et son air honnête avaient fait disparaître leur défiance; cependant ils hésitaient à donner l'adresse du jeune homme.

— Si c'était pour faire du tort à M. Pierre, dit la femme, s'adressant à son mari; je sais bien qu'il n'a pas d'ennemi, le cher enfant, mais enfin on ne sait pas.

— Oh! fit Louise avec tristesse, n'ayez pas de moi une si mauvaise opinion.

— A Paris, on est souvent trompé, répliqua Fabrice. Vous êtes, nous le voulons bien, une très-honnête dame; mais, voyez-vous, il vaut mieux ne rien dire que de parler légèrement. D'abord, nous ignorons qui vous êtes, nous ne vous connaissons pas.

Louise fut un moment interloquée; mais retrouvant vite sa présence d'esprit, et sentant qu'elle serait imprudente en se faisant connaître, elle répondit :

— Comme vous, dit-elle, j'ai été en service à Paris dans de bonnes maisons; aujourd'hui je vis des petites rentes que j'ai gagnées. Je demeure à Vaugirard et je me nomme Sophie Martinet.

Ce nom, qui lui était venu sur les lèvres, appartenait à une vieille femme qu'elle avait connue et qui devait être morte depuis longtemps.

— Il est toujours bon de savoir à qui l'on a affaire, dit Fabrice. Eh bien, écoutez : nous verrons M. Pierre ce soir, nous lui demanderons s'il veut bien que nous vous donnions son adresse. S'il répond oui, et que vous reveniez dans la journée, vous pourrez aller le voir demain.

— Soit, dit Louise, je reviendrai demain. Vous rappellerez-vous mon nom?

— Oui, oui, Sophie Martinet, rentière à Vaugirard.

— C'est bien cela, dit Louise.

Elle salua les concierges et sortit de la loge.

Le soir, quand Pierre arriva, Fabrice l'arrêta au passage. Il lui fit part de la singulière visite qu'ils avaient eue dans la journée.

— Eh bien! mon cher Fabrice, répondit le jeune homme gaiement, puisque votre dame tient tant à me parler, vous pouvez lui dire où je demeure, je n'y vois

— Je vis arriver mon mari haletant et tout en nage. (Page 114.)

aucun inconvénient ; je ne me cache pas. Toutefois, comme on ne me connaît dans la maison et dans le quartier que sous le nom de Pierre, recommandez-lui de me demander sous ce nom seulement.

Le jeune homme n'attacha pas une grande importance au récit du concierge. Il ne fit même pas cette remarque, qu'il était assez singulier que cette femme connût son nom de famille et aussi ses relations avec M. et mademoiselle Blanchard.

— Que peut-elle avoir d'intéressant à me dire? se demanda-t-il. Elle a probablement connu mon père ; si c'est pour me parler de lui, j'aimerais tout autant qu'elle me privât de sa visite.

En entrant chez M. Blanchard, heureux de se trouver près de Léontine, il ne pensait déjà plus à la femme inconnue. Il ne parla point d'elle à ses amis.

Le lendemain, vers huit heures du soir, Louise était rue Saint-Sébastien où demeurait le jeune homme.

— M. Pierre? demanda-t-elle à la concierge.

— M. Pierre n'est pas encore rentré, répondit celle-ci.

— Pensez-vous qu'il rentrera bientôt?

— D'habitude, il est toujours ici à sept heures un quart, sept heures et demie, après sa journée faite ; il faut croire qu'il a eu ce soir quelque course à faire Si vous tenez à le voir aujourd'hui, vous pouvez monter, vous l'attendrez chez lui. C'est au troisième, la porte en face. La mère Chéron vous ouvrira. Vous frapperez fort, car la bonne vieille entend un peu dur

Louise grimpa l'escalier, et, un instant après, elle s'asseyait en face de la mère Chéron dans une petite-salle à manger très-proprement tenue.

Sur la table, garnie d'une toile cirée, il y avait deux couverts et une bouteille de vin. La soupe était prête à être trempée.

— Il lui arrive rarement de rentrer si tard, dit la vieille. Depuis quelque temps il sort plus souvent le soir, mais quand il ne doit pas dîner ici, il me prévient toujours.

Sous ce rapport, Louise savait à quoi s'en tenir. Elle était probablement mieux instruite que la mère Chéron.

— Puis-je vous demander ce que vous lui voulez, à mon garçon? interrogea la bonne femme, curieuse comme tous les vieillards.

— Je voudrais lui demander quelques renseignements sur sa famille, répondit Louise.

— Il n'a pas de famille, dit la vieille en hochant la tête

— Oh! on a toujours une famille, répliqua Louise.

— Pierre n'a ni père ni mère, il ne sait même pas où il est né.

— S'il ne peut rien me dire de ses parents qu'il n'a pas connus, il me racontera comment il s'est trouvé abandonné, comment il a été élevé.

— Ça, voyez-vous, personne ne le sait mieux que moi. Pierre ne pourrait dire là-dessus que ce que la mère Chéron lui a appris. Mais quel intérêt avez-vous à savoir?...

— J'ai connu dans ma jeunesse une famille portant le nom de Ricard, et je me suis dit que M. Pierre appartenait peut-être à cette famille.

— Le nom de Ricard est bien commun en France, dit la vieille. Pour mon compte, à Paris seulement, j'en ai bien connu six ou sept.

— Un jeune homme de cette famille dont je viens de vous parler, reprit Louise, habitait à Paris, il y a vingt-six ans. Il pourrait avoir aujourd'hui près de soixante ans.

— Qu'est-ce qu'il faisait à Paris ce jeune homme-là?

— C'était un ouvrier.

— Il y a des ouvriers de tous les métiers.

— Celui que j'ai connu était tourneur en bronze.

La vieille femme tressaillit.

— Ah! fit-elle, tourneur en bronze. Et il se nommait?

— Comme le jeune homme qui demeure ici, Pierre Ricard.

La mère Chéron baissa la tête. Puis après un moment de silence, se redressant lentement :

— Savez-vous ce qu'il est devenu, ce Pierre Ricard? demanda-t-elle.

— Non, je l'ai complétement perdu de vue depuis vingt-cinq ans. J'ai tout lieu de croire qu'il est mort.

— S'il en est ainsi, dit la mère Chéron d'un ton grave, Dieu lui a fait une belle grâce.

Ces paroles firent éprouver à Louise un vif saisissement. Cependant, tout en pressentant déjà la vérité, elle voulait avoir une certitude complète.

— Est-ce que vous l'avez connu aussi? demanda-t-elle.

— Non, Dieu merci! répondit la vieille femme, mais j'en ai trop entendu parler.

— En mal, à ce qu'il paraît?

— Oui, en mal. Ah! c'était une franche canaille! Ce n'est pas tant ce qu'il a fait depuis; capable de tout, il pouvait avoir aussi bien la tête coupée par le couteau du bourreau qu'aller au bagne.

Louise se sentit frissonner des pieds à la tête.

— Au bagne! répéta-t-elle d'une voix étranglée.

— Oui, ce Pierre Ricard que vous avez connu — je ne vous en fais pas mon compliment — a été au bagne; il y est peut-être encore, s'il n'est pas mort. On ne l'a pas envoyé là en récompense de ses vertus : il faisait partie d'une bande de voleurs qui pillaient les maisons inhabitées aux environs de Paris, et ne se gênaient pas pour détrousser les passants après les avoir assommés de coups de poing ou de gourdin.

Louise, épouvantée, avait caché sa tête dans ses mains.

— Le malheureux! le malheureux! se disait-elle; il devait finir ainsi!

— Eh bien! continua la mère Chéron, le brigand a commis un crime plus monstrueux, selon moi, que celui de voler... Et pourtant, c'est la Providence qui l'a voulu; car sans cela que serait devenu le pauvre innocent?

Louise releva brusquement la tête.

— Que voulez-vous dire? interrogea-t-elle d'une voix frémissante.

— Je veux dire que ce scélérat, que vous avez connu, avait un enfant, mignon comme un ange, et qu'il l'a lâchement abandonné.

Il n'y avait plus de doute possible pour Louise. La malheureuse femme ressentit une commotion violente, et tout son sang reflua vers le cœur.

Elle resta un moment sans pouvoir prononcer une parole; un poids énorme pesait sur sa poitrine. Enfin, elle parvint à se remettre un peu :

— Ainsi, balbutia-t-elle, ce jeune homme, qui demeure ici, avec vous, est le fils...

— Oui, le fils du misérable Pierre Ricard, malheureusement pour lui. Mais ce qu'il y a de bon, c'est qu'il ne ressemble pas du tout à son père.

Louise avait de nouveau baissé la tête.

— Son père, son père! murmura-t-elle.

— Maintenant, reprit la mère Chéron, si c'est ça que vous vouliez savoir, vous voilà renseignée. Vous avez l'air d'une brave femme, et je crois bien que vous vous intéressez à Pierre. Dame! il mérite qu'on l'aime, celui-là. Je vous l'ai dit : il ne sait ni où ni comment il est venu au monde.

Il ne connaît ni la famille de son père ni celle de sa mère. Qui était sa mère? Une pas grand'chose, bien sûr... Où est-elle? Cherche. Si elle ne court pas la prétentaine, c'est qu'elle est morte sur un lit d'hôpital comme tant d'autres gourgandines. Enfin, tout ça c'est de l'histoire ancienne. Pierre est un bon ouvrier, et il n'a besoin de personne; il saura faire son chemin tout seul. Pourtant, puisque vous avez connu la famille de son père, ça lui fera peut-être plaisir que vous lui disiez ce qu'il en est. A-t-il encore des parents?

— Non, ils sont tous morts.

— Est-ce qu'ils étaient riches, les Ricard?

— Non, tous pauvres.

— En ce cas, Pierre n'aura pas le regret d'avoir perdu leur héritage. D'ailleurs, quand même ils auraient été riches, ça ne lui aurait guère servi de les connaître. Le pauvre enfant n'a pas seulement un acte de naissance. S'il veut se marier un jour, ce sera la croix et la bannière.

— C'est donc vous qui l'avez élevé ? demanda Louise.

— Oui, c'est moi et mon pauvre homme, qui s'en est allé trop tôt. S'il était encore de ce monde, le cher ami, comme il serait content, comme il serait orgueilleux de voir notre enfant ! Car Pierre était notre enfant à tous les deux. Maintenant il n'a plus que moi, qui ne suis bonne à rien. Seulement, je sais toujours l'aimer.

— Il doit vous aimer beaucoup aussi ?

— Oh ! quant à ça, oui. Mais nous causons et le temps passe, fit-elle avec un commencement d'inquiétude ; c'est drôle qu'il ne rentre pas ; où donc peut-il être allé ? Pourvu qu'il ne lui soit point arrivé un accident.

— Il ne faut pas vous alarmer ; M. Pierrre a été sûrement retenu par quelque chose d'imprévu.

— Il faut bien que cela soit. Quand Pierre me dit : « Maman Chéron, je rentrerai ce soir pour dîner, » il ne me fait jamais attendre. Et l'heure est passée depuis longtemps.

— Je vous empêche peut-être de vous mettre à table ?

— Non, puisque je l'attends.

— Eh bien ! en l'attendant, si vous permettez que je vous tienne compagnie, et si cela ne vous contrarie pas, vous seriez bien aimable de me raconter par suite de quelles circonstances il est devenu votre fils.

— Oh ! c'est toute une histoire.

— Je serai vraiment heureuse de la connaître.

— Eh bien ! je vais vous raconter ça. En causant, le temps me paraîtra moins long. Vous allez voir comme quoi votre Pierre Ricard a toujours été un véritable scélérat.

XIII

LE SECOND BERCEAU

Après avoir réfléchi un instant, la mère Chéron reprit la parole en ces termes :

— Je dois vous dire, d'abord, que Chéron, mon pauvre défunt, était cordonnier. Il n'y a pas de sots métiers, pas vrai, et si celui de cordonnier n'est pas le meilleur de tous, il n'est pas des plus mauvais, attendu qu'on a perdu l'habitude de marcher les pieds nus. A vrai dire, mon homme ne travaillait pas dans le neuf; un talon à redresser par ci, une pièce ou un bout de semelle à mettre par là, il avait suffisamment de travail pour l'occuper toute l'année, et chaque jour il gagnait sa pièce de trois francs. Chéron était tout à fait un bon homme; il allait bien quelquefois chez notre voisin le marchand de vin, — c'est un peu le défaut de tous les ouvriers, — mais quand même il avait bu un peu plus que de raison, il ne m'a jamais dit un mot plus haut que l'autre; au contraire, le pauvre chéri, c'est moi qui le grondais.

Nous demeurions en ce temps là rue Sedaine. Moi, je tirai le cordon, c'est-à-dire j'étais concierge ou portière, comme vous voudrez, ça m'est égal. Nous trouvions le moyen de vivre convenablement et même de faire quelques épargnes, lui avec ses raccommodages de vieilles chaussures, moi avec ma loge et les ménages que je faisais.

Nous n'avions pas d'enfant. Ça nous contrariait beaucoup, et pendant bien des années ce fut notre véritable chagrin. On a beau êtres pauvres, voyez-vous, ça n'empêche pas les sentiments; on sent tout de même en soi quelque chose qui vous dit qu'on aimerait à l'adoration un cher petit être qu'on aurait mis au monde. Nous avons bien aimé le petit Pierre, qui ne nous était rien.

Je vas vous dire, maintenant, comment il est devenu notre enfant.

Un jour que mon mari était allé faire une course du côté de La Villette, il vit dans une rue un gros rassemblement. Curieux comme la plupart de ceux qui étaient là, Chéron voulut savoir ce qui se passait. Il s'approcha du groupe où il y avait surtout beaucoup de femmes qui criaient très-fort. Au milieu du cercle formé par la foule, il vit une femme, jeune encore, qui se démenait comme une furie en agitant ses grands bras. Près d'elle, tout en larmes, poussant des plaintes et des gémissements à fendre l'âme, il y avait un tout petit enfant qui marchait à peine.

En écoutant ce qu'on disait autour de lui, Chéron apprit que la femme, après avoir jeté l'enfant par terre d'un coup de poing, l'avait ensuite roulé sur le pavé à coups de pied. Voyant cela, quelques femmes indignées s'étaient jetées sur la misérable et lui avaient administré une superbe correction. Si deux ouvriers n'étaient accourus à son secours, les femmes, paraît-il, lui auraient arraché les yeux et jusqu'au dernier des cheveux qu'elle avait sur la tête.

Chéron arrivait au moment où finissait la bataille.

— C'est une mauvaise mère; c'est une coquine; elle veut tuer son enfant, criait la foule.

— Il n'est pas à moi; cet enfant ne m'appartient pas, répondit la femme.

— En ce cas, reprit une des femmes qui s'étaient si justement indignées, elle l'a volé, et, maintenant qu'elle ne sait plus qu'en faire, elle veut l'assassiner, pour s'en débarrasser.

— Il faut la faire arrêter, dit une autre.
— Oui, oui, oui, hurla la foule.
— Menons-la chez le commissaire de police.

La femme, qui était déjà toute tremblante, se mit à trembler plus fort. Elle essaya de percer le cercle pour prendre la fuite; mais deux solides gaillards l'empoignèrent et l'entraînèrent malgré ses cris et sa résistance.

Personne ne songeait plus au pauvre petit qui pleurait toujours. Chéron, ému de compassion, le prit dans ses bras et suivit la foule.

On arriva chez le commissaire de police.

Quand on lui eut raconté la chose, il se tourna vers la femme et, d'un ton sévère, il lui demanda son nom. Ce nom, je l'ai oublié; mais le commissaire de police le connaissait bien.

— Ah! ah! fit-il en fronçant les sourcils, j'ai plusieurs fois entendu parler de vous; vous êtes une fille de mauvaise vie et vous vous êtes assise déjà sur le banc de la police correctionnelle. Cet enfant est-il le vôtre?

— Non, monsieur.

— Comment! il ne vous appartient pas, et vous vous permettez de le frapper, de le brutaliser!... En vérité, les parents de ce pauvre petit sont presque aussi coupables que vous; le premier devoir d'une mère est de savoir à qui elle confie son enfant. Comment se nomme la mère de ce petit garçon?

— Je ne sais pas.

— Ah çà! vous moquez-vous de moi?

— Quand son père me l'a amené, il y a environ six mois, il m'a dit qu'il avait eu cet enfant d'une maîtresse et qu'elle était morte.

— Soit. Mais si vous ignorez le nom de la mère, vous savez celui du père.

— Oui, monsieur; il s'appelle Pierre Ricard.

— Où demeure-t-il, ce Pierre Ricard?

— Il a logé chez moi pendant près d'un an; je ne lui ai jamais connu un autre domicile. Depuis environ quatre mois il a disparu tout à coup, m'abandonnant son enfant, et je ne sais ce qu'il est devenu.

— Que faisait-il quand il logeait chez vous?

— Rien.

— Rien, ce n'est guère. Il est donc riche?

— Il est pauvre comme Job.

L'air sévère du magistrat s'accentua encore.

— Pourtant, reprit-t-il, il ne vivait pas de l'air du temps ; c'est vous qui le nourrissiez?

— Oui, monsieur.

— De quel genre étaient vos relations?

— C'était mon amant.

— Amant, amant!... Il y a un autre nom qui s'applique mieux à cette catégorie d'individus à laquelle appartient ce Pierre Ricard. Enfin, dans les derniers temps que vous nourrissiez le père et l'enfant. Vous vous étiez chargée de l'élever.

— Oui, monsieur ; mais son père m'avait promis le mariage.

— C'était dans les choses possibles : à une femme comme vous, il faut un homme comme celui-là. Aviez-vous l'enfant depuis longtemps lorsqu'il vous a quittée?

— Depuis un mois seulement.

— Ce pauvre enfant vous gênait et était une charge pour vous, je le comprends ; mais ce n'était pas une raison pour le faire souffrir et le maltraiter. Il fallait venir ici ou aller trouver un autre commissaire de police ; l'administration de l'Assistance publique vous aurait depuis longtemps débarrassée de l'enfant.

— C'est ce que je me proposais de faire, monsieur le commissaire ; mais j'espérais toujours que le père reviendrait.

— Croyez-vous qu'il ait quitté Paris?

— Je n'oserais pas l'affirmer, mais j'en suis presque sûre.

« Il parlait souvent de m'emmener avec lui en Allemagne, où, disait-il, il avait des amis.

— Comment l'avez-vous connu?

— C'est dans un bal que je l'ai rencontré pour la première fois.

— Et vous n'avez jamais rien appris sur ses antécédents, sur ce qu'il faisait avant de vivre avec vous?

— Je lui ai fait souvent des questions à ce sujet, il ne me répondait pas.

— Avait-il un métier?

— Je ne saurais le dire. Mais il était tellement paresseux, que je crois bien qu'il n'a jamais travaillé de sa vie.

— Savez-vous s'il est né à Paris?

— Non, monsieur, je ne le sais pas.

LES DEUX BERCEAUX

Sa femme se jeta entre Pierre et lui pour détourner le coup homicide. (Page. 125)

Le commissaire de police se tourna alors vers l'enfant qui, assis maintenant sur les genoux de Chéron, s'était consolé.

— Quel âge peut-il avoir? dit-il, quinze ou dix-huit mois; pauvre petit, il est entré dans la vie par une mauvaise porte. Sa mère est morte, son père l'abandonne; le voilà seul au monde. Commence-t-il à parler?

— Il dit déjà quelques mots, répondit la femme.

— Comment s'appelle-t-il?

— Je ne sais pas s'il a été baptisé ; je lui ai donné le nom de son père, je l'appelle Pierre.

Le commissaire fit un signe et on emmena la femme.

— Eh bien ! reprit le commissaire de police, nous allons envoyer le petit Pierre à l'hospice des enfants assistés.

Ces paroles firent tressaillir Chéron.

Depuis un instant, il était songeur ; il réfléchissait ; toutes sortes de choses lui passaient par la tête.

— Si j'osais, si monsieur le commissaire de police me permettait... fit-il.

— Vous pouvez parler, mon ami ; qu'avez-vous à dire?

— Eh bien ! monsieur le commissaire, ça me fait de la peine que ce petit aille à l'hospice où il y en a déjà tant. Je m'appelle Chéron et je demeure rue Sedaine, n° 5, où ma femme est concierge ; vous pouvez prendre des renseignements sur nous, tout le monde nous connaît dans le quartier. Je suis pauvre, mais je gagne honnêtement ma vie avec mon état de cordonnier. On vous dira que je ne suis pas un méchant homme et que mon épouse est aussi une bonne femme. Nous adorons les enfants, et nous n'en avons jamais eu. Confiez-nous celui-ci, donnez-le nous ; nous l'élèverons de notre mieux et l'aimerons comme s'il était le nôtre. Nous avons économisés quelques sous, ce sera pour lui, un peu plus tard, quand nous le mettrons à l'école. Vous pouvez être tranquille, allez ; chez nous il ne sera pas battu, pas même grondé.

Le commissaire paraissait très-ému.

— Je crois en effet, dit-il, que l'enfant serait très-bien avec vous, mais je ne puis pas, de mon autorité privée, vous le confier. Il y a certaines formalités à remplir.

— Que faut-il faire?

— Êtes-vous connu du commissaire de police de votre quartier?

— Oui, monsieur.

— Vous allez aller le trouver ; vous lui déclarerez, comme vous venez de le faire ici, que vous désirez vous charger de l'enfant, et vous le prierez de vous donner un certificat constatant votre identité. Pendant ce temps, l'enfant restera ici. Quand vous reviendrez avec le certificat de votre commissaire de police, vous pourrez l'emporter. Je me chargerai de remplir les autres formalités.

Je vis arriver chez nous mon mari tout en nage : le cher homme avait couru tout le long du chemin.

— Eh bien ! eh bien ! qu'y a-t-il donc? lui demandai-je.

Tout en haletant, il me raconta la chose.

Vite, je mis un bonnet blanc, je jetai un fichu sur mes épaules, et, après avoir prié une voisine de garder la loge en mon absence, nous courûmes chez le commissaire de police. Il nous donna aussitôt le certificat exigé par son confrère, et nous prîmes une voiture pour arriver plus tôt à La Villette. Ce jour-là était pour nous un vrai jour de fête.

Le commissaire ne fit plus aucune difficulté ; il nous donna l'enfant. Pauvre petit, je ne l'eus pas plus tôt embrassé, qu'il me jeta ses bras mignons autour du cou. On voyait bien qu'il était plus souvent battu qu'embrassé. Quand je rentrai dans ma loge, le tenant dans mes bras, je ne saurais pas vous dire comme j'étais fière ; une fortune ne m'aurait pas rendue aussi heureuse. Pensez donc : j'avais un enfant, un petit amour à aimer ; je ne l'avais pas mis au monde, mais il était à moi tout de même. Le rêve de toute ma vie se trouvait réalisé. Je n'ai pas besoin de vous dire s'il fut aimé.

Les premiers jours il était timide, craintif, inquiet... Je crois bien, il n'entendait que de dures paroles et on le maltraitait constamment. Mais il se familiarisa bien vite quand il vit qu'on lui parlait avec douceur et qu'on ne cessait pas de l'embrasser.

Son front s'éclaircit, et ses jolis petits yeux, où l'on voyait déjà tant d'intelligence, s'animèrent et se remplirent d'éclat. Il devint aimant, expansif, éveillé comme un linot et gai comme un pinson.

Au bout de trois mois on n'aurait pas cru que c'était le même enfant. Donc, chez les enfants comme chez les grandes personnes, le bonheur produit de ces effets-là. Nous-mêmes, nous étions les plus heureuses gens de la création. Du matin au soir, en tirant son alène, mon homme chantait à plein gosier comme un sansonnet. Moi, j'avais tant de joie que j'en étais comme grisée.

Je ne sais pas ce qu'est l'amour maternel, mais je ne crois pas qu'une mère puisse avoir plus de tendresse à donner que je n'en avais pour notre petit Pierre. Vous me croirez si vous voulez, il y eut des jours où je me figurais qu'il était né de ma chair et de mon sang.

Je ne pensais plus qu'à lui, je ne vivais plus que pour lui ; je crois véritablement que j'aimais moins mon cher homme.

Notre petit Pierre nous appela papa et maman.

Ce doux nom de maman faisait passer en moi des frissons de plaisir ; il me procurait un ravissement indéfinissable. Ah ! je ne sais pas si vous êtes mère, madame, mais il n'y a rien sur la terre qui puisse autant charmer l'oreille que ce mot délicieux : maman !

Un jour, un compatriote de mon mari vint nous faire une visite. Il y avait bien deux ans que nous ne l'avions vu. A Paris on se perd facilement de vue, et on est souvent plusieurs années sans se revoir, sans se rencontrer. Ce camarade de mon mari se nomme Fabrice ; il est encore de ce monde, lui.

— Tiens, fit-il étonné en voyant le petit Pierre, vous avez donc eu un enfant?

Naturellement, nous nous sommes mis à rire, mon mari et moi.

— Non, répondit enfin Chéron, c'est un enfant abandonné que nous avons adopté.

Et il raconta toute l'histoire à Fabrice.

— Oh ! mais, s'écria tout à coup Fabrice, j'ai très-bien connu le père de ce petit-là. C'était un vrai chenapan, ce Pierre Ricard. Ainsi le gredin avait un enfant, et personne ne s'en doutait !

— Tu te trompes peut-être, Fabrice, répliqua Chéron ; il n'y a pas mal de chiens dans la rue qui s'appellent Azor

— Non, non, je ne me trompe pas, c'est bien mon Pierre Ricard. Et la preuve, c'est que je l'ai rencontré un soir hors barrière, du côté de La Villette, il y a tout près de deux ans de cela, ayant une femme à son bras qu'il m'a dit être sa maîtresse. Il m'a même engagé à aller le voir, et il m'a donné le nom et l'adresse de la femme.

Or, ce nom, dont je ne puis me souvenir, était bien celui que la femme s'était donné devant le commissaire de police. Nous fûmes convaincus que le père de l'enfant était ce Pierre Ricard que Fabrice avait connu.

Comme vous devez le penser, nous lui fîmes beaucoup de questions. Voici à peu près ce qu'il nous apprit :

Pierre Ricard était un ouvrier et même un bon ouvrier tourneur. Il travaillait dans le bronze. Il avait passé successivement dans tous les ateliers, d'où on le renvoyait toujours pour cause d'inconduite. Il débauchait les autres ouvriers et les détournait de leur devoir. Il était comme une brebis galeuse dans le troupeau. On ne veut pas de ça dans les ateliers. Les patrons ont des commandes, des marchandises à livrer au jour convenu : il faut que l'ouvrage se fasse. Laisser les ouvriers se mettre en débandade, ce n'est pas le moyen de contenter le client et de faire des affaires. Et puis, quand au lieu de travailler les ouvriers vont au cabaret, la famine entre au logis; la femme pleure et les enfants crient.

Pierre Ricard était un fainéant, un gourmand, un ivrogne, le pire des mauvais sujets ; il s'arrangea si bien qu'on ne voulut plus de lui nulle part. C'est probablement ce qu'il désirait. Comment fit-il alors pour vivre? Cela se devine trop. Il fréquentait les bals et autres mauvais lieux où la jeunesse se perd. Assez beau garçon, paraît-il, Pierre Ricard trouvait facilement le moyen de satisfaire sa passion pour les femmes; mais quelles femmes!... C'est d'une de ces malheureuses créatures qu'il eut son fils. Dire de laquelle est impossible, car Pierre Ricard ne gardait pas longtemps la même femme.

Louise écoutait tout cela avec un calme apparent, mais son cœur souffrait cruellement.

— Ce M. Fabrice, qui le connaissait si bien, ne vous a-t-il pas dit qu'il s'était marié? demanda-t-elle.

— Il nous a, en effet, parlé de cela, comme d'un bruit qui a couru. Parmi les gens qui connaissaient Pierre Ricard, les uns disaient : Il est marié, les autres répondaient non. On n'a jamais su la vérité. Est-ce que vous croyez qu'il était réellement marié?

— Je ne sais pas, répondit Louise.

— Il ne l'était pas, allez. Quelle est donc la malheureuse qui aurait voulu d'un homme pareil?

Louise laissa échapper un soupir.

— Vous êtes de mon avis, n'est-ce pas? fit la mère Chéron.

Bref, voilà comment nous avons appris ce que le commissaire de police ne put découvrir. Comme de juste et de raison, nous ne sommes pas allés crier cela sur les toits; nous l'avons gardé pour nous.

C'est encore par Fabrice que, dix ans plus tard, nous avons su que Pierre Ricard était passé en cour d'assises, et qu'on l'avait condamné à je ne sais combien d'années de travaux forcés. Mais en voilà assez sur ce misérable, dont nous n'avons jamais entendu parler depuis.

Notre petit Pierre poussa comme un champignon, et en même temps qu'il grandissait, il devenait fort et gentil à croquer, et son intelligence se développait que c'était merveilleux.

— Il a, pour apprendre, une facilité étonnante, nous disait souvent son maître d'école ; s'il était poussé aux écoles, on en ferait un savant.

Ah! si nous avions eu de la fortune, nous l'aurions mis à Charlemagne, puis à l'École polytechnique, et il serait aujourd'hui ingénieur des ponts et chaussées. Il n'allait pas à la mutuelle; nous l'avions placé dans le meilleur externat du quartier, où nous payions d'abord cinq francs par mois, puis sept, puis neuf francs. Nous ne pouvions pas faire davantage.

Mais Pierre sut si bien profiter des leçons qu'on lui donnait, qu'il devint tout de même très-instruit, car ce que personne ne sait, c'est qu'il est réellement très savant. Par exemple, il s'en est donné de la peine! Il a toujours étudié, et il-

étudie encore maintenant. En a-t-il passé des heures sur ses livres ! Ce n'est rien de le dire. Et le plus joli, c'est que tout ce qu'il sait, il l'a appris presque seul.

Quand il eut quatorze ans, il nous dit :

— Je voudrais apprendre un état.

— Quel état veux-tu ? lui demanda Chéron.

— Je crois que celui de serrurier me plairait.

L'enfant avait souvent entendu parler serrurerie par un brave homme du nom de Guérin, qui venait de loin en loin à la maison, et qui avait de l'enthousiasme pour son métier.

Chéron fit un peu la grimace ; il aurait préféré pour Pierre un état moins dur et plus artistique : comme graveur sur métaux, bijoutier, ou compositeur typographe, ou horloger.

Mais l'enfant avait son idée : nous le mîmes chez un serrurier.

Au bout de six mois il commença à gagner. Quand il eut fait ses quatre ans d'apprentissage, car il voulut apprendre tout ce qui concerne la partie, son patron nous dit :

— Pierre est aujourd'hui mon meilleur ouvrier.

Deux ans plus tard, le serrurier en question vendit son établissement après avoir fait sa fortune. Son successeur, homme grossier et même brutal, déplut à Pierre. Il quitta la maison, déclarant qu'il ne voulait pas travailler pour un patron qui considérait ses ouvriers comme des bêtes de somme.

Mon pauvre homme venait de mourir, et Pierre se trouvait sans travail, car fier comme il est, il lui répugnait d'entrer dans la première maison venue. Nous avions heureusement quelque chose devant nous. Malgré cela, il était soucieux : il sait que les épargnes disparaissent vite dans les jours de chômage.

Ce monsieur Guérin, dont je vous ai déjà parlé, — le cher homme a été enterré il y a quelques jours, — apprit, je ne sais comment, que Pierre était sans ouvrage. Il vint le prendre un matin et il l'emmena. Quand Pierre revint le soir, il était tout joyeux. Il me dit :

— J'ai fait aujourd'hui ma première journée chez M. Corbon, où le papa Guérin est contre-maître. Quand le patron eut vu ce que je sais faire, il m'a dit tout de suite que j'aurais six francs par jour. La maison Corbon est une des premières de Paris, nous voilà tranquilles pour toujours.

Il ne se trompait pas. Depuis, il n'a plus été un jour sans travailler. Après avoir gagné au début six francs et sept francs, sa journée est aujourd'hui de neuf francs.

Quand je vous dis qu'il a toujours travaillé depuis près de cinq ans qu'il est chez M. Corbon, je ne parle pas de mauvais jours de la guerre. Alors tous les ateliers étaient fermés, et les ouvriers, jeunes et vieux, comme les patrons, allaient aux mairies demander un fusil pour défendre Paris. Pauvres et riches, bourgeois et ouvriers, tous s'armaient contre les Prussiens. On ne songeait plus à bâtir des maisons ; au contraire, on démolissait celles qui étaient trop près des fortifications. Il n'y avait plus d'architectes, plus de maçons, plus de couvreurs, plus de charrons, plus de plâtriers, plus de menuisiers, plus de serruriers, plus de peintres, tous étaient soldats... Mais si vous étiez à Paris alors, vous avez vu cela. Eh bien, vrai, ce n'était pas gai du tout.

Les Prussiens sont venus, ils ont entouré Paris d'un cercle de fer, et, n'osant pas s'en approcher de trop près, de loin avec leurs gros canons ils lui ont envoyé des bombes. Et, comme si ce n'était pas suffisant pour assouvir leur rage, ils ont brûlé Saint-Cloud.

Paris, la ville du monde entier, affamée, a failli mourir de faim. Et toute l'Europe a vu cela sans oser pousser un cri d'horreur !

Il y a encore des gens qui disent que l'on n'a pas su faire, que si la défense eût été bien dirigée, on aurait repoussé les Prussiens et que pas un ne serait sorti de France. Pierre ne pense pas comme ceux-là ; il croit qu'on a fait tous les efforts possibles et qu'on n'a manqué ni de bonne volonté, ni d'énergie, ni de talent. Pourtant il admet que le patriotisme n'a pas été le même partout en France.

Lui, il a fait son devoir. Comme mobile, il était au Bourget, il était à Champigny. Il s'est bien conduit, le cher enfant, puisque de sergent qu'il était on voulut le faire sous-lieutenant après la malheureuse affaire du Bourget. Il refusa. Je n'ai pas besoin de vous dire pourquoi : il savait qu'il porte le nom d'un forçat.

A Champigny, il reçut une balle là, dans l'épaule. Cette fois on voulut lui donner la croix : il ne l'accepta point, toujours pour la même raison.

Nous demeurions déjà dans cette maison, et c'est là, dans sa chambre, que je l'ai soigné pendant plusieurs mois. Quand il fut complétement guéri, les jours douloureux de la Commune étaient passés, Paris commençait à respirer, et il fut un des premiers qui rentrèrent dans les ateliers.

Voilà toute l'histoire de mon cher Pierre, madame, acheva la mère Chéron ; vous avez pu voir, par ce que je viens de vous dire, que le fils de Pierre Ricard ne ressemble guère à son père.

De grosses larmes roulaient dans les yeux de Louise. Quelque chose d'étrange se passait en elle

XIV

UN DÉMON

La mère Chéron aimait à causer. Une fois par hasard, trouvant l'occasion de raconter l'histoire de Pierre, elle en avait profité. En parlant de lui, elle s'était distraite un instant et avait oublié son inquiétude.

L'horloge accrochée au mur de la salle à manger sonna neuf heures. La vieille femme se leva.

— Non, non, s'écria-t-elle, ça n'est pas naturel; il est arrivé malheur à mon enfant !

Louise absorbée dans ses pensées, sursauta comme une personne dont on interrompt brusquement le sommeil, et se dressa sur ses jambes.

La mère Chéron ayant ouvert la fenêtre se penchait en dehors. Ne voyant rien dans la rue et n'entendant aucun bruit insolite, elle se mit à marcher dans la chambre en proie à une agitation fébrile.

— M. Pierre ne rentrera probablement pas pour dîner, dit Louise. Je regrette de ne pouvoir l'attendre plus longtemps ; mais, comme je désire absolument le voir, je reviendrai prochainement.

— Oui, si cela vous fait plaisir, revenez, répondit la mère Chéron.

Elle prit la lampe et accompagna la visiteuse jusqu'à sa porte.

Louise descendit l'escalier rapidement. Elle avait la tête lourde, la poitrine fortement oppressée. Quand elle se trouva dans la rue, le grand air la soulagea un peu ; elle respira bruyamment.

— Mes pressentiments ne pouvaient pas me tromper, se dit-elle. Ainsi, c'est lui, c'est bien lui !... Ouvrier, ouvrier, le vrai vicomte de Lucerolle !... Et il ne sait rien, il ne se doute de rien, il se croit le fils de Pierre Ricard... Ah ! j'aurais bien voulu le voir...

Puis, se reprenent aussitôt :

— Non, il est préférable que nous ne nous soyons pas rencontrés ; il m'aurait questionnée, il m'eût fallu lui répondre, je me serais peut-être trahie... C'est singulier, je n'avais pas du tout songé à cela. Non, non, il ne faut pas qu'il me voie. J'ai appris ce que je voulais savoir, cela suffit. Maintenant, que vais-je faire ? que vais-je faire.

LES DEUX BERCEAUX

Il se jeta sur moi comme une bête féroce sur sa victime. (Page 131.)

Sa tête s'inclina sur sa poitrine.

Après un moment de silence, elle reprit tout haut :

— Oh! c'est horrible!

Une femme qui l'entendit se retourna en disant :

— Tiens, qu'est-ce qu'elle a donc celle-là ?

Louise était sur le boulevard Voltaire. Elle arrêta un fiacre qui passait, et se jeta dans la voiture en donnant au cocher le nom de la rue et le numéro de l'hôtel de Lucerolle.

. . . .

La scène du cabaret, que nous avons racontée, devait avoir un dénouement. Il ne suffisait pas à Robin d'avoir calomnié Pierre et troublé la tranquillité de Thibaut en lui faisant croire que sa jeune femme le trompait indignement. Ce n'était pas assez pour satisfaire sa haine, elle voulait autre chose.

Si méchant que fût Robin, il n'avait pas osé, pourtant, pousser Thibaut à commettre un meurtre. Mais il avait fait naître en son cœur le désir de la vengeance, et il n'épargnait rien pour alimenter la colère de son trop crédule ami jusqu'au jour où elle ferait explosion.

Il lui avait conseillé de dissimuler, de ne rien laisser deviner à sa femme, lui promettant qu'il ne tarderait pas à la surprendre chez lui avec son amant, un soir qu'ils le croiraient en train de s'enivrer chez le marchand de vin.

— Vois-tu, lui dit-il, il faut que tu lui donnes une *danse* complète et qu'il s'en souvienne longtemps.

— Je le tuerai comme un chien enragé, répondit Thibaut d'une voix sourde, pendant qu'une lueur sombre passait dans son regard.

— Baste! reprit Robin en regardant obliquement son ami, une femme ne vaut pas qu'on tue un homme pour elle. Ça dérange l'existence, on a affaire avec la justice, on passe en cour d'assises et, quand même on serait acquitté, ça gêne pour plus tard.

— On voit bien que tu n'es pas marié, toi, répliqua Thibaut.

— Et je n'ai pas peur que l'envie m'en vienne. Prendre une femme pour qu'elle passe ses doigts dans les cheveux d'un autre et qu'elle fasse de vous la risée des camarades, c'est trop bête!

Thibaut serrait les poings et grinçait les dents.

— Ça va bien, ça va bien, se disait Robin.

— Robin, ça ne peut pas durer longtemps comme ça, reprit l'ivrogne, je veux me venger, il faut que je me venge!

— Certainement. Seulement prends patience, attends l'occasion, elle viendra bientôt. Il faut que tu lui casses une *patte* ou une *aile*.

— Non, je veux le tuer, je le tuerai!

— Dame, si ça te fait plaisir! Mais, tu sais, Thibaut, pas de bêtises; si tu lui fais son affaire, il faudra te souvenir que je ne t'ai jamais conseillé de jouer du couteau.

Le misérable avait la prudence des scélérats.

Depuis quelques jours, les deux amis avaient cessé d'aller chez le marchand de vins que fréquentaient plusieurs autres ouvriers de la maison Corbon. Ils se donnaient rendez-vous et passaient leurs soirées à boire et à jouer aux cartes dans un cabaret, sorte de bouge noir et enfumé de la rue des Trois-Couronnes, dans laquelle demeurait Thibaut. Ils avaient choisi leur place à une table près de la fenêtre, dans une espèce de salon à l'entre-sol. D'un seul coup d'œil, ils pouvaient tout voir dans la rue.

Aucun des habitués du bouge ne se doutait que ces deux joueurs de piquet acharnés, qui buvaient au point de ne plus se tenir sur leurs jambes, jouaient en même temps le rôle d'espions.

Le soir où la mère Chéron, attendant Pierre, racontait à Louise l'histoire du jeune homme, Robin et Thibaut, placés à leur poste d'observation, virent passer Pierre devant la fenêtre du cabaret.

— C'est lui, dit Robin à voix basse.

— Je l'ai reconnu, fit Thibaut.

— Voyons où il va.

Tous deux se dressèrent et collèrent leur visage aux vitres.

— Vois-tu? demanda Robin.

— Oui.

— Il entre dans la maison où tu demeures; eh bien, es-tu convaincu, maintenant?

— Thibaut fit entendre une sorte de grognement. Il était devenu pâle comme un mort, un tremblement nerveux secouait ses membres.

Il allait s'élancer hors de la salle; Robin le retint.

— Pas encore, dit-il, tu n'as pas besoin de te presser, il ne quittera pas ta femme avant une demi-heure. Avant tout, il faut boire.

— Oui, buvons.

— Garçon! garçon! appela Robin.

Le garçon accourut.

— De l'absinthe, commanda Robin, apportez le litre.

Et quand le litre fut sur table, Robin remplit le verre de Thibaut jusqu'au bord. Le malheureux avala d'un seul trait l'affreuse liqueur verte.

— Ça te donnera du cœur, dit Robin.

— J'en ai, va, sois tranquille.

Tu as fait une seconde clef pour la serrure de ta porte; l'as-tu sur toi?

— Oui.
— Ta femme sait-elle que tu as une double clef?
— Non.
— Alors, c'est parfait.

Thibaut se leva.

— Encore un verre, dit le tentateur en saisissant la bouteille.
— La moitié seulement, répondit Thibaut.

Robin versa. Thibaut but encore ce qui était dans son verre jusqu'à la dernière goutte.

— Maintenant, reprit Robin, tu peux marcher. Arrange-le bien : une bonne râclée comme c'est convenu.

Les lèvres de Thibaut se crispèrent, et il eut un regard sinistre.

— Je sais ce que j'ai à faire, grommela-t-il d'une voix creuse, en laissant voir la lame effilée d'un couteau qu'il tenait caché sur sa poitrine.

D'un bond, il s'élança dans l'escalier, qu'il descendit quatre à quatre.

Debout devant la fenêtre, Robin le vit traverser la rue en courant.

— L'absinthe va produire son effet, murmura le misérable.

Puis, frottant ses mains l'une contre l'autre :

— Ah! ah! ajouta-t-il, dans un instant nous allons rire.

Thibaut occupait au quatrième étage un petit logement d'ouvrier, composé d'une chambre à coucher, d'une cuisine et d'une salle à manger où il y avait un petit lit dans lequel couchait l'ainé de ses trois enfants, âgé de quatre ans et demi.

Après avoir monté rapidement l'escalier, Thibaut s'arrêta devant sa porte, sur le palier, afin de reprendre haleine et aussi pour tâcher de surprendre quelques paroles prononcées à l'intérieur. Il n'entendit rien.

— Les infâmes, se dit-il, ils sont dans la chambre.

Il ouvrit doucement la porte et la referma sans bruit. Alors il sortit son couteau de sa poitrine, et, après s'être assuré qu'il le tenait d'une main ferme, il traversa la salle à manger à pas de loups, et se précipita dans la chambre à coucher.

Il faisait encore jour. Pierre, assis sur une chaise, près de la fenêtre, tenait deux enfants sur ses genoux; le troisième dormait couché sur le lit. La jeune femme était debout, appuyée contre un meuble à moitié pourri, qui avait la prétention de ressembler à une commode.

En voyant apparaître son mari, le regard étincelant de fureur, la main armée d'un couteau, elle jeta un cri perçant. Une lumière rapide se fit dans son cerveau ; elle comprit tout et vit que la vie de Pierre était menacée.

Celui-ci ayant laissé glisser les enfants sur le carreau s'était levé.

Thibaut poussa une sorte de hurlement et bondit sur Pierre, brandissant son couteau.

Heureusement, sa femme guettait tous ses mouvements ; elle eut le temps de se jeter entre Pierre et lui et de saisir le bras homicide. Le coup changea de direction, et la lame effleurant seulement l'épaule du jeune homme, en déchirant l'habit frappa dans le vide.

Thibaut tomba sur ses genoux ; mais il se releva aussitôt, les yeux injectés de sang, les lèvres écumantes. Une seconde fois l'arme terrible menaça la poitrine de Pierre. La jeune femme se jeta de nouveau sur son mari et le saisit à bras-le-corps par derrière. Alors il tourna sa fureur, sa rage contre sa femme. Les sons rauques qui sortaient de sa gorge ressemblaient à des rugissements.

— Coquine, je te tuerai aussi, criait-il, je vous tuerai tous les deux ; il me faut votre vie, je veux me rouler dans votre sang !

Et il cherchait à se retourner pour frapper plus sûrement.

A ce moment, l'homme était devenu une bête féroce.

Cependant, Pierre, revenu de sa stupeur, vint à son tour au secours de la jeune femme. Ayant pu saisir le bras de Thibaut, il parvint à le désarmer.

La jeune femme rassurée le laissa libre. Mais, à la vue du couteau qui de sa main était passé dans celle de Pierre, l'ivrogne eut peur ; il s'imagina que son ennemi, devenu le plus fort allait se ruer sur lui et le poignarder. Il promena autour de lui son regard farouche et s'élança vers la porte pour s'enfuir.

Sa femme se dressa devant lui.

— Arrête, malheureux, lui dit-elle, arrête !

Il voulut passer. D'un geste impérieux elle le força à reculer.

Pierre, tenant toujours le couteau, restait immobile à la même place.

XV

LA FEMME DE L'OUVRIER

Les deux enfants, blottis dans un coin, poussaient des cris lamentables. Le troisième, réveillé en sursaut, s'était assis sur le lit et regardait curieusement ce qui se passait dans la chambre.

La jeune femme fit deux pas en avant, et, le bras tendu, les yeux pleins d'éclairs fixés sur son mari, elle lui dit d'une voix frémissante :

— Mauvais mari, mauvais père, il ne te manquait plus que d'être un assassin !

— Hein, tu dis, tu dis ? bégaya Thibaut.

— Je dis que tu es un mauvais mari, un père dénaturé ; je dis que tu es un misérable ; entends-tu, Thibaut ? un misérable !

— C'est toi qui es une misérable, c'est toi !... Si je suis un mauvais père, un mauvais mari, c'est ta faute... c'est parce que tu te conduis mal, parce que tu as des amants !

La jeune femme se redressa superbe de colère et d'indignation.

— Thibaut, lui cria-t-elle d'une voix éclatante tu insultes la mère de tes enfants, tu es un lâche ! un lâche !

Puis se tournant vers le jeune homme, qui restait là, sans doute, pour protéger la mère et les enfants contre la fureur du mari, elle lui dit :

— Vous l'avez entendu, M. Pierre, voilà ce qu'il pense de moi, voilà comment il me traite. Quelle honte ! quelle honte !

— Thibaut n'est pas méchant, dit le jeune homme, il n'est qu'égaré et en ce moment il est fou !

— Il est toujours là, le beau Pierre, il ne s'en va pas, dit Thibaut d'un ton sarcastique ; c'est ton amant, il reste pour défendre sa maîtresse.

— Malheureux ! s'écria-t-elle, ce n'est donc pas assez de moi, il faut aussi que tu insultes les autres ?... Mais il n'y a donc plus rien de bon en toi, tu es donc devenu tout à fait un monstre !... Ah ! continua-t-elle avec véhémence, qu'il soit à jamais maudit le jour où tu es entré chez ma pauvre mère la première fois. Nous étions pauvres, nous gagnions bien durement notre pain de chaque jour, mais nous étions heureuses tout de même ; je ne savais pas encore ce que c'était que souffrir. Ma mère crut que tu étais bon et honnête, et comme tu lui jurais que tu m'aimerais, que tu me rendrais heureuse, elle m'a dit, pour mon malheur : « Épouse-le. » Ah ! si elle vivait encore, si elle voyait ce qui se passe aujourd'hui, pauvre mère ! que dirait-elle !... Comme moi, elle se repentirait amèrement de sa crédulité.

Les sanglots lui coupaient la voix.

Au bout d'un instant il reprit :

— Hélas ! ma mère ne pouvait pas deviner l'avenir ; tous les hommes ne sont pas méchants, et elle te croyait bon, toi... Tu nous a trompées, Thibaut ! tu nous a trompées ! Et pourtant, non, tu n'étais pas alors ce que tu es maintenant, un joueur, un débauché, un ivrogne... C'est seulement depuis deux ans, depuis deux ans que je meurs de douleur!... Mais qui donc t'a changé ainsi? Quel est donc ce mauvais génie qui pèse sur ta destinée, la mienne et celle de nos enfants?... Ah! ce Robin, ce misérable Robin!

— Robin est mon ami.

— Cet homme, ton ami, oh!... fit-elle avec ironie.

— Oui, Robin est mon ami, et je ne veux pas qu'on dise du mal de lui.

— Oh! l'aveugle, l'insensé... il ne voit rien, il ne comprend pas... Non, il ne voit pas que cet homme est le démon acharné à sa perte.

Thibaut haussa les épaules.

— Non, reprit-elle avec énergie, il ne comprend pas que Robin, que cet infâme le conduit, le pousse vers le mal. Thibaut, Robin ne sera content que le jour où il t'aura fait jeter dans une prison et que tes enfants et ta femme seront morts de misère!... Tout à l'heure, quand tu es rentré, si, ivre d'eau-de-vie et d'absinthe tu n'avais pas chancelé sur tes jambes, tu enfonçais la lame de ton couteau dans la poitrine de M. Pierre, mon seul ami, le soutien de mes enfants... Et après, continua-t-elle en pleurant, où serais-tu allé? dis, où serais-tu allé? Au bagne, malheureux, au bagne!...

Elle s'arrêta pour essuyer son visage baigné de larmes.

Thibaut, qui commençait à se dégriser, baissa la tête.

Les enfants, toujours dans le coin de la chambre, ne poussaient plus de cris d'épouvante, mais ils pleuraient de voir pleurer leur mère.

Après un moment de silence la jeune femme reprit :

— C'est Robin qui te monte la tête, c'est lui qui t'entraîne au cabaret, qui te détourne de ton devoir et qui, ce soir, a mis dans ta main le couteau dont tu voulais frapper M. Pierre. Ne me dis pas non, j'en suis sûre! Robin déteste M. Pierre parce que M. Pierre est honnête et qu'il est un misérable, lui. Il déteste M. Pierre parce que M. Pierre est bon pour moi et mes enfants et que Robin me hait; oui, il me hait, et quand il t'appelle son ami, il ment, car il te hait aussi, toi... Pourquoi? Tu ne le sais pas. Mais je te le dirai tout à l'heure ; aujourd'hui, je veux que tu saches tout.

Robin, cet infâme que tu appelles ton ami, t'a dit : « Pierre est l'amant de ta femme; si tu le surprends chez toi avec elle, tu peux le tuer, il ne t'arrivera rien : la loi ne condamne pas le mari qui tue l'amant de sa femme! » M. Pierre, mon amant! lui! lui!... Ah! la calomnie et la méchanceté de certains hommes ne respectent rien!

Thibaut, je ne sais pas si M. Pierre pourra oublier ton insulte, mais c'est à genoux, tu entends, à genoux devant lui, que tu dois lui demander pardon!

Maintenant, écoute : je vais te dire ce que M. Pierre a été, ce qu'il est encore pour moi et ce qu'il a fait pour tes enfants :

Pour les pauvres gens, tous les hivers sont rudes à Paris, et quand la femme ne peut pas travailler parce qu'elle a de petits enfants à soigner et que le mari laisse chez les marchands de vin sa paye du samedi, c'est l'effroyable misère qui entre dans les ménages. Les enfants presque nus, hâves, décharnés, se roulent, grelottant de froid, devant l'âtre sans feu et à grands cris demandent à manger, pendant que la mère, qui ne peut même plus nourrir son dernier né, parce que son sein s'est tari, pleure et se tord les bras de désespoir devant la huche sans pain. Ce tableau est horrible, n'est-ce pas, Thibaut ? Eh bien, je l'ai eu ici sous les yeux peut-être plus sombre, plus sinistre encore.

L'hiver dernier, au moment du plus grand froid, tu m'as laissée sans bois pour réchauffer les membres glacés, engourdis de tes enfants, sans pain pour apaiser leur faim et leurs cris, et pendant plus d'un mois, voyant tout cela ou ne le voyant pas, peut-être, tu as bu au cabaret tout l'argent que tu gagnais... Tes enfants n'ont pas mangé pendant trois jours, et moi pendant cinq jours. Nous devions mourir de faim et de froid tous les quatre — peut-être cût-ce été un bonheur en présence de l'avenir que tu nous promets — si la Providence n'avait pas veillé sur nous.

Croyant que mes enfants et moi nous n'avions plus qu'une nuit à vivre et qu'en rentrant ivre le matin, tu nous trouverais sans vie, je m'étais couchée de bonne heure, et je tenais mes trois pauvres innocents dans mes bras, sur mon sein, cherchant vainement à les réchauffer.

Tout à coup j'entendis qu'on frappait à la porte. C'était un samedi. Je pensai que c'était toi et me figurai que, pris par le remords, tu m'apportais l'argent de ta semaine. Je poussai un cri de joie et me jetai à bas du lit... J'allais pouvoir sauver mes enfants !... Je ne sais plus de quel haillon je m'enveloppai, je courus à la porte et j'ouvris. Ce n'est pas toi, Thibaut, ce n'est pas toi, qui m'apportait la vie de mes enfants !... C'était lui, c'était M. Pierre. Une vieille dame, sa mère, l'accompagnait. Elle portait un panier plein de provisions : il y avait du pain, de la viande cuite, un poulet sortant de la broche et du bouillon gras tout chaud dans une boîte de fer-blanc.

— Madame Thibaut, me dit M. Pierre, j'ai appris aujourd'hui votre douloureuse situation, et je viens vous dire de ne pas désespérer. Thibaut n'est pas méchant, il n'est que faible ; il écoute les mauvais conseils et se laisse trop facilement entraîner ; mais il reconnaîtra ses torts envers vous et il rentrera dans le chemin du devoir. En attendant, il ne faut pas que vous et vos chers petits enfants mouriez de faim. Vous accepterez d'un ami, d'un frère, à qui de pauvres gens ont fait aussi du bien autrefois, ce qui vous est nécessaire en ce moment.

LES DEUX BERCEAUX

Sentant ses jambes fléchir, elle se laissa tomber dans un fauteuil. (Page 137.)

J'écoutais toute honteuse et toute tremblante et je ne trouvais pas même une parole pour remercier.

Pendant ce temps, la mère de M. Pierre avait mis les provisions sur la table et pris dans le buffet des assiettes et des couverts.

— Allons, me dit-elle, je vais vous aider à habiller les enfants, et tout de suite on fera la dînette.

Au même instant un homme entra, ployant sous son crochet chargé de bois.

M. Pierre alluma le feu lui-même, et c'est à sa grande clarté, en nous réchauffant, que les enfants et moi avons mangé le pain de la charité.

Quand M. Pierre fut parti, je trouvai-là, sur la cheminée, soixante francs.

Depuis ce jour-là, Thibaut, M. Pierre est revenu nous voir de loin en loin, chaque fois qu'il pensait que les enfants pouvaient avoir besoin de quelque chose.

Il est revenu, Thibaut, parce que, continuant la déplorable existence, je me trouve, hélas ! souvent encore sans argent et sans pain. Et c'est lui qu'un misérable ose calomnier ! Et c'est lui, Thibaut, lui, le protecteur, le sauveur de tes enfants, que tu as voulu assassiner !

Une fois encore, la jeune femme essuya ses yeux. En parlant, ses cheveux s'étaient dénoués ; ils tombaient épars sur ses épaules. Vue ainsi, avec sa pâleur, de grosses larmes coulant sur ses joues et sa poitrine haletante, elle représentait une sublime personnification de la Douleur.

Thibaut, immobile, ployé en deux, tenant sa tête dans ses mains, était comme pétrifié. Une émotion violente qui s'était emparée de lui avait achevé de dissiper son ivresse. Il avait entendu et compris. Foudroyé par les paroles de sa femme, il se sentait écrasé.

Cependant il se redressa, et ses yeux, fixés sur la pauvre mère, semblèrent l'implorer.

— Lucie, balbutia-t-il, Lucie, c'est donc moi qui suis un misérable !

Puis jetant un regard du côté de ses enfants :

— Oh ! oh ! oh ! fit-il.

Et il se prit à sangloter.

— Le malheureux est vaincu, terrassé, se dit Pierre ; la leçon a été bonne.

— Maintenant que tu connais M. Pierre, reprit la jeune femme, que tu sais ce qu'il a fait pour tes enfants, je vais te dire ce que vaut Robin, malgré la répugnance que j'éprouve à parler de cet homme que tu ne crains pas d'appeler ton ami.

Robin m'accuse d'avoir un ou des amants, il cherche à ternir ma réputation d'honnête femme. Pourquoi cela, Thibaut ? Ah ! tu ne t'en doutes pas... Eh bien, Robin, sans respect pour un camarade d'atelier, sans respect pour la mère de trois enfants, dont le dernier tétait encore. Robin m'a poursuivie de ses propositions outrageantes.

— Quoi ! s'écria Thibaut atterré, Robin a osé t'insulter, toi, ma femme ?

— Oui. Et si je ne suis pas aujourd'hui une mère sans pudeur, une épouse flétrie, une créature avilie, ce n'est pas sa faute... A ses odieuses paroles je n'ai pas seulement répondu avec indignation ; j'ai repoussé l'infâme avec mépris, avec dégoût! Voilà pourquoi il me hait, et il te hait aussi, toi, parce que je suis restée fidèle à mon devoir !

S'autorisant de ce titre d'ami que tu lui donnes encore, bien que je l'eusse chassé d'ici comme un misérable, il a eu l'audace d'y revenir un soir qu'il t'avait laissé ivre-mort, couché sous la banquette d'un cabaret. Il se jeta sur moi comme une bête féroce sur sa victime, espérant qu'il parviendrait à assouvir son ignoble passion en employant la force et la violence.

— Le traître ! le lâche ! dit Thibaut d'une voix sifflante.

Puis se rapprochant de sa femme :

— Pourquoi ne m'as-tu pas dit cela plus tôt ? lui demanda-t-il.

— Il y a des choses tellement abjectes et viles, qu'une femme n'ose pas toujours dire à son mari, répondit-elle. Et puis je connais la brutalité de Robin : je craignais que tu ne lui cherchasses querelle et qu'il ne te donnât un mauvais coup. Il fallait une circonstance comme celle-ci pour me décider à t'ouvrir les yeux. J'essaie une dernière fois de te ramener au bien et de rendre leur père à mes pauvres enfants.

Les yeux de Thibaut se portèrent encore sur le coin de la chambre où les deux aînés, accroupis, se tenaient dans les bras l'un de l'autre.

— Je n'ai pas achevé, poursuivit la jeune femme, écoute. Pendant que je me défendais contre les brutalités de Robin, appelant vainement les voisins à mon secours, on frappa violemment à la porte. Robin eut peur, il me lâcha. Je m'élançai vers la porte. M. Pierre entra. Il avait eu l'heureuse idée de venir nous voir ce soir-là. J'étais sauvée!... M. Pierre avait entendu mes cris ; en voyant Robin, il devina ce qui venait de se passer.

Sans dire un mot, pendant que les enfants entouraient ses jambes de leurs petits bras, M. Pierre montra la porte à Robin ; et Robin, honteux, baissant la tête, s'en alla tout en grognant comme un chien auquel on a pris l'os qu'il rongeait.

Je t'ai dit pourquoi Robin nous haïssait tous les deux ; tu dois comprendre, maintenant, pourquoi il hait aussi M. Pierre.

Jusque-là, Thibaut n'avait pas osé tourner son regard du côté du jeune homme. En présence de cette nature loyale, de ce grand cœur, dont la générosité et le dévouement connus étaient cependant si diversement appréciés dans les ateliers, le malheureux sentait toute son indignité.

Mais, comme le pensait Pierre, si la leçon avait été forte, elle devait produire d'excellents effets.

Les abus de l'eau-de-vie, de l'absinthe et autres liqueurs dangereuses n'avaient pas encore détruit l'intelligence de Thibaut, ni étouffé en lui tous les bons sentiments. Les paroles de sa femme avaient profondément remué son cœur en le frappant comme un anathème. L'impression fut terrible, elle ne pouvait manquer d'être durable.

Cet homme était plus faible que méchant. Subissant l'autorité de conseils pernicieux, entraîné par une sorte de vertige, il était plutôt inconscient que réellement coupable. Que d'hommes lui ressemblent ! C'est à ceux-là qu'il faut tendre la main et dire : « Si vous continuez à suivre cette route, vous vous perdez ; si vous venez par ici, vous vous sauvez et vous restez des hommes ! »

Voilà ce que Thibaut comprit. Il lui sembla qu'il venait de se réveiller subitement, sortant d'un épouvantable cauchemar.

Les yeux humides, une profonde tristesse dans le regard, il s'approcha du jeune homme.

— Monsieur Pierre, lui dit-il d'une voix tremblante, je vous ai méconnu, et, tout à l'heure, comme un fou, comme un misérable, je voulais vous tuer. Tenez, je suis un brigand et je n'ose pas vous demander pardon ; je sens que je ne le mérite pas... Je ne vaux rien, oui, je ne vaux rien ; mais je n'oublierai jamais que vous avez défendu ma femme, et que, quand je mangeais tout mon argent au cabaret, vous empêchiez mes chers petits de mourir de faim !

— Thibaut, répondit Pierre, j'ai dit souvent à votre femme que vous n'étiez pas un méchant homme ; vous avez écouté de mauvais conseils, voilà tout. Je ne veux pas me souvenir de ce qui vient de se passer ici ; je vous pardonne, Thibaut, je vous pardonne, et je vous tends la main.

Thibaut saisit la main de Pierre et la serra fortement en disant ce seul mot :

— Merci !

— Maintenant, Thibaut, reprit le jeune homme, avant que je ne vous quitte, faites la paix avec votre femme, qui a grand besoin d'être consolée ; embrassez-la, et embrassez aussi vos enfants.

Thibaut se tourna vers sa femme.

— Lucie, lui dit-il, je ne chercherai pas querelle à Robin ; je sais ce qu'il vaut, cela me suffit. Je ne le suivrai plus chez le marchand de vin. Ah ! je suis bien coupable, et pourtant je t'aime, ma chère femme, et j'adore mes enfants ! Je vous aime tous, et je vous laissais mourir de faim !... Lucie, devant M. Pierre, sur la tête de nos trois innocents, je te jure que je ne boirai plus !

La jeune femme poussa un cri de joie délirante et, d'un bond, s'élança au cou de son mari.

— Mes enfants, cria-t-elle, ivre de bonheur, venez embrasser votre papa !

Les enfants accoururent; Thibaut se baissa, les enleva, les tint serrés contre sa poitrine.

— Oh! murmura-t-il, comme c'est bon ce que j'ai dans le cœur maintenant!

Au bout d'un instant, son regard chercha le jeune homme.

— Où donc est M. Pierre! demanda-t-il.

— Thibaut, répondit la femme, M. Pierre a entendu ton serment et il est parti. Si tu le tiens, si tu redeviens ce que tu étais autrefois, ce n'est plus ici qu'il viendra, il ira chez un autre.

XVI

MONSIEUR LE VICOMTE

Louise Verdier était rentrée à l'hôtel de Lucerolle très-agitée et dans un trouble facile à concevoir. Pour la centième fois, peut-être, elle se répétait à elle-même :

— Que vais-je faire! que vais-je faire?

Une angoisse poignante torturait son cœur, car elle voyait clairement tous les dangers de la situation. Elle savait que la comtesse s'était trouvée par hasard en présence de Pierre, que, sans se douter de la cause de ses impressions, elle s'intéressait vivement à lui.

— Évidemment, se disait-elle, madame de Lucerolle voudra le revoir ; il n'est même pas impossible qu'il vienne ici, puisqu'il doit épouser mademoiselle Léontine Blanchard et que celle-ci est l'amie de mademoiselle Ernestine. La comtesse le questionnera; elle ne pourra rien apprendre, puisque Pierre et ceux qui le connaissent le mieux ignorent tout ; mais je sais, moi, je sais... Puis-je me taire? en ai-je le droit? Le devoir, le devoir est là, et ma conscience me crie : Parle, parle!

Mais son amour pour son fils étouffait aussitôt cette voix impérieuse qui lui disait : Tu as retrouvé l'enfant que pendant si longtemps tu as cherché vainement ; le moment est venu de réparer tes fautes, de redevenir digne de toi-même !

Alors son cœur semblait se déchirer, et elle s'écriait :

— Il ne serait plus ici qu'un étranger, on le chasserait, et l'autre viendrait prendre sa place, sa fortune, le nom qu'il porte, et il ne lui resterait à lui, mon fils, que le nom de son père, le nom d'un voleur !

Elle se mit au lit avec toutes ces pensées contradictoires qui se croisaient, se heurtaient tumultueusement dans son cerveau malade.

Elle passa une nuit de fièvre et de délire, sans un instant de sommeil, et, quand vint le jour, elle se leva dans les mêmes perplexités, Mais elle sentait que l'amour maternel dominait tous les autres sentiments.

En sortant de sa chambre pour descendre au premier étage, elle rencontra dans le couloir un ancien domestique de la famille de Lucerolle, très-attaché et très-dévoué à ses maîtres. Après avoir servi le vieux comte, il était resté au service du fils, dont il ne tarda pas à devenir l'homme de confiance. Il était pour le maître ce que Louise était pour la comtesse. Comme les ministres d'un État, ils recevaient directement les ordres qu'ils étaient chargés de faire exécuter.

Le vieux serviteur souhaita le bonjour à Louise et lui dit :

— Je ne vous ai pas vue hier soir à l'heure du repas ; est-ce que vous étiez indisposée ?

— Oui, répondit-elle, une migraine ; je me suis couchée de bonne heure.

— Et ce matin vous allez mieux ?

— Oui, beaucoup mieux. Dites-moi, Joseph. M. le vicomte a-t-il dîné hier à l'hôtel ?

— Oui.

— Est-il rentré tard cette nuit ?

— Il n'est pas sorti après le dîner ; il s'est tout de suite retiré dans sa chambre.

— Ah ! fit Louise, qui eut de la peine à contenir sa joie.

— Cela ne lui arrive pas souvent, reprit Joseph ; M. le vicomte aime trop à s'amuser, et j'ai bien peur que ça ne tourne mal.

— Mon Dieu, Joseph, il est encore si jeune !

— Ma pauvre Louise, vous ne pouvez pas oublier que vous avez été sa nourrice.

— D'ailleurs, il n'est pas sorti hier soir, c'est un commencement.

— De bonne conduite ?... fit le vieux serviteur en hochant la tête, je ne crois pas.

— Joseph, vous n'aimez pas notre jeune maître.

— C'est vrai, je n'ai pas pour lui dans le cœur ce que je ressens pour les autres. Du reste, Louise, nous pouvons dire entre nous qu'il ne leur ressemble guère.

La malheureuse poussa un profond soupir.

— Si M. le comte venait à manquer, continua Joseph, je quitterais immédiatement la maison.

— Pourquoi?

— Parce que je n'aimerais pas à servir M. le vicomte. Voyez-vous, Louise, il y a plus de quarante ans que j'appartiens à la famille de Lucerolle; j'ai été habitué à trouver chez mes maîtres de l'affabilité, presque de l'amitié ; aussi, je peux le dire, je me serais fait tuer pour eux. Avec M. le vicomte, ce n'est pas la même chose : Il est fier, hautain, arrogant, pour ne pas dire insolent; il nous traite comme des esclaves et nous considère comme des chiens.

— Joseph, Joseph, vous exagérez.

— **Non pas**, et vous-même, sa nourrice, vous en savez quelque chose, car pas plus qu'**aux autres** il ne vous épargne les dures paroles. Du reste, c'est à peine s'il est respectueux vis-à-vis de M. le comte et de madame la comtesse. Souvent, je me demande ce que dirait mon ancien maître, s'il était encore de ce monde. Il était indulgent et bon tout autant que l'est M. le comte, mais avec lui il fallait marcher droit et ne pas s'écarter du chemin. Si son fils eût fait la moitié, le quart des folies de M. Léon, il n'aurait plus voulu le revoir. Savez-vous ce qui s'est passé hier?

— Non ; quoi donc?

— M. le vicomte, qui rêve d'être complétement libre, d'avoir sa maison à lui, reçoit tous les mois quinze cents francs, qu'il a le droit de dépenser comme il l'entend.

— Eh bien?

— Eh bien, je dis que M. le comte a tort ; il donne trop d'argent à M. Léon.

— M. le comte de Lucerolle est plusieurs fois millionnaire.

— Ce n'est pas une raison : plus les jeunes gens ont d'argent, plus ils en dépensent. Si seulement ils le dépensaient bien ! mais va-t'en voir s'ils viennent; ils l'emploient à faire toutes sortes de sottises : en soupers fins avec des petites dames, à jouer au cercle ou ailleurs, à acheter des diamants à des cabotines ou à entretenir des danseuses.

— Mon brave Joseph, la vie est faite ainsi : il faut que jeunesse se passe.

— **La jeunesse** se passe sans qu'on ait besoin pour ça d'être un débauché, répliqua le vieillard, et si c'est la vie qui est ainsi, je ne la trouve pas drôle, la vie, je la trouve bête !

Je reviens à mon idée : quand on est entraîné par ceci, par cela, on jette l'argent par les fenêtres, et quand on n'en a pas assez, on fait des dettes. C'est ce qui arrive à M. le vicomte.

— M. Léon a des dettes ! s'écria Louise.

— Je ne sais pas s'il en a encore aujourd'hui, c'est possible. Il n'en est pas moins vrai qu'ayant une voiture et des chevaux à ses ordres, sans aucuns frais de maison, il n'a pas assez de quinze cents francs par mois pour ses menus plaisirs. Et il voudrait avoir une maison à lui... Mâtin! il irait bon train, M. le vicomte; il aurait vite croqué ou fait croquer par les dents blanches de ces demoiselles les millions de M. le comte! A la fin de l'année dernière, M. le comte a payé plus de trente mille francs de dettes d'un seul coup.

— Je crois avoir entendu parler de cela, murmura Louise.

— Eh bien! pas plus tard qu'hier, M. le comte a encore donné vingt mille francs à un créancier de M. Léon. Il n'était pas content, ça va sans dire. Quand M. le vicomte est rentré, il lui a fait des reproches, il s'est même un peu emporté.

— Alors? interrogea Louise anxieuse.

— M. le vicomte lui a répondu sèchement que le nom qu'il portait l'obligeait à faire bonne figure dans le monde et qu'il ne pouvait pas être au-dessous de tels et tels dont il a dit les noms. Comme les choses allaient se gâter tout à fait, il a tourné brusquement le dos à son père, et il est allé s'enfermer dans sa chambre où il est probablement encore.

— Et qu'a dit M. le comte?

— M. le comte a été soucieux toute la soirée et n'a pas desserré les dents.

— Madame la comtesse sait-elle?...

— Rien. M. le comte ne lui dit pas ce qui peut lui causer du chagrin.

Louise quitta le vieux domestique, rentra dans sa chambre et, pouvant enfin laisser éclater sa douleur, elle se mit à pleurer à chaudes larmes.

— Le malheureux, se disait-elle, ils ne l'aiment déjà plus; il fera tant, qu'ils arriveront à le haïr!...

Puis elle pensa à Pierre dont la vie exemplaire était vouée au travail; à Pierre, qui s'était instruit lui-même et qui avait pour sa mère adoptive une si vive affection.

Si aveugle que fût sa tendresse pour son fils, elle fut forcée de convenir en elle-même que l'humble ouvrier valait cent fois mieux que le brillant vicomte.

— C'est dans le sang, c'est dans le sang, soupira-t-elle.

Soudain, prenant une résolution énergique, elle se leva, baigna dans l'eau fraîche ses yeux rougis par les pleurs et l'insomnie, descendit rapidement au premier étage et alla frapper à la porte du vicomte.

— Qu'y a-t-il? demanda le jeune homme.

— C'est moi, monsieur, c'est moi, Louise.

— Que me voulez-vous?

— J'ai absolument besoin de vous parler à l'instant.

— Vous n'êtes pas le fils du comte et de la comtesse de Lucerolle, reprit Louise. (Page 140.)

La porte s'ouvrit. Louise se trouva en face de son fils, dont les sourcils froncés annonçaient la mauvaise humeur.

Elle referma la porte et s'avança jusqu'au milieu de la chambre. Son cœur battait à se briser. Sentant ses jambes fléchir, elle se laissa tomber dans un fauteuil.

Le jeune homme, ne comprenant rien à ce sans-gêne inouï, la regardait avec un étonnement mêlé d'irritation.

— Voyons, fit-il d'un ton brusque, qu'avez-vous à me dire?

De grosses larmes roulèrent dans les yeux de Louise

— Ce que j'ai à vous dire, monsieur le vicomte, est sérieux et très-grave.

— Le début promet, fit-il d'un ton léger; après?

— Monsieur le vicomte, reprit Louise, en proie à une vive émotion, permettez-moi de vous présenter humblement quelques observations.

— A quel propos, je vous prie?

— Au sujet de votre conduite, de la vie étrange que vous menez depuis quelque temps.

— Encore de la morale! s'écria-t-il d'une voix courroucée; ah! ça, ma bonne femme, vous perdez la raison! Est-ce que quelqu'un ici vous charge de faire des remontrances à votre maître;

— Monsieur le vicomte, répondit Louise faisant de grands efforts pour ne pas sangloter, vous ne vous souvenez pas assez que je vous ai nourri de mon lait.

— On vous a payé pour cela, je suppose, répliqua-t-il brutalement.

— Rien, rien dans le cœur, murmura la pauvre femme.

Après un court silence elle reprit :

— Je ne suis ici, auprès de vous, monsieur, la mandataire de personne ; je ne m'inspire que de ma trop grande affection pour vous.

— Cette affection, à laquelle je veux bien croire, vous conseille fort mal.

— Oh! je sais que vous en faites peu de cas; vous ne voulez même pas voir combien elle vous est dévouée. Avec la conviction que je remplissais un devoir, je me suis permis souvent de vous donner des conseils ; hélas! vous ne m'avez pas écoutée, et j'ai eu la douleur de ne pouvoir faire entrer dans votre cœur des sentiments meilleurs.

Je vous avais promis de me taire à l'avenir, de ne plus m'inquiéter de ce que vous feriez ; j'avais trop préjugé de mes forces, je ne puis me taire.

— C'est pourtant ce que vous auriez de mieux à faire ; et si votre trop grande affection pour moi pouvait vous inspirer le désir de m'être agréable...

— Eh bien?

— Vous iriez à vos occupations et me laisseriez tranquille.

— Monsieur le vicomte, dit Louise en se levant, je vous ai dit qu'il s'agissait de choses graves ; il faut que je vous parle aujourd'hui, il le faut.

— Ma foi! pour la curiosité du fait, je vous écouterai jusqu'au bout.

Il alluma un cigare, s'étendit sur une chaise longue, puis, d'un ton moqueur :

— Allez, nourrice, allez, dit-il, j'ouvre mes deux oreilles.

Louise soupira, passa sa main sur son front et dit :

— Ce qui est déjà sérieux et grave, monsieur le vicomte, et vous ne le voyez pas assez, c'est que l'affection que M. le comte et madame la comtesse avaient autrefois pour vous s'est changée en une indifférence complète.

Une lueur sombre passa dans le regard du jeune homme.

— Ma sœur est leur idole, dit-il froidement; il y a plus d'une famille où les parents n'aiment pas également leurs enfants.

— C'est possible, répliqua Louise; mais M. le comte et madame la comtesse ne vous aiment pas seulement moins que mademoiselle Ernestine, ils ne vous aiment plus.

— Je vous trouve bien audacieuse, dit-il avec hauteur, d'interpréter ainsi les sentiments de mes parents.

— Je ne me trompe pas, monsieur, je ne me trompe pas, je suis sûre de ce que j'avance. Mais, dans la maison, il n'y a pas un domestique qui ne sache cela aussi bien que moi. Pour ne pas le voir, il faudrait qu'ils fussent aveugles. Les serviteurs imitent leurs maîtres, monsieur, vous n'avez plus l'affection d'aucun d'eux. S'ils ont encore pour vous quelque respect, s'ils ne refusent pas d'obéir à vos ordres, c'est que l'obéissance et le respect leur sont commandés par leur état de servitude. Dans le fond, il vous détestent et ne se gênent pas entre eux pour blâmer vos actes.

Vous n'avez jamais senti que c'est un bonheur d'être aimé, et, par votre faute, monsieur le vicomte, vous vous êtes aliéné tous les cœurs. Seule, mademoiselle Ernestine vous aime encore. Ce n'est pas assez. Vous avez mérité l'indifférence qu'ont pour vous aujourd'hui M. le comte et madame la comtesse par les désordres de votre vie; et vous ne pouvez plus vous faire excuser, vous faire pardonner et moins encore réveiller leur tendresse, parce que vous ne vous êtes jamais montré pour eux respectueux, bon et affectueux comme vous deviez l'être.

Ah! vous étiez jeune encore lorsque constamment préoccupée de votre avenir, j'ai prévu ce qui arrive. J'ai voulu vous diriger, vous donner de bons conseils; vous avez fermé vos oreilles, et votre cœur ne s'est pas ouvert.

— Est-ce que vous espérez me changer aujourd'hui? demanda-t-il d'un ton narquois en lançant vers le plafond un nuage de fumée bleue.

— Hélas! non, je n'ai plus cet espoir; je sais qu'il est trop tard.

— Alors vous n'avez plus rien à me dire?

— Au contraire, monsieur, répondit Louise avec gravité; il me reste beaucoup de choses à vous dire.

— Continuez donc jusqu'à ce que j'aie achevé mon cigare. Pour une ancienne nourrice, devenue femme de charge, vous causez vraiment fort bien.

XVII

LE FILS VAUT LE PÈRE

Il y eut quelques minutes de silence pendant lequel Louise, la tête inclinée, parut réfléchir profondément. Enfin elle se redressa, et, fixant ses yeux sur le jeune homme nonchalamment étendu devant elle :

— Monsieur le vicomte, dit-elle d'une voix vibrante d'émotion, ne vous êtes-vous pas demandé quelquefois pourquoi M. le comte et madame la comtesse vous regardent presque comme un étranger et pourquoi vous-même ne les aimez pas?

— Je n'ai jamais fait de ces réflexions ridicules.

— Vous auriez pu les faire, cependant, sans qu'elles fussent ridicules. Si M. le comte et madame la comtesse sont indifférents pour vous, si vous ne les aimez pas, il y a une cause.

— Une cause?

— Oui, une cause qu'ils ignorent, que vous ignorez, mais que je connais, moi.

— Eh bien, voyons cette cause, voyons.

— Vous n'êtes pas leur fils !

Le jeune homme lança son cigare dans un coin de la chambre et bondit sur ses jambes.

— Mais vous êtes folle ! exclama-t-il, vous êtes folle !

— Vous n'êtes pas le fils du comte et de la comtesse de Lucerolle, reprit Louise lentement, accentuant chaque mot.

— Elle est folle, elle est folle ! répéta-t-il ; et moi qui l'écoute !...

Louise se rapprocha de lui, et baissant la voix d'un ton :

— Non dit-elle, je ne suis pas folle ; vous n'êtes rien au comte et à la comtesse ; vous n'êtes pas le vicomte de Lucerolle ; vous ne vous appelez pas Léon, vous vous nommez Louis !

Le jeune homme devint blême et fit trois pas en arrière comme frappé d'épouvante.

Mais presque aussitôt, rejetant sa tête en arrière, il marcha vers Louise l'œil enflammé.

— Misérable femme, s'écria-t-il, tu mens, tu mens!... Qui donc te paye pour me faire ce conte absurde?

— Je mens depuis vingt-quatre ans, répliqua-t-elle, depuis que vous portez un nom qui ne vous appartient pas. Aujourd'hui, je dis la vérité!

— Tais-toi, tais-toi!... je t'ordonne de te taire..., je suis le vicomte de Lurolle!

— Prenez garde, monsieur, demain, dans une heure, vous pouvez ne plus l'être!

— Cela n'est pas, c'est impossible! Mais pour qu'on te croie, misérable, il faut des preuves.

— Ah! les preuves ne me manquent pas... En voici une : quand madame de Lucerolle a mis son enfant au monde, il y avait près d'elle un médecin. Ce médecin, vieux et célèbre aujourd'hui, se nomme le docteur Gervais. Le docteur Gervais a remarqué que l'enfant qui venait de naître avait sous le sein gauche une tache de sang large et ronde comme une pièce de cinq francs en or.

Le jeune homme écarta brusquement sa chemise et regarda.

— Eh bien, fit Louise, voyez-vous la tache rouge? Non, elle n'est pas sous votre sein gauche. Si le docteur Gervais voyait à nu votre poitrine, il dirait aussitôt : « Celui-là n'est pas le vicomte de Lucerolle! »

Cette fois, le jeune homme atterré jeta autour de lui des regards éperdus.

— Ce n'est pas tout, continua Louise, le vrai vicomte de Lucerolle existe; il est à Paris; vous portez son nom, il porte le vôtre; vous avez sa fortune, il a votre pauvreté; vous avez pris sa vie facile et toute de plaisir; il a pris votre vie de travail! Vous montez à cheval, vous allez en voiture, il marche à pied; vous portez des habits élégants à la dernière mode : il porte, lui, la blouse de l'ouvrier!

Ce n'est pas tout encore : le vrai vicomte de Lucerolle, qui ne croit pas être autre chose qu'un ouvrier, aime une belle jeune fille honnête et sage dont il est aimé; ils doivent se marier bientôt. Or, cette jeune fille, qui se nomme Léontine Blanchard, est l'amie de mademoiselle Ernestine de Lucerolle. Le jour où l'ouvrier et l'ouvrière se marieront, madame de Lucerolle et sa fille assisteront au mariage.

Le jeune homme paraissait anéanti; il écoutait avec effarement.

— Comment avez-vous appris toutes ces choses? demanda-t-il d'une voix creuse.

— Qu'importe? il était dans mon intérêt de les savoir.

— Puisque je ne suis pas le fils de la comtesse de Lucerolle, je veux savoir comment vous avez fait cette belle découverte.

— N'ai-je pas été votre nourrice?

— Cela ne m'apprend rien.

— Ah! s'écria-t-elle d'un ton douloureux, si votre cœur savait battre, vous auriez déjà compris, deviné... Ainsi, la sollicitude dont je vous entoure depuis votre enfance, toute la tendresse que j'ai dépensée pour vous ne vous ont rien dit!... Quoi! après ce que vous venez d'entendre, vous ne devinez pas, vous ne sentez pas que je suis votre mère!

— Vous êtes ma mère! Vous, vous!...

La malheureuse poussa un sourd gémissement, laissa tomber sa tête sur son sein et cacha son visage dans ses mains.

Le jeune homme marchait à grands pas dans la chambre, martelant le tapis sous ses pieds fiévreux. Ses traits s'étaient contractés, des éclairs fauves sillonnaient son regard, et un sourire singulier crispait ses lèvres.

Au bout d'un instant il s'arrêta devant Louise qui pleurait silencieusement.

— Ainsi, lui dit-il avec dureté, je suis votre fils, vous êtes ma mère... Je vois ce que vous avez fait: vous étiez la nourrice de l'enfant du comte et de la comtesse de Lucerolle, et vous m'avez substitué à lui; vous m'avez fait vicomte de Lucerolle... S'il y a là un crime, c'est vous qui l'avez commis!

— Mon Dieu! que dit-il, que dit-il? s'écria Louise avec désespoir.

— Tenez, reprit-il sourdement, vous eussiez mieux fait de ne rien me dire, car, maintenant, je ne sais que penser de vous.

— Ah! comme je suis punie! comme je suis punie! gémit-elle.

Puis saisissant le bras de son fils et changeant subitement de ton:

— Oui, reprit-elle, oui, c'est vrai, vous avez été substitué au fils de M. de Lucerolle; mais si j'ai fait une faute grave en leur cachant la vérité pendant tant d'années, c'est que j'ignorais que leur fils existât. Le crime de substitution n'est pas à moi, il est à ton père, à ton père, dont le nom a été depuis flétri par la justice.

Écoute, écoute, continua-t-elle avec énergie, apprends ce qui s'est passé à Jouarre à la fin de l'année 1847, par une effroyable nuit de tempête, et en même temps ce que ta malheureuse mère a souffert.

Alors, aussi brièvement que possible et cependant sans rien omettre, elle lui raconta la douloureuse histoire qui a été le sujet de notre prologue.

Le jeune homme était terrifié. A ses mouvements nerveux, aux frémissements qui couraient dans ses membres, Louise pouvait deviner son agitation intérieure.

— Voilà, continua-t-elle, voilà comment vous êtes devenu le fils du comte et de la comtesse de Lucerolle. Je ne me fais pas illusion sur ma part de culpabilité;

il y a longtemps que je me suis sévèrement jugée. J'ai été faible, je puis même dire j'ai été lâche! Je n'avais qu'un mot à prononcer et j'ai gardé le silence... Mais alors on vous chérissait, on vous aimait, et je croyais que leur enfant était mort; j'ai eu peur de porter un coup terrible au cœur de madame de Lucerolle, si bonne et si digne d'être heureuse! C'est là ma seule excuse. Et puis, il faut bien l'avouer, mon amour pour vous égarait ma raison et me rendait sourde à la voix de ma conscience.

Après s'être interrompue un instant pour reprendre haleine, elle continua :

— J'ai vu peu à peu s'affaiblir et s'éteindre l'affection que le comte et la comtesse avaient pour vous : grande dans les premières années, puis froide, j'ai vu disparaître leur tendresse. Ah! nul ne saura jamais par quelles sombres angoisses j'ai passé, quelles ont été les plaies faites à mon cœur, plaies toujours saignantes, et quelles ont été les atroces tortures de mon âme!...

Je vous ai dit ce qu'était Pierre Ricard lorsque j'ai eu le malheur de devenir sa femme, poursuivit-elle : il devait finir mal... En effet, arrêté comme voleur, il a été condamné à je ne sais combien d'années de travaux forcés. Et c'est ce nom de Pierre Ricard qui vous appartient, c'est ce nom déshonoré, maudit, que porte le fils du comte de Lucerolle!... Oh! c'est épouvantable, horrible, horrible !

— Tout cela n'est pas arrivé par ma faute, répliqua le jeune homme. Savez-vous ce qu'est devenu Pierre Ricard?

— Non. Il est mort sans doute.

Un éclair de joie jaillit des yeux du vicomte.

— C'est ce qu'il avait de mieux à faire, dit-il froidement.

Puis attachant sur sa mère un regard perçant :

— Cet ouvrier qui porte le nom de Pierre Ricard est-il plus ou moins âgé que moi? demanda-t-il.

— Il est né un mois après vous.

— Depuis quand savez-vous qu'il existe?

— Depuis hier.

— Est-ce que vous lui avez parlé?

— Non. Je suis allé chez lui hier soir pour le voir, je ne l'ai pas rencontré?

— Vous êtes allée chez lui hier soir. Pourquoi? Que vouliez-vous donc lui dire?

— Je tenais à m'assurer qu'il était bien le fils de madame de Lucerolle et à savoir comment il avait été élevé. La femme qui l'a adopté lorsque Pierre Ricard l'eut abandonné, et qui demeure avec lui, m'a appris ce que je voulais savoir.

— De sorte que vous avez dit à cette femme qui vous étiez, que vous demeuriez à l'hôtel de Lucerolle et que son fils adoptif n'était pas le fils de Pierre Ricard.

— Je n'ai rien dit, répondit Louise; je me suis présentée sous un faux nom.

— Ah! vous avez bien fait, s'écria le vicomte qui ne put dissimuler son contentement. Puisque vous êtes allée chez... Pierre Ricard, vous savez où il demeure?

— Oui.

— Quelle rue?

— Rue Saint-Sébastien.

— Quel est son état?

— Serrurier en bâtiment.

— Est-ce qu'il travaille rue Saint-Sébastien?

— Non, il travaille dans les ateliers de la maison Corbon, rue Saint-Maur.

— Je crois connaître cette rue : c'est dans le quartier Popincourt?

— Je n'en sais rien.

— Ainsi, reprit-il en affectant le plus grand calme, il est bien établi que je suis, moi, Pierre ou Louis Ricard, et que cet ouvrier qui travaille dans les ateliers de la maison Corbon est le vicomte de Lucerolle?

— Oui.

— Et cela n'est connu que de vous seul; il n'y a que vous au monde qui puissiez dire et prouver que je ne suis pas le fils de la comtesse de Lucerolle?

— Et le docteur Gervais.

— Le docteur Gervais, que je ne connais pas, ne viendra point regarder sous mon sein gauche s'il y a une tache rouge. Maintenant que l'ouvrier Pierre Ricard n'a plus rien à vous apprendre, vous ne devez plus avoir l'intention de le voir.

— Le voir ne m'est plus nécessaire.

— C'est bien. Vous plaît-il, maintenant, de me dire pourquoi vous m'avez fait partager votre secret?

— Avant d'agir, je n'ai pas cru devoir vous laisser ignorer la vérité sur votre naissance.

— Que voulez-vous donc faire? s'écria-t-il d'une voix frémissante.

— Ce que je veux faire? Je veux me jeter aux genoux de madame la comtesse de Lucerolle et, le front à terre, lui demander pardon de l'avoir trompée!

LES DEUX BERCEAUX

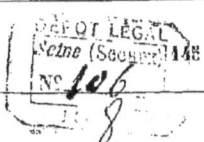

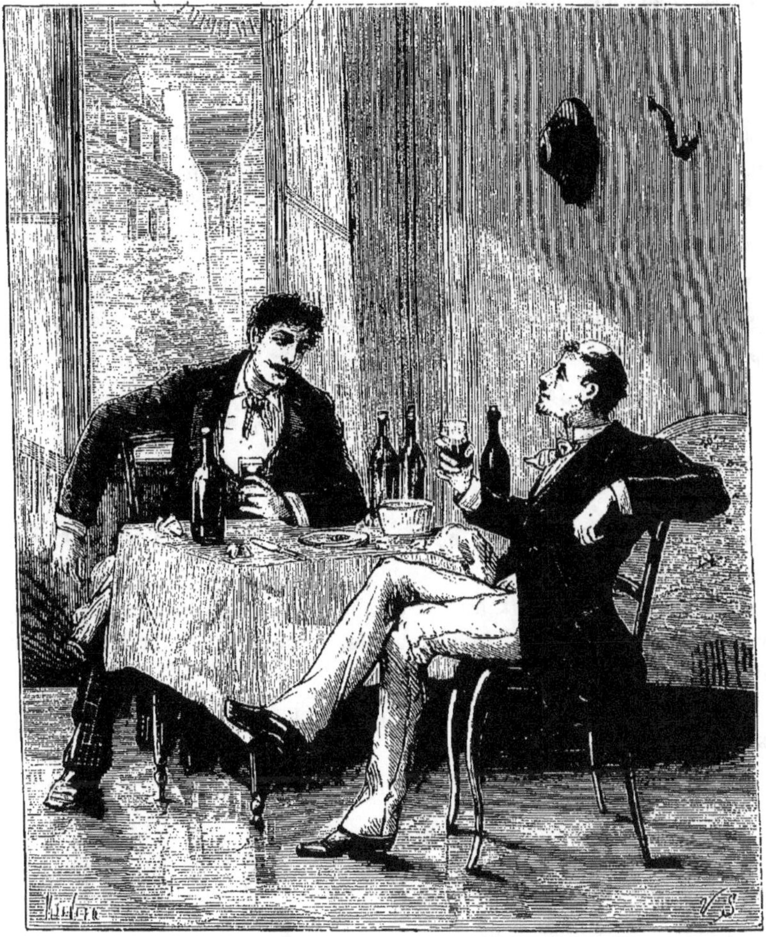

— Bon vin tout de même! dit-il en faisant claquer sa langue. (Page 156.)

Deux terribles éclairs s'allumèrent dans les yeux du vicomte; il bondit sur sa mère, la saisit à la gorge et, la secouant avec une violence furieuse :

— Tu ne diras rien, prononça-t-il d'une voix rauque, je te défends de parler! Que ce soit par la grâce de Pierre Ricard ou du diable, je suis vicomte de Lucerolle et veut rester vicomte de Lucerolle. Si tu dis un mot, tu comprends, un mot...

Son regard eut une lueur sinistre, qui acheva sa pensée.

Louise se rejeta en arrière avec épouvante.

— Que l'autre fasse ce qu'il voudra, reprit le digne fils de Pierre Ricard, cela ne me regarde pas... Je ne lui ai pas volé son nom, on me l'a donné, je le garde... Ce n'est pas aujourd'hui que vous pouvez changer ma destinée, et puisque, quand vous deviez parler, vous avez gardé le silence, vous continuerez à être muette. C'est ainsi que je pourrai reconnaître la vive tendresse que vous avez pour moi et que vous me prouverez votre amour maternel.

— Mais c'est tromper, toujours mentir! exclama-t-elle.

— Vous y êtes habituée, risposta-t-il d'un ton acerbe; c'est ce que vous faites depuis vingt-quatre ans.

Elle fit entendre un gémissement et baissa la tête.

— Enfin, vous vous tairez, reprit l'impitoyable vicomte; voilà ce que je demande à ma mère, ce que j'exige de la femme de Pierre Ricard!

— Mais le comte et la comtesse ne vous aiment pas, peut-être ont-ils déjà de l'aversion pour vous.

— Maintenant que je sais que je ne suis pas leur fils, cela m'est égal; il me suffit de jouir des avantages de ma position près d'eux.

Louise ne connaissait peut-être pas complétement son fils; son langage, qui exprimait si énergiquement sa valeur morale, devait lui enlever ses dernières illusions.

— Le malheureux, le malheureux, se dit-elle en frissonnant, il finira comme son père!

Le vicomte pinçait l'extrémité de sa moustache et la tordait avec une sorte de rage.

— Une fois déjà, dit Louise, le hasard a mis la comtesse en présence de son fils; sans se douter de rien, sans comprendre ce qu'elle éprouve, elle s'intéresse vivement à lui.

— Qu'est-ce que cela me fait, à moi?

— Ah! qu'est-ce que cela vous fait?... Mais ils se rencontreront de nouveau, fatalement; la comtesse l'interrogera, le questionnera comme elle a déjà questionné Léontine Blanchard à son sujet; alors à ses impressions, à ce je ne sais quoi qui parle au cœur d'une mère, seule elle peut découvrir la vérité.

Le vicomte secoua la tête, et un sourire étrange glissa sur ses lèvres pâles.

— Tout cela est fort improbable, dit-il; d'ailleurs, s'il doit y avoir là un danger, je trouverai le moyen de l'éviter.

« Ainsi, c'est entendu, continua-t-il, faisant peser sur sa mère le poids de son regard dominateur ; vous garderez le silence ?...

— Mais...

Il darda sur elle la flamme de ses yeux menaçants.

— Je suis et veux rester vicomte de Lucerolle, lui dit-il d'une voix sourde.

— Je me tairai, je me tairai ! bégaya-t-elle.

— A la bonne heure, répliqua-t-il d'un ton sec ; je vois avec plaisir que vous êtes une bonne mère.

Elle sortit de la chambre en chancelant.

— Mon Dieu, mon Dieu, murmura-t-elle ; je suis donc aussi une infâme !...

XVIII

EN CAMPAGNE

Resté seul, le vicomte se mit à tourner autour de sa chambre d'un pas fiévreux, saccadé, en proie à une agitation extraordinaire. Il était toujours d'une pâleur livide, ses lèvres frémissaient, et les lueurs sombres de son regard ne s'éloignaient point.

— Elle m'a compris, elle se taira, murmura-t-il. Ma mère, Louise est ma mère, et mon père a été au bagne !... Elle le dit, cela est. Ce qu'elle m'a raconté est pour moi comme un rêve infernal... Si elle parlait, quelle chute ! Mais non, elle gardera le silence, je suis son fils !... Pour son fils une mère ne recule devant rien. Oh ! pendant un instant je me suis senti écrasé comme si la foudre du ciel fût tombée sur moi !... Cela se comprend, une pareille révélation...

Allons, allons, poursuivit-il avec un mouvement de tête plein d'orgueil, je veux croire que c'est un rêve que j'ai fait, qu'un affreux cauchemar m'a tourmenté. Je suis toujours le vicomte Léon de Lucerolle, et la preuve c'est que mon noble père a payé hier une partie de mes dettes.

Malheureusement, il y a l'autre... Abandonné par Pierre Ricard, pourquoi n'a-t-il pas complètement disparu ? pourquoi n'est-il pas mort ! Ah ! il faut que quelque mauvais génie le protége ! Il ne sait rien, lui, il ne se doute de rien. Après tout, il est tranquille, heureux, puisqu'il pense à se marier. Il est ouvrier, qu'il fabrique des serrures !... C'est égal, comme me l'a fait comprendre Louise, à un moment donné, il peut devenir dangereux : il ne faut pas que cela soit ; non, il ne le faut pas.

Il resta un moment immobile, la tête inclinée, les sourcils froncés, absorbé dans ses pensées. Puis il se remit à marcher en répétant :

— Non, il ne le faut pas !

Presque aussitôt il reprit :

— Hé ! hé ! elle ne manque pas d'intelligence, ma mère ; elle voit de loin ce qui peut nuire à son fils.

Il s'arrêta devant une glace et tressaillit tout à coup en regardant son visage.

— Si mes amis me voyaient ainsi, se dit-il, ils hésiteraient à me reconnaître.

Des gouttes de sueur froide mouillaient encore son front. Il prit une serviette et la passa à plusieurs reprises sur sa figure.

— Ah çà ! reprit-il, je suis donc bien impressionnable ! Allons, allons, pas de faiblesse, vicomte de Lucerolle ! Au lieu de te courber, il faut te tenir debout, le front haut, prêt à faire tête à l'orage !

Tout en continuant à réfléchir, il acheva de s'habiller. Il ouvrit ensuite un des tiroirs d'un joli petit meuble de Boule et remplit son porte-monnaie de pièces d'or.

Il jeta un dernier regard dans la glace afin de s'assurer que son visage avait repris son expression ordinaire, et il sortit de l'hôtel sans rien dire à personne.

— Où allait-il ?

Une idée lui était venue. Il allait préparer ses moyens d'action pour mettre à exécution un plan audacieux qu'il avait conçu.

Il ne perdit pas de temps. Trois jours après, nous le trouvons installé rue de la Goutte-d'Or, à la Chapelle, dans une petite chambre de garçon qui avait été louée et meublée au nom de M. Charles Cholet, ouvrier horloger.

Ce nom est celui que le vicomte s'était donné. Un de ces marchands de meubles complaisants, comme on en rencontre beaucoup, avait été son agent en cette circonstance.

Quand, vers trois heures de l'après-midi, le vicomte, devenu M. Charles Cholet, se présenta rue de la Goutte-d'Or pour prendre possession de son domicile, sa transformation était complète. Le brillant vicomte de Lucerolle ressemblait à un de ces ouvriers dont le métier ne rend pas les mains calleuses et les conserve blanches. Sa redingote de coupe exquise, sortant de la maison Laffite, était remplacée par une jaquette d'une maison de confection quelconque, sur laquelle il avait cru devoir endosser une blouse blanche. Le reste du costume, depuis les souliers garnis de clous jusqu'au chapeau de feutre mou, était à l'avenant.

La chambre d'une de ces créatures dont la toilette tapageuse et le regard hardi provoquent les passants, lui avaient servi de vestiaire.

Avec un empressement fort louable, d'ailleurs, la concierge de la maison, une vieille femme d'environ cinquante ans, offrit ses services à M. Charles Cholet en le gratifiant d'un sourire, qui aurait pu être gracieux, si les dents eussent été encore attachées aux gencives. D'un seul coup d'œil, la vieille avait jugé que son nouveau locataire était un ouvrier cossu. Elle ne s'étonna même pas de le voir arriver à pied, sans être suivi d'une voiture ou d'un commissionnaire apportant son linge et ses effets d'habillement.

— Ma chère dame, lui répondit-il, je profiterai certainement de votre bonne volonté.

— Si vous le voulez bien, reprit-elle, je ferai votre petit ménage, je ne vous prendrai pas trop cher.

— C'est convenu, vous ferez mon ménage. Seulement, je dois vous dire que je ne coucherai pas souvent ici.

— Je comprends, fit-elle avec un clignement d'yeux très-expressif, on a son petit ménage en ville... Ah! la jeunesse! On rit, on chante, on s'amuse; on est sans souci du lendemain, on ne voit que des jours de soleil et on ne pense qu'à aimer... Je sais ce que c'est que la vie, allez! Dame, j'ai eu aussi mes vingt ans et mes beaux jours. On est jeune, jolie, pimpante, on a des adorateurs en veux-tu en voilà; ils ne savent quoi imaginer pour vous plaire : ils vous couvrent de soie, de dentelles, de diamants; vous voulez un appartement, vite on court chez le tapissier; vous voulez des domestiques, une voiture : voilà, prenez...

Et tout cela passe comme un tourbillon et s'efface comme un nuage de fumée, plus rien... Sur la peau du visage sont venues des rides précoces; on a perdu ses beaux cheveux blonds, châtains ou noirs, et les dents sont tombées... Hé! ma belle, où donc est ta jeunesse? Envolée. Et les robes de soie, et les dentelles, et les diamants, et la voiture, et les chevaux, et l'appartement de mille écus, où sont-ils? Envolés aussi. Cours après!

Alors? Alors on remplace le cachemire de l'Inde par le *cachemire d'osier*, ou l'on fait partie d'une brigade de balayeuses des rues ou, comme moi, on tire le cordon, à moins qu'on ait eu la chance de mourir sur un lit d'hôpital.

Le jeune homme se mit à rire.

— Est-ce que c'est là votre histoire? demanda-t-il.

— Non, mais je n'ai pas eu de chance tout de même, la vie n'a pas été douce pour moi. Mais à quoi bon les regrets? Il faut oublier et tâcher de se consoler.

Profitez de votre belle jeunesse, monsieur ; car, si heureux que vous soyez aujourd'hui, vous ne savez pas ce que les jours qui viennent vous réservent

Le jeune homme tressaillit.

— Comme je vous l'ai dit, reprit-il, je consens à ce que vous fassiez mon ménage ; je vous donnerai dix francs par mois.

Et, pour couper court à ses remerciements, il la congédia en l'aidant quelque peu à sortir de la chambre.

Une heure après, le vicomte, se donnant autant que possible les manières et la tournure d'un ouvrier, se dirigeait vers la rue Saint-Maur, ayant les deux mains dans les poches de son pantalon.

Avant de frapper traîtreusement Pierre Ricard par un de ces moyens qu'on trouve toujours quand on est guidé par la haine et qu'on veut se débarrasser d'un ennemi, il importait qu'il connût les habitudes du jeune ouvrier.

— Il faut que je le voie, s'était-il dit, et même, si c'est possible, que je le fasse l'ami de Cholet.

Bien que n'ayant jamais vécu parmi les ouvriers, il connaissait suffisamment la plupart de leurs défauts ; il savait que cette multitude de marchands de vins et de débits de liqueurs, qu'on rencontre à chaque pas dans les quartiers populaires, vivaient d'eux. Il ne croyait pas se tromper en pensant que Pierre Ricard, comme tant d'autres, faisait de fréquentes stations au cabaret.

Il était rue Saint-Maur, se promenant sur l'un des trottoirs, lorsque les ouvriers de la maison Corbon sortirent des ateliers. Il les vit presque tous, mais rien ne lui désigna celui qu'il avait un si grand intérêt à connaître.

Au bout d'un instant, les ouvriers s'étant éloignés dans toutes les directions, la rue reprit son aspect ordinaire. Mais le vicomte en avait vu entrer plusieurs dans la boutique d'un marchand de vins. Après avoir hésité un instant, il se décida à franchir le seuil du cabaret.

— Il faut que j'aie tout à fait l'air et la tenue d'un ouvrier, se dit-il.

Il tira d'une des poches de son paletot une blague pleine de tabac et une pipe de terre déjà noircie par un autre fumeur, un de ces hommes, sans doute, qui, à Paris, font le métier de culotteur de pipe ; puis il entra résolûment dans la salle enfumée et mal éclairée du marchand de vins.

Il y avait là deux ou trois sociétés de buveurs ; il reconnut aisément les ouvriers de la maison Corbon. Ils étaient cinq et n'occupaient que la moitié d'une table. Il s'assit à cette même table, et posa devant lui son tabac et sa pipe.

— Qu'est-ce qu'il faut vous servir ? lui demanda une grosse femme rougeaude, qui devait être la maîtresse de l'établissement.

Il jeta un regard sur les verres de ses voisins, et, pour faire comme eux, il commanda une absinthe. En attendant la liqueur demandée, il bourra sa pipe et l'alluma. Les ouvriers fumaient aussi sans faire attention à deux femmes qui se trouvaient dans la salle ; il est vrai que les deux hommes qui les accompagnaient fumaient eux-mêmes comme des Suisses. Du reste, dans un cabaret, la galanterie est facilement exclue.

La rougeaude servit le verre d'absinthe dans lequel le vicomte s'empressa de mouiller ses lèvres avec un semblant de satisfaction.

Tout en fumant sa pipe, ce qui n'était certainement pas pour lui un plaisir, il écoutait la conversation des ouvriers.

— Camarades, dit l'un, je propose de trinquer au retour de Robin, qui nous avait brûlé la politesse.

Les verres se levèrent en même temps et on trinqua, puis on but en réjouissance du retour de Robin parmi les vieux amis.

— Dis donc, Robin, reprit un autre, qu'est-ce que tu manigançais donc avec Thibaut?

— Tu es trop curieux, répondit Robin avec aigreur.

— Il faut croire que la chose n'a pas réussi.

— C'est possible.

— Et Thibaut, qui n'est qu'un imbécile, s'est brouillé avec Robin, dit un autre.

— Deux inséparables comme eux, ce n'est pas croyable.

— Voyons, Robin, êtes-vous réellement brouillés.

— Oui.

— A quel propos ? Pour quel sujet ?

— J'ai déjà dit que vous étiez trop curieux.

— Tenez, je parierais qu'il y a là-dessous une histoire de femme

— Toi, tiens ta langue, répliqua Robin avec humeur ; tu sais que quand tu parles tu ne dis que des bêtises.

— C'est égal, Robin, reprit un autre, après ce que tu nous a dit le jour de l'enterrement du père Guérin, il faut que Thibaut soit vraiment de la pâte dont on fait les...

— Jean Torgnolle, acheva un autre.

— Hein ? qu'est-ce que cela veut dire?

— J'ai vu ça dans le temps, au théâtre du Palais-Royal ; vous devez bien comprendre.

Et il porta ses poings à son front en dressant ses deux index.

Tous, moins Robin, devenu plus sombre, éclatèrent de rire.

— Pierre et lui n'en sont pas moins aujourd'hui les meilleurs amis du monde.

— Parbleu, c'est à cause de cela.

— Un mari trompé est presque toujours l'ami de l'amant de sa femme.

Au nom de Pierre prononcé par l'ouvrier, le vicomte avait éprouvé une commotion et tendu avidement l'oreille.

— N'importe, reprit un des ouvriers, je ne comprends pas Thibault; c'est trop bête !

— Ce matin, c'est Thibaut, qui, le premier, a tendu sa main à Pierre.

— Après tout, Thibaut est peut-être un de ces maris complaisants qui ferment volontairement les yeux pour ne rien voir.

— Il peut se faire aussi qu'il n'ait rien à voir, répliqua un autre.

— Tu ne sais ce que tu dis, puisque l'ami Robin est sûr...

— En ce cas, je n'ai plus rien à dire.

— Ce soir, en sortant, Thibaut a pris le bras de Pierre, et ils sont partis ensemble avec Boyer.

— Le beau Pierre a enjôlé Thibaut comme Boyer et d'autres, voilà tout, dit Robin d'une voix caverneuse.

— Robin, mon vieux, un de ces jours ce sera ton tour.

— Je n'aime pas les sottes plaisanteries, répliqua Robin.

— Et un éclair de colère jaillit de ses yeux.

— Là, là, ne te fâche pas, Robin, reprit l'autre sournoisement, on sait bien que Pierre est ta bête noire, que tu le hais.

— Oh! oui, je le hais! fit Robin en jetant sur ses compagnons un regard farouche.

— Il ne faudra pas le dire trop haut quand il sera contre-maître.

— Contre-maître, lui ! exclama Robin avec fureur, jamais !

— Pour cela, M. Corbon ne te demandera pas ton avis.

— J'ai dit jamais, entendez-vous, jamais! Tonnerre! j'aimerais mieux...

Le reste de la phrase expira sur ses lèvres.

A ce moment, un ouvrier se pencha vers son voisin et lui dit à l'oreille :

— Connais-tu celui-là, qui est à notre table ?

— Non, c'est la première fois que je le vois ici.

— Il nous écoute et ne perd pas un mot de ce que nous disons.

LES DEUX BERCEAUX

Seul, retiré à l'écart, un vieillard déguenillé fumait son brûle-gueule. (Page 163.)

— En effet, il a demandé une absinthe, qu'il oublie de boire, et il fume sa pipe en rechignant.

— J'ai dans l'idée qu'il nous espionne.

— Alors il serait de la mouche?

— Ça me fait cet effet-là.

— Nous sommes des ouvriers ; les mouchards n'ont rien à faire avec nous.

— Tu oublies qu'on cherche encore les hommes de la Commune.

— Oh! si c'est pour ça qu'il écoute, nous ne parlons pas de la politique.

— Qu'est-ce qui vous prend donc, vous autres? les interpella brusquement Robin, impatienté de les voir causer à voix basse.

Un des dialogueurs en aparté lui dit tout bas quelques mots.

— Tiens, tiens, c'est ma foi vrai, fit-il tout haut ; eh bien ! je vais lui demander ce qu'il nous veut, cet oiseau-là.

Puis, apostrophant le vicomte avec sa brutalité ordinaire :

— Dites donc, vous, la blouse blanche, voulez-vous m'apprendre pourquoi vous vous êtes mis à cette table si près de nous?

— Je vous ferai observer, monsieur, répondit le vicomte d'un ton presque aimable, que vous n'occupez qu'une partie de la table; j'ai pris cette place libre comme j'aurais pu m'asseoir ailleurs.

— Soit, mais vous nous écoutez.

— Vous parlez assez haut pour qu'on vous entende.

— Enfin, oui ou non, êtes-vous un mouchard?

— Voilà une question bien indiscrète, fit le vicomte en riant jaune ; j'y réponds cependant, afin de vous tranquilliser : je ne suis pas un agent de la préfecture de police.

— Dame! vous savez, reprit Robin en s'adoucissant, je ne vous connais pas, moi, ni mes camarades non plus, et puis, vous êtes là, seul, sans rien dire...

— N'ayant pas l'honneur d'être connu de vous ni de vous connaître, je ne pouvais me permettre de prendre part à votre conversation.

— C'est vrai. Comment vous appelez-vous ?

— Charles Cholet.

— Charles Cholet ? Connais pas. Et vous êtes?

— Ouvrier comme vous.

— Quelle partie?

— L'horlogerie.

— A la bonne heure. Du moment que vous êtes des nôtres, approchez-vous; on fera connaissance en choquant les verres.

— Avec plaisir. Et si vous le permettez, j'offre une tournée pour fêter ma bienvenue.

— Ça, c'est pas de refus.

Pour montrer qu'il n'était pas tout à fait un novice, le vicomte prit son courage à deux mains et vida son verre. Puis il frappa sur la table, et à la cabaretière, qui arriva aussitôt, il donna l'ordre de remplir les verres.

Une semblable générosité lui acquit subitement toutes les sympathies, et Robin et les autres eurent une bonne opinion de lui et de son avenir.

XIX

DEUX NOUVEAUX AMIS

Au bout d'une demi-heure, quand les ouvriers sortirent de la salle du marchand de vins, le vicomte dit à Robin.

— Est-ce que vous allez dîner avec ces messieurs?

— Oui, répondit Robin.

— Vous n'êtes donc pas marié?

— Non, je suis garçon et libre comme l'air.

— Je vous en félicite. Eh bien! voulez-vous venir dîner avec moi? je vous invite.

Robin le regarda en dessous.

— Ce n'est pas le hasard qui a amené ce gaillard-là chez le *mastroquet*, pensa-t-il.

Puis tout haut il répondit :

— Tout de même, j'accepte.

Les autres, déjà sortis de la boutique, s'éloignaient, pensant que Robin allait les rejoindre.

— Ils s'en vont à droite, reprit le vicomte; nous, tournons à gauche.

Ils prirent une rue transversale qui descend sur le canal, en s'écartant de la rue du Faubourg-du-Temple.

— Connaissez-vous de ce côté un endroit où tout en mangeant convenablement, nous pourrons causer à notre aise, sans être dérangés? demanda le vicomte.

— Oui, venez.

Au bout de cinq minutes, Robin s'arrêta en disant :

— Là, nous serons bien.

Et il montrait à son compagnon la devanture d'un de ces marchands de vins-restaurateurs comme on en rencontre à chaque coin de rue.

— Cabinet de société, lut le vicomte sur l'enseigne; c'est ce qu'il nous faut, entrons.

Ils montèrent l'escalier en spirale qui conduisait au premier étage et entrèrent dans un cabinet où un garçon, ayant une serviette devant lui, une autre sous le bras, les suivit pour leur présenter la carte fixée sur une petite palette en bois.

Le vicomte parcourut du regard le menu, et, en homme habitué à se faire servir, il donna ses ordres au garçon.

— Tiens, tiens, se disait Robin en l'écoutant, il va bien, le petit; faut croire qu'il a le gousset bien garni. Oh! ces horlogers, ils gagnent tout ce qu'ils veulent!

Le vicomte tenait, en effet, à faire bien les choses, afin de séduire complètement son nouvel ami, et il comptait sur les meilleurs vins du lieu pour dérider son visage, qui s'obstinait à rester sombre.

Son attente ne fut pas trompée, car lorsque le garçon apporta le dessert, Robin commençait à sourire. Deux verres de vieux Sauterne le mirent tout à fait en gaieté.

— Bon vin tout de même, dit-il en faisant claquer sa langue; c'est dommage qu'on ne puisse pas en boire tous les jours. Il paraît que vous ne vous refusez rien, vous autres horlogers.

— J'aime assez faire un bon dîner de temps en temps.

— Encore faut-il avoir de quoi le payer.

— Naturellement.

— Combien gagnez-vous par jour?

— Cela dépend : de huit à quinze francs.

— Vous travaillez à vos pièces?

— Oui.

— Vous êtes garçon aussi?

— Parbleu! Une femme, des enfants, ça dévore tout ce que l'homme gagne.

— Je vois ça autour de moi. Est-ce que vous faites des économies?

— Hein? des économies, pourquoi faire?

— Alors, au jour le jour, et va comme je te pousse.

— Voilà. Mais, comme aux camarades, il m'arrive souvent d'avoir le porte-monnaie vide.

— Je connais ça, dit Robin, ça manque tout à fait de gaieté. N'importe, mon cher Cholet, vous m'allez, car vous me faites l'effet d'être un bon *zigue*. Maintenant, voici le moment d'être sérieux et de causer à notre aise. Je devine à votre air que vous avez quelque chose à me dire, peut-être à me demander ; car, enfin, ce n'est pas seulement pour mes beaux yeux que vous m'avez offert ce succulent dîner.

Je vous préviens qu'avec moi il faut parler carrément ; pas de finasseries, je n'aime pas ça. D'abord, quand vous êtes entré chez le marchand de vins, est-ce moi que vous cherchiez ?

— Non, puisqu'alors je ne vous connaissais pas.

— C'est donc un autre que vous cherchiez ?

— Oui.

— A la bonne heure ; moi, j'aime la franchise. Maintenant, qu'est-ce que vous voulez me dire ? Allez, je vous écoute.

— En causant avec vos camarades vous avez parlé d'un individu nommé Pierre...

Le front de Robin s'assombrit aussitôt. Il planta ses deux coudes sur la table et, regardant fixement son compagnon.

— Oui, dit-il, nous avons parlé de Pierre, après ?

— J'ai cru m'apercevoir que vous ne l'aimiez pas beaucoup.

— Je le hais à mort ; après ?

— Avant de m'expliquer, il faut d'abord...

— Quoi ?

— Que je sache si ce Pierre que vous haïssez est le même individu qu'un certain Pierre que je n'aime guère non plus.

— Que fait-il, votre Pierre ?

— Il est serrurier et travaille chez M. Corbon : il n'a pas de famille, et les autres ouvriers de la maison ne le connaissent que sous le nom de Pierre. Un homme du nom de Guérin, qui était son protecteur, est mort il y a quelque temps.

— Vous ne vous trompez pas, dit Robin, c'est lui.

— Eh bien ! alors, Robin, je puis vous dire que ma haine pour cet homme est égale à la vôtre.

— Maintenant, répliqua Robin d'une voix creuse, je comprends pourquoi vous nous écoutiez chez le marchand de vins, pourquoi vous m'avez invité à dîner. Vous vous êtes dit : Robin déteste Pierre, il me comprendra ; sa haine peut servir la mienne.

— C'est vrai.

— Voyons, qu'est-ce qu'il vous a fait à vous?

— Peut-être bien ce qu'il vous a fait à vous même.

— Hein? que voulez-vous dire?

— N'est-il pas l'amant, d'après ce que racontaient vos camarades, de la femme jeune et jolie d'un nommé Thibaut?

Robin fit un mouvement brusque, et deux éclairs jaillirent de ses yeux ardents.

— J'aime une jeune fille, continua hypocritement le vicomte, et il l'aime aussi, lui.

— Ah! fit Robin.

— Seulement, ce n'est pas moi qui suis aimé

— Vous êtes pourtant joli garçon.

— Il faut croire que M. Pierre et beaucoup mieux que moi; je dois vous dire que je ne l'ai jamais vu.

— Oh! une figure de papier mâché, un air poseur, rien du tout... Sont-elles bêtes, les femmes, sont-elles bêtes!

— Enfin, on accueille M. Pierre; moi on m'a évincé. J'ai même appris, il y a trois jours, qu'ils allaient se marier bientôt.

— Est-ce qu'elle est riche, la particulière?

— Non, une petite ouvrière; mais jolie... oh! jolie...

— Mâtin, vous avez l'air de rudement l'aimer.

— Je l'adore, j'en deviens fou... Et c'est ce Pierre... Tenez, il y a des instants où je me sens capable de tout.

— Vous êtes jaloux?

— Oui, je suis jaloux, jaloux jusqu'à la fureur.

— Comme moi, grogna Robin.

— Nous détestons également ce Pierre maudit, reprit le vicomte; eh bien, je vous propose d'associer nos deux haines.

— Soit. Mais encore faut-il savoir ce que nous ferons.

— Nous verrons.

— Vous n'empêcherez pas Pierre de se marier avec votre belle, s'il en a l'intention, fit Robin en hochant la tête, pas plus que je ne peux l'empêcher d'être le Benjamin des patrons.

— On ne sait pas.

— Pierre n'est pas un homme à se laisser intimider, ni à avoir peur. Je vous le dis, entre nous, j'y regarderais à deux fois avant de l'attaquer en face.

— On l'attaque par derrière.

— Oh ! je sais bien ; mais comment? Pierre est rangé comme une demoiselle ; on ne le rencontre ni chez le marchand de vins, ni dans un bal; impossible de lui chercher querelle. Si j'en avais trouvé l'occasion, il y a longtemps que je lui aurais cassé la figure. En ce qui est de l'attendre la nuit au coin d'une rue pour lui tomber dessus, j'y ai songé ; mais il y a les gardiens de la paix, on est prudent.

— Enfin, selon vous, il est inattaquable?

— Oui.

— Et vous croyez qu'à nous deux?...

— Je ne sais pas. Avez-vous une idée?

— Non ; mais en cherchant bien...

— Il vous gêne, il me gêne aussi, c'est convenu ; il faudrait le faire disparaître.

— Oui, voilà ce qu'il faudrait.

— Pour arriver à ce résultat, il y a deux moyens : l'assommer, ou lui enfoncer six pouces d'acier dans la gorge. Mais pour ça je ne suis pas votre homme ; malgré ma haine et ma soif de vengeance, je ne jouerai pas du couteau : on est prudent. Dites donc, monsieur Cholet, est-ce que la pensée de tuer un homme, comme on tue un mouton ou un veau, ne vous donne pas la chair de poule?

— Si, si...

— Vous voyez bien. Cela me fait dire qu'il faut plus que la jalousie, plus que la haine pour devenir un assassin.

Le vicomte avait baissé la tête. Il se sentait frissonner. Il s'était engagé sur une pente rapide au bas de laquelle il voyait un gouffre insondable, mais il l'avait voulu.

— On pourrait bien encore, reprit Robin, d'un bon coup d'épaule, par une nuit noire, le précipiter dans le canal ou dans la Seine. Cela vaudrait encore mieux qu'un coup d'assommoir ou un coup de poignard dans la poitrine.

— Oui, vous avez raison, dit le vicomte d'une voix oppressée.

— Ah ! si on était riche, si on avait de l'argent...

— Eh bien?

— Ce serait bientôt fait.

— Je ne comprends pas, balbutia le vicomte.

Le misérable comprenait très-bien ; mais en face du crime il était saisi d'épouvante.

— Il y a à Paris des individus qui se chargent volontiers de cette besogne, moyennant quelques louis, répondit Robin.

— Vous les connaissez?

— Je sais où je pourrais en dénicher un. Celui-là est une sorte de bête féroce capable de tuer un homme pour lui prendre une pièce de quarante sous. Il est déjà vieux, mais toujours fort comme un taureau. Je ne connais pas son passé, qu'il cache avec grand soin, mais à la peine qu'il se donne pour éviter la rencontre des agents de police, il est facile de deviner qu'il a eu souvent maille à partir avec eux et avec la justice. Plein de prudence d'ailleurs, il ne sort que la nuit, quand tous les chats sont gris. Il n'en est certainement pas à son coup d'essai.

— Alors, vous croyez?...

— Je crois? Je suis sûr que pour dix louis, peut-être cinq, le père Ramoneau se chargerait de faire passer le goût du pain à M. Pierre.

— Ah! c'est Ramoneau qu'il se nomme?

— Le père Ramoneau. On l'appelle ainsi chez le *mastroquet* où il va presque tous les soirs, et où je le rencontre quelquefois.

— Vous ne le connaissez peut-être pas assez...

— Robin haussa les épaules.

— Il m'a suffi de causer une fois avec lui, dit-il, pour savoir de quoi il est capable.

— Est-ce qu'il a quelque moyen d'existence?

— Pas l'ombre; le père Ramoneau n'est pas même chiffonnier; il vit comme il peut de ce qu'il trouve ou de ce qu'il prend. Mais tout ça, c'est des paroles inutiles; je vous l'ai dit, le père Ramoneau ne travaille pas pour rien.

Le vicomte hésitait. On ne devient pas ainsi un scélérat de la veille au lendemain. Son agitation intérieure était très-grande; ses sentiments les plus opposés se livraient à une lutte acharnée. Mais il savait si bien se dominer que le regard scrutateur de Robin, fixé sur son impassible visage, ne put rien découvrir de ce qui se passait en lui.

A la fin, il se représenta le vrai vicomte de Lucerolle venant réclamer ses droits et lui prenant son titre, dont il était si vain, et cette grande fortune de Lucerolle, qu'il avait toujours considérée comme devant lui appartenir.

A cette pensée qu'il pouvait être précipité du faîte des grandeurs rêvées dans le bourbier où grouillent tant de malheureux, il sentit son sang se figer dans ses veines, puis, presque aussitôt, comme une première atteinte de folie.

LES DEUX BERCEAUX

— Tiens! c'est le vieux! dit l'un la bouche pleine; faites une place, vous autres! (Page 173.)

Alors, pour éloigner le spectre noir, il secoua sa tête avec force. Son hésitation avait disparu.

— Je pourrais me procurer facilement cent francs, et même deux cents francs, dit-il à Robin.

Les yeux de l'ouvrier brillèrent comme des escarboucles.

— En ce cas, dit-il, le père Ramoneau sera notre homme. Dès qu'il aura reçu un à-compte sur la somme qui sera convenue, il prendra la piste, et, avant huit jours... Je n'ai pas besoin de vous dire le reste.

Le vicomte jeta un regard effaré du côté de la porte.

— Soyez tranquille, reprit Robin, il y a du monde en bas, le garçon n'a pas le temps d'écouter aux portes. Faut-il que je voie le père Ramoneau et que je lui glisse à l'oreille deux mots de l'affaire?

— Oui.

— Nous pourrons le voir ensuite ensemble.

— Quand?

— Demain, si vous voulez.

— Soit, demain. Où nous trouverons-nous?

— Sur le boulevard extérieur, au coin de la rue des Amandiers. Le premier arrivé attendra l'autre.

— A quelle heure?

— Neuf heures.

— C'est entendu.

XX

LE PÈRE RAMONEAU

Une heure plus tard, c'est-à-dire vers dix heures et demie, Robin entrait dans un affreux bouge noir et infect de la rue des Rigoles, une rue sale, tortueuse et mal pavée, qui de la partie basse de Ménilmontant grimpe vers les hauteurs de Belleville.

Nous ne sommes plus au temps où Eugène Sue, l'illustre romancier, conduisait ses personnages dans la Cité. Mais si la pioche des démolisseurs et la truelle des maçons ont considérablement changé l'aspect du vieux Paris, ils n'ont pu faire disparaître l'exécrable race des *Maîtres d'école*, des *Tortillards*, des *Jacques Ferrand*, etc... Repoussés du centre, les bandits qui hantaient autrefois la Cité se sont jetés vers les extrémités de la ville. C'est là que les agents de la sûreté publique font aujourd'hui leurs plus importantes captures.

Paris se transforme, mais les hommes restent les mêmes. Les chambres correctionnelles et les cours d'assises ont toujours leurs habitués. Comme à toutes les époques, la grande ville a, de nos jours, ses repris de justice, ses voleurs, ses assassins. Ce sont toujours les mêmes turpitudes, les mêmes infamies, les mêmes monstruosités, les mêmes crimes. Et si les anciens tapis-francs, souricières de la police, ont disparu, nous retrouvons dans l'ancienne banlieue, des cavernes, des antres et autres cloaques, qui ont leur aspect et leur physionomie.

Tel était le cabaret borgne dans lequel Robin venait d'entrer.

Quelques individus déguenillés, à figure patibulaire, étaient en train de boire et de chanter autour d'une table graisseuse, en compagnie de filles pâles, maigres, aux yeux éraillés, au front déprimé, dont les regards lascifs comme les vêtements sordides puaient le vice et la misère.

Seul, retiré à l'écart, un vieillard, non moins déguenillé que les autres, fumait son brûle-gueule devant un verre à sec, dans lequel une ration d'eau-de-vie avait été versée.

C'était le père Ramoneau.

— Bonsoir, vieux, dit Robin en s'asseyant en face de lui.

Le vieillard se contenta de répondre par un mouvement de tête.

— Ah çà, vous êtes bien taciturne ce soir, reprit Robin.

Le père Ramoneau tira sa pipe de sa bouche et répondit :

— Oui.

— Voyons, est-ce que les affaires ne vont pas ?

Le vieux montra son verre.

— Je comprends, fit Robin en riant ; plus rien dans la poche.

— Voilà.

— On ne vous fait donc pas crédit, ici ?

— Plus.

— Ah ! dame, vous en avez peut-être abusé.

Le vieillard haussa les épaules.

Robin prit le verre et frappa sur la table.

Les petits yeux du père Ramoneau papillonnèrent.

— Oui, vieux gourmand, dit Robin, oui, c'est moi qui régale.

— Bon, fit le vieillard, en laissant échapper un nuage de fumée âcre, qui prenait en même temps à la gorge et au nez.

— C'est vous qui avez appelé ? demanda la cabaretière à Robin.

— Oui, grosse mère. Vous allez nous servir deux gouttes, deux solides, vous entendez, et de la bonne bouteille.

— Qui est-ce qui paye ?

— Oh ! la curieuse !... Tenez, ajouta-t-il en montrant une pièce de vingt sous, vous voyez que la semaine n'est pas encore flambée.

— Elle a toujours peur, fit le père Ramoneau en haussant les épaules, son tic familier.

— La cabaretière — nous allions dire l'ogresse — servit l'eau-de-vie demandée.

Le père Ramoneau s'empressa d'en avaler deux gorgées afin de s'humecter le gosier.

— Parfait, murmura-t-il.

— Nous disons donc, papa Ramoneau, reprit Robin, que les affaires ne sont pas brillantes.

— Mauvaises.

— C'est le moment de toucher à sa petite réserve.

— Pas de réserve.

— Et pas d'ouvrage, c'est pas drôle.

— Triste.

— Il y a le bureau de bienfaisance, papa Ramoneau.

— Non, pas de ça.

— Pourtant, vous ne devez pas mourir de faim.

— J'attends.

— Qu'est-ce que vous attendez ?

Autre mouvement des épaules du vieux.

— C'est mon affaire, grogna-t-il.

— Je ne vous demande pas vos secrets, papa Ramoneau. Mais on peut bien causer, pas vrai ?

— Oui.

— J'aurais peut-être quelque chose à vous proposer.

Le vieux posa sa pipe sur la table, et il arrêta sur Robin son regard interrogateur.

— Quelques jaunets à gagner, reprit tout bas Robin en allongeant son buste sur la table.

Les yeux du père Ramoneau pétillèrent.

— Quelques jaunets, ça me va, fit-il ; combien y en aura-t-il ?

— Au moins cinq.

— Bon. Qu'y aura-t-il à faire pour les gagner ?

Robin s'allongea encore. Les deux têtes se touchaient.

— Un homme qui en embête un autre à expédier quelque part, répondit Robin en baissant encore la voix.

— Grave, fit le père Ramoneau.

— Alors, vous ne voulez pas?

— Cinq louis, pas assez.

— On augmentera peut-être la somme.

— Faut doubler.

— On doublera.

— Bon. A quand l'affaire?

— Dès demain.

— Est-ce loin?

— A Paris.

— Donne l'argent.

— Demain soir, à neuf heures et demie, quelqu'un vous apportera ici la moitié de la somme.

— Bon. Il faudra qu'on me montre l'homme.

— On vous donnera des renseignements suffisants pour le reconnaître.

— Est-il vieux ou jeune?

— Jeune : de vingt-quatre à vingt-six ans.

— Qu'est-ce qu'il fait?

— Il est ouvrier.

— Il se nomme ?

— Pierre.

— Tout court?

— Oui.

Le père Ramoneau prit son verre, sans oublier de hausser les épaules, et le reste de ce qu'il contenait passa dans sa gorge comme dans un entonnoir.

— C'est convenu, dit Robin en se levant, demain soir, à neuf heures et demie?

Le vieux répondit par un mouvement de tête. Il essayait de faire brûler, à l'aide d'une allumette, ce qui restait de tabac humide dans le culot de sa pipe.

Robin appela la cabaretière, et lui mettant sa pièce d'un franc dans la main :

— Vous rendrez la monnaie au bon papa Ramoneau, lui dit-il.

Puis, content de sa soirée et satisfait de lui-même, il sortit du cabaret.

Le lendemain soir, le vicomte et lui furent exacts au rendez-vous. A neuf heures et demie précises, ils entraient dans le bouge de la rue des Rigoles, où le père Ramoneau les attendait depuis une heure en fumant sa vieille pipe culottée.

Selon son habitude, le vieux salua d'un mouvement de tête. Mais déjà le regard de ses yeux glauques avait enveloppé le compagnon de Robin. Il fut satisfait de son examen, car sa physionomie lugubre parut s'épanouir.

La salle du bouge était peuplée de ses hôtes habituels, et c'est à peine si l'on pouvait distinguer les visages au milieu d'une fumée de tabac épaisse et nauséabonde.

— Il y a de quoi étouffer ici, murmura Robin.

Puis s'approchant de la grosse mère ainsi qu'il l'appelait, il lui dit quelques mots à l'oreille.

Celle-ci, à qui le vicomte venait de commander deux bouteilles de son meilleur vin, lui répondit tout bas, la bouche en cœur :

— Passez dans le fond, je vais vous ouvrir la porte de ma chambre.

Un instant après, nos trois personnages étaient installés dans le taudis de la cabaretière.

— D'abord, dit Robin, assurons-nous qu'on ne peut pas nous entendre : on est prudent.

Et il fit le tour de la chambre en frappant de distance en distance contre les murs et les cloisons.

— Ni cabinet ni judas, fit-il en reprenant sa place près de la table. Du reste papa Ramoneau a les oreilles bonnes ; nous n'avons pas besoin de crier comme des sourds.

Le vicomte remplissait les verres.

— Père Ramoneau, reprit Robin, je n'ai pas besoin de vous dire que le camarade que voilà est la personne dont je vous ai parlé hier.

— Il me plaît, dit le vieux.

— C'est déjà quelque chose, fit Robin en riant.

— Ça aussi c'est quelque chose, répliqua le vieil ivrogne en engloutissant son verre de vin.

— Mon ami, reprit Robin, est au courant de notre conversation d'hier soir.

— Bon. Avez-vous l'argent?

Le vicomte secoua la poche de son gilet, et un petit bruit métallique se fit entendre.

Le visage du vieux coquin se dérida tout à fait et ses yeux de fauve étincelèrent.

— Bon, fit-il en tendant son verre.

Après en avoir fait disparaître le contenu avec la même promptitude que la première fois, il regarda tour à tour les deux jeunes gens en faisant danser ses épaules.

— Ce n'est pas tout, dit-il, il s'agit d'une vilaine besogne, et je tiens avant tout, à savoir à qui j'ai affaire. Comment vous appelez-vous? continua-t-il en s'adressant au vicomte.

— Charles Cholet; je suis ouvrier horloger.

— Bon. Vous demeurez?

— A Montmartre, rue de la Goutte-d'Or.

— Bon. C'est pas tout encore. Est-ce vous qui tenez à vous débarrasser de ce garçon qu'on appelle Pierre?

— Non, non, répondit vivement le vicomte, mon camarade et moi nous représentons une autre personne.

— Ah! une autre personne.

Le vieux cligna de l'œil et eut un formidable mouvement d'épaules.

— Je me disais aussi qu'il était surprenant de voir deux lurons comme vous ne pas faire eux-mêmes leurs affaires, dit-il; hein, je parierais qu'il s'agit d'une amourette; c'est toujours la même histoire : la femme, partout la femme.

— A-t-il un flair, le père Ramoneau! Il a pourtant deviné! fit Robin.

— Jeunes gens, je connais la vie.

— Ça, c'est vrai.

— Verrai-je la personne que vous représentez?

— Impossible, répondit le vicomte : elle tient absolument à rester inconnue.

L'épaule droite du père Ramoneau monta au sommet de sa tête.

— Ah! ah! il se tient prudemment dans l'ombre, fit-il. Bon, ça se comprend. Est-il riche, ce personnage mystérieux?

— Riche, non, mais il a une petite aisance.

— Combien vous donne-t-il, à vous, pour vous occuper de ses petites affaires? demanda brusquement le père Ramoneau.

Le vicomte et Robin échangèrent un regard rapide.

— Mais nous ne savons pas encore, répondit le faux horloger.

— Mes agneaux, reprit le vieux, une opération comme celle-ci doit se payer cher. Votre homme ne peut pas vous offrir moins d'un billet de mille. S'il en était autrement, c'est que vous vous laisseriez *rouler*. Or, il me faut pour ma part la moitié de cette somme.

— Cinq cents francs! exclama Robin.

— Oui, mon fils, cinq cents.

— Mais, père Ramoneau...

— C'est à prendre ou à laisser, voilà.

— Oh! vous êtes trop exigeant.

— Non, car je serai forcé de me faire aider.

Cette conversation commençait à paraître longue au vicomte, qui se sentait mal à son aise.

— C'est bien, dit-il, je m'arrangerai pour que vous ayez la somme que vous me demandez.

Ces paroles firent tressaillir Robin, dont les yeux s'écarquillèrent.

— Tiens, tiens, se dit-il, il est donc plus riche qu'il ne veut le paraître? Ou il n'est pas plus horloger que je ne suis maréchal de France, ou c'est de l'argent qu'il vole.

De son côté, le père Ramoneau pensait :

— Bon! c'est moi qui viens de me faire rouler comme une vieille brute que je suis ; je devais demander le billet de mille. Bon! bon! on fera en sorte de se rattraper.

« Comme c'est convenu, reprit-il tout haut, vous allez me compter la moitié de la somme.

Le vicomte étala devant lui deux cent cinquante francs en or.

— Magnifique comme un grand seigneur! grommela le vieux qui, avec force mouvements des deux épaules, contemplait l'or dans un sorte d'extase.

Quand il eut suffisamment rassasié sa vue, il prit délicatement, l'une après l'autre, les pièces d'or entre ses doigts frémissants et les fit disparaître successivement dans la poche de son gilet.

— Le reste de la somme immédiatement après la besogne faite? dit-il.

— Le jour même ou le lendemain.

LES DEUX BERCEAUX

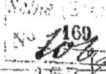

La Frileuse arriva rue de Lille, suivie d'un commissionnaire qui n'était autre que Moulinet. (Page 178.)

— Bon! Maintenant, faut voir comment on lui fera son affaire, à l'autre.

Ces sinistres paroles furent suivies d'un assez long silence.

Le vicomte et Robin avaient tous deux la respiration haletante, de grosses gouttes de sueur froide au front, et ils sentaient comme un poids énorme sur leur poitrine. Seul, le vieux scélérat paraissait tout à fait à son aise.

L'horrible marché était conclu, le vicomte avait versé le prix du sang.

XXI

UNE AIMABLE SOCIÉTÉ

Voyant que ses dignes compagnons se taisaient et que le silence pouvait encore se prolonger longtemps, le père Ramoneau reprit la parole.

— J'attends, dit-il, que vous me donniez les renseignements qui me sont nécessaires ; il s'agit d'ouvrir l'œil, afin de ne pas prendre un lapin pour un lièvre. A quoi reconnaîtrai-je notre homme ?

— Pour pouvoir lui signer son passe-port, il faut son signalement, répondit Robin. Grand, taille élancée, figure longue aux joues légèrement colorées ; cheveux châtain clair, moustache idem ; un air grave. Porte rarement une blouse. Travaille rue Saint-Maur, et presque tous les soirs après sa journée rentre chez lui, rue Saint-Sébastien, n° 28.

— Bon ! Et le soir, que fait-il ?

Robin regarda le faux horloger, l'invitant à parler à son tour.

— Trois ou quatre fois par semaine, répondit alors le vicomte, il se rend de la rue Saint-Sébastien rue de Lille, n° 62.

— Bon ! fit le père Ramoneau, la distance est longue ; mais il doit prendre l'omnibus.

— Pour aller ; mais généralement il revient à pied rue Saint-Sébastien.

— Bon ! bon ! murmura le vieux.

Il paraissait très-satisfait.

— Jeune homme, reprit-il en s'adressant au vicomte, puisque vous êtes si bien instruit, vous devez savoir ce qu'il va faire si souvent rue de Lille.

— Il va voir une femme.

— Je m'en doutais. Est-ce une jeune fille ?

— Oui.

— Alors c'est une ouvrière, et il la fréquente en vue du mariage ?

— On le dit.

— Tout cela, voyez-vous, n'est pas inutile à savoir. Est-elle chez ses parents, la demoiselle ?

— Son père et sa mère sont morts...

— Une orpheline.

— Pendant la guerre, son père a été fusillé par les Prussiens.

— Hein, vous dites? fit le vieux en dressant brusquement la tête.

— Que son père a été fusillé par les Prussiens. Cela a porté un coup terrible à sa mère, qui est morte presque immédiatement.

— Continuez, continuez, dit le vieux visiblement agité.

— Je n'en sais pas davantage.

— Comment! vous ignorez où la chose s'est passée?

— C'est dans un village de l'Est, mais on ne m'en a pas dit le nom. Le père était fermier, un riche propriétaire, paraît-il; les Prussiens ont pillé sa ferme, et ensuite ils y ont mis le feu.

Les yeux du père Ramoneau s'étaient dilatés, et les mouvements de ses épaules ne cessaient plus.

— Comment se nomme-t-elle, cette jeune fille? demanda-t-il.

— Léontine Blanchard.

Le vieux sursauta sur son siège.

— Est-ce que vous la connaissez? demanda le vicomte surpris de son agitation.

— Non, mais j'ai entendu parler de l'homme fusillé, de la femme morte et de la ferme incendiée.

— Ah!

— Il y a des choses plus extraordinaires dans la vie. Je sais encore que la petite en question avait un grand-père aveugle.

— C'est vrai.

— Qu'est-ce qu'il est devenu, le vieux Blanchard ?

— Sa petite-fille demeure avec lui.

Le regard du père Ramoneau s'éclaira de lueurs étranges.

— Bon! reprit-il après un moment de silence, je sais tout ce que je voulais savoir. Dès demain, mes agneaux, on s'occupera de votre affaire. Quelle heure peut-il être? demanda-t-il en se levant.

— Onze heures sont sonnées, répondit Robin.

— En ce cas, je vous quitte, j'ai besoin d'aller dormir. Bonsoir!

Il enfonça jusque sur son nez son vieux chapeau de feutre et il sortit de la chambre.

Robin et le vicomte se regardèrent. Ils étaient livides.

— C'est bizarre, murmura le faux horloger.

— Quoi?

— Qu'il connaisse la famille Blanchard.

— Le père Ramoneau est probablement de ces pays-là.

— N'importe, cela me contrarie. Et puis, je ne sais pourquoi, je me défie de lui.

— Dame! on ne peut répondre de personne.

— Vous le supposez donc capable de nous trahir?

— Non, s'il ne se laisse pas pincer : autrement il serait bien capable de tout dire.

— Vous voyez, vous voyez... fit le vicomte avec effroi.

— Auriez-vous déjà le regret?...

— Je ne sais pas, répondit-il très-soucieux.

— Tout à l'heure je vous ai fait un signe, vous ne m'avez pas compris; je voulais vous empêcher de lui dire votre nom et où vous demeuriez.

Un sourire glissa sur les lèvres du vicomte.

— C'est vrai, dit-il, j'ai eu tort. Mais il vous connaît aussi, vous.

Robin secoua la tête.

— Le père Ramoneau ne sait ni mon nom, ni ce que je fais, et encore moins où je demeure, dit-il; on est prudent. Je m'inquiète peu qu'il pense de moi cela ou ceci. Il s'imagine sans doute que je suis, comme lui et d'autres clients de cet établissement, un rôdeur de nuit. Je suis venu ici ce soir pour la dernière fois et je vous conseille de n'y plus remettre les pieds : faut de la prudence.

Après que le vicomte eut payé la dépense, ils partirent ensemble du cabaret et descendirent rapidement jusqu'au boulevard extérieur, où ils se séparèrent.

A l'ancienne barrière de Belleville, le faux horloger se jeta dans un fiacre pour aller au plus vite changer de costume et redevenir le brillant vicomte de Lucerolle.

Pendant ce temps, ayant grimpé sur la hauteur de Ménilmontant, en obliquant à droite, le père Ramoneau prit un sentier qui descend vers Charonne, et conduit, à travers les jardins et les vignes, derrière le Père-Lachaise.

Bientôt il se trouva devant une petite maison isolée, noire, écrasée, qu'on aurait pu croire inhabitée, tellement elle était vieille et délabrée. De grandes lézardes se montraient aux murs, dont le crépis était tombé : la moitié des vitres manquaient aux fenêtres qui avaient encore cependant de vieux volets troués; la toiture n'était pas en meilleur état.

Cette bâtisse, d'aspect sombre, n'était pour ainsi dire qu'une ruine désolée ouverte de tous les côtés au vent et à la pluie.

Des vestiges de grandes lettres noires, qu'on voyait encore sur la façade, indiquaient que, bien des années auparavant, il y avait eu là un débit de boissons offertes aux promeneurs du dimanche.

Autour de la ruine comme à l'intérieur régnait un silence complet.

Le père Ramoneau tira une clef de sa poche, ouvrit une porte et disparut dans une sorte de couloir étroit où, après avoir refermé la porte, il ne voyait pas plus clair que dans un four. Néanmoins il parvint au fond de l'allée sans se heurter trop rudement aux murs. Il ouvrit encore une porte, fermée seulement au loquet, et descendit un escalier conduisant au sous-sol de la masure.

Il n'était pas encore au bas de l'escalier qu'un bruit de voix arriva à son oreille en même temps que des filets de lumière, passant à travers une porte aux ais mal joints, faisaient clignoter ses yeux.

— Bon, se dit-il, ils sont là.

Il marcha vers l'endroit d'où venait la lumière, et frappa à la porte d'une certaine manière.

Celle-ci s'ouvrit presque aussitôt, et le père Ramoneau entra dans un caveau d'environ trois mètres carrés, éclairé par une lampe suspendue à la voûte au moyen d'un appareil de cuivre qu'on pouvait s'étonner de trouver dans ce trou qui exhalait toutes sortes d'odeurs fétides.

Au milieu du caveau il y avait une table ronde et autour de la table quatre personnes : trois hommes au visage sinistre et une femme jeune encore, la maîtresse ou la femme de l'un d'eux. Au fond, sur un lit de sangle, on voyait un matelas et une vieille couverture, puis un tas de paille à moitié pourrie sur laquelle on devait s'être couché souvent. Enfin, sur des planches fixées aux murs avec des pointes et des clous énormes, il y avait une certaine quantité d'objets de plus ou moins de valeur, qui ne pouvaient provenir que de vols récents.

C'est la femme qui avait ouvert au père Ramoneau. Les hommes étaient restés assis, ne jugeant pas à propos de se déranger et d'interrompre le repas qu'ils étaient en train de prendre.

— Tiens, c'est le vieux ! dit l'un, la bouche pleine ; faites une place, vous autres ; la Frileuse, prête ta chaise, tu t'assoieras sur le lit : Ramoneau ne refusera pas de trinquer avec nous.

— J'ai toujours soif, dit le vieillard.

— Eh bien ! bois, vieil ivrogne, ton verre est plein, c'est celui de la Frileuse.

— Bon ! fit-il en grimaçant un sourire, je saurai sa pensée.

— Tu peux être tranquille, vieux, sa pensée n'est pas pour toi

— Ça m'est égal, il y a longtemps que je ne pense plus à cette histoire-là.

— Ramoneau aime mieux boire! dit un autre.

— Oui, mon fils, car ce n'est qu'au fond du verre que je retrouve un peu de gaieté.

— Alors, vieux, tu as bu passablement ce soir, car tu me parais tout joyeux.

— Oui, j'ai bu, et du meilleur que votre piquette à seize.

— Ah! le vieux sournois, il est capable d'avoir travaillé tout seul!

Le père Ramoneau eut son mouvement d'épaules très-accentué.

— Voilà qu'il se disloque, dit un des hommes en éclatant de rire; cela ne veut pas rien dire.

— Au fait, vieux, reprit celui qui avait dépossédé la Frileuse de son siége et de son verre, tu viens bien tard nous faire une visite; est-ce que tu as quelque chose de nouveau à nous apprendre?

— Parbleu!

Aussitôt les fourchettes restèrent au repos, les coudes s'appuyèrent sur la table, et tous les regards convergèrent vers le père Ramoneau.

— Allons, papa, explique-toi vite, ne nous fais pas languir.

— Je crois l'affaire superbe...

— Ce n'est pas assez, il faut être sûr.

— Bon! Eh bien! je suis sûr.

— Alors tu peux *jaspiner*.

— Je suis venu vous voir ce soir parce que j'ai besoin de vous.

— Oh! tu pouvais te dispenser de nous le dire!

— Je vous préviens que je me réserve de tout diriger.

— Ambitieux, va! Voilà qu'il veut devenir général!

— Est-ce convenu?

— Oui, si tu nous prouves que tu as encore une bonne *sorbonne*.

— Bon! D'ailleurs, quand même je vous expliquerais l'affaire depuis A jusqu'à Z, vous ne pourriez rien faire sans moi.

— Ça, vieux, c'est ton appréciation, garde-la. Mais nous attendons que tu nous fasses part de ta découverte, et tu ne nous as encore rien dit.

— D'abord, il y a rue Saint-Sébastien un homme qui doit bientôt mourir.

— Un vieux Crésus, qui vient d'avoir sa troisième attaque d'apoplexie?

— Non, un tout jeune homme, qui se porte aujourd'hui comme un charme.

— Compris : il lui faut... une opération chirurgicale?
— Voilà; pas bête, le gros renflé ! il a deviné tout de suite.
— A moins qu'on ne trouve moins périlleux et plus agréable de lui faire prendre un bain forcé !
— C'est encore très-salutaire et ordonné par les médecins.
— Enfin, ce petit de la rue Saint-Sébastien est un gêneur qu'il faut envoyer voir ce qui bout dans la marmite du diable.
— Eh ! le diable n'a peut-être pas cet instrument de cuisine.
— Faut bien qu'il fasse sa soupe.
— Le Lézard a raison : puisque le diable possède une chaudière pour faire ses rôtis, il peut bien avoir une marmite.
— Bon ! assez là-dessus, reprit le père Ramoneau; tout ça c'est parler pour ne rien dire. L'affaire en question de la rue Saint-Sébastien n'est presque rien, vu qu'on ne paiera pas cher.
— Combien?
— Vingt jaunets.

Le vieux prenait la part du lion.

— C'est maigre, quand il faut partager entre quatre.
— Seulement, reprit le père Ramoneau, une affaire en amène une autre ; en causant de la première, qui n'est presque rien, j'en ai découvert une excellente.
— A la bonne heure !
— Voyons, voyons, dirent les autres.
— Eh bien ! le jeune coq de la rue Saint-Sébastien fait la cour à une poulette de la rue de Lille. Celle-ci demeure avec son grand-père, un vieux sans yeux, qui a au moins soixante-dix ans.
— Aveugle?
— Oui. Or ce vieil aveugle a chez lui de l'or et des billets de banque.
— Beaucoup ?
— Environ trente mille francs.
— Superbe ! exclamèrent les bandits.
— Ramoneau, comment sais-tu cela?
— Qu'importe, puisque je le sais.
— Tu peux te tromper.
— Non.
— Tu as donc vu l'aveugle compter son magot?

— Je sais qu'il possède au moins cette somme. Cela suffit.

— Du moment que tu es si sûr que ça...

— Le père Blanchard — c'est le nom de l'aveugle — possédait une belle ferme en Lorraine; les Prussiens sont venus dans le pays, et, pour des causes qu'il n'est pas utile de vous faire connaître, ils ont brûlé tous les bâtiments. Puis est venue l'annexion. Le vieil aveugle et sa petite n'ont pas voulu rester dans le pays, qui est devenu prussien; pour lors, le père Blanchard a vendu toutes les dépendances de la ferme, et a reçu comptant la somme ronde de trente mille francs.

— Sait-il des choses, ce père Ramoneau !

— Vous savez bien, vous autres, qu'il était en Lorraine pendant la guerre.

— Oui, j'y étais, et c'est le diable qui a amené le père Blanchard à Paris.

— Soit. Mais rien ne prouve que l'aveugle ait gardé chez lui ses trente mille francs.

Le vieux secoua fortement ses épaules.

— Il n'y a pas deux mois qu'il est à Paris; je parierais cent contre un qu'i n'a pas encore songé à placer son argent.

— Après tout, c'est possible, et Ramoneau doit avoir raison.

— Pour en être absolument certains, nous n'avons qu'à nous en assurer.

— Une petite visite domiciliaire...

— Si l'on peut entrer dans la maison.

— Avec de l'audace on entre partout.

— Il est presque toujours plus facile d'entrer que de sortir.

— Il n'y a que les maladroits qui se laissent prendre. La communication du vieux me paraît très-sérieuse, mes compères; mon avis est qu'il faut l'étudier au plus vite. Dès demain matin, nous nous mettrons tous à l'œuvre; tu entends, la Frileuse?

— Oui, j'entends.

— Tu feras voir le soleil à ta robe des grands jours. Nous nous porterons tous vers la rue de Lille. Faudra ouvrir l'œil et ne pas laisser passer une mouche sans la voir voler. A onze heures du soir, on se retrouvera ici, au rapport. Voilà l'ordre. On s'occupera en même temps du mignon de la rue Saint-Sébastien : il ne faut rien négliger. Toi, le Lézard, tu rempliras ton rôle ordinaire dans les coins sombres et le long des murailles. Tu tiendras la piste du gibier, et comme tu es un bon chien d'arrêt, aussitôt le moment venu, tu lui sauteras dessus; je t'adjoins Moulinet; il te suivra pas à pas, toujours prêt à te donner un coup de main. Il va sans dire que ceci est un travail de nuit. Méfiez-vous des

La Frileuse appuya fortement sa main sur son bras. (Page 188.)

patrouilles! on ne rencontre plus que ça dans les rues. Drôle de régime, tout de même; sans compter la bonne ville de Paris, qui a rétabli tous ses becs de gaz. C'est embêtant, mais c'est comme ça.

— Et toi, Griffard, qu'est-ce que tu feras? demanda Moulinet.

— Ne t'inquiète pas de cela, répondit le chef; la Frileuse et moi nous nous chargeons spécialement de la rue de Lille.

— Et le père Ramoneau?

— Le vieux dormira demain. Il veut être notre général, il se montrera le jour de la bataille. Maintenant, papa, continua Griffard en se tournant vers Ramoneau, combien as-tu reçu déjà comme à-compte?

— La moitié.

— Tu aurais dû exiger le tout. Enfin! soit, vide tes poches!

Le vieux savait comment les choses se passaient habituellement dans le caveau de la masure; aussi avait-il eu le soin de détourner cinquante francs de la somme reçue, lesquels étaient cachés sur lui. Il vida la poche de son gousset et fit tomber dix pièces d'or sur la table.

— Voyons les autres poches, fit Griffard qui suivait tous ses mouvements avec les yeux d'un chat qui guette une souris.

Le père Ramoneau retourna l'une après l'autre toutes ses poches.

Les coquins ont entre eux une confiance fort limitée. Griffard ne crut pas devoir s'en rapporter au témoignage de ses yeux; il fit avec ses mains l'inspection des haillons du vieux. Il ne sentit rien. Du reste, sûr que sa cachette était à peu près introuvable, le père Ramoneau se laissa palper sans faire la moindre résistance.

— Allons, c'est bien, reprit le chef. Maintenant, le partage.

Il laissa deux louis devant le père Ramoneau, en plaça trois devant le Lézard, en poussa deux vers Moulinet et garda les trois autres.

— Le Lézard te devra dix francs, dit-il à Moulinet.

Le père Ramoneau empocha sa part sans se permettre aucune observation.

— Et moi? fit la Frileuse qui s'était approchée de la table, espérant ne pas être oubliée dans le partage.

— Toi, répondit Griffard, on te loge, on te nourrit et on t'habille; qu'est-ce que tu réclames?

— C'est toujours la même chose, répliqua-t-elle avec humeur.

Et elle retourna en grommelant sur le grabat :

— Allons, ne grogne pas, lui dit Griffard; si tu es sage, après le coup de la rue de Lille, on te fera un joli cadeau.

— Promettre, ça ne coûte rien, dit-elle d'un ton aigre; il y a longtemps que tu me promets plus de beurre que tu ne me donnes de soupe.

— Tâche de tenir ton bec fermé, la Frileuse; tu jacasses trop; couche-toi si tu as envie de roupiller et laisse-nous tranquilles.

Les quatre misérables, qui faisaient partie d'une bande de voleurs bien organisée, ayant son capitaine et ses lieutenants — Griffard était un de ces derniers — causèrent encore pendant une demi-heure, puis se séparèrent.

La Frileuse resta seule, étendue sur le lit de sangle où elle s'était endormie.

XXII

LA FRILEUSE

Si une personne étrangère aux habitudes et aux mœurs des voleurs avait vu la veille la Frileuse dans le caveau de la maison isolée, elle ne l'eût certainement pas reconnue le lendemain, marchant lentement sur l'un des trottoirs de la rue de Lille. Elle portait une robe de laine violette avec une rotonde de soie ornée de plusieurs rangs de perles noires. Des bottines presque neuves chaussaient ses pieds, et sur ses cheveux blonds nattés et arrangés avec goût elle avait posé un petit chapeau de tulle, frais encore, garni de rubans et d'un bouquet de bluets. Si vous ajoutez à cela un air modeste, réservé et honnête, on pouvait la prendre facilement pour une ouvrière ou une femme de chambre allant faire les commissions de sa maîtresse.

En passant devant le n° 62, elle ne jeta qu'un coup d'œil sur la maison. Cependant elle tressaillit et son regard eut un éclair de joie. Evidemment elle était satisfaite. Qu'avait-elle vu ?

Elle revint précipitamment sur ses pas et descendit sur le quai Voltaire, où elle trouva Griffard, qui flânait le long du parapet, ayant l'air de s'amuser beaucoup à regarder les pêcheurs à la ligne.

— Eh bien ! lui demanda-t-il, tu as vu la maison ?

— Oui. Elle a cinq étages, sans compter les chambres sous le toit !

— Pas de porte cochère ?

— Non. Elle ne doit être habitée que par des petits rentiers ou même des ménages d'ouvriers : s'il y a un ou deux grands appartements, c'est tout.

— Alors c'est pour le mieux. Où se trouve la loge du concierge ?

— Je n'ai pas cherché à le voir.

— Je t'avais dit, pourtant, que c'était l'essentiel.

— C'est vrai ; mais j'ai vu autre chose.

— Quoi ?

— Un écriteau pendu à un clou à côté de la porte.

— Eh bien ?

— Voici ce que j'ai lu sur l'écriteau : Petite chambre meublée à louer présentement.

— Chouette ! fit Griffard dont les yeux étincelèrent.

— Tu comprends pourquoi je me suis empressée de venir te rejoindre.

— Il fallait entrer et demander à voir la chambre.

— Je n'ai voulu rien faire sans te prévenir.

— Tu es prudente, je n'ai rien à redire à cela.

— Maintenant, que faut-il faire ?

— Tonnerre ! est-ce que ça se demande ? Louer la chambre immédiatement,

— On peut exiger le mois ou la moitié du mois d'avance.

— Tiens, voilà vingt francs ; il faut que ce soir tu sois emménagée... A la bonne heure, ça marche comme sur des roulettes ! Allons ! file, je t'attendrai dans la cour du Louvre. A propos, tu n'as pas vu les autres ?

— J'ai aperçu Moulinet au coin de la rue Bellechasse.

— D'ailleurs, ils n'ont plus rien à faire rue de Lille maintenant. Une fois locataire dans la maison, tu sauras bien vite ce qui s'y passe. Fais en sorte d'être très-gentille avec la pipelette, c'est nécessaire.

La Frileuse se dirigea de nouveau vers la rue de Lille pendant que Griffard suivait le quai pour traverser la Seine sur le pont des Saints-Pères.

Dix minutes plus tard, la Frileuse ayant repris son air doux et honnête entrait dans la demeure des époux Fabrice. L'homme était en train de coudre des semelles à une paire de pantoufles. La femme reprisait du linge.

— Vous avez dans la maison une petite chambre meublée à louer, dit la Frileuse d'une voix presque timide ; est-ce que je puis la voir ?

Fabrice ajusta ses lunettes sur son nez afin de mieux voir à qui il avait affaire. Sa femme répondit :

— C'est moins une chambre qu'un grand cabinet, car il n'y a pas de cheminée.

— Oh ! cela ne fait rien ; en été, on n'a pas besoin de faire du feu.

— Est-ce pour vous que vous désirez louer ?

— Oui, madame. Je demeure actuellement dans le quartier Saint-Denis et je cherche à me rapprocher de mon ouvrage.

— Vous êtes ouvrière?

— Oui, madame, couturière.

— Et vous travaillez?

— Pour le Bon-Marché.

— Est-ce que vous travaillez chez vous?

— Souvent, oui, madame; mais on me donne aussi de l'ouvrage à l'atelier.

Avant de tomber dans le ruisseau, où un jour Griffard l'avait ramassée pour en faire ce que nous savons, la Frileuse qui s'appelait de son véritable nom Henriette Mabire, était, en effet, couturière, et même très-habile à manier l'aiguille. Elle avait travaillé pour le compte d'une patronne qui avait une entreprise de confections pour l'importante maison du Bon-Marché.

Comme tant d'autres malheureuses qui ne savent pas résister à la tentation du mal, la coquetterie, le désir de posséder des robes de soie, des bijoux, l'amour des plaisirs et la paresse l'avaient perdue. La première chute fut suivie de plusieurs autres. Quand on est dans le bourbier, on a beau se débattre pour en sortir, on s'y enfonce toujours plus avant. C'est ainsi que la Frileuse avait roulé sur la pente fatale où le vice jette ses victimes, et était descendue jusqu'au fond de l'antre noir où se méditent les crimes.

— La chambre est au sixième, reprit le concierge; elle est mansardée; je ne sais pas si elle vous conviendra.

— Je puis toujours la voir.

— Dame! la vue n'en coûte rien.

— Est-ce vous qui la louez?

— Oui, nous sommes chargés de cela par le locataire. C'est un jeune homme de Liége, en Belgique. Il a dû quitter Paris au moment du siége, et il est retourné dans son pays, où, paraît-il, il a trouvé un emploi convenable. Depuis dix-huit mois il aurait bien pu faire vendre son petit mobilier; mais il sait qu'on ne lui en donnerait presque rien. Il préfère garder ses meubles et louer sa chambre telle qu'elle est. Comme cela il paye ses termes sans bourse délier, et il lui reste encore quelque chose. Puis s'il revient à Paris un peu plus tard, comme il en a l'intention, il se trouvera tout de suite chez lui.

Tout en parlant, la concierge s'était levée et avait pris une clé accrochée à un clou.

— Notre maison est tout à fait tranquille, continua-t-elle; on n'y entend jamais de bruit. Je vous préviens dans le cas où vous loueriez; nous ne vous permettrions pas de recevoir des hommes chez vous.

— Ah! sous ce rapport, vous pouvez être tranquille, répondit l'hypocrite créature; si je recevais quelqu'un, par hasard, ce ne serait que mon père ou mon frère.

— Ce n'est pas la même chose; on a toujours le droit de voir sa famille.

Comme bien on pense, la chambre ne déplut pas à la Frileuse; elle trouva même les meubles fort beaux et le papier très-gai, ce qui était vrai.

Il fut convenu qu'elle louait au mois pour vingt-cinq francs, la quinzaine payée d'avance.

Elle mit ses vingt francs dans la main de la concierge, qui lui rendit sept francs cinquante.

Elle ne fit aucune difficulté de donner son nom aux époux Fabrice, et elle partit après leur avoir annoncé qu'elle viendrait prendre possession de sa chambre avant la nuit.

— Ma foi! je suis contente que la chambre soit louée, dit la concierge à son mari.

— Tu t'es peut-être un peu trop pressée.

— Pourquoi?

— Il est toujours bon de prendre des renseignements sur les gens qu'on ne connaît pas.

— Tu es toujours le même, Fabrice; est-ce que cette demoiselle ressemble à une fille de rien? Elle est convenable et a l'air honnête.

— Je ne dis pas non; mais il y a dans son regard quelque chose de singulier que je n'ai pu définir.

— Es-tu drôle, mon pauvre homme, avec tes études de physionomie! Comme presque toutes les filles pauvres, celle-ci n'est pas hardie; ce que tu as vu dans son regard est tout simplement de la timidité.

— Enfin, c'est fait: elle a loué, n'en parlons plus.

Le soir, à la nuit tombante, la Frileuse arriva rue de Lille, suivie d'un commissionnaire, qui n'était autre que Moulinet. Il portait sur son crochet une vieille malle qui paraissait assez lourde.

Griffard ne négligeait aucun détail; pour endormir la prudence des concierges, il fallait qu'ils crussent à une location sérieuse.

En montant au sixième étage, Moulinet ne manqua pas d'être très-essoufflé et de s'arrêter sur chaque palier, moins pour se reposer et reprendre haleine que pour faire l'inspection des portes. Toutefois, ayant déposé la malle dans la chambre de la Frileuse, il se contenta d'échanger un regard avec elle et descendit aussitôt.

— Cette demoiselle a tout de même du linge, remarqua tout haut la concierge.

— Le commissionnaire, un fort gaillard pourtant, en avait assez pour monter, répondit Fabrice.

Comme on le voit, les bonnes gens étaient loin de concevoir un doute.

Le lendemain, la Frileuse descendit vers huit heures.

— Je vais au Bon-Marché, dit-elle à la concierge en passant.

Elle revint au bout d'une heure. Elle entra dans la loge.

— Je ne suis pas contente, dit-elle d'un air chagrin ; il n'y a pas d'ouvrage de préparé, et après m'avoir fait longtemps attendre, on a fini par me dire de revenir dans deux jours. C'est bien désagréable. Deux jours sans ouvrage, je vais joliment m'ennuyer.

— Une femme trouve toujours à s'occuper, répliqua la concierge.

— C'est vrai ; mon linge est en ordre, je n'ai pas une reprise à y faire. Si vous aviez quelque chose à me donner, madame Fabrice, soit de vous ou de quelqu'un de la maison, je le ferais avec plaisir.

La comédie était si bien jouée que la brave femme, incapable de soupçonner le mal, s'y laissa prendre.

— Puisque vous le désirez, répondit-elle, vous pourrez descendre travailler avec moi ; je revois mon linge en ce moment, vous m'aiderez.

C'est là ce que voulait la Frileuse. Il était important qu'elle pût s'installer dans la loge afin de faire causer la concierge, tout en observant les allées et venues des locataires.

— Tout de suite, dit-elle en s'asseyant sans façon.

Elle prit une aiguille dans un étui, qu'elle venait probablement d'acheter, y passa le fil et se mit en devoir d'achever un ourlet commencé par madame Fabrice. Elle n'avait pas encore oublié son ancien métier. Entre ses doigts, l'aiguille faisait merveille.

— Comme vous allez ! comme vous allez ! fit la concierge avec une sorte d'admiration.

— Vous trouvez, madame Fabrice ?

— Oui, on voit que vous savez manier l'aiguille. On dirait, vraiment, que c'est piqué à la mécanique, tellement votre point est régulier ; ah ! dame, vous n'êtes pas comme moi aujourd'hui ; vous avez de bons yeux.

Ceci se passait en l'absence de Fabrice, qui sortait souvent pour faire les commissions des locataires. A son retour, il trouva mademoiselle Henriette travaillant à côté de sa femme. Il se contenta de quelques mots d'explication.

Ce bon Fabrice, qui avait la manie de vouloir être un physionomiste, ne possédait pas encore la puissance de faire tomber le masque du visage d'un hypocrite.

La Frileuse s'assit à la table des Fabrice et mangea avec eux. Cela devait être, du moment qu'elle travaillait pour la concierge.

Une sorte d'intimité s'établit vite entre les deux femmes, et madame Fabrice ne vit aucun inconvénient à raconter bien des choses à l'obligeante locataire.

Dans l'après-midi, Léontine étant descendue pour acheter quelque chose, elle entr'ouvrit la porte et avança sa tête pour dire bonjour à ses amis Fabrice, ce qu'elle n'oubliait jamais.

— Oh! la belle jeune fille! dit la Frileuse lorsque la jolie tête eut disparu.

— N'est-ce pas? fit la concierge; eh bien! elle est aussi sage et aussi bonne qu'elle est charmante et gracieuse. Il ne lui manque qu'un peu de gaieté; mais elle ne peut pas être bien joyeuse, après les malheurs qui sont venus fondre sur elle.

— Elle demeure dans la maison?

— Oui, au deuxième, avec son grand-père, un bien brave homme, qui a en plus des autres choses le malheur d'être aveugle.

Et pour être agréable à son ouvrière, qui paraissait s'intéresser beaucoup à la jeune fille, elle lui raconta ce qu'elle savait de l'histoire de la famille Blanchard.

— M. Blanchard doit avoir quelque chose devant lui, continua-t-elle, mais cela n'empêche pas mademoiselle Léontine de travailler du matin au soir; elle remet à neuf les dentelles des grandes dames du faubourg; c'est superbe ce qu'elle fait, on dirait l'ouvrage d'une fée! Elle a de très-belles connaissances, entre autres la demoiselle d'un comte, qui est son amie intime. Vous comprenez que tant qu'elle voudra travailler, elle ne manquera pas d'ouvrage.

— Elle est bien heureuse; ce n'est pas comme nous autres couturières, qui avons chaque année plusieurs mois de morte-saison.

— C'est vrai. Mais toutes les femmes ne peuvent pas avoir le talent de mademoiselle Léontine. Pourtant je ne crois pas qu'elle continuera toujours à travailler comme maintenant; une fois mariée, elle aura à s'occuper de son vieux père, de son mari, à soigner son ménage; je ne parle pas des enfants, qui viendront sûrement.

— Elle est donc sur le point de se marier?

LES DEUX BERCEAUX

Ramoneau, obéissant à Griffard, pesait de tout son poids sur lui. (Page 194.)

— On en parle depuis quelques jours. Nous connaissons le jeune homme, je puis même dire beaucoup, mademoiselle Léontine ne sera pas trompée : c'est bien le meilleur et le plus honnête garçon qu'il y ait dans tout Paris ; avec cela doux et rangé comme une demoiselle, et un ouvrier comme on en rencontre peu.

C'est en faisant causer ainsi madame Fabrice, qui avait comme la plupart des femmes le défaut d'être bavarde, que la Frileuse apprit en deux jours à peu près tout ce qu'elle voulait savoir.

XXIII

AVANT L'EXPÉDITION

Le troisième jour, la Frileuse se leva de bonne heure. Vers sept heures et demie, elle descendit et dit à madame Fabrice :

— Je vais au magasin, on me gardera probablement à l'atelier.

— Bonne chance, mam'zelle ! lui répondit la concierge.

La Frileuse monta la rue du Bac jusqu'à la rue du Cherche-Midi où elle prit une place dans l'omnibus allant au chemin de fer du Nord. De là, elle gagna à pied les boulevards extérieurs et se dirigea vers cette partie de Belleville qui touche aux Prés-Saint-Gervais. Là, comme dans tous les quartiers excentriques de Paris, on trouve des rues étroites, sales, mal pavées, sombres, où grouille une population misérable de pauvres enfants étiolés, couverts de guenilles. La plupart des maisons mal bâties, aux murs dégradés, sont d'un aspect plus sombre encore que les rues.

Dès qu'on pénètre dans ces pauvres quartiers, dont l'édilité parisienne commence pourtant à s'occuper un peu, le cœur se serre et on éprouve un malaise indéfinissable. Ce n'est pas seulement triste, c'est navrant !

La Frileuse entra dans l'allée noire et humide d'une de ces maisons, aux fenêtres de laquelle pendaient toute sorte de loques qui séchaient au vent.

C'est là que demeurait Griffard.

Le caveau de la maison isolée au milieu des vignes n'était qu'un lieu de rendez-vous où il recevait les hommes de sa lieutenance et leur communiquait les ordres du chef supérieur.

— Déjà toi ! s'écria-t-il avec étonnement en voyant entrer la Frileuse.

— Tu m'avais donné quatre jours, je n'en ai pris que deux, voilà tout.

— Alors, tu sais...

— A peu près tout ce que je pouvais apprendre.

— L'aveugle a de l'or ?

— Oui, ce que vous a raconté le père Ramoneau est la vérité.

— Il n'avait aucun intérêt à mentir. A quel étage demeure-t-il ?

— Au deuxième, la porte à droite. Il n'y a que deux portes sur chaque carré.

— Oui, Moulinet m'a déjà dit cela. As-tu pris l'empreinte de la serrure?.

Elle tira de son corsage un chiffon qui enveloppait la cire portant l'empreinte.

— Bon, comme dit le vieux Ramoneau! fit-il en riant. A quelle heure se couchent-ils?

— Vers neuf heures, quand le jeune homme ne vient pas.

— Ah! oui, le petit de la rue Saint-Sébastien. Est-ce qu'il y va tous les jours?

— Seulement tous les deux jours et le dimanche. Il n'est pas venu hier.

— Je le sais, le Lézard l'a guetté inutilement.

— Il viendra ce soir et pas demain.

— Alors il faut que la chose se fasse demain ; j'ai le temps de tout préparer. Le vieux sera avec moi. Tu as bien dit en louant que tu avais ton père et un frère?

— Oui.

— Nous entrerons dans la maison à neuf heures ; si la concierge nous voit passer, tu seras là et tu sauras bien dire : « Tiens, c'est papa et mon frère Jules. »

— Je crois que vous pourrez passer sans qu'on vous voie; je me tiendrai devant le carreau de la loge.

— J'aime mieux ça, c'est plus sûr. Le coup fait, il faudra sortir; as-tu songé à cela?

— Je resterai dans la loge. La concierge ne ferme la porte d'entrée qu'à dix heures.

— En ce cas, tout va bien; nous avons plus de temps qu'il ne nous en faut pour fouiller les meubles.

— D'ailleurs je m'arrangerai pour que la porte ne soit pas entièrement fermée.

Griffard prit une feuille de papier et un crayon.

— Maintenant, reprit-il, dis-moi comment se trouvent disposées les pièces de l'appartement.

La Frileuse lui fit la description demandée.

A mesure qu'elle parlait, il traçait d'une main assez habile le plan du logement.

— Je vois le local comme si j'y étais, dit-il, quand il eut donné son dernier coup de crayon. On entre; en face la salle à manger, tout de suite à droite, la chambre de l'aveugle, dont le lit doit se trouver à gauche en y entrant, puisque la fenêtre est à l'autre extrémité ; à côté, la chambre de la jeune fille, qui touche au mur mitoyen avec celui de la maison voisine.

« L'aveugle ne m'inquiète pas, continua-t-il comme se parlant à lui-même, nous en aurons facilement raison ; mais il y a la petite... si seulement elle dormait ! Mais, baste ! compte là-dessus ! Ces petites filles ont toujours l'oreille et les yeux ouverts ; elles rêvent, oui, mais tout éveillées... Il faudra de l'adresse, du sang-froid, un seul cri perdrait tout.

La Frileuse appuya fortement sa main sur son bras.

— Qu'est-ce que tu marmottes donc ? lui dit-elle effrayée ; est-ce que tu penserais à les assassiner ?

— Ah çà ! répliqua-t-il d'un ton superbe, est-ce que tu me prends pour un imbécile ? Je ne tue pas les gens, moi : je laisse cette besogne-là à d'autres ; d'ailleurs tu sais bien que j'ai horreur du sang. Tu peux te rassurer, ma belle ; j'aurai dans ma poche une petite fiole pleine d'un liquide tout à fait inoffensif, qui endormira l'aveugle et sa fille très-gentiment et leur procurera jusqu'au lendemain matin des rêves délicieux.

La Frileuse, n'ayant rien de mieux à faire, passa une partie de la journée dans la chambre de Griffard. Le soir elle retourna rue de Lille, où elle arriva à sept heures, comme si elle revenait de l'atelier après une journée de travail bien remplie.

Elle causa un instant avec madame Fabrice ; ensuite elle monta dans sa chambre où elle resta une demi-heure, puis elle revint trouver la concierge, disant que, ne voulant pas se coucher si tôt, elle descendait pour lui tenir compagnie.

La Frileuse se préparait pour le rôle qu'elle devait jouer le lendemain.

Elle ne rentra dans sa chambre qu'à dix heures et demie, après avoir vu Pierre sortir de la maison.

Le lendemain, elle feignit encore d'aller travailler. N'ayant rien de nouveau à apprendre à Griffard, elle tua le temps comme elle put en se promenant du côté de Plaisance.

A sept heures, comme la veille, elle était dans la loge, causant avec madame Fabrice, dont elle avait su déjà capter l'amitié et la confiance.

Elle n'était pas là depuis dix minutes, lorsque Léontine entra dans la loge et dit à la concierge :

— Je vais passer la soirée chez mademoiselle de Lucerolle ; je rentrerai peut-être un peu tard ; mon père est dans sa chambre, il se couchera de bonne heure. Toutefois, madame Fabrice, je vous laisse la clef de l'appartement, et s'il avait besoin de quelque chose...

— Soyez tranquille, mademoiselle, ni moi ni Fabrice n'avons à sortir ce soir.

La jeune fille partit.

La Frileuse avait écouté avec une vive émotion, et elle se disait en elle-même que Griffard avait une chance incroyable.

Maintenant, il s'agissait de le prévenir qu'il trouverait l'aveugle seul dans l'appartement. Cela n'était pas difficile, attendu que Griffard, voleur expérimenté, qui ne négligeait aucune des précautions bonnes à prendre, lui avait donné rendez-vous à huit heures, au coin de la rue de Beaune, afin d'être averti si quelque chose d'imprévu ne devait pas lui faire modifier son plan ou en renvoyer l'exécution à un autre jour.

Donc, quelques minutes, après le départ de Léontine, la Frileuse sortit pour aller prendre le dernier mot d'ordre de Griffard.

Or, pendant qu'elle faisait un assez long détour pour se rendre rue de Beaune, Pierre arrivait rue de Lille.

— Comment! c'est vous, monsieur Pierre? fit la concierge avec surprise.

— Vous le voyez! répondit-il en souriant.

— Ma foi! on ne vous attendait guère ce soir, et la preuve c'est que mademoiselle Léontine est sortie.

— Oui, je sais que son intention était d'aller voir ce soir mademoiselle Ernestine de Lucerolle. M. Blanchard m'a chargé hier d'une commission, que j'ai pu lui faire dans la journée, et j'ai préféré venir ce soir lui rendre compte de ma mission, au lieu d'attendre à demain.

— C'est égal, mademoiselle Léontine sera contrariée d'être sortie.

— Cela ne m'empêchera pas de venir demain, et, après-demain dimanche, de bonne heure.

— Mademoiselle Léontine m'a laissé la clef du logement, je vais vous la donner.

— C'est inutile, merci, madame Fabrice. M. Blanchard n'est certainement pas couché encore. Où donc est M. Fabrice?

— Oh! en face, probablement, en train de faire sa petite partie de piquet.

Le jeune homme monta lestement les deux étages et frappa à la porte de M. Blanchard qui vint, à tâtons, lui ouvrir.

— Mon cher ami, dit le vieillard, je parierais que vous êtes venu exprès pour m'apporter la petite somme que vous avez bien voulu vous charger de toucher pour moi.

— Je vous apporte, en effet, trois cent cinquante francs, monsieur Blanchard; mais je ne suis pas venu tout à fait exprès; j'avais à voir une personne rue Vivienne, et j'ai profité de cette circonstance pour venir jusqu'ici : quelques pas de plus...

— On voit bien que vous êtes jeune et que vous avez de bonnes jambes, dit le vieillard en riant.

— Monsieur Blanchard, voici votre argent, reprit Pierre.

— C'est bien, mon ami, mettez-le là sur la cheminée ; ce soir, quand elle rentrera, ou demain matin, Léontine le serrera ; c'est pour la bourse de ses dépenses.

Pierre posa les billets de banque sur la cheminée dans un vide-poche.

La Frileuse et Griffard causaient encore ensemble, lorsque le Lézard arriva rue de Beaune tout essoufflé.

Griffard fit la grimace et son regard interrogea son subordonné.

— J'ai suivi le jeune homme de la rue Saint-Sébastien, commença-t-il.

— Tu as eu tort, l'interrompit Griffard avec rudesse, puisqu'il était convenu qu'on ne s'occuperait pas de lui aujourd'hui.

— Tu ne me laisses pas achever ; d'ailleurs je n'ai pas mangé le mot d'ordre : c'est seulement à neuf heures que je dois me trouver rue de Lille. Voici ce que je venais te dire : j'ai suivi le tourtereau jusqu'à la rue de Lille ; il est en ce moment chez le vieil aveugle.

Le front de Griffard s'assombrit subitement.

— Tonnerre ! grommela-t-il entre ses dents, quand le *poupard* se présentait si bien !...

Et se tournant vers la Frileuse :

— Qu'est-ce que tu disais donc, toi, qu'il ne viendrait pas ce soir ? lui dit-il avec un froncement de sourcils qui annonçait un orage prochain ; c'est comme ça que tu regardes, c'est comme ça que tu écoutes, comme ça que nous sommes renseignés...

— Je n'y comprends rien, répondit la Frileuse qui tremblait sous le terrible regard du lieutenant.

— Maintenant, plus rien à faire... murmura-t-il. Tout était si bien préparé !... Moi, je n'aime pas les choses qui traînent ; elles se font mal, généralement. Et puis, aujourd'hui c'est ceci, demain ce sera cela... et le temps passe et on ne fait rien.

— Ne trouvant pas la jeune fille, hasarda la Frileuse, il peut se faire qu'il ne reste pas longtemps avec l'aveugle.

— Tiens, je ne pensais pas à cela ; au fait, tu as peut-être raison, la Frileuse. Où est Moulinet ? demanda-t-il au Lézard.

— En faction rue de Lille ; il ne perd pas de vue l'entrée du numéro 62.

— C'est bien. Le vieux sera ici dans un instant ; à neuf heures, nous serons aussi rue de Lille; si je ne te vois pas, c'est que le jeune homme sera parti. Alors nous agirons. Est-ce bien compris?

— Oui.

— Toi, la Frileuse, tu vas retourner à la maison et tu ne quitteras pas la loge.

La Frileuse s'en alla d'un côté, le Lézard de l'autre.

XXIV

LE VOL

A neuf heures, Griffard et le père Ramoneau étaient rue de Lille. Ils passèrent sans s'arrêter devant le n° 62. Mais après avoir fait environ cinquante pas ils revinrent lentement. Griffard plongeait son regard dans toutes les directions.

— Je ne les vois point, dit-il tout bas à Ramoneau; cela nous indique que l'oiseau a quitté le nid. L'aveugle est seul, probablement couché; il faut que tout soit fini avant que la colombe ne revienne.

— Alors marchons, répondit le vieux.

— Oui, et surtout ouvrons l'œil.

Griffard entra le premier, suivi de près par Ramoneau. Ils glissèrent sans bruit, comme deux ombres, devant la loge, et montèrent l'escalier à pas de loup.

La concierge, qui causait avec la Frileuse, ne vit rien, n'entendit rien. Du reste, la complice des voleurs, debout, tournant le dos à l'allée, masquait presque entièrement la porte vitrée. Fabrice n'avait sans doute pas achevé encore sa partie de piquet.

La Frileuse, les yeux fixés sur la pendule, avait vu, avec anxiété, l'aiguille marquer neuf heures, puis, successivement, huit minutes après l'heure. Alors entendant un léger bruit, elle jeta un regard rapide de côté et vit passer les deux ombres.

— Ce sont eux, se dit-elle.

Son anxiété redoubla, car ni la concierge ni elle n'avaient vu partir Pierre.

— Mais asseyez-vous donc, mam'zelle Henriette, lui dit pour la troisième ou la quatrième fois la trop confiante madame Fabrice; vous vous fatiguez à rester ainsi sur vos jambes. Cette fois, la Frileuse s'empressa d'accepter l'invitation.

Depuis un instant, elle sentait ses jambes chanceler, et dans ses oreilles le sang faisait entendre ce bourdonnement qui précède les étourdissements. Toutefois, elle eut soin de placer son siége tout près de la porte.

— Comme le temps est lourd ce soir! reprit la concierge.

— C'est vrai, toute la journée la chaleur a été étouffante.

— Maintenant le ciel est chargé de nuages, nous aurons sûrement de l'orage cette nuit. Qu'est-ce que ma lampe a donc? elle nous éclaire à peine. Ah! ce n'est pas étonnant, la mèche ne brûle presque plus.

Par mesure de précaution, la Frileuse avait eu soin de la baisser.

Sur le palier du deuxième étage, Griffard s'était arrêté; et pendant que Ramoneau montait encore cinq ou six marches, prêt à prévenir son complice si quelqu'un de la maison descendait, ce dernier introduisit une clef dans la serrure et ouvrit la porte avec d'autant plus de facilité qu'elle n'était pas fermée à clef.

Il fit un signe à Ramoneau, qui revint près de lui, et tous les deux pénétrèrent dans le logement. Griffard referma doucement la porte, et ils se trouvèrent dans une obscurité complète.

— Allume le rat-de-cave, dit-il à l'oreille de Ramoneau; nous n'avons pas besoin de nous gêner, le locataire ne nous verra pas quand même.

M. Blanchard s'était mis au lit peu de temps après le départ de Pierre, mais il ne dormait pas encore. En entendant ouvrir la porte de sa chambre, il se mit sur son séant. Il crut que sa petite-fille revenait déjà.

— C'est toi, mignonne? dit-il; tu n'es guère restée longtemps : est-ce que tu n'as pas trouvé mademoiselle de Lucerolie?

Naturellement, il n'obtint aucune réponse.

— Léontine, qu'as-tu donc? reprit-il avec un commencement d'inquiétude, pourquoi ne me parles-tu pas?

Griffard avait déjà jeté son coup d'œil dans la chambre et inventorié le mobilier.

Ramoneau, qui s'était avancé près de la cheminée, avait mis la main sur les billets de banque et les fourrait dans sa poche.

— Allons, continuait l'aveugle, tu es contrariée : madame Fabrice t'a dit que Pierre était venu en ton absence. Il n'est pas resté longtemps, il...

M. Blanchard n'eut pas le temps d'achever sa phrase.

Les deux misérables s'étaient approchés du lit et Griffard, se précipitant sur l'aveugle, incapable de se défendre, l'avait rapidement bâillonné avec un mouchoir enroulé.

Surpris par cette attaque brutale, le vieillard n'eut pas le temps de pousser un

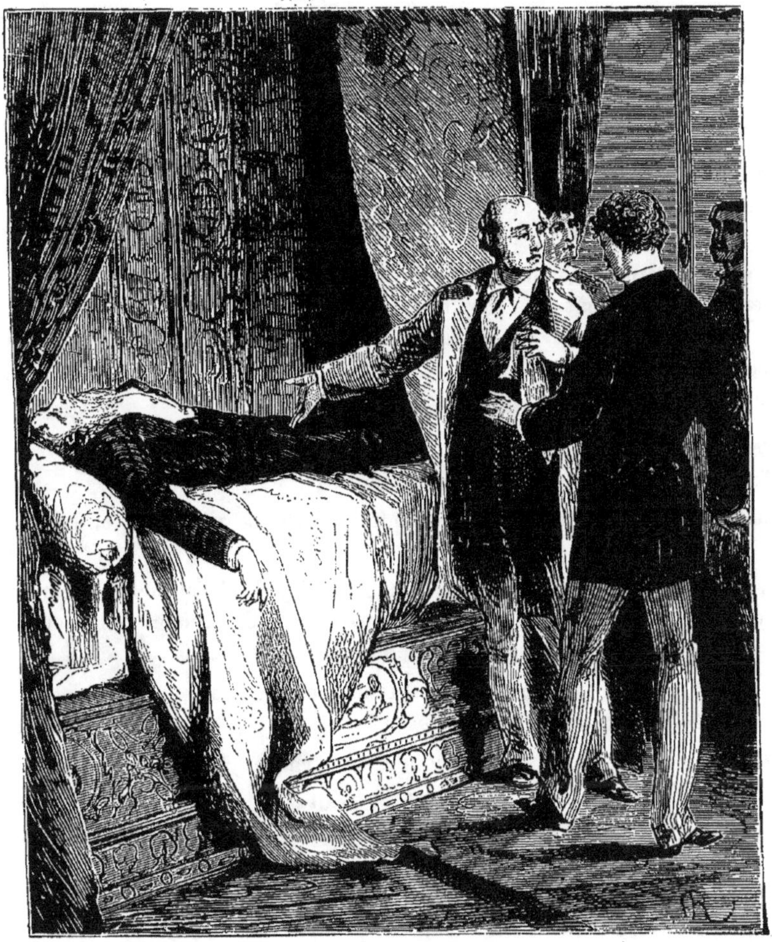

— Monsieur, dit le docteur, cet homme a été chloroformisé. (Page 201.)

cri. Il ne pouvait savoir à qui il avait affaire, mais son instinct lui fit deviner aussitôt qu'un ou plusieurs malfaiteurs venaient de s'introduire dans sa chambre. Il essaya de lutter avec énergie et se débattit furieusement. Malgré les efforts qu'il faisait pour crier, il ne put appeler à son secours. Des sons rauques, étranglés, semblables à un râle d'agonie, purent seuls s'échapper de sa poitrine.

— Tiens-le solidement, dit Griffard à Ramoneau, je vais l'endormir.

Bien que ces paroles eussent été prononcées à voix basse, le vieillard les entendit. Ses cheveux se hérissèrent sur sa tête, il pensa que le misérable allait lui plonger un couteau dans la poitrine. Il voulut s'élancer hors de son lit ; mais il ne put que faire un mouvement brusque, car Ramoneau, obéissant à Griffard, pesait de tout son poids sur lui.

Griffard avait déjà tiré de sa poche et débouché une petite bouteille remplie d'une substance liquide incolore, qui répandit aussitôt dans la chambre une forte odeur de chloroforme. Tout en maintenant le mouchoir fortement serré, Griffard plaça la bouteille sous le nez de l'aveugle et le força à respirer le liquide.

Pendant un instant le vieillard s'agita encore convulsivement, en poussant de sourds gémissements ; puis, ses paupières s'abaissèrent sur ses yeux et sa tête roula sur l'oreiller.

— Maintenant, nous pouvons ouvrir les meubles... chuchota Griffard en remettant dans sa poche son mouchoir et sa fiole.

— Bon, il dort? fit Ramoneau.

— Vingt coups de canon ne le réveilleraient pas.

L'aveugle n'avait plus d'autres mouvements que celui de sa respiration lente et régulière.

— Si tu ne t'es pas trompé, Ramoneau, reprit Griffard, si l'aveugle a encore son argent chez lui, et si moi-même je ne me mets pas le doigt dans l'œil, nous allons le trouver là, dans un des tiroirs de cette espèce de secrétaire.

— Facile à ouvrir, dit Ramoneau en reprenant le rat-de-cave qu'il avait posé sur la cheminée, le bon vieux n'a même pas caché la clef.

— Il n'attendait pas notre visite, répondit cyniquement Griffard.

Il ouvrit le premier tiroir dans lequel il n'y avait que des papiers sans valeur pour eux. Mais l'audacieux scélérat ne s'était pas trompé : c'était bien dans ce petit meuble que se trouvait la petite fortune de M. Blanchard ou plutôt la dot de Léontine. Dans le second tiroir qu'il ouvrit, sans se donner la peine de refermer le premier, il vit un portefeuille, dont le père Ramoneau s'empara avidement.

— Ce n'est peut-être pas encore ça, fit Griffard en promenant sa main jusqu'au fond du tiroir. Je tiens le magot, continua-t-il en ramenant un petit sac de cuir plein de pièces d'or.

— Moi aussi, je le tiens, dit Ramoneau, qui, ayant ouvert le portefeuille, écarquillait les yeux pour mieux contempler un certain nombre de billets de banque dont une des poches du portefeuille était pleine.

— Fais voir, dit Griffard, les yeux étincelants, en faisant disparaître la bourse de cuir.

— Regarde.

— Superbe! fit Griffard ébloui. N'y a-t-il que cela dans le portefeuille?

— Non, voici encore d'autres papiers, répondit Ramoneau, entr'ouvrant l'autre poche du portefeuille.

— Ce ne sont pas des billets.

— Non, ce sont des titres de rente.

— C'est dommage; des titres ça ne se change pas facilement, et puis ça peut compromettre.

— Hein, est-ce que tu veux les laisser?

— J'en ai presque l'intention.

— Allons donc, je garde tout, moi... Est-ce que la Rente française ne se vend pas partout : à Bruxelles, à Londres, en Allemagne?

Et le père Ramoneau, imitant Griffard, cacha le portefeuille dans son vêtement.

— Maintenant, reprit-il, détalons; c'est le moment de jouer des *guiboles*.

Ils sortirent précipitamment de la chambre.

Griffard mettait la main sur le bouton de la porte pour l'ouvrir lorsque, tout à coup, il se rejeta en arrière.

— Écoute, souffla-t-il à l'oreille de Ramoneau.

Tous deux prêtèrent l'oreille.

— Oui, j'entends, dit Ramoneau, quelqu'un monte l'escalier.

— Ce n'est pas la petite qui rentre : les pas sont lourds.

— C'est un locataire, laissons-le passer.

Arrivé sur le carré du deuxième étage, la personne qui montait l'escalier s'arrêta.

Malgré leur audace, les deux voleurs se mirent à trembler; l'émotion leur coupait la respiration. Aussitôt ils frissonnèrent en entendant le bruit d'une clef entrant dans la serrure de la porte. Épouvantés, ils reculèrent en même temps jusqu'au milieu de la chambre de l'aveugle.

Ramoneau eut un regard plein de sinistres lueurs, et il arma sa main d'un couteau à lame pointue et tranchante, afin de se trouver prêt à tout événement.

La porte de l'appartement s'ouvrit. Un homme, tenant un lampe à la main, parut sur le seuil de la chambre. C'était Fabrice. Sans apercevoir encore les deux scélérats, il fit deux pas en avant.

Griffard, songeant avant tout à sa propre sûreté, profita habilement du mouvement que venait de faire Fabrice. Il bondit hors de la chambre et n'eut qu'à tirer la porte de l'appartement restée entr'ouverte pour s'élancer dans l'escalier.

Ramoneau, moins alerte que lui, se trouva seul en présence de Fabrice.

Le brave concierge avait à peine eu le temps de voir passer Griffard; mais son regard rencontra celui de Ramoneau braqué sur lui. Instinctivement il se plaça devant la porte de la chambre avec l'intention évidente de barrer le passage. Il voulut crier, appeler. Impossible. Le saisissement, la surprise, la terreur avaient momentanément paralysé sa langue. Le pauvre homme n'était pas fait aux émotions violentes, il tremblait comme une feuille au vent. Toutefois, il ne lâchait point la rampe

Ramoneau et lui se regardaient ainsi que deux lutteurs dans l'arène prêts à bondir l'un sur l'un sur l'autre.

XXV

LA CHAMBRE DU CRIME

Le logement à côté de celui de M. Blanchard était habité par une dame déjà âgée et son fils, employé au ministère de la guerre. La chambre de la dame était voisine de celle de l'aveugle; elles étaient séparées par une cloison de plâtre assez mince.

Or, la dame se trouvait dans sa chambre au moment où l'aveugle cherchait à se défendre et à repousser l'attaque de Griffard et de Ramoneau. Elle entendit des piétinements et des plaintes sourdes. Alors elle se leva, sortit de chez elle et, aussi vite que le lui permettaient ses mauvaises jambes, elle descendit chez la concierge.

Fabrice venait de rentrer, ayant terminé sa partie.

— Est-ce que mademoiselle Blanchard est sortie? demanda la vieille dame en entrant dans la loge.

— Oui, répondit la concierge, elle est allée passer la soirée chez son amie, mademoiselle de Lucerolle.

— Elle ne vous a pas dit en sortant que son grand-père était indisposé?

— Du tout, elle m'a seulement dit qu'il se coucherait de bonne heure; mais M. Pierre est venu, et il est probablement encore en train de causer avec M. Blanchard.

— Non, M. Blanchard est seul; il y a plus d'une demi-heure que j'ai entendu M. Pierre dire à M. Blanchard : « bonsoir, à demain », et descendre l'escalier. Je suis venue parce que je crains que mon vieux voisin n'ait été pris d'une indisposition subite. Je l'ai entendu pousser plusieurs gémissements.

— Oh! mon Dieu, s'écria la concierge effrayée; mais s'il se trouve malade pourquoi ne m'a-t-il pas appelée? Il sait que je suis toujours là.

— Peut-être me suis-je trompée, madame Fabrice; dans tous les cas, j'ai cru devoir vous avertir.

— Oh! vous avez bien fait, et je vous remercie.

La concierge s'empressa d'allumer une bougie.

— J'y monte, dit Fabrice en prenant la lampe.

— Tiens, voilà la clef de l'appartement, mademoiselle Léontine l'a laissée.

Fabrice sortit de la loge, dont il laissa la porte ouverte.

La Frileuse se leva brusquement avec l'idée de la fermer; mais elle craignit d'éveiller ainsi l'attention de la concierge. Elle préféra se tenir debout dans l'embrasure. L'abominable créature était devenue livide, de grosses gouttes de sueur perlaient à son front et coulaient le long de ses tempes, son sang se figeait dans ses veines. Folle de terreur elle attendit. Il lui semblait que ses pieds étaient posés sur des barres de fer rouge.

Soudain elle entendit des pas précipités dans l'escalier, et presque aussitôt Griffard passa devant elle comme un éclair.

— Qu'est-ce donc que cela? s'écria la concierge en s'élançant dans l'allée.

— Je... je ne sais pas... balbutia la Frileuse.

Madame Fabrice ne s'aperçut pas qu'elle était fort troublée.

— C'est un homme qui paraît se sauver, dit la vieille dame, qui était restée dans la loge.

— C'est donc Fabrice qui court chercher quelque chose!

— Non, répliqua la vieille dame; si c'était votre mari, je l'aurais reconnu.

— Mais alors, mais alors... je ne comprends rien à cela.

Madame Fabrice n'avait pas eu le temps de revenir de sa stupeur lorsqu'un cri rauque, effrayant, retentit dans toute la maison.

La concierge pâlit affreusement et perdit complétement la tête. Au lieu de courir fermer la porte de l'allée, elle se précipita dans l'escalier comme une folle, en criant de toutes ses forces :

— Au secours! au voleur! à l'assassin!

Elle se trouva sur le passage de Ramoneau, qui la renversa et sauta par-dessus elle.

Au même instant les deux portes du premier étage s'ouvraient. Malheureusement, il était trop tard pour qu'on pût s'emparer du vieux scélérat. En quelques bonds il avait gagné la rue et il fuyait de toute la vitesse de ses jambes.

Pendant ce temps, madame Fabrice, contusionnée, était parvenue à se relever avec l'aide d'une personne et continuait à pousser des cris affolés.

Tous les locataires étaient dans l'escalier. Des personnes étrangères à la maison accouraient aux cris de la concierge et encombraient déjà le corridor.

La Frileuse profita du mouvement qui se faisait autour d'elle et de l'ahurissement de tout le monde pour s'esquiver, en se glissant comme une anguille à travers les curieux dont le nombre allait toujours grossissant.

Les premières personnes qui, voyant la porte de l'appartement ouverte toute grande pénétrèrent dans la chambre de M. Blanchard, virent Fabrice étendu sur le dos, baignant dans son sang, et sur le lit le corps immobile de l'aveugle. Elles crurent d'abord que tous deux avaient été assassinés. Fabrice tenait encore dans sa main crispée la lampe éteinte, et dont le verre s'était brisé.

Il y eut un moment de confusion indescriptible ; les uns restaient sans voix, glacés de terreur ; les autres poussaient des cris d'épouvante et d'horreur. Pendant que deux hommes relevaient Fabrice et le plaçaient dans un fauteuil, un autre ramassait au fond de la chambre le poignard de l'assassin, dont la lame était rougie de sang tiède encore. On s'apercevait en même temps que l'aveugle dormait profondément.

— Un semblable sommeil n'est pas naturel, dit une femme ; il faut croire qu'on l'a endormi.

— Les brigands lui auront fait avaler un narcotique, opina une autre.

Madame Fabrice entra alors dans la chambre du crime, soutenue par deux personnes. Elle connaissait déjà son effroyable malheur. Elle avait résisté à ceux qui voulaient la faire rentrer dans sa loge, et la malheureuse venait contempler le corps sanglant de son mari. Elle se jeta sur lui en faisant entendre des cris qui ressemblaient à des rugissements. Puis, se redressant brusquement, elle s'arracha les cheveux et se tordit les bras de désespoir.

La pauvre femme était dans un état pitoyable : les yeux lui sortaient de la tête ; sans reconnaître personne, elle regardait tour à tour ceux qui l'entouraient avec une fixité effrayante.

Cette femme échevelée, qui piétinait dans le sang de son mari, n'offrait pas un spectacle moins navrant, moins horrible que celui du corps inerte gisant près d'elle.

— Le sang continuait à couler : il sortait comme d'une source du trou creusé par la lame du couteau.

Fabrice s'était résolûment placé devant la porte pour empêcher le deuxième voleur de s'échapper ; alors, pour forcer le passage, Ramoneau s'était jeté sur le concierge et lui avait porté un coup furieux en pleine poitrine.

Le pauvre homme n'est peut-être pas tout à fait mort, dit un locataire en cherchant à arrêter le sang avec un mouchoir ; il serait bon, je crois, d'aller chercher un médecin.

— J'y cours ! dit un autre.

Et il partit aussitôt.

Quelqu'un était allé déjà avertir le poste de police de ce qui venait de se passer. Une escouade de gardiens de la paix arriva. Les agents firent sortir tous les curieux qui n'appartenaient pas à la maison, et deux d'entre eux restèrent à la porte pour empêcher d'entrer.

Le commissaire de police ne tarda pas à arriver, accompagné de son secrétaire et d'un inspecteur de police. Le commissaire interrogea l'une après l'autre les personnes présentes. Il apprit ce qu'on savait du drame : que la voisine, ayant entendu des plaintes, était descendue pour prévenir la concierge ; que Fabrice avait pris la clef du logement et était monté avec une lampe ; qu'il avait surpris les deux voleurs ; que l'un s'était enfui quelques minutes avant l'autre, et que le malheureux concierge avait dû être poignardé par le deuxième voleur en luttant contre lui pour l'empêcher de se sauver.

— Ce sont deux audacieux scélérats, murmura-t-il les yeux fixés sur l'aveugle endormi, et ce que je vois ici n'est certainement pas leur coup d'essai. Où est la concierge ? demanda-t-il.

On la lui montra assise, les yeux baissés, les bras ballants.

La pauvre femme commençait à se remettre, elle ressaisissait sa pensée pour sentir autrement son désespoir. Mais elle avait entendu qu'on disait : « Il n'est peut-être pas mort. » Elle savait qu'on était allé chercher un médecin. Elle attendait.

— Est-ce que M. Blanchard avait de l'argent, des valeurs chez lui ? lui demanda le commissaire.

— Oui, monsieur, répondit-elle ; M. Blanchard ne m'a pas dit ses affaires, mais je crois qu'il possédait une somme assez importante.

— Les assassins savaient cela, et peut-être mieux instruits que vous-même, ils connaissaient les affaires de M. Blanchard. Mais comment sont-ils parvenus à s'introduire dans la maison ?

— Hélas ! monsieur, je n'en sais rien ; je n'ai pas quitté ma loge de la soirée.

— Évidemment, ni vous ni votre mari ne les avez vus entrer, mais vous les avez vus sortir ?

— Oui, monsieur.

— Et vous ne les avez pas reconnus pour les avoir vus déjà ?

— Le premier est passé si rapidement devant la loge en se sauvant que je n'ai fait que l'entrevoir. Puis, presque aussitôt, j'entendis un grand cri poussé par mon mari ; je ne sais ce qui se passa en moi, il me sembla que je devenais folle ; je m'élançai dans l'escalier et je n'étais pas encore au premier étage lorsque je fus renversée par l'assassin, qui se sauvait à son tour.

— Pas plus que l'autre vous n'avez pu le voir?

— Je ne saurais dire comment est sa figure, mais j'ai remarqué qu'il est vieux.

— Est-ce qu'il n'y avait alors personne avec vous ?

— Si, monsieur. Madame Bertrand et mademoiselle Henriette étaient au bas de l'escalier.

— Où est madame Bertrand ?

— C'est moi, monsieur, dit la voisine de M. Blanchard.

— Vous avez vu les deux hommes, madame?

— Oui, monsieur, mais comme madame Fabrice, à peine. Ils seraient ici que je ne les reconnaîtrais point. Je puis seulement vous dire que le premier est jeune et l'autre vieux.

— Mademoiselle Henriette est-elle là? demanda le commissaire.

Les dix ou douze personnes qui se trouvaient dans la chambre se regardèrent.

— Elle n'y est pas? reprit le commissaire; cette demoiselle est-elle une locataire dans la maison?

— Oui, répondit madame Fabrice; il y a quatre jours, je lui ai loué une chambre meublée que nous avons au sixième.

— Il faut qu'elle vienne, dit le commissaire.

Puis, faisant signe à un gardien de la paix.

— Veuillez monter au sixième, lui dit-il, et appelez mademoiselle Henriette.

A ce moment le médecin arriva.

Le commissaire de police lui montra Fabrice et l'aveugle endormi. Le médecin s'approcha du premier. Après l'avoir touché et examiné attentivement, il secoua tristement la tête.

— Mort? dit tout bas le magistrat.

— Il lui reste encore un souffle de vie, mais je n'espère pas qu'il puisse prononcer un mot avant de mourir.

Tout en parlant il avait ouvert sa trousse et découvert entièrement la poitrine du blessé.

Il examina la blessure, sur laquelle il appliqua rapidement un appareil qui arrêta subitement la perte du sang.

— Maintenant, dit-il, attendons.

Voleur! lâche! reprit Fabrice le bras droit tendu. Arrêtez-le! c'est lui, Pierre Ricard! (Page 208.)

— Il y a un lit dans la pièce voisine, fit observer le magistrat; ne serait-il pas mieux?...

— C'est inutile, laissons-le ainsi.

Il marcha vers le lit de M. Blanchard. Il ne découvrit pas sans surprise la cause du sommeil de l'aveugle.

— Monsieur, dit-il, en se tournant vers le commissaire de police, ce vieillard a été chloroformisé.

Le mouvement de surprise fut général.

— Je me doutais de quelque chose comme cela, murmura le magistrat. Docteur, reprit-il, croyez-vous que la vie de cet homme soit en danger?

— Non. Le scélérat a fait preuve d'une certaine habileté dans son opération.

— Ils serait urgent de réveiller M. Blanchard, le pouvez-vous?

— Oui, dans un instant.

Il écrivit quelques lignes sur un morceau de papier et le remit à un agent, en disant :

— Allez chez le plus proche pharmacien.

Le gardien de la paix sortit, en même temps que rentrait son collègue envoyé à la recherche de la Frileuse.

— Monsieur le commissaire, dit-il, j'ai vainement appelé et cherché dans toute la maison la personne qui se nomme mademoiselle Henriette.

— C'est désagréable, fit le magistrat, j'aurais voulu l'entendre immédiatement; enfin, nous la verrons plus tard.

Le médecin était revenu près de Fabrice, auquel il donnait ses soins.

— Quelqu'un d'entre vous, reprit le commissaire, s'adressant à tout le monde, a-t-il quelque communication à me faire pouvant mettre la justice sur la trace des assassins?

Personne ne répondit.

— En ce cas, veuillez vous retirer tous, continua le commissaire. Vous, madame Fabrice, restez.

Tout le monde se retira silencieusement, et un agent se plaça à la porte du logement pour en défendre l'entrée.

XXVI

LE NOM DE L'ASSASSIN

Le commissaire de police resta un moment silencieux, puis se tournant vers la concierge :

— Ainsi, madame Fabrice, dit-il, vous ne pouvez me fournir aucun renseignement sur le meurtrier de votre mari ?

— Hélas ! monsieur, aucun.

— Et vous n'avez pas de soupçon ?

— Mon Dieu! je ne connais personne qui soit capable de voler et d'assassiner.

— Et pourtant, reprit le commissaire, les voleurs et l'assassin — il est démontré [qu'un] seul est coupable du meurtre — ne peuvent pas être complétement étran[gers] à votre maison; ils connaissaient évidemment M. Blanchard; ils savaient [qu'il] possédait chez lui une somme importante, et aussi qu'il est aveugle. Certes, [ils n']ignoraient pas non plus que mademoiselle Blanchard devait passer la soirée [hors] de la maison. Le crime a été médité et préparé avec soin. Les scélérats ont [comp]té sur la faiblesse et la cécité du vieillard, cela ne fait aucun doute. Sachant [que] mademoiselle Blanchard était absente, ils se sont introduits dans la maison [d'une] manière ou d'une autre, ont ouvert la porte de l'appartement au moyen [d'une] fausse clef et ont surpris le pauvre aveugle, probablement dans son pre[mie]r sommeil. A quelle heure mademoiselle Blanchard est-elle sortie?

— Vers sept heures et demie.

— Et le crime a été commis entre neuf et neuf heures et demie. Il est facile [de] voir qu'on a guetté le départ de la jeune fille, et attendu que le vieillard fut [cou]ché et endormi pour pénétrer chez lui.

— Cela doit être ainsi, monsieur le commissaire.

— M. Blanchard se couche habituellement de bonne heure?

— Oui, monsieur.

— Les criminels connaissaient aussi ce détail.

— Pourtant, M. Blanchard a dû se coucher tard ce soir; il a reçu une visite.

— Ah! quelqu'un est venu le voir. En l'absence de sa fille?

— Oui, monsieur, un jeune homme.

— Qui est ce jeune homme?

— Un ami de M. Blanchard.

— Vous le connaissez?

— Beaucoup et depuis longtemps; c'est lui qui a loué ce logement pour [M.] Blanchard et sa fille avant qu'ils arrivent de Lorraine.

— A quelle heure l'ami de M. Blanchard l'a-t-il quitté?

— Je ne l'ai pas vu partir; mais la voisine prétend qu'un peu avant neuf [he]ures elle l'a entendu souhaiter le bonsoir à M. Blanchard.

— C'est singulier, fit le commissaire, rêveur.

Il reprit aussitôt:

— Est-ce que M. Blanchard reçoit beaucoup de connaissances ou d'amis?

— Il ne voit absolument que M. Pierre. En dehors de lui, il ne vient ici que [de]s dames, qui apportent de l'ouvrage à mademoiselle Léontine.

— Voilà une très-grave affaire, qui me paraît bien obscure, bien mystérieuse, murmura à part lui le commissaire de police.

L'agent envoyé chez le pharmacien revint, apportant ce qu'avait demandé le docteur.

Fabrice avait déjà fait deux ou trois légers mouvements et un peu de rose venait de paraître sur les pommettes de ses joues.

— Vous allez lui tenir la tête ainsi, dit le médecin à la concierge.

Puis, revenant à l'aveugle, il lui fit avaler quelques gouttes d'une liqueur jaunâtre, et lui mettant ensuite sous les narines une poudre blanche, il lui en fit aspirer la valeur d'une prise de tabac. L'effet du spécifique ne se fit pas attendre. M. Blanchard s'agita, s'étira les bras et se mit à éternuer bruyamment. Au bout d'un instant, il sortit de son lourd sommeil et se souleva sur son lit. Ayant saisi la main du médecin, il s'écria tout à coup :

— A qui cette main? Qui êtes-vous?

— Ne vous effrayez pas, monsieur, je suis un médecin.

— Un médecin! pourquoi un médecin? Est-ce que je suis malade?

— Non, vous n'êtes pas malade.

— Où est Léontine? où est ma fille?

— Nous attendons son retour.

— Ah! oui, je me souviens, elle est sortie. Pierre est venu, puis après son départ, je me suis couché et, presque aussitôt, deux hommes sont entrés dans ma chambre; ils se sont jetés sur moi, m'ont bâillonné pour m'empêcher de crier et... je ne sais plus.

Le commissaire de police s'était approché.

— Monsieur Blanchard, dit-il, vous avez certainement deviné que vous aviez affaire à deux voleurs?

— Oui, oui.

— Malheureusement, ces voleurs sont aussi des assassins : M. Fabrice, le concierge, étant monté pour voir ce qui se passait dans votre chambre, a été frappé peut-être mortellement par l'un d'eux.

— Oh! mon Dieu, oh! mon Dieu! gémit le vieillard. Excusez-moi, continua-t-il en sortant ses jambes du lit, je veux me lever.

Le médecin et le commissaire l'aidèrent à s'habiller.

— Vous aviez chez vous une somme importante? lui demanda le magistrat.

— Oui, monsieur, en or, en billets de banque et en titres de rente, trente mille francs.

— Où aviez-vous placé ces valeurs?

— Là, dans mon secrétaire.

— Voulez-vous vous assurer si le vol a été commis?

Le commissaire prit le bras de l'aveugle et le conduisit devant le meuble, [e]t les tiroirs étaient restés ouverts. M. Blanchard ne fit qu'y mettre la main.

— Oui, oui, je suis volé! s'écria-t-il. Ils m'ont tout pris, tout... C'était la dot [de] ma fille, ajouta-t-il d'un ton douloureux.

— Nous retrouverons peut-être une partie de la somme, si nous parvenons à [me]ttre la main sur ces brigands. Pour combien aviez-vous de titres?

— Environ quinze mille francs.

— Comment les avez-vous achetés?

— A la Bourse de Paris, par l'entremise de M. Édouard Dollfus, agent de [ch]ange, rue Favart.

— Ce renseignement a son utilité.

— Je vous en supplie, monsieur, disait madame Fabrice au médecin, donnez-[m]oi l'assurance que vous sauverez mon mari.

— Hélas! madame, répondit le docteur, je ne puis vous promettre que de le [so]igner consciencieusement et d'employer pour lui tout ce que je sais.

— Ah! je vois bien que c'est fini, je n'ai plus rien à espérer!

— Il faut toujours espérer, madame, répliqua gravement le médecin.

La pendule sonna onze heures.

Or, pendant que le médecin cherchait, par tous les moyens possibles, à [ra]nimer le blessé, Léontine, sortait de l'hôtel de Lucerolle, accompagnée par la [fe]mme de chambre de la comtesse.

A dix heures la jeune fille avait voulu se retirer; mais l'orage qui s'était [an]noncé dans la soirée venait d'éclater sur Paris. L'atmosphère était pleine [d']électricité, les éclairs se succédaient à de courts intervalles et la foudre faisait [en]tendre ses grondements terribles. Il y avait eu déjà deux ou trois fortes [a]verses; mais il était facile de prévoir que la pluie allait tomber de nouveau avec [u]ne extrême violence.

Madame de Lucerolle, qui était venue prendre part à la conversation des deux [je]unes filles, s'opposa absolument au départ de Léontine.

— Laissez passer l'orage, mon enfant, lui dit-elle; vous partirez ensuite et je [vo]us ferai accompagner.

Léontine resta une heure de plus qu'elle ne l'aurait voulu. La pluie cessa [e]nfin de tomber; c'était le moment de partir. La comtesse fit appeler Louise

Verdier, qu'elle voulait charger de reconduire la jeune fille jusque chez elle. On ne trouva pas Louise. Alors madame de Lucerolle remplaça Louise par sa femme de chambre.

On avait dû parler de Pierre dans la soirée, car en embrassant Léontine avant de la quitter, la comtesse lui dit :

— N'oubliez pas que nous vous attendons dimanche, dans l'après-midi, avec M. Blanchard et votre fiancé, que vous devez me présenter.

En arrivant devant sa maison. Léontine fut très-étonnée de voir beaucoup de monde dans la rue et deux gardiens de la paix gardant la porte. Elle remercia la femme de chambre, lui souhaita le bonsoir et voulut entrer.

— Où allez-vous? demanda un des agents, lui barrant le passage.

— Chez moi, monsieur, répondit-elle : je demeure dans cette maison.

— Comment vous appelez-vous?

— Léontine Blanchard.

Les deux hommes s'écartèrent aussitôt et s'inclinèrent respectueusement. Elle passa.

Avant de retourner à l'hôtel de Lucerolle, la femme de chambre voulut savoir pourquoi il y avait deux gardiens de la paix à la porte et un attroupement devant la maison. Une voisine, qui était encore très-pâle et toute tremblante, lui raconta ce qu'elle savait de l'épouvantable drame.

Une demi-heure plus tard, madame de Lucerolle apprenait, par le récit de sa femme de chambre, que des voleurs s'étaient introduits chez M. Blanchard, l'avaient volé, et que l'un de ces scélérats avait assassiné le concierge.

Léontine allait entrer dans la loge pour prendre sa clef ; mais une femme lui dit :

— Montez, mademoiselle, vous trouverez votre porte ouverte.

Ces paroles firent courir un frisson dans tous ses membres. Elle monta rapidement les deux étages en proie à de sombres pressentiments. Elle entra haletante, se soutenant à peine. A la vue de Fabrice, qu'elle ne reconnut pas d'abord, elle poussa un cri perçant.

— Ah! c'est elle, c'est ma fille! s'écria l'aveugle.

La pauvre enfant avait cru voir le cadavre de son grand-père.

Un second cri s'échappa de sa poitrine, et, d'un bond, elle s'élança au cou du vieillard.

Quelques paroles du commissaire de police lui apprirent tout.

— Oh! mon Dieu! quel horrible malheur! fit-elle, les yeux fixés sur le visage décomposé de Fabrice; pourquoi ai-je eu la fatale idée de sortir ce soir?

t elle se prit à sangloter.

Le commissaire de police s'approcha d'elle.

— Vous vous éloignez rarement de votre grand-père? lui dit-il.

— Presque jamais, monsieur.

— Est-ce que vous aviez annoncé à quelqu'un votre intention de passer hors [de ch]ez vous la soirée d'aujourd'hui?

— A qui l'aurais-je dit? je ne vois personne.

— Chez la concierge, par exemple, en présence d'une ou de plusieurs [pers]onnes?

— Ce soir, en sortant, j'ai dit à madame Fabrice où j'allais, en lui laissant la [clé] de l'appartement.

— La concierge était-elle seule?

— Il y avait avec elle une femme qui demeure dans la maison et dont je ne sais [l]e nom.

— Madame Fabrice, qui était cette femme?

— Mademoiselle Henriette, répondit la concierge.

— Ah! oui, mademoiselle Henriette, fit le commissaire.

Puis s'adressant au brigadier des gardiens de la paix :

— Vos hommes, qui sont en bas, ont-ils été prévenus de la faire venir ici [auss]itôt qu'elle rentrera?

— Oui, monsieur le commissaire.

— Elle reste bien tard dehors, cette demoiselle, murmura le magistrat.

Le médecin, qui était penché sur Fabrice, se redressa en disant :

— Silence!

Tous les regards se fixèrent anxieusement sur Fabrice, qui venait d'ouvrir les [yeu]x. On put voir ses lèvres remuer.

— Il va parler, dit tout bas le médecin.

— Puis-je l'interroger? demanda le commissaire.

— Non, pas encore.

Les deux mains de la victime s'appuyèrent sur les bras du fauteuil et, se sou[lev]ant un peu, il avança lentement son corps et sa tête en avant. Soudain, ses [trai]ts parurent s'animer, il respira avec force et ses yeux brillèrent d'un éclat [fié]vreux.

— Voleur!... assassin!... prononça-t-il distinctement, le regard fixé devant [lui] comme s'il voyait quelqu'un; je te reconnais... Pierre Ricard!

Léontine repoussa brusquement le commissaire de police, qui se trouvait devant elle, et bondit vers Fabrice en criant :

— Que dit-il ? mais que dit-il donc ?

Le commissaire lui saisit le bras et la força à revenir en arrière en lui disant d'un ton sévère :

— Taisez-vous, mademoiselle, taisez-vous !

Cependant, faisant un effort suprême, Fabrice parvint à se dresser sur ses jambes

Le commissaire allait lui parler.

— Ne l'interrogez pas, dit le médecin, ce serait inutile.

— Voleur !... lâche !... reprit Fabrice, le bras droit tendu ; arrêtez-le... arrêtez-le... c'est lui... Pierre Ricard !

— Mais il ne sait ce qu'il dit, il a le délire ! s'écria la jeune fille éperdue.

M. Blanchard écoutait comme un homme qui ne comprend rien à ce qu'il entend.

Fabrice porta ses deux mains à sa poitrine, poussa un long gémissement et retomba comme une masse sur le fauteuil. Il eut encore deux ou trois mouvements nerveux et sa tête se renversa sur le dossier du fauteuil.

Le médecin se pencha et se releva aussitôt, en disant :

— Il est mort !

Ce mot terrible « mort » fut suivi d'un cri étranglé poussé par madame Fabrice.

— La justice et la loi vengeront cet homme, dit le commissaire de police.

Puis faisant un signe aux gardiens de la paix :

— Il faut le descendre chez lui, ajouta-t-il.

Deux agents prirent le cadavre et l'emportèrent. Madame Fabrice suivit en sanglotant le corps de son mari.

Léontine s'était affaissée sur un siége et restait immobile comme pétrifiée. Debout, près d'elle, la main appuyée sur son épaule, l'aveugle pleurait silencieusement.

— Monsieur Blanchard, dit le commissaire de police, deux crimes ont été commis dans cette chambre, un vol à votre préjudice et un assassinat ; vous devez comprendre combien il est important que la justice découvre les criminels. Vous avez entendu la révélation de la victime. Fabrice a désigné l'un des scélérats qui se sont introduits chez vous ; il l'a reconnu, et deux fois il a nommé Pierre Ricard. Est-ce que vous connaissez un individu qui porte ce nom ?

LES DEUX BERCEAUX

s deux assassins unissant leurs forces précipitèrent le jeune homme dans le fleuve. (Page 215.)

— Oui monsieur, je connais Pierre Ricard; mais je suis absolument de l'avis ma fille; je pense, comme elle, que le malheureux Fabrice a prononcé son n dans le délire de la fièvre et qu'il lui est venu fatalement sur les lèvres.

Le commissaire secoua la tête.

— Mon opinion, à moi, est tout autre, fit-il. Quelle est la vôtre, monsieur le teur?

— La mienne est que les paroles de la victime doivent être considérées comme très-sérieuses.

— Vous entendez, monsieur Blanchard, reprit le commissaire. Maintenant, veuillez me dire qui est ce Pierre Ricard que vous connaissez.

La jeune fille se dressa d'un seul mouvement, comme si elle eût été poussée par un ressort.

— Monsieur le commissaire de police, dit-elle d'une voix vibrante d'émotion, Pierre Ricard est un brave et honnête ouvrier, Pierre Ricard est mon fiancé... Avec l'autorisation de mon grand-père, mon dernier et unique soutien, je l'ai aimé... je l'aime!... Monsieur le commissaire, continua-t-elle avec un superbe mouvement d'orgueil, vous me permettrez de vous dire que je ne suis pas une fille à aimer un voleur, à aimer un assassin!...

Elle s'arrêta un instant, puis elle reprit avec des larmes dans la voix :

— Je vous le répète, monsieur, je vous le répète, le pauvre Fabrice a prononcé le nom de Pierre Ricard sans savoir ce qu'il disait. Ah! s'il avait eu sa connaissance, il vous aurait dit mieux que moi, mieux que personne, ce qu'est Pierre Ricard, car il le connaissait depuis l'enfance. Fabrice était son ami, Fabrice l'aimait comme s'il eût été son fils! Quoi! il y a un homme bon, ayant le cœur bien placé, les sentiments nobles, l'âme grande, et c'est lui, lui qu'on ose soupçonner d'être un scélérat, un assassin! Tenez, c'est absurde!... Mais je veux encore vous dire ceci, monsieur le commissaire de police : Devant vous, devant tous les hommes qui représentent la justice, je réponds de Pierre Ricard comme de moi-même.

— Mademoiselle, répondit le magistrat avec beaucoup de douceur et d'un ton pénétré, je crois à la sincérité de vos paroles, dont je prends bonne note, et je respecte vos sentiments. Mais je me trouve ici en présence d'un double crime; je remplis le mandat qui m'est confié; mon devoir est de chercher les coupables.

— Cherchez, monsieur, cherchez, dit la jeune fille en s'asseyant.

— Monsieur Blanchard, reprit le commissaire, Pierre Ricard savait-il que vous aviez chez vous, dans ce meuble, des valeurs importantes?

— Ces valeurs devant être la dot de ma petite-fille, je ne lui avais point caché que je possédais ici trente mille francs.

— Avez-vous fait cette confidence à d'autres que lui?

— A personne, monsieur.

— Vous avez eu une visite dans la soirée, avant le crime, c'est Pierre Ricard qui est venu vous voir?

— Oui, monsieur.

— Savait-il que mademoiselle dût passer la soirée chez une amie ?

— Ma fille le lui avait dit hier.

— Vous le voyez, monsieur Blanchard, vos réponses elles-mêmes semblent [accu]ser Pierre Ricard.

Le vieillard baissa la tête. Il était atterré.

— Vous savez où il demeure ? demanda le commissaire.

— Rue Saint-Sébastien, n° 28, et il travaille rue Saint-Maur chez MM. Cor[…] et C¹ᵉ.

— Merci, dit le magistrat.

S'adressant ensuite à l'inspecteur de police :

— Vous avez entendu, reprit-il : 28, rue Saint-Sébastien ; partez et ne perdez [pas] une minute ; n'importe à quelle heure de la nuit, vous me trouverez à mon [bur]eau.

Léontine comprit que le commissaire venait de donner l'ordre d'arrêter Pierre [Ric]ard.

— Mon père, s'écria-t-elle en fondant en larmes, Pierre n'est pas coupable !

— Je ne sais plus que penser, répondit l'aveugle d'un ton douloureux.

Il était plus de minuit. Le commissaire de police se leva pour partir.

— Et cette demoiselle Henriette ? fit-il. Il paraît qu'elle a eu peur de passer [la] nuit dans une maison où un assassinat a été commis. C'est bien, je l'interro[ge]rai demain.

Quand Léontine se trouva seule avec son grand-père, elle se jeta dans ses [br]as tout éplorée.

— Ah ! mon père, mon père, lui dit-elle en sanglotant, le malheur ne nous [ab]andonnera jamais !

Vers deux heures du matin, quand les agents de la préfecture de police se [pr]ésentèrent au domicile de Pierre Ricard pour l'arrêter, ils trouvèrent la mère [C]héron couchée, ayant près d'elle deux femmes qui la soignaient. Pierre n'avait [pa]s dîné la veille avec sa mère adoptive, et après l'avoir vainement attendu [ju]squ'à minuit, en proie à des angoisses terribles, elle avait été prise d'attaques [de] nerfs violentes. Les femmes ignoraient absolument ce que Pierre avait fait [da]ns la soirée et ce qu'il était devenu.

Les agents se retirèrent sans faire connaître le motif de leur visite. Il en resta [q]uatre dans la rue Saint-Sébastien, avec mission de surveiller la maison et de [s']emparer du voleur présumé, s'il se présentait.

FIN DE LA PREMIÈRE PARTIE.

DEUXIÈME PARTIE

LA TACHE ROUGE

I

NOUVEAU CRIME

Le lecteur doit être surpris que les agents de police, venus pour arrêter Pierre Ricard, ne l'aient point trouvé chez lui. Pourquoi n'était-t-il pas rentré, ce qui lui arrivait pour la première fois? Nous allons le dire.

Dans la rue de Lille, après sa visite à M. Blanchard, Pierre vit des éclairs éblouissants et entendit le grondement lointain du tonnerre. Quelques grosses gouttes d'eau tombaient.

— Nous allons avoir un orage épouvantable, se dit-il.

Il pensa que, pour ne pas être surprise par la pluie, Léontine ne prolongerait pas sa visite. L'idée lui vint d'aller jusqu'à l'hôtel de Lucerolle et d'attendre la jeune fille, s'il ne la rencontrait pas en chemin, pour la ramener chez son grand-père.

Beaucoup d'autres auraient eu la même pensée.

Il monta rapidement la rue Bellechasse.

Le Lézard et Moulinet le suivirent à distance.

Quand Pierre s'arrêta rue de Grenelle, devant l'hôtel de Lucerolle, les deux bandits continuèrent à marcher et passèrent tout près de lui ; mais, absorbé par ses pensées, il ne remarqua point leur allure suspecte. D'ailleurs, rien ne pouvait lui faire concevoir la pensée qu'il courût un danger.

Il alluma un cigare et le fuma en se promenant le long du trottoir. Ses deux ennemis guettaient tous ses mouvements, blottis dans l'ombre d'une porte cochère, à vingt-cinq ou trente pas plus haut que l'hôtel.

[...] demi-heure s'écoula. Les éclairs plus fréquents déchiraient les nues [...] sons et incendiaient le ciel; les éclats du tonnerre s'étaient sensible[ment] rapprochés. Deux fois déjà, Pierre avait dû se mettre à l'abri pour éviter [l'aver]se. Il commençait à trouver que Léontine restait bien longtemps avec [made]moiselle de Lucerolle.

— A moins, se dit-il, qu'elle n'ait pris, pour revenir rue de Lille, un autre [chem]in que moi. Après tout il n'est pas encore bien tard, je vais attendre [jusqu']à dix heures.

[C]omme il prenait cette décision, il se trouva face à face avec une femme, [qui s']arrêta brusquement devant lui.

[C]ette femme était Louise Verdier.

[E]lle venait de voir le visage du jeune homme éclairé par la lumière du [bec d]e gaz; frappée comme l'avait été la comtesse, par sa ressemblance avec [le com]te de Lucerolle, elle s'était arrêtée en tressaillant.

[L]e jeune homme s'écarta poliment pour lui laisser le passage libre.

[L]ouise n'était qu'à quelques pas de la petite porte de l'hôtel, mais elle passa [deva]nt sans toucher au bouton de la sonnette.

— C'est lui, se disait-elle, j'en suis sûre, je le sens à mon émotion à mon [trou]ble... Et puis j'ai bien vu sa figure; mon Dieu, comme il ressemble à [son] comte!... Mais pourquoi est-il ici? Ah! où donc ai-je la tête? Comme je sor[tais] ce soir j'ai vu entrer mademoiselle Blanchard; il est venu au-devant d'elle, [il l'at]tend. Oh! je veux le revoir encore, mais de loin sans qu'il se doute de rien.

[J]uste en face de l'hôtel de Lucerolle, il y avait un échafaudage de maçons. [La m]aison était en réparation. Sous les planches de l'échafaudage, se trouvaient [de]s de moellons, de la chaux, des sacs de plâtre.

[L]ouise traversa la rue et alla se placer sous la construction. Adossée à un des [p]orts de la charpente, avec son vêtement noir, il était difficile de l'apercevoir.

[P]ierre continuait à se promener le long du trottoir. La pluie et l'orage qui [appr]ochait avaient chassé le monde des rues et les passants devenaient de plus [en p]lus rares. Une nouvelle averse se mit à tomber. Pierre se réfugia, comme il [av]ait déjà fait, contre la porte cochère de l'hôtel.

[A]u même instant le Lézard et Moulinet, ayant quitté leur premier poste [d'ob]servation, venaient se cacher derrière les sacs de plâtre, à une faible dis[tanc]e de Louise. Elle ne fit pas un mouvement, car elle s'imagina que même [des] indifférents pouvaient deviner dans quel but elle s'était cachée sous l'écha[faud]age.

— Je voudrais bien savoir ce qu'il fait là depuis si longtemps, dit le Lézard [à so]n complice.

Ces paroles, que Louise entendit, bien qu'elles eussent été prononcées à voix basse, éveillèrent son attention.

— Il faut croire qu'il attend quelqu'un qui va sortir de cet hôtel ou de la maison voisine, répondit Moulinet.

— Oui, ce doit être ça. Mille tonnerres ! il va encore nous échapper ce soir ! Ça ne me va pas, sais-tu ? de faire ainsi le pied de grue inutilement.

— Ma foi ! ça m'embête aussi ; une autre fois je n'accepterai pas de ces commissions-là.

— Faut tout de même que nous ayons du guignon, reprit le Lézard ; le diable nous envoie un temps comme si nous l'avions commandé, il n'y aura pas un chat sur les ponts, et rien ne nous eût été plus facile que de l'envoyer dans la Seine boire son dernier coup.

Louise se sentit glacée d'épouvante.

Mais de qui parlaient ces deux misérables ? Était-ce de Pierre ? Elle en avait le pressentiment, mais elle voulait douter encore.

— S'il s'en va ce soir avec quelqu'un, continua le Lézard, nous ne pourrons encore rien faire, et il faudra de nouveau se trimballer de la rue Saint-Sébastien à la rue de Lille. Je te le dis Moulinet, c'est un vrai guignon.

— Pas de chance ! grogna l'autre coquin.

Cette fois Louise était suffisamment renseignée, elle ne pouvait plus douter.

— Qu'a-t-il donc fait à ces deux hommes pour qu'ils en veulent à sa vie ? se demanda-t-elle. Et s'ils agissent pour le compte d'un autre, qui donc a intérêt à vouloir la mort de ce malheureux enfant ?

Aussitôt, une horrible pensée jaillit de son cerveau. Un nuage épais passa devant ses yeux, ses cheveux se hérissèrent sur sa tête, et il lui sembla qu'une main de fer armée de griffes serrait son cœur. La malheureuse venait, non pas de supposer, mais de deviner que son fils, qu'elle avait à peine entrevu depuis quelques jours, était l'instigateur du crime que préméditaient les deux bandits.

Alors, prenant une résolution soudaine, elle voulut s'élancer vers Pierre pour lui dire :

— Prenez garde ! veillez sur vous ! des misérables veulent vous assassiner !

Mais la pluie venait de cesser pour un instant, et Pierre s'en allait rapidement, ayant fini par croire que Léontine n'était plus avec mademoiselle de Lucerolle. Le Lézard et Moulinet avaient aussi quitté leur cachette pour s'élancer sur les pas du jeune homme.

Louise vit tout cela. Elle n'eut pas un moment d'hésitation : à son tour, elle les suivit.

Mais Pierre, qui ne comptait pas trouver une place dans un omnibus, ni [u]ne voiture de place, allait très-vite : par instants même il courait, et le [Léza]rd et Moulinet, marchant avec une vitesse égale à la sienne, afin de main[tenir] entre eux et lui la même distance, Louise s'aperçut avec désespoir [qu'il]s gagnaient beaucoup de terrain sur elle.

[P]ierre avait suivi la rue de Grenelle jusqu'au bout, puis celle du Four-Saint-[Germ]ain, maintenant il descendait la rue Bonaparte.

[L]ouise qui avait un instant perdu de vue les deux individus lancés à la pour[suite] du jeune homme, les aperçut en passant devant l'église Saint-Germain-[des-]Prés. Elle rassembla toutes ses forces pour courir en descendant la rue.

[A]rrivé sur le quai, Pierre se dirigea à droite, et comme la pluie recommen[çait] à tomber, — cette fois c'était bien l'orage qui allait éclater, — il se demanda [s'il] ne ferait pas bien de se mettre à couvert sous la voûte de l'Institut, qui se [trou]ve au coin de la rue Mazarine. Mais, réfléchissant qu'il n'avait que la Seine [et la] cour du Louvre à traverser pour se trouver devant le Palais-Royal, où il [pou]vait seulement espérer trouver une voiture, il se décida à passer le pont [des] Arts.

[Com]me le quai et la place du palais de l'Institut, le pont était complétement [dése]rt.

— Voilà le moment, dit le Lézard à Moulinet; tonnerre ! il ne faut pas qu'il [nou]s échappe.

Et ils s'élancèrent sur le pont presque en même temps que Pierre.

A ce moment, le pont parut embrasé par un effroyable éclair, qui fut immé[diate]ment suivi d'un formidable coup de tonnerre. La foudre venait de tomber [sur] le Louvre et l'on aurait pu voir la lumière électrique tournoyer sur la pointe [de] plusieurs des aiguilles aimantées qui protégent le vénérable et majestueux [mo]nument.

Chancelant, ébloui, ne voyant plus rien, Pierre s'était arrêté en se ployant. [Qu]and il se redressa pour reprendre sa course, le Lézard était devant lui. Il ne [fit] que l'apercevoir, car le misérable lui jeta aussitôt sur la tête une sorte de ca[pu]chon, qui se serra autour de son cou au moyen d'un fort lacet passé dans une [cou]lisse.

En même temps, Pierre se sentit saisir par derrière. Il n'eut que le temps de [pou]sser un cri étouffé. Les deux assassins, unissant leurs forces, le soulevèrent, [lui] firent faire la culbute par-dessus la balustrade du pont, et le malheureux [jeu]ne homme fut précipité dans le fleuve.

Le crime accompli, les deux brigands, ne songeant plus qu'à leur salut, s'en[fu]irent à toutes jambes.

Certes, cette nuit-là était également favorable à Griffard et aux hommes qu'il commandait.

Cependant, Louise ayant couru tout le long de la rue Bonaparte, était arrivée sur le quai, essoufflée, prête à perdre la respiration. A la lueur livide des éclairs, elle vit ce qui se passait sur le pont. Le bruit du tonnerre l'empêcha d'entendre le cri de la victime ; mais, pendant qu'un frisson glacial courait dans tous ses membres, ses yeux terrifiés virent le malheureux descendre et disparaître sous l'eau.

Elle jeta autour d'elle un regard éperdu, désespéré, et de tout ce qui lui restait de forces, elle cria : « Au secours ! au secours ! »

Mais pas un être humain n'apparaissait ni sur le quai, ni sur le pont. Et la pluie, mêlée de grêle, tombait comme aux jours du déluge.

— Ah ! il est perdu, perdu, perdu ! s'écria-t-elle, en se tordant les mains avec désespoir.

Tout à coup, une lueur sombre s'alluma dans ses yeux, et, se frappant la poitrine avec fureur :

— Je suis une misérable, une infâme ! s'écria-t-elle d'une voix rauque, le ciel m'a maudite !... Vicomte de Lucerolle, je mourrai avec toi !

Et l'esprit en délire, folle, ne voyant plus que la mort pour refuge, elle courut sur le pont avec la volonté de se jeter dans la Seine.

II

LES PÊCHEURS

Maintenant, la pluie tombait moins fort. Chassée par un vent violent du sud-ouest, elle s'éloignait dans la direction de Bois-Colombes et d'Argenteuil.

Louise se pencha sur la rampe du pont, et elle resta comme suspendue au-dessus du gouffre, son regard mesurant la distance qui la séparait de l'eau.

Tout à coup, à la lueur d'un éclair, elle vit passer une barque vigoureusement poussée par deux avirons. Puis elle entendit une voix d'homme, mais elle ne put saisir ce que la voix disait.

Toutefois elle comprit, elle devina que celui ou ceux qui montaient la barque étaient à la recherche du noyé.

— Tenez, dit-elle, ceci est pour votre récompense. (Page 221.)

— Sauvez-le, sauvez-le ! cria-t-elle à pleins poumons.

La barque appartenait à deux pêcheurs, le père et le fils, qui, surpris par l'o- ce au moment où ils achevaient de tendre leurs engins, s'étaient réfugiés sous arche du pont. Ils avaient attaché l'embarcation à un fort anneau de fer soli- nent fixé dans la maçonnerie.

Ils étaient là depuis quelques minutes, quand le cri sourd, poussé par Pierre sur le pont, éveilla leur attention. Ils furent témoins de la chute et entendirent aussi le bruit que fit le corps en frappant l'eau.

— Encore un pauvre diable qui s'est dégoûté de la vie, murmura le vieux pêcheur ; il a vraiment bien choisi son heure.

— Père, dit le jeune homme, je viens d'entendre au-dessus de nos têtes un bruit de pas d'hommes courant très-vite ; je jurerais qu'un crime vient d'être commis.

Au même instant, les cris : « Au secours ! » poussés par Louise, arrivèrent jusqu'à eux.

— Qu'il se soit jeté volontairement dans la Seine ou qu'il ait été précipité par des scélérats, reprit le père, notre devoir est de faire tous nos efforts pour le sauver.

« Empoigne tes rames, ajouta-t-il pendant que lui-même s'élançait vers l'anneau auquel était attachée l'amarre. »

La barque descendit rapidement, en suivant une ligne oblique.

Arrivés à quelques mètres de l'endroit où Pierre était tombé, le vieux pêcheur fit un signe à son fils, et aussitôt la barque se plaça en travers du courant et resta en apparence immobile.

— Maintenant, dit le pêcheur, ouvrons l'œil et regardons bien.

Il avait à peine prononcé le dernier mot, que le fils s'écria :

— Le voilà ! là, là !

En effet, un objet qui ressemblait à un corps humain arrivait sur eux entre deux eaux.

Le pêcheur prit vivement sa gaffe et fut assez heureux pour arrêter le noyé au passage. Il le souleva à fleur d'eau et, penché au bord de l'embarcation, il le saisit par ses vêtements. Alors, le fils vint en aide à son père ; à eux deux, ils parvinrent à amener dans le bateau la victime du Lézard et de Moulinet.

Depuis un instant, Louise avait perdu la barque de vue. Elle avait beau prêter l'oreille, elle n'entendait d'autre bruit que celui de la pluie et de l'eau mugissant sous les arches du pont.

Que se passait-il à quelques pas d'elle ! Devait-elle espérer ? Cette barque, qu'elle venait de voir, pouvait être le salut de Pierre ; mais ne s'était-elle pas trompée, quelqu'un songeait-il réellement à sauver le malheureux jeune homme ? Ses angoisses étaient horribles.

Elle revint en courant sur le quai et descendit rapidement l'escalier qui conduit sur la berge. Elle s'accroupit au bord de l'eau, et son regard fiévreux perça

scurité qui couvrait le fleuve. La lumière tremblotante d'un bec de gaz, réflé-
e dans l'eau lui montra la barque se dirigeant de son côté à force de rames.

En proie à une vive anxiété, son cœur bondissant dans sa poitrine, les yeux
resurément ouverts fixés sur l'embarcation, elle attendit.

A deux mètres de la rive, la barque fit un demi-tour et vira de bord pendant
instant, cherchant un endroit convenable pour aborder.

Louise s'était subitement dressée sur ses jambes. Quand l'avant du bateau
cha le sol, elle se trouva en présence des deux pêcheurs.

Aussitôt elle poussa un cri de joie délirante.

Elle venait de voir le noyé étendu au fond de la barque.

Elle voulut s'élancer dans l'embarcation. Le vieux pêcheur fut obligé de la
ousser sur la berge avec une certaine violence.

— Ah! vous l'avez sauvé! vous l'avez sauvé! exclama-t-elle.

— Ça, ce n'est pas bien sûr, répliqua le pêcheur : pourtant, je crois qu'il n'est
s tout à fait mort.

Le fils avait laissé flotter les avirons pour amarrer la barque.

— Allons, garçon, dit le père, ne perdons pas de temps ; il nous faut main-
ant le porter au poste.

— Au poste! s'écria Louise avec effroi, pourquoi au poste?

— Pour qu'on le soigne, pour qu'on le fasse revenir à la vie, s'il n'est pas trop
d.

— Je le soignerai, moi, je le soignerai !

— Ici, dans le bateau, ou là sur ces pavés? fit le pêcheur en haussant les
aules.

— Non, répliqua Louise, suivez-moi, venez, venez vite.

— Où cela?

— Rue de Seine.

— Chez vous?

— Non, mais dans une maison où je suis connue et où, mieux que partout
lleurs, ce pauvre jeune homme recevra les soins que réclame son état.

Les deux pêcheurs étaient sortis de la barque, tenant Pierre, l'un par les
aules, l'autre par les pieds. Ils se mirent en marche. Louise se tenait à côté du
re.

— Tout ça c'est fort bien, lui dit-il, mais je ne suis pas convaincu qu'il faille
ire ce que vous voulez.

— Oh! monsieur, je vous en prie! fit-elle d'une voix suppliante.

— Écoutez donc, madame, je ne sais pas qui vous êtes, moi, et ce n'est point parce que vous vous trouvez ici par hasard...

— Ah! l'interrompit-elle vivement, ce n'est pas le hasard qui m'a conduite sur le quai au plus fort de l'orage, et si je ne suis pas arrivée assez tôt pour empêcher le crime, ce n'est pas ma faute.

— C'est donc véritablement un crime? Mon fils l'a deviné.

— Oui, c'est un crime, un crime monstrueux!

— Alors vous avez vu ce qui s'est passé?

— Oui, je l'ai vu.

— Est-ce que vous connaissez ce garçon que nous venons de repêcher?

— Pourquoi me le demander? Vous devez bien le voir.

— Êtes-vous sa parente?

— Oui, je suis sa parente.

— Sa cousine ou sa tante?

— Non, je suis sa mère!

— Hein, sa mère! fit le pêcheur. Dans ce cas, madame, nous le porterons où vous voudrez.

— Rue de Seine, comme je vous l'ai dit.

— Quel numéro?

— C'est un hôtel meublé, à l'entrée de la rue; je vous montrerai la maison.

Ils montaient l'escalier du quai.

On commençait à voir quelques passants abrités sous des parapluies. Au-dessus de l'escalier, Louise et les pêcheurs portant le noyé se trouvèrent entourés par sept ou huit personnes, qui les accablèrent d'une foule de questions.

— Nous n'avons pas le temps de raconter des histoires, leur dit le vieux pêcheur d'un ton bourru.

Et comme Louise se mit à marcher très-vite, afin de se soustraire à la curiosité des importuns, les deux hommes réglèrent leur pas sur le sien. Quand ils arrivèrent rue de Seine, devant une maison dans laquelle Louise entra la première, il n'y avait pas moins de trente personnes derrière eux; mais pas l'ombre d'un gardien de la paix.

La maîtresse de l'hôtel, qui était une amie de Louise, s'empressa de mettre à sa disposition sa propre chambre, au premier étage, et courut appeler un étudiant en médecine qui demeurait dans sa maison. Celui-ci descendit aussitôt. Après avoir examiné le noyé, il déclara qu'il n'y avait eu qu'un commencement d'asphyxie et qu'il vivait encore.

Louise poussa un long soupir de soulagement; les paroles de l'étudiant aient de décharger sa poitrine d'une poids énorme; si elle l'eût osé, elle se ait jetée à son cou.

Sur l'ordre de l'étudiant, Pierre fut dépouillé de ses vêtements très-vite et iché sur le lit. Alors, lui-même et les deux pêcheurs se mirent à le frictionner tout le corps.

Pendant ce temps, Louise, qui redoutait, non sans raison, l'intervention de police dans cette affaire, était descendue dans la rue et disait aux personnes stationnaient encore devant la maison :

— Il s'agit d'un simple accident; c'est un jeune homme qui est tombé à l'eau; is on l'a heureusement retiré assez tôt, il en sera quitte pour la peur.

Les curieux, satisfaits, se dispersèrent d'autant plus volontiers que le temps y engageait fortement.

N'ayant plus rien à redouter de ce côté, Louise remonta dans la chambre malade. On avait cessé de le frictionner; il était maintenant enveloppé dans s couvertures de laine, et les poumons commençaient à reprendre leurs fonc- ns. L'étudiant était occupé à lui faire avaler quelques cuillerées d'une boisson 'il venait de préparer.

Les deux pêcheurs se disposaient à se retirer.

Louise les prit à part et les remercia avec effusion. Puis elle tira de sa poche n porte-monnaie dans lequel il y avait une cinquantaine de francs.

— Tenez, dit-elle, cela est pour votre récompense.

— On n'a pas besoin de récompense pour avoir fait son devoir, répondit le re.

— Soit, répliqua-t-elle; mais, je vous en prie, acceptez cet argent comme un moignage de ma vive reconnaissance.

Et, un peu malgré lui, elle mit le contenu de son porte-monnaie dans la ain du pêcheur.

— Maintenant, reprit-elle, j'ai quelque chose à vous demander.

— Dites.

— Je voudrais que vous me fissiez la promesse de ne parler à personne de vénement de cette nuit; le moment de punir les coupables n'est pas venu, et ce e je vous demande est dans l'intérêt même de celui à qui vous venez de sauver vie.

— C'est bien, dit le pêcheur, nous ne dirons rien. Les brigands n'ont pas ussi à le noyer, c'est le principal; le reste ne nous regarde pas.

Louise lui prit la main et la serra dans les siennes. Elle était très-émue.

— Merci, dit-elle, merci !

— Allons, garçon, dit le pêcheur à son fils, partons ; si la pluie tombe encore, nos habits sont suffisamment mouillés pour que nous ne la craignions point.

Ils partirent.

Louise s'approcha en tremblant du lit de Pierre.

III

LA VEILLÉE

Un quart d'heure s'écoula encore. Pour Louise, chaque minute valait une heure. Elle ne disait rien, mais son regard interrogeait anxieusement les expressions diverses du visage de l'étudiant. Celui-ci, calme et froid comme un vieux praticien, attendait le résultat de ses soins.

Cependant ne pouvant rester plus longtemps dans son incertitude, Louise lui dit à voix basse :

— Avez-vous de l'espoir, monsieur ?

— Oui, depuis un instant, répondit-il.

— Ah ! sauvez-le, rendez-lui la vie !

Elle joignit ses mains et regarda le ciel. Prière muette adressée à Dieu.

— La respiration est encore bien faible, reprit l'étudiant ; mais la circulation du sang se rétablit, la chaleur revient. Voyez, tout à l'heure ses lèvres et ses joues étaient violacées : cette teinte disparaît.

— Il a rendu beaucoup d'eau pendant qu'on l'apportait ici.

— Heureusement : c'est ce qui l'a sauvé.

A ce moment, Pierre fit un premier mouvement.

— Allons, tout va bien, dit l'étudiant.

Et il fit encore avaler au malade une cuillerée de la potion.

Au bout d'un instant, on entendit le bruit régulier de sa respiration. L'étudiant tenait son poignet, attendant le moment où il sentirait ses palpitations.

Tout à coup, le visage de l'étudiant s'éclaira, et Louise vit passer un sourire sur ses lèvres. Tout cela était éloquent pour elle ; une joie immense pénétra dans son cœur.

Presque aussitôt, Pierre s'agita, étendit les bras, et un profond soupir s'é-
ppa de sa poitrine.

— Il est sauvé! s'écria l'étudiant en se redressant, le regard rayonnant.

Louise se laissa tomber à genoux près du lit.

Pierre ouvrit les yeux, se dressa à demi sur le lit, et, pendant un instant, il
arda autour de lui avec une sorte d'étonnement. Puis ses yeux se fermèrent,
a tête retomba sur le traversin.

Louise eut peur; elle fit entendre un gémissement et se tourna brusquement
s l'étudiant. Le jeune homme mit un doigt sur ses lèvres.

— Chut! fit-il; il dort.

Louise se releva.

— Ma présence ne vous est plus nécessaire, reprit l'étudiant; je vais aller
coucher. Est-ce vous qui passerez la nuit ici?

— Oui, monsieur, je ne veux pas le quitter.

— Quand il se réveillera, dans deux ou trois heures, vous lui ferez prendre
bouillon tiède, puis, vingt minutes après, un bol de vin chaud bien sucré. Si
us aviez besoin de moi dans la nuit, ce que je ne suppose pas, vous me feriez
peler par le garçon de l'hôtel. Vous avez été mouillée, continua-t-il, votre vê-
ment est encore trempé; je vous conseille d'en changer immédiatement; c'est
que vous auriez dû faire il y a une heure, puisque votre amie, madame Jean-
n, a mis sa garde-robe à votre disposition.

Sur ces mots, l'étudiant sortit de la chambre.

Louise comprit que le conseil du jeune homme était bon à suivre, et elle se
it en devoir de changer de vêtement. Elle terminait sa toilette, lorsque la maî-
esse de l'hôtel entra doucement dans la chambre.

— Eh bien! dit-elle tout bas à Louise, il paraît qu'il est sauvé; c'est vrai-
ent heureux que j'aie en ce moment un jeune médecin pour locataire.

— Je ne pourrai jamais assez le remercier, répondit Louise.

— En voilà une singulière aventure, par exemple. Je ne m'attendais guère
cela ce soir.

— Vous n'êtes pas contrariée que j'aie fait transporter chez vous ce pauvre
eune homme?

— Contrariée, moi! vous n'avez pas cette idée-là, je pense. Je l'aurais reçu
mené par des inconnus, à plus forte raison quand vous vous intéressez à lui;
st-ce que nous ne sommes pas deux vieilles amies, Louise?

— C'est vrai, il y a plus de vingt ans que nous nous connaissons.

— Vous étiez déjà chez la comtesse de Lucerolle. Est-ce que vous le connaissez, ce jeune homme ?

— Oui, je le connais.

— Ah !... Il s'est donc jeté dans la Seine ?

— Oui.

— Louise, savez-vous pourquoi ?

— Je le sais ; mais je ne puis rien vous dire aujourd'hui ; dans quelques jours je viendrai vous voir et je vous raconterai ce que je sais de son histoire

— Pauvre garçon, je comprends : un chagrin d'amour.... Il y a tout de même pas mal de gens qui se tuent par désespoir. C'est triste. Louise, vous feriez peut-être bien de vous mettre au lit ; il y a une chambre libre au-dessus.

— Non, il faut qu'on passe la nuit près de lui.

— Eh bien ! je veillerai.

— Merci, ma chère, merci ; c'est déjà bien assez de l'embarras que je vous donne, sans vous prendre encore votre repos. C'est moi qui resterai près de lui ; d'ailleurs, je ne me sens nullement fatiguée.

— Vous ferez comme vous voudrez, Louise ; mais je serais désolée si vous vous gêniez avec moi.

— Vous voyez bien que j'agis avec vous tout à fait en amie.

— Et vous avez raison. Avez-vous encore besoin de quelque chose ?

— Pour moi, non ; mais tout à l'heure il faudra lui faire boire un bouillon et un bol de vin chaud sucré.

— J'ai justement du bouillon de ce soir. Je vais vous le faire monter par le garçon avec du vin et du sucre ; en même temps on allumera du feu ici ; comme ça, vous pourrez faire chauffer tout ce que vous voudrez et vous réchauffer vous-même, car je crois m'apercevoir que vous avez le frisson.

— C'est cela, dit Louise, faites.

Madame Jeanron lui souhaita le bonsoir et alla donner des ordres à son garçon d'hôtel, qui les exécuta promptement.

A minuit, un profond silence régnait dans l'hôtel. A l'exception de Louise, tout le monde était couché.

Assise devant le feu clair qui flambait dans la cheminée, le visage tourné du côté du lit, afin de n'avoir qu'à lever les yeux pour voir le malade, elle se livrait à de tristes réflexions. Elle se transportait par la pensée à vingt-quatre années de distance et se revoyait dans sa petite maison de Jouarre, allaitant son fils et le nourrisson que le docteur Gervais lui avait confié.

un bond, le jeune homme se dressa sur le lit, la poitrine haletante, le regard étincelant. (Page 234).

— A comparer mon existence d'alors à celle d'aujourd'hui, se disait-elle, j'é-
is bien heureuse. J'avais la conscience tranquille ; je ne sentais pas en moi
tte chose inconnue qui me torture, qui me brûle, en me reprochant sans cesse
silence que j'ai gardé !

Elle se représenta aussi cette nuit sombre au milieu de laquelle son mari entra
rusquement chez elle et lui vola l'un de ses enfants. A cet horrible souvenir,
le se sentit frissonner.

Avant cela, elle avait souffert, sans doute; mais c'est depuis qu'elle avait réellement connu les véritables et grandes douleurs.

— Ah! si l'on savait quelles ont été et quelles sont encore les souffrances que j'endure, on me prendrait en pitié! s'écria-t-elle. Oh! la destinée, la destinée!... Celui-ci devrait être aujourd'hui la joie de sa mère, l'orgueil de son père; et c'est l'autre qui lui a tout pris, parce que la fatalité l'a voulu ainsi; c'est l'autre qui le fait assassiner! L'infâme! l'infâme!...

« Mais Dieu veillait sur lui; il n'a pas voulu que le coupable eût le profit de son crime. Et le voilà, le pauvre déshérité... Et c'est moi qui suis la cause de son malheur, c'est moi qui veille sur lui! Tout à l'heure, quand il se réveillera, que me dira-t-il? Rien; il ne me connaît pas. Et moi, que lui dirai-je? Ah! je n'en sais rien, je n'en sais rien! J'ai la tête perdue! »

Elle arrêta sur la figure pâlie du jeune homme son regard, dans lequel éclatait sa tendresse d'autrefois. Puis soudain, elle se leva et marcha doucement vers le lit, évitant de faire crier le parquet sous ses pieds. Après l'avoir contemplé pendant quelques secondes avec une sorte de ravissement, elle s'inclina et lui mit un baiser sur le front.

Pierre se réveilla en poussant un cri. Louise se rejeta vivement en arrière comme épouvantée.

— Oh! le rêve affreux! murmura le jeune homme.

Soudain, il sursauta, se mit sur son séant et passa plusieurs fois sa main sur son front. Il se vit sans chemise, entouré de couvertures de laine. Alors son regard effaré erra autour de la chambre.

— Où suis-je, mais où suis-je donc? s'écria-t-il. Ah! je me souviens, je me souviens... Les éclairs, le tonnerre, l'eau.... l'eau de la Seine!

Il se toucha par tout le corps, comme pour s'assurer qu'il était bien éveillé et qu'il ne continuait pas un effroyable cauchemar. Il aperçut Louise, qui le regardait en pleurant silencieusement.

— Qui êtes-vous, madame? lui demanda-t-il.

— Je suis une amie qui veille près de vous, répondit-elle.

— Je ne vous connais pas; j'ai donc des amis inconnus?

— Oui, et qui vous aiment sincèrement.

— Il paraît que j'ai aussi des ennemis qui me haïssent mortellement.

— Ceux-là seront punis, s'écria Louise d'une voix creuse : je vous le promets, je vous le jure!

— Est-ce que vous les connaissez?

— Je crois les connaître.

— Ils se sont jetés sur moi comme des bêtes féroces, et, avant que j'aie pu défendre, ils m'ont précipité dans la Seine. Quel tort leur ai-je donc fait pour s aient voulu ma mort? On est venu à mon secours, on m'a sauvé!... Savez-à qui je dois la vie?

— A deux braves pêcheurs qui se trouvaient là heureusement.

— Oui, heureusement, répéta-t-il.

Et un sourire doux et triste effleura ses lèvres.

— Ils m'ont retiré de l'eau, reprit-il, et l'on m'a transporté dans cette cham- Suis-je chez vous, madame?

— Non, vous êtes rue de Seine, dans un hôtel que tient une de mes amies.

— Alors, c'est grâce à vous qu'on a reçu un noyé dans cette maison?

— Je savais que vous y trouveriez, mieux que partout ailleurs, les soins dont s aviez besoin.

— Ainsi, vous étiez là quand les deux pêcheurs m'ont retiré de la Seine?

— Oui.

— Mais vous ignorez, sans doute, ce qui s'est passé auparavant.

— Je n'ignore rien ; j'arrivais en courant sur le quai au moment où les deux érats qui vous poursuivaient ont accompli leur crime. Je vous ai vu tomber, ussitôt j'ai appelé au secours.

— Sans me connaître, vous vous êtes intéressée à moi.

— On s'intéresse toujours à ceux qui sont victimes des méchants; mais ce t pas seulement pour cela que je m'intéresse à vous : je vous connais.

Le jeune homme la regarda avec surprise.

— Oui, je vous connais, reprit-elle, et si vous étiez resté une minute de plus de Grenelle, devant l'hôtel de Lucerolle, vous n'auriez pas couru cette nuit si terrible danger.

— Comment! s'écria le jeune homme au comble de l'étonnement, vous z...

— Je sais que vous vous êtes promené hier soir pendant un certain temps ant l'hôtel de Lucerolle, continua Louise ; si vous aviez été moins préoc- é, vous auriez pu voir, vous guettant dans l'ombre, les deux hommes qui s ont attaqué sur le pont des Arts. Je sais encore qu'on vous appelle Pierre ard et que vous attendiez hier soir, rue de Grenelle-Saint-Germain, une belle ne fille que vous aimez.

Le jeune homme tressaillit.

— Mais qui donc êtes-vous? s'écria-t-il d'une voix frémissante.

— Votre amie, je vous l'ai déjà dit.

— Certes, après ce que vous faites pour moi, je n'ai pas le droit d'en douter : mais c'est votre nom que je désire connaître.

— Monsieur Pierre, dit Louise avec émotion, je me nomme Louise Verdier.

— Louise Verdier? fit-il, ayant l'air de chercher dans ses souvenirs.

Elle continua :

— Monsieur Pierre, il y a environ vingt-deux ans que je suis au service de madame la comtesse de Lucerolle.

— Ah! maintenant, je comprends, je comprends, dit le jeune homme.

— J'oublie que je suis cette nuit votre garde-malade, reprit Louise ; je cause sans m'apercevoir que je vous fatigue.

— Non, non, vous ne me fatiguez point, je vous assure. Je me sens encore très-faible, mais je n'éprouve aucun malaise.

— Soit ; néanmoins, je vais vous faire prendre un excellent bouillon, qui est là tout prêt ; c'est une prescription du médecin. Ensuite, si vous ne dormez pas et si vous le voulez bien, nous causerons ; j'ai plusieurs choses très-sérieuses à vous dire.

IV

RÉVÉLATION

Pendant que le jeune homme buvait lentement le consommé, par cuillerées, Louise était sortie de la chambre pour prendre ses vêtements, que le garçon d'hôtel avait enlevés, afin de les faire égoutter après les avoir tordus. Elle les rapporta et les étendit devant le feu, sur des chaises, pour les faire sécher. Ensuite elle vint s'asseoir près du lit.

— Eh bien! monsieur Pierre, lui dit-elle, comment vous trouvez-vous maintenant?

— A part des lourdeurs de tête, je suis aussi bien que possible, répondit-il.

— Le bouillon que vous venez de prendre a dû vous faire du bien...

— Oui, je crois, en effet, que j'en avais besoin.

— J'ai mis tout à l'heure du vin près du feu ; dans un instant, je vous le donnerai bien sucré ; c'est toujours l'ordonnance du médecin.

— Vous me soignez comme si vous étiez une vraie sœur de charité, fit-il en [ri]ant.

— Il faut bien qu'on ait soin de vous : votre vie est précieuse, monsieur [Pier]re. Ah ! je ne sais pas m'exprimer pour vous dire le bonheur que j'éprouve en [enten]dant votre voix, à vous voir plein de vie, après vous avoir cru perdu… Car [j'ai é]té un moment complétement désespérée, monsieur Pierre. Je ne voyais per[sonn]e autour de moi pour vous sauver, et je jetais vainement des cris d'appel ; le [brui]t du tonnerre couvrait ma voix. Quelles angoisses ! C'était horrible !

— Ah ! répliqua-t-il vivement, je n'oublierai jamais que vous avez souffert à [caus]e de moi !

— C'est vrai, n'est-ce pas ? reprit-elle d'une voix entrecoupée ; vous êtes [conten]t de moi ?

Il lui tendit sa main en disant :

— Je vous remercie de tout mon cœur.

— Comme il est bon, lui ! murmura-t-elle.

Et elle l'enveloppa d'un regard qui contenait un mélange de tendresse, de [reco]nnaissance, de respect et d'admiration.

— Comme vous me regardez ! dit-il ; il y a dans vos yeux une douceur infinie [qui] ressemble à de la tendresse.

— Ah ! cher enfant, cher enfant, vous ne vous trompez pas ! s'écria-t-elle ; [oui], c'est de la tendresse que j'ai pour vous !

Et elle colla ses lèvres sur la main qu'elle tenait encore dans les siennes.

Tous deux étaient fort émus.

Après un moment de silence, Pierre reprit :

— Je ne me sens nulle envie de dormir ; n'avez-vous pas plusieurs choses [sér]ieuses à me dire ?

— Oui, monsieur Pierre, j'ai des choses très-sérieuses à vous dire.

— Vous m'avez dit que vous connaissiez les hommes qui ont tenté de me [no]yer.

— Ceux-là, non ; mais je suis persuadée qu'ils ont été payés par un autre [po]ur commettre ce crime horrible.

— Un autre ! répéta le jeune homme réfléchissant ; en effet, ils n'ont pas [che]rché à me voler ; c'étaient donc de véritables assassins agissant pour le compte [d'u]n autre… Mais je ne me connaissais qu'un seul ennemi, et il n'est pas assez [ric]he pour s'offrir le luxe de faire noyer les gens. D'ailleurs, il est plus lâche [en]core qu'il n'est méchant : il n'aurait pas osé. Non, ce n'est pas Robin. Mais [qu]i donc est cet ennemi inconnu qui se trouve gêné par l'existence d'un pauvre ouvrier comme moi? continua-t-il en s'adressant à Louise. Je veux le connaître : dites-moi son nom, madame.

Louise tressaillit.

— Je ne suis pas absolument sûre, balbutia-t-elle; je n'ai encore que des soupçons vagues; mais aujourd'hui même, oui, ce soir, j'aurai acquis la certitude. Pourtant, je ne vous dirai pas son nom; vous ne pouvez pas, vous ne devez pas le connaître; mais il sera cruellement puni, je vous le jure, et c'est moi, vous entendez bien, monsieur Pierre, c'est moi qui lui infligerai le châtiment qu'il a mérité!

« Ah! poursuivit-elle avec une sombre énergie, depuis quelques heures, je ne suis plus la même femme. Mon cœur longtemps abreuvé de toutes les amertumes s'est brisé; il ne contient plus maintenant que de la colère, de l'indignation, du dégoût... C'est de lui, c'est de mon lâche cœur, que me venait toute ma faiblesse... Ah! que le ciel soutienne mon courage et me donne enfin la volonté d'accomplir mon devoir! Oui, dussé-je être maudite par le monde entier et chassée de partout comme une misérable, comme la plus vile des créatures, cette fois je n'hésiterai pas, j'irai jusqu'au bout! Je serai sans pitié, implacable comme la justice de Dieu... De la pitié, de la pitié, je n'en demande point pour moi; je ne veux pas en avoir pour un monstre!

« Ah! reprit-elle avec un accent farouche, pour la réparation je m'ouvrirais les veines et ferais couler tout mon sang! Et j'aurais de la pitié! Non, non! Que la foudre de Dieu m'écrase plutôt que de laisser le crime impuni! »

Le jeune homme la regardait avec stupéfaction. Ne pouvant comprendre ces étranges paroles, il se demandait si elle avait bien toute sa raison.

Louise s'était arrêtée pour reprendre haleine. Au bout d'un instant, elle continua, en changeant de ton :

— Monsieur Pierre, hier soir, vous avez été victime d'un odieux guet-apens mais, grâce à Dieu, vous avez échappé à la mort. Maintenant, écoutez-moi bien. Au nom de mademoiselle Léontine Blanchard, qui vous est chère, au nom de plusieurs autres personnes, qui vous seront également chères, quand vous les connaîtrez, et au nom aussi de votre intérêt, je vous supplie de me faire une promesse.

— Qu'exigez-vous de moi? Parlez.

—Monsieur Pierre, les deux pêcheurs qui vous ont retiré de la Seine ne savent pas qui vous êtes; d'ailleurs, je leur ai recommandé de ne point parler du triste événement de cette nuit : ils ne diront rien. Ce que je vous demande, monsieur Pierre, c'est de garder un silence absolu sur ce qui s'est passé.

— Je vous fais cette promesse d'autant plus volontiers que moi-même je désire que le secret en soit gardé. Je ne veux pas inquiéter inutilement mes amis.

— Oui, vous avez raison. Et puis la police a de bonnes oreilles, un mot 〈qu'〉e entendrait donnerait lieu à une enquête. Quand ces choses-là commen‹cen›t, on ne sait pas où elles s'arrêtent. La justice ne doit rien savoir, rien. Je 〈vou〉s l'ait dit, monsieur Pierre, il s'agit de votre intérêt et de la tranquillité de 〈plu〉sieurs personnes. Naturellement, je ne parle pas des coupables. Oh! ceux-là 〈ser〉ont punis, et, je vous le répète, je me charge de vous venger.

— Je ne demande pas de vengeance, répliqua-t-il; seulement, à l'avenir, je tiendrai un peu mieux sur mes gardes.

— Ainsi, reprit Louise, c'est bien convenu, vous ne direz rien?

— Je serai muet.

— Quoi qu'il arrive?

— Quoi qu'il arrive, je vous le promets.

— Cependant, si par une cause imprévue la police apprenait quelque chose 〈et〉 venait vous interroger..

— Eh bien?

— Eh bien! monsieur Pierre, il ne faudrait pas répondre et avoir l'air de 〈ne〉 pas comprendre ce qu'on voudrait vous dire. Plus tard, quand vous saurez ce que je ne puis vous apprendre aujourd'hui, vous verrez combien il était impor〈tan〉t qu'on ne sût rien. Oui, il faut qu'on ignore absolument que des scélérats 〈vo〉us ont précipité dans la Seine et que nous nous sommes trouvés ensemble 〈cet〉te nuit dans cette chambre d'hôtel. Vous me promettez bien tout cela, mon‹sie›ur Pierre?

— Oui, je vous le promets, je vous le jure.

— Merci, merci, dit-elle. Me voilà complétement rassurée. Du reste, dans 〈qu〉elques jours, avant la fin de la semaine prochaine, je vous reverrai et je vous 〈dé〉lierai de votre serment. Alors, si je ne me suis pas trompée dans mes 〈do〉utes, — hélas! je ne l'espère point — le vrai coupable aura déjà reçu son 〈ch〉âtiment.

— Si vous le permettiez, dit le jeune homme, je vous adresserais une ques‹ti›on.

— Laquelle?

— Comment se fait-il que vous soyez si bien instruite des choses qui me con‹ce›rnent et que vous connaissiez ce terrible ennemi que j'ai et dont je ne soupçonne 〈m〉ême pas le nom?

— Cela vous semble extraordinaire, je le comprends; mais je ne puis répondre 〈au〉jourd'hui à votre question.

— Pourquoi ce mystère?

— Parce qu'il est utile, monsieur Pierre; veuillez me croire. Ah! si je pouvais parler!... Mais non, non, pas encore.

— Je n'insiste pas; du moment qu'il s'agit d'un secret...

— Oh! oui, un secret, un secret terrible.

— Vous m'effrayez, fit-il, pendant que son regard scrutateur cherchait à saisir la pensée de Louise.

— Ce secret est terrible pour d'autres, reprit-elle tristement; il ne l'est pas pour vous.

— Après ce qui m'est arrivé cette nuit, dit le jeune homme, vos paroles mettent en moi un grand trouble; en vérité, je ne sais plus que penser.

— Monsieur Pierre, avez-vous confiance en moi?

— Oui, certes.

— Merci. Eh bien! vous pouvez croire que je vous suis entièrement dévouée; je ne prendrai pas une minute de repos tant que je n'aurai pas assuré votre bonheur. Ah! vous ne pouvez pas connaître le sentiment qui m'anime en ce moment, c'est à peine si je puis me l'expliquer moi-même; mais, voyez-vous, s'il me fallait donner ma vie pour la vôtre, je n'hésiterais pas un instant!

— Je vous crois, madame, répondit Pierre, et je crois aussi à votre dévouement, dont vous me donnez la preuve en ce moment; mais, comme vous le dites avec raison, ce sentiment que vous éprouvez est difficile à expliquer.

Il eut un moment d'hésitation, puis il ajouta :

— Il n'y a guère qu'une mère qui...

— Monsieur Pierre, l'interrompit-elle vivement, j'ai été votre nourrice!

Il fit un brusque mouvement.

— Ma nourrice, s'écria-t-il avec surprise, vous avez été ma nourrice!

— Je voulais aussi vous cacher cela, reprit-elle en proie à une vive émotion; eh bien, puisque j'ai parlé, oui, oui, j'ai été votre nourrice; pendant près d'un an, je vous ai nourri de mon lait. Ah! Dieu sait si je vous aimais, s'écria-t-elle, en fondant en larmes : monsieur Pierre, une nourrice est un peu une mère!

— Je comprends, enfin, je comprends, dit le jeune homme d'une voix tremblante. Alors, continua-t-il, vous allez pouvoir me dire...

— Vous dire quoi?

— Si vous avez connu ma mère.

— Oui, j'ai connu votre mère.

— Ah! s'écria-t-il d'une voix suppliante en joignant les mains, un mot encore, un seul; vit-elle toujours?

Madame la comtesse, s'écria-t-elle, le teint animé, je jure que ce jeune homme est innocent. (Page 243.)

Louise baissa la tête, mais la relevant aussitôt :
— Oui, répondit-elle, votre mère existe et votre père aussi.

Le jeune homme laissa échapper un cri de joie.

— Maintenant, dit-il je pardonne à celui ou à ceux qui ont voulu ma mort, puisque je leur dois de vous avoir rencontrée, vous qui venez de faire naître en moi une joie sans pareille... Ah! si vous voulez m'être agréable, si vous voulez me rendre véritablement heureux, parlez-moi de ma mère!

D'un ton devenu subitement très-grave, il ajouta :

— Vous n'avez rien à me dire de mon père : je sais ce qu'il a été, je devine ce qu'il est.

— Monsieur Pierre, vous ne savez rien !

— Que voulez-vous dire ?

— Ce que je veux dire, le voici, répondit-elle dans une sorte d'exaltation fébrile et personne que moi ne le sait : vous n'êtes pas le fils d'un voleur et d'un forçat vous n'êtes pas le fils de Pierre Ricard !

D'un bond le jeune homme se dressa sur le lit la poitrine haletante, le regard étincelant.

— Comment ! bégaya-t-il, je... ne suis pas... le fils de Pierre Ricard ?

— Il n'y a de commun entre vous et Pierre Ricard le maudit, qu'un crime infâme, dont vous avez été à l'âge de onze mois l'innocente victime.

— Mais qui donc est mon père ? qui donc est ma mère ? s'écria-t-il en tendant vers elle ses mains tremblantes.

Louise les saisit, et, tombant à genoux devant le lit :

— Monsieur, répondit-elle humblement, je vous prie en grâce de respecter le silence que je crois devoir garder encore ; vous connaîtrez votre père et votre mère le jour où, heureux de vous retrouver, j'aurai, moi, Louise Verdier, le bonheur de vous mettre entre leurs bras.

V

VISITE AUX AFFLIGÉS

Le soleil s'était levé superbe dans un ciel sans nuage ; il répandait à profusion sur Paris l'or de ses rayons. Aux fenêtres des maisons, les oiseaux des volières chantaient joyeusement à plein gosier. Partout l'animation, le mouvement, le travail la vie. Au roulement incessant des voitures, au bruit des marteaux des scies, des rabots, des limes, des machines, se mêlaient les mille cris de la rue. C'est le bourdonnement habituel de la ruche immense.

L'eau des fontaines a coulé dans les égouts, les balayeurs sont passés, il ne reste plus aucune trace de l'orage de la nuit.

Des centaines de personnes traversent la Seine sur le pont des Arts sans se

ter que là où ils posent le pied s'est accompli un drame nocturne : et ceux qui
ssent devant le n° 62 de la rue de Lille ne savent pas davantage qu'il y là le ca-
vre d'un homme tombé sous le couteau d'un assassin.

Que de sombres événements se passent à Paris dans une seule nuit et qui res-
t toujours ignorés! Les journaux, constamment à l'affût de ce qui peut inté-
ser leurs lecteurs, en recueillent quelques-uns, mais c'est le petit nombre; avec
qui leur échappe ils rempliraient aisément toutes leurs colonnes.

A Paris, personne ne se connaît, on demeure dans une maison, à côté, au-
ssus ou au-dessous de voisins qui vous sont inconnus. Et puis, chacun a ses
cupations, ses affaires, son travail. Cela ne signifie point qu'à Paris on ne pense
à soi; non on y est moins égoïste que partout ailleurs. Certes, dans maintes cir-
stances la population parisienne a prouvé qu'elle sait compatir aux souffrances
s autres. Elles est généreuse et enthousiaste. Ce n'est jamais en vain qu'on fait
pel à sa pitié. En cela elle donne l'exemple à toute la France. Son indifférence
parente disparaît aux jours terribles des inondations, des explosions dans les
nes. et autres douloureuses catastrophes. Mais, familiarisée avec les événements
dinaires de la vie, il faut un grand bouleversement pour la mettre en émoi.

Léontine Blanchard ne s'était pas couchée; elle avait passé le reste de la nuit
leurer et à prier. Les pleurs soulagent et la prière console, ou tout au moins
nne l'espoir. Léontine, si cruellement frappée, ne pouvait pas être consolée,
rs qu'elle croyait son fiancé emprisonné comme un lâche assassin; mais forte-
nt convaincue de l'innocence du jeune homme, elle se résignait à supporter
te nouvelle épreuve.

Elle eut, cependant, de bien douloureuses pensées, et elle fit d'amères
lexions, en comparant son existence constamment tourmentée à celle de tant
utres. Elle trouvait pour celles-ci la vie agréable, le bonheur facile, toutes les
es, tandis que, de quelque côté qu'elle tournât les yeux, elle ne voyait autour
lle que des tableaux lugubres : du sang répandu, la mort. La pauvre enfant
vait croire qu'il y a des êtres humains condamnés fatalement à toujours souf-
r et à envier et désirer le bonheur éternel des autres.

Dès que le jour fut assez grand dans le logement, elle se mit en devoir de
re le ménage et de nettoyer partout. Il y avait surtout à faire disparaître ce
i restait des traces de sang. Mais elle essaya en vain de se distraire, elle ne
uvait échapper à l'obsession de ses sombres pensées.

Elle s'était dit : « Pierre prouvera facilement qu'il n'est point coupable; on le
ettra aussitôt en liberté, et il accourra ici pour nous tranquilliser. »

Mais elle voyait le soleil monter au-dessus des toits des maisons, et son fiancé
arrivait pas. Elle se sentait dévorée par une anxiété qui augmentait à chaque
stant.

A huit heures, son petit ménage était terminé, tout se trouvait propre et remis dans l'ordre accoutumé.

M. Blanchard se leva; elle l'aida à s'habiller, puis elle descendit pour aller chercher le lait du déjeuner du matin. En passant devant la loge, elle jeta un regard furtif à travers la porte vitrée, vit plusieurs femmes agenouillées; près du lit, deux cierges allumés. Elle n'osa pas entrer. Elle courut acheter son lait et remonta aussitôt.

Le déjeuner prêt, elle prit l'aveugle par la main et le fit asseoir près de la table, devant son bol de café au lait, dans lequel elle avait cassé une rôtie.

Le vieillard commença à manger. Au bout d'un instant, il s'aperçut qu'il était seul à table.

— Léontine, est-ce que tu ne déjeunes pas? lui demanda-t-il.

— Non, grand-papa, je n'ai pas faim.

— Ah! fit le vieillard en baissant la tête.

Il avala encore deux cuillerées; puis, repoussant le bol :

— Je n'ai pas faim non plus, dit-il.

Il poussa un soupir, et de grosses larmes roulèrent dans ses yeux.

— Grand-papa, dit Léontine, vous aimez bien votre café au lait le matin; je vous en prie, mangez.

— Tu l'aimes aussi, ma chérie, et tu n'en manges pas.

— J'ai essayé; je n'ai pas pu.

— Moi aussi, je ne peux pas.

— Mon Dieu! si vous alliez être malade! s'écria-t-elle.

Elle s'élança vers lui et l'entoura de ses bras.

— Rassure-toi, mon enfant, rassure-toi, reprit l'aveugle; si peu que je vaille aujourd'hui, je ne veux pas encore t'abandonner. Je tiens à voir si le malheur ne se lassera point de te poursuivre. Hélas! n'avais-tu donc pas été déjà suffisamment éprouvée? Si Dieu fait ainsi souffrir les bons, que réserve-t-il donc aux méchants!

Il se mit à pleurer. La jeune fille l'embrassa. Elle sanglotait.

— Pauvre Fabrice! murmura le vieillard.

— Lui si bon, si dévoué; ah! c'est horrible, ajouta Léontine.

— Et maintenant, ma pauvre enfant, ce qui restait de notre fortune n'existe plus, tu n'as plus rien, plus rien...

— Ah! l'argent est peu de chose, s'écria-t-elle; j'ai des bras, de bons yeux, du courage : je travaillerai!

L'aveugle fit entendre un gémissement, et, laissant tomber sa tête dans ses [mains], il parut réfléchir profondément.

Léontine avait pris son ouvrage ; mais, au bout de quelques minutes, l'aiguille [était] immobile entre ses doigts. Les pleurs, qu'elle ne pouvait retenir, voilaient [ses] yeux.

Pierre et la terrible accusation qui pesait sur lui occupaient constamment [toutes] ses pensées. Si elle n'avait pas eu son grand-père, qu'elle se repentait [amè]rement d'avoir quitté la veille, si elle eût été seule, libre, ne pouvant plus [sup]porter son incertitude, elle aurait pris une voiture pour courir rue Saint-[Séb]astien. Mais elle était forcée d'attendre dans l'inaction, et elle n'avait per[sonn]e près d'elle pour aller à sa place chercher des renseignements. Hélas ! [Mau]rice, si complaisant, toujours si empressé à lui être agréable, l'excellent [Mau]rice n'était plus.

Elle avait ouvert la fenêtre et, à chaque instant, elle se levait pour regarder [dans] la rue. Ne voyant rien venir, comme sœur Anne, elle se rasseyait en face [de l']aveugle absorbé dans sa méditation. La pièce de dentelle qu'elle réparait [était] près d'elle sur une chaise ; elle n'y touchait pas : elle aimait le travail, pour[tant] ; mais elle n'avait pas le cœur à l'ouvrage. Elle avait entendu sonner neuf [heu]res ; depuis l'aube, elle comptait les minutes.

Tout à coup, on frappa à la porte du logement. Elle crut que c'était lui. Elle [essu]ya vivement ses yeux, et, le cœur palpitant, elle courut ouvrir. Elle se trouva [en f]ace de madame de Lucerolle.

— Oh ! madame la comtesse qui vient nous voir, dit-elle d'une voix émue, [en] s'effaçant pour laisser entrer la grande dame.

— Oui, chère enfant, je viens vous voir, répondit madame de Lucerolle ; je [sais] dès hier soir que M. Blanchard a été victime d'un vol, et que le concierge de [la m]aison a été assassiné. J'ai pensé à votre affliction, Léontine, et je suis venue [pou]r vous donner un témoignage de mon amitié et essayer de vous consoler.

— Ah ! vous êtes bonne, vous êtes bonne ! balbutia la jeune fille.

L'aveugle s'était levé brusquement.

— Merci, madame la comtesse, dit-il ; soyez la bienvenue dans notre [dem]eure ; vous avez eu une bonne inspiration, vous ferez ce que ne peut faire le [vie]il aveugle, vous consolerez ma pauvre enfant.

— Votre chère fille a déjà prouvé qu'elle ne manque pas de courage, répondit [la c]omtesse en entrant dans la salle à manger.

Elle s'assit près du vieillard.

— Dans ce qui s'est passé ici la nuit dernière, reprit-elle en s'adressant à Léon[tin]e, il n'y a qu'un grand malheur irréparable : c'est la mort de Fabrice. Quant à la perte de votre dot, sur laquelle vous comptiez sans doute, c'est un des accidents qui arrivent fréquemment et dont nul n'est exempt. Des fortunes considérables sont souvent englouties dans de fausses spéculations ou détruites par suite d'un désastre inattendu. D'après ce que vous m'avez raconté, mon enfant, le vol de votre dot ne peut avoir aucune influence sur votre bonheur : ce n'est pas cela qui éloignera de vous votre fiancé, au contraire. D'ailleurs, ceux qui vous aiment ne vous abandonneront pas, et, plus que jamais, vous pouvez compter sur la comtesse de Lucerolle.

— Hélas! madame la comtesse, vous ne savez pas tout, dit Léontine d'un ton douloureux.

— Je ne sais pas tout? fit madame de Lucerolle étonnée, mais qu'y a-t-il donc encore!

— M. Pierre Ricard, mon fiancé, a été arrêté dans la nuit...

— Arrêté, pourquoi? Je ne comprends pas.

— On le croit coupable, madame la comtesse : on le soupçonne, on l'accuse d'être l'un des deux misérables qui ont commis le double crime de la nuit dernière.

— Infamie! s'écria la comtesse qui pâlit subitement.

— C'est une épouvantable erreur, mais en attendant...

Un sanglot empêcha la jeune fille de continuer.

— Mon Dieu, reprit madame de Lucerolle très-agitée, qu'est-ce que cela veut dire? Quelle raison a-t-on de soupçonner, d'accuser ce jeune homme?

— Avant de mourir, répondit Léontine en pleurant, Fabrice, dans le délire de la fièvre, a prononcé deux fois son nom, et le commissaire de police a compris qu'il désignait Pierre Ricard comme l'un des voleurs, comme son meurtrier ou le complice de l'assassin.

— Mais c'est absurde, c'est de la folie! s'écria la comtesse.

— C'est à peu près ce que j'ai dit immédiatement au commissaire de police, madame la comtesse; mais il ne connaît pas M. Pierre, lui. Un crime horrible a été commis, il cherche les coupables et il croit que M. Pierre en est un. Le médecin qu'on avait appelé, et qui a entendu aussi les paroles de Fabrice, a prétendu qu'il n'avait point le délire et qu'il venait réellement de nommer l'un des criminels. Ensuite, parce que M. Pierre savait que mon grand-père avait ici une somme d'argent, parce qu'il est venu hier soir en mon absence, sachant que je devais passer la soirée à l'hôtel de Lucerolle, on trouve de nouvelles preuves de sa culpabilité. Il paraît que cela suffit à la justice, et le commissaire de police, qui fait assurément son devoir, a donné l'ordre à ses agents de se transporter rue Saint-Sébastien et d'arrêter M. Pierre.

— C'est affreux, murmura la comtesse. Mais, continua-t-elle, ce n'est qu'un oment d'inquiétude à passer : M. Pierre Ricard prouvera facilement, dès 'on l'interrogera, qu'il est innocent; si la justice peut se tromper quelquefois, le répare vite ses erreurs involontaires.

— C'est ce qui me rassure, madame la comtesse. Toutefois, je suis très-tourentée et pleine d'anxiété; j'espérais que M. Pierre aurait été mis immédiatement à liberté et que, sachant ce qui s'est passé ici, il se serait empressé de venir ous voir. Je l'attends vainement depuis ce matin.

— La justice procède souvent avec lenteur; il est probable qu'on ne l'a pas icore interrogé.

— Il n'est pas libre, certainement, sans cela, il serait venu déjà. Mon Dieu ! mme il doit être malheureux !

A ce moment, on frappa deux coups à la porte.

Léontine se leva précipitamment pour aller ouvrir.

Le commissaire de police entra, suivi de son secrétaire.

— J'ai dû revenir ce matin dans la maison, dit-il, et je n'ai pas voulu me tirer sans avoir vu M. Blanchard, afin de lui demander, d'abord, des nouvelles e sa santé.

— Je vous remercie, monsieur, dit l'aveugle en se levant, je suis à peu près emis de cette secousse terrible ; si nous n'avions pas la mort d'un homme à éplorer et d'autres sujets d'inquiétude, nous serions résignés, ma fille et moi.

— Vous avez dû réfléchir pendant la nuit, reprit le commissaire ; n'avez-vous as quelques nouveaux renseignements à me donner?

— Aucun, monsieur.

— Et vous mademoiselle?

— Je ne pourrais que vous répéter ce que j'ai eu l'honneur de vous dire hier oir, répondit la jeune fille.

— La demoiselle Henriette Mabire est-elle entrée quelquefois chez vous ?

— Jamais, monsieur; je ne la connais que pour l'avoir vue chez la concierge.

— Je vous ai fait cette question, parce que je viens d'acquérir la certitude ue cette fille est la complice des assassins. Elle se donnait comme une ouvrière onfectionneuse de la maison du Bon Marché, et elle y est absolument inconue. Je viens de faire ouvrir la porte de la chambre qu'elle a louée il y a quelques jours ; dans une vieille malle qui devait contenir, d'après la concierge, du inge et des effets d'habillement, j'ai trouvé quatre ou cinq morceaux de bois nveloppés dans du papier d'emballage. Comme vous le voyez, si le meurtre n'a as été prémédité, les criminels se sont entourés de précautions et n'ont rien égligé pour commettre le vol.

— Monsieur le commissaire de police, dit la comtesse, on vient de me dire que, soupçonnant M. Pierre Ricard d'être l'un de ces criminels, vous l'avez fait arrêter.

Le commissaire fronça les sourcils.

— Est-ce que vous ne l'avez pas interrogé ? ajouta la comtesse.

— Avant de vous répondre, madame, veuillez me dire à qui j'ai l'honneur de parler.

— Monsieur le commissaire, je suis la comtesse de Lucerolle.

Le magistrat s'inclina respectueusement.

— Mademoiselle Léontine Blanchard est l'amie de ma fille et la mienne, continua la comtesse ; c'est avec ma fille et moi qu'elle a passé hier la soirée : nous savons que M. Pierre Ricard est son fiancé, et je n'ai pas à vous cacher, monsieur, que je m'intéresse vivement à ce jeune homme, comme à tout ce qui touche mademoiselle Blanchard.

— Le connaissez-vous, madame la comtesse ?

— Je ne l'ai vu qu'une seule fois, monsieur ; mais il m'a suffi de le regarder pour être convaincue qu'il est en ce moment victime d'une erreur regrettable.

— C'est aussi la conviction de mademoiselle Blanchard, répliqua le commissaire en hochant la tête.

— Alors, vous persistez à croire...

— Madame la comtesse, je crois plus que jamais que Pierre Ricard est un criminel.

— Mais vous l'avez donc interrogé ? s'écria la comtesse avec animation ; qu'a-t-il répondu ?

— Pierre Ricard n'a pu être encore interrogé, parce que jusqu'à présent il a su se soustraire aux recherches des agents chargés de l'arrêter.

— Comment, monsieur, vous prétendez qu'il se cache !

— Cela doit être, madame ; on n'a pas trouvé cette nuit Pierre Ricard à son domicile, et ce matin, à huit heures, il n'y avait pas encore paru. Il se doute certainement que la maison où il demeure est surveillée. Sa disparition n'est pas de nature à éloigner la grave accusation qui pèse sur lui. Mais nous avons à peu près son signalement, on le cherche activement en ce moment, et il y a lieu d'espérer qu'il ne tardera pas à tomber entre les mains de la justice.

Léontine poussa un cri et s'affaissa sur un siège.

La confiance de la comtesse était fortement ébranlée ; elle laissa échapper un soupir et arrêta sur la jeune fille son regard plein de compassion.

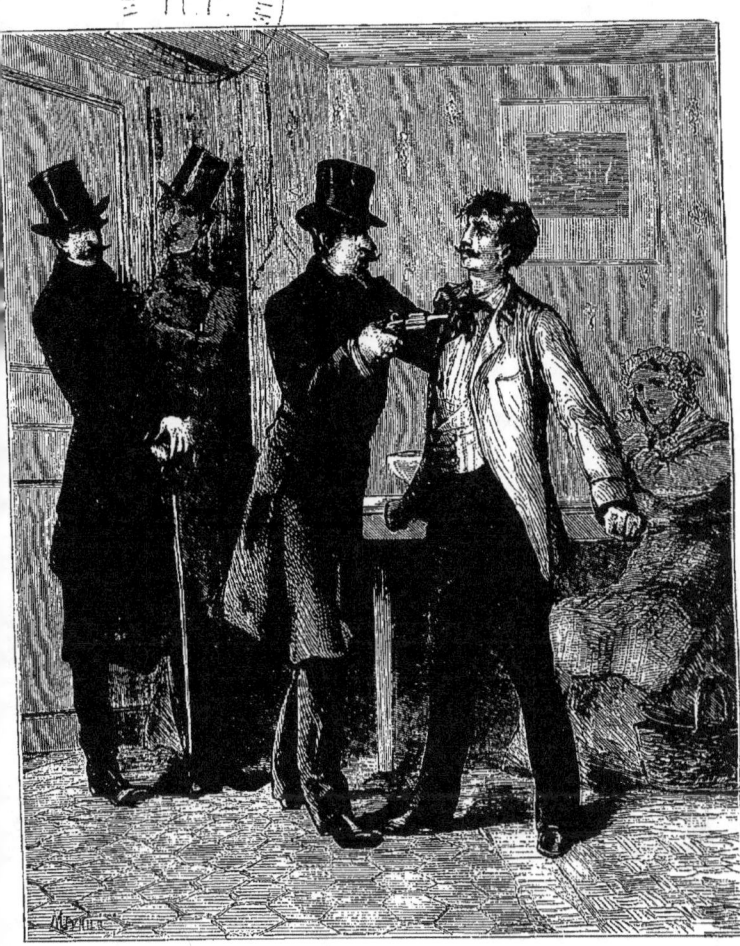

— Je suis inspecteur de police! Au nom de la loi, Pierre Ricard, je vous arrête! (Page 254.)

— Je regrette vivement de vous avoir affligés de nouveau, dit le commissaire de police; mais je n'ai pas cru devoir vous cacher la vérité. Excusez-moi d'être entré et de vous avoir dérangés.

Il fit un salut et se retira.

La comtesse et Léontine se regardèrent. Elles étaient atterrées.

— Ah! j'en mourrai, j'en mourrai! s'écria la jeune fille d'un ton navrant.

— Courage, mon enfant, courage! dit la comtesse, il faut encore espérer.

— Espérer, espérer! fit Léontine en gémissant. Ah! maintenant, je dis comme mon père : je ne sais plus que penser!

Et elle éclata en sanglots déchirants.

L'aveugle poussa un sourd gémissement.

— Voilà une grande douleur, se dit la comtesse.

VI

CONSOLATION

Quand madame de Lucerolle revint chez elle vers onze heures, Louise Verdier était rentrée depuis un instant. Elle avait eu le temps de changer de vêtements, et elle attendait sa maîtresse dans l'antichambre pour lui demander ses ordres.

Sur un signe que lui fit la comtesse, elle la suivit dans sa chambre.

— Madame la comtesse m'a demandée; est-ce que madame la comtesse a eu besoin de moi? dit Louise, pendant que madame de Lucerolle se débarrassait de son châle et de son chapeau.

— Hier soir, j'ai voulu vous prier de reconduire jusque chez elle mademoiselle Blanchard, qui a passé la soirée ici, répondit la comtesse, et ce matin je vous ai fait demander pour sortir avec moi. Où donc avez-vous passé la nuit?

Louise se sentit troublée et le rouge lui monta au front.

— Je prie madame la comtesse de m'excuser, répondit-elle d'une voix hésitante; il y a eu hier soir un orage épouvantable, j'ai eu peur du tonnerre et des éclairs et j'ai couché chez une de mes amies.

— C'est bien, dit la comtesse, vous êtes tout excusée; je n'ai pas eu l'intention de vous adresser un reproche.

— Oh! je sais que madame la comtesse est toujours très-indulgente. Est-ce que madame la comtesse est souffrante? Je la trouve pâle et agitée.

— Non, Louise, je ne souffre pas, mais je suis désolée.

— Mon Dieu! qu'est-il donc arrivé à madame la comtesse?

— A moi, rien. Mais un effroyable malheur vient de frapper mademoi-

Blanchard et son vieux père. Je sors de chez eux, et je suis encore toute [bou]leversée d'avoir vu la grande douleur de cette pauvre enfant.

— Qu'a-t-elle donc, madame la comtesse?

— Hier soir, pendant que, gaie et joyeuse, elle causait ici avec Ernestine et [moi], deux audacieux malfaiteurs pénétraient dans le logement de M. Blanchard [et] i volaient une trentaine de mille francs, tout ce qu'il possédait : La dot de [Léon]tine. Le concierge de la maison, un brave homme appelé Fabrice, a surpris [les] voleurs dans la chambre du vieillard, et l'un d'eux l'a frappé d'un coup de [cou]teau. Le malheureux Fabrice est mort.

— Oh! c'est affreux! voilà un épouvantable malheur, murmura Louise.

— Malheureusement, ce n'est pas tout. Vous connaissez mademoiselle Léon[tine]; mais vous ignorez probablement qu'elle était à la veille de se marier.

— J'ai entendu dire qu'un jeune ouvrier très-honnête et très-distingué l'a [dem]andée en mariage.

— Ah! vous savez cela... Eh bien, Louise, avant de mourir, Fabrice a parlé, [Fab]rice a nommé l'un des voleurs ou même son meurtrier, qu'il aurait reconnu. [Lou]ise, ce nom que Fabrice mourant a livré au commissaire de police, venu sur [les] lieux pour procéder à une enquête, ce nom est celui du fiancé de la pauvre [Léo]ntine, c'est le nom de Pierre Ricard.

Louise porta les deux mains à son cœur et fit quelques pas en arrière. Elle [rest]a un instant sans voix, suffoquée par la surprise.

Soudain, s'approchant de sa maîtresse :

— Madame la comtesse, s'écria-t-elle, le teint animé, l'œil brillant, c'est là une [mon]strueuse calomnie! ce n'est pas vrai, ce n'est pas vrai, je jure que ce jeune [hom]me est innocent!

L'accent convaincu et exalté, dont elle prononça ces paroles, fit tressaillir la [com]tesse.

— Louise, vous connaissez donc M. Pierre Ricard? demanda-t-elle.

— Oui, madame la comtesse, oui, je le connais... Oh! oh! accusé, lui!

Et elle cacha sa figure dans ses mains.

Madame de Lucerolle était trop troublée elle-même pour remarquer l'étrange [atti]tude de Louise.

— Comme mademoiselle Blanchard, dit-elle, comme moi et tous ceux qui le [con]naissent ou qui l'ont vu seulement, une protestation énergique s'élève dans [not]re cœur contre l'accusation dont il est l'objet; mais tout est contre lui et le [dés]igne à la justice comme l'un des criminels.

— Madame la comtesse, je vous le répète, il est innocent, je le jure!

— Il faudrait qu'il le prouvât, répliqua madame de Lucerolle en secouant tristement la tête.

— On peut accuser un innocent, madame la comtesse, on ne le condamne point sans l'entendre.

— S'il est innocent, Louise, pourquoi se cache-t-il?

— Il se cache, lui!

— La nuit dernière, lorsque les agents se sont transportés chez lui pour l'arrêter, ils ne l'ont pas trouvé; où était-il? Que faisait-il? Ce matin, à huit heures, il n'était pas encore rentré à son domicile. En ce moment toute la police est sur pied, à sa recherche.

Cette fois, Louise devint pâle comme une morte.

— Fatalité! murmura-t-elle en baissant la tête.

— Oui, dans ce drame épouvantable tout est fatal, soupira madame de Lucerolle.

Louise se redressa, le regard étincelant.

— N'importe, dit-elle d'un ton brusque, le fiancé de mademoiselle Léontine sera arrêté... Dieu le veut ainsi. C'est la dernière épreuve!

— Louise, que voulez-vous dire?

— Madame la comtesse, ce jeune homme n'est pas le premier innocent qu'on aura mis en prison!

— Malgré ce que je viens de vous dire, Louise, vous croyez donc toujours à son innocence?

— Si j'y crois! s'écria-t-elle d'une voix vibrante, j'y crois comme je crois à votre bonté, à toutes vos vertus, madame la comtesse, comme je crois à la lumière du jour, au soleil qui nous éclaire!

— Ah! il me semble que vos paroles me rassurent.

— Madame la comtesse, vous pouvez être complétement rassurée au sujet du fiancé de mademoiselle Blanchard. Si je me permets de parler en votre présence comme je le fais, avec tant d'assurance, c'est que je sais que ce jeune homme n'est point coupable et que, même, je peux le prouver.

— Mais, alors, s'écria madame de Lucerolle très-agitée, pourquoi ne l'a-t-on pas trouvé chez lui!

— Une cause quelconque a pu l'empêcher de rentrer, madame la comtesse; quand vous m'avez demandée hier soir et ce matin, je n'étais pas à mon poste; comme moi le fiancé de mademoiselle Blanchard a peut-être été surpris par la pluie et l'orage.

La comtesse arrêta sur elle un regard interrogateur.

— Louise, dit-elle, vous savez quelque chose que vous me cachez.

Louise eut un tressaillement nerveux.

— Ah! je sais trop de choses que je vous cache! s'écria-t-elle avec une agitation fébrile; mais quand le moment de vous dire tout ce que je sais sera venu, vous n'aurez pas besoin de m'interroger.

— Louise, répliqua la comtesse, si vous avez des secrets, gardez-les, je ne vous les demande pas. Je m'intéresse beaucoup, et, sans bien savoir pourquoi, plus que je ne le devrais peut-être, à M. Pierre Ricard; en me disant que vous êtes sûre de son innocence et que vous sauriez le prouver, vous m'avez fait éprouver une satisfaction, une impression de plaisir extraordinaire. Oui, Louise, sans vous en douter, vous venez de me procurer une joie immense. C'est comme une douce et bienfaisante rosée qui est descendue en mon cœur.

« Mais » continua la comtesse, j'ai laissé mademoiselle Blanchard dans la désolation, dans le désespoir, car malgré la confiance d'un amour aussi pur que sincère et les protestations de son cœur révolté, elle doute maintenant, la pauvre enfant! Louise, il faut lui rendre le calme et l'espoir! vous allez aller rue de Lille et vous direz à mademoiselle Léontine ce que vous m'avez dit à moi.

— Je vais remplir immédiatement la mission que me donne madame la comtesse, répondit Louise en s'inclinant. Madame la comtesse n'a-t-elle pas d'autres ordres à me donner?

— Non, Louise, en ce moment je ne vois rien.

— Si cela ne contrariait pas madame la comtesse, je voudrais lui demander trois ou quatre jours de liberté entière.

— Je vous les accorde de grand cœur, Louise : vous savez bien que votre position ici, près de moi, n'est pas celle d'une domestique, mais plutôt d'une amie.

Louise prit une des mains de la comtesse sur laquelle elle mit un baiser. Puis, pour cacher ses larmes, qu'elle ne pouvait plus retenir, elle sortit précipitamment de la chambre.

— Oh! elle me pardonnera! murmura-t-elle.

Elle monta dans sa chambre, mit ses bottines, attacha son chapeau, jeta sur ses épaules une pèlerine de soie noire et redescendit aussitôt. Pour sortir, sans traverser les appartements, elle passa dans l'office. Le vieux Joseph s'y trouvait.

— Tiens, vous sortez? fit-il.

— Madame la comtesse m'a chargée de plusieurs commissions.

— Ah çà! tout le monde ici est donc sens dessus dessous?

— Je ne comprends pas ce que vous voulez dire, Joseph.

— Vous ne savez donc pas ce qui est arrivé rue de Lille?

— Le crime de la nuit dernière? madame la comtesse vient de me raconter cette chose affreuse.

— Madame a su tout cela dès hier soir par sa femme de chambre, mais elle 'est bien gardée de rien dire; elle avait même recommandé à Victoire de se taire. Celle-ci n'a pu tenir sa langue, — les femmes sont si bavardes! excusez-moi, Louise. Bref, quand ce matin mademoiselle Ernestine a demandé à Victoire où était allée madame la comtesse, la satanée bavarde lui a tout dit. Mademoiselle s'est tout de suite mise à pleurer, à sangloter, puis, après avoir dit à M. le comte et à M. le vicomte la cause de son violent chagrin, elle s'est retirée dans sa chambre où elle pleure toujours comme une Madeleine. J'ai vu rentrer madame la comtesse plus blanche qu'un suaire, mon maître est tout bouleversé, et M. le vicomte ressemble à un déterré.

— Est-ce que le vicomte est chez lui? demanda Louise.

— Non. Je crois qu'il fume son cigare en se promenant dans la cour. Je vais servir le dîner, est-ce que vous allez sortir sans avoir mangé?

— Oui, j'ai pris quelque chose ce matin, je n'ai pas faim.

Louise sortit de l'hôtel. Le vicomte était en effet dans la cour, fumant un cigare, et marchant de long en large d'un pas agité. Louise se dirigea de son côté et, s'arrêtant brusquement devant lui:

— Vous ne sortirez pas aujourd'hui, lui dit-elle tout bas.

— Pourquoi cela?

— Parce que je ne le veux pas, parce que je vous le défends.

Le vicomte se redressa avec arrogance.

— Vous m'avez entendu, reprit Louise d'un ton impérieux, je vous le défends! Vous resterez dans votre chambre et vous m'y attendrez.

— Avez-vous la prétention de me mettre aux arrêts?

— J'ai la prétention de croire que vous m'obéirez, répondit-elle d'un ton sec. Je ne sais pas à quelle heure je rentrerai, mais vous m'attendrez, il le faut: j'ai à vous parler.

Sur ces mots, elle s'éloigna rapidement.

— Qu'est-ce que cela signifie? se demanda le vicomte; aurait-elle deviné quelque chose?

Dans ce que la comtesse venait de lui dire, Louise n'avait été frappée que d'une chose, de l'accusation portée contre Pierre Ricard, qui lui-même, presque à la même heure, avait été en danger de mort.

Il n'était pas venu à la pensée de M. Blanchard et de Léontine, qui savaient

partie de l'histoire de Pierre, que l'individu désigné par Fabrice comme son
urtrier pouvait être un autre Pierre Ricard. Cette idée ne vint pas non plus,
t d'abord, à Louise. Il est bon de faire remarquer aussi que, depuis la veille,
se trouvait dans une situation d'esprit qui ne lui permettait guère de ré-
hir avec lucidité. Elle ne songea pas davantage à s'étonner de l'étrange coïn-
ence qui existait entre les crimes de la rue de Lille et celui du pont des Arts.
reste, il était difficile, pour ne pas dire impossible, de deviner que la même
sée criminelle avait prémédité le vol et dirigé le guet-apens dans lequel
rre devait trouver la mort, s'il n'eût été miraculeusement sauvé.

Cependant, en faisant le trajet de l'hôtel de Lucerolle à la rue de Lille, l'agi-
on de son esprit se calma un peu et elle remit de l'ordre dans ses idées. Elle
t recueillie et tout à fait maîtresse d'elle-même lorsqu'elle entra chez M. Blan-
rd. Elle n'eut qu'à jeter un regard sur Léontine et l'aveugle pour se convaincre
la comtesse n'avait pas exagéré en disant que la jeune fille était en proie à un
nbre désespoir.

Elle s'assit sur la chaise que Léontine lui montra tristement, et elle dit :

— Vous m'avez sans doute reconnue, mademoiselle ; je suis Louise Verdier.
viens vous voir de la part de madame la comtesse de Lucerolle. Madame la
ntesse m'a appris les crimes qui ont été commis ici la nuit dernière ; elle ne
pas caché qu'une terrible accusation pesait sur M. Pierre Ricard, votre
cé, et que vous souffriez cruellement. J'ai dit alors à madame de Lucerolle
M. Pierre Ricard était injustement et faussement accusé, et c'est ce que je
ns vous répéter, à vous, mademoiselle.

Léontine bondit sur son siège et ouvrit de grands yeux étincelants.

— Vos paroles sont l'écho de toutes mes pensées, dit-elle d'une voix oppressée,
à mesure que le doute essaie de pénétrer en moi, je le repousse avec horreur
mme une monstruosité. Mais, hélas ! si madame la comtesse de Lucerolle vous
out dit, vous savez que tout semble accuser M. Pierre Ricard et prouver qu'il
coupable.

— Oui, mademoiselle ; mais les apparences sont bien souvent trompeuses. Je
suis pas venue vous voir pour vous apporter de vagues paroles d'espoir ; je
ns vous dire : Consolez-vous et soyez complètement rassurée au sujet de votre
ncé. Il est accusé, poursuivi comme un criminel ; des charges accablantes
crasent ; peut-être en ce moment est-il déjà entre les mains de la justice,
'importe ; restez calme, mademoiselle, et attendez, pleine de confiance.

Léontine la regardait avec stupéfaction.

— Il n'y a de vrai que la vérité, poursuivit Louise d'un ton solennel ; devant
e disparaîtra l'accusation. Aux charges qui s'élèvent contre lui il opposera la
euve éclatante de son innocence.

— Vous parlez, madame, avec une assurance et une conviction qui trouvent facilement un écho dans le cœur de ma fille et dans le mien, répliqua l'aveugle, car nous ne voulons pas admettre que M. Pierre Ricard nous ait si odieusement trompés; oui, malgré tout, nous voulons croire qu'il est innocent du crime dont on l'accuse. Mais pourra-t-il invoquer ce qu'on appelle en matière criminelle un alibi?

— Soyez-en sûr, monsieur Blanchard.

— Il était près de neuf heures lorsqu'il m'a quitté hier soir, et c'est moins d'une demi-heure plus tard que le malheureux concierge est tombé sous le poignard de l'assassin.

— Je sais où se trouvait M. Pierre à neuf heures un quart.

— Et vous pourriez dire où il a passé la nuit? s'écria Léontine en se levant.

— Oui, mademoiselle, je peux dire cela et le prouver.

La jeune fille laissa échapper un cri de joie et son regard rayonna.

Elle s'approcha de Louise et, lui prenant la main.

— Ah! dit-elle d'une voix tremblante d'émotion, soyez bénie, soyez bénie, vous qui nous apportez la consolation! Vous aurez l'obligeance de dire à madame la comtesse de Lucerolle que vous avez fait entrer dans notre triste demeure un rayon de soleil.

— Je lui dirai que mes paroles vous ont rassurés.

— Mais ce n'est pas tout, madame, ce n'est pas tout : vous achèverez votre œuvre; il faut aller chez le commissaire de police, si vous le voulez, je vous y accompagnerai; vous lui donnerez la preuve que M. Pierre est victime d'une erreur, et, s'il en est temps encore, il arrêtera les poursuites qui sont dirigées contre lui.

Louise secoua la tête et répondit :

— Si, comme je n'en doute pas, la maison où demeure M. Pierre était gardée par des agents de la police de sûreté, il est en ce moment entre les mains de la justice, car il a dû rentrer chez lui ce matin, vers dix heures et demie, ne sachant absolument rien de ce qui s'est passé ici dans la nuit.

— Raison de plus pour courir chez le commissaire de police, dit vivement Léontine.

— Non, mademoiselle, non, c'est inutile.

— Alors, vous pensez qu'il a déjà été interrogé et qu'on lui a rendu la liberté?

— Je crois, en effet, qu'il a dû être interrogé, mademoiselle ; mais j'ai à peu près la certitude que, pendant trois ou quatre jours, il ne cherchera point à démontrer qu'il n'est pas coupable.

M. Corbon s'avançait. Il s'arrêta devant l'étau de Boyer. (Page 258.)

— Je ne vous comprends pas! s'écria la jeune fille en regardant Louise avec [étonne]ment.

— Oh! ne vous effrayez pas, mademoiselle, dit Louise avec un sourire doux [et tri]ste, vous allez comprendre : votre fiancé a promis, a juré de ne point dire, [jusqu]'à nouvel ordre, où il a passé la nuit et ce qu'il a fait; et comme il est la [loyau]té même, quoique sous le coup d'une horrible accusation, il tiendra son [serm]ent.

Léontine, frémissante, écoutait ces paroles, qui semblaient sortir de la bouche d'une insensée. Le visage de l'aveugle exprimait le plus vif étonnement.

— Dans quelques jours seulement, poursuivit Louise, il pourra parler ; alors, moi aussi, je parlerai... La même cause nous oblige à garder momentanément le silence tous les deux. Ah! je vous en supplie, mademoiselle, ayez confiance en moi ; c'est pour lui, c'est pour vous que mon esprit travaille en ce moment ; vous occupez toutes mes pensées... Ce que vous éprouvez en m'écoutant, je le devine : vous êtes inquiète, tourmentée... Mais, je vous le répète, soyez confiante. De votre grande douleur d'aujourd'hui doit sortir une joie immense ; un bonheur inespéré attend votre fiancé, et ce bonheur, cette joie infinie, c'est moi, Louise Verdier, moi seule qui peux vous les donner!

— Mais il souffre, lui, il souffre! s'écria la jeune fille d'un ton douloureux.

— Comme vous, mademoiselle, il aura confiance en moi.

— Je sais combien vous estime madame la comtesse de Lucerolle et l'affection que mademoiselle Ernestine a pour vous, reprit Léontine ; aussi veux-je croire en vos paroles, si singulières et si incompréhensibles qu'elles soient pour moi. Mais ne puis-je savoir...

— Non, non, je ne puis rien vous dire encore, si ce n'est ces deux mots : Attendez! espérez!

— Oh! attendre, attendre! fit la jeune fille.

Un profond soupir s'échappa de sa poitrine gonflée, et elle retomba sur son siège.

VII

L'ARRESTATION

Après un moment de silence, Louise reprit.

— Bien que ce ne soit pas pour moi d'un bien grand intérêt, je désirerais avoir pourtant quelques détails sur le double crime de la nuit et savoir exactement comment les soupçons ont pu se porter sur M. Pierre.

Après le départ de madame de Lucerolle, Léontine avait eu la visite de sa voisine, qui venait demander des nouvelles de la santé de M. Blanchard. La voisine avait raconté à Léontine tout ce qu'elle savait, c'est-à-dire ce que le commencement d'enquête du commissaire de police avait recueilli. La jeune fille put donc satisfaire la curiosité de Louise en lui rapportant exactement les faits.

celle-ci écouta très-attentivement et avec une émotion facile à comprendre.

Lorsque Léontine fit passer devant elle le tableau de Fabrice recouvrant pour un instant la vie et la parole, Louise était comme suspendue à ses lèvres. Et quand la jeune fille répéta ces paroles terribles prononcées par le concierge expirant : — « Voleur! assassin!... je te reconnais, Pierre Ricard; arrêtez-le, c'est lui, Pierre Ricard! » Louise, pâle comme la mort, les yeux lui sortant de la tête, chancelante, se dressa sur ses jambes d'un seul bond. Une clarté soudaine venait de jaillir de son cerveau.

Certes, les paroles de Fabrice étaient précises, et le commissaire de police, qui ne savait pas comme elle que le concierge connaissait deux hommes portant le nom de Pierre Ricard, devait fatalement prendre l'un pour l'autre. Mais, pour Louise, il ne pouvait plus exister un doute : l'assassin du concierge était bien Pierre Ricard, ce monstre qu'elle avait eu l'effroyable malheur d'avoir pour fils.

Quelle horrible découverte !

Cependant, l'habitude de la dissimulation avait donné à Louise une grande puissance sur elle-même. Elle eut la force extraordinaire de se contenir et de ne point laisser deviner à la jeune fille et la nature de ses sensations et ses tortures intérieures.

Retrouvant vite sa présence d'esprit :

— Votre récit m'a vivement impressionnée, dit-elle: quel épouvantable drame ! Je n'ai laissé échapper aucune de vos paroles, mademoiselle, il est de toute évidence que le malheureux Fabrice a été frappé par le plus âgé des deux voleurs, puisque le cri qu'il a poussé sous le coup de poignard du misérable a favorisé la fuite de l'autre scélérat. Or, votre fiancé, faussement accusé, ne peut donc pas être considéré comme meurtrier de Fabrice. Il suffit de raisonner et de réfléchir un peu pour voir que la victime, en prononçant le nom de Pierre Ricard, n'a point voulu désigner votre fiancé.

— C'est vrai, fit la jeune fille, et je m'étonne que mon père et moi nous n'ayons pas déjà fait cette remarque.

Louise se retira, laissant Léontine et l'aveugle à peu près consolés.

— Ainsi, se disait-elle en marchant le front courbé sur l'un des trottoirs de la rue de Lille, Pierre Ricard n'est pas mort... Ah! il vient de le prouver d'une terrible manière! Ce n'était pas assez pour lui d'être un voleur! il fallait qu'il devînt un assassin. Pourquoi donc Dieu laisse-t-il vivre si longtemps de pareils scélérats!... Voleur! assassin! c'est à cela que conduisent les passions viles, l'ivrognerie et la paresse! Ah! une étrange et implacable fatalité pèse sur ma vie entière! Mon mari, mon fils, deux misérables, deux infâmes!... Ah! le fils a bien les instincts du père, et c'est bien le sang du père qui coule dans les veines du fils! Ma situation est horrible! horrible! Et je n'en peux sortir qu'en frappant moi-même mon mari, mon fils... La fatalité me pousse en avant: je ne peux plus résister à la force qui m'entraîne. Pourtant, rien ne m'oblige à faire connaître l'assassin du concierge; c'est à la justice à le chercher, à le trouver. Oh! ce n'est pas de la pitié que j'ai pour lui; non, non, je n'ai pas de pitié!...

Elle releva la tête et regarda autour d'elle.

Elle arrivait au coin de la rue de Beaune où il y a une station de voitures de place. Elle se jeta dans un coupé, en disant au cocher:

— Conduisez-moi à l'entrée de la rue Saint-Sébastien.

Le cocher grimpa sur son siége, fouetta son cheval, et la voiture roula sur le pavé.

Louise se replongea dans ses réflexions.

Ramenant sa pensée sur le crime de la rue de Lille, elle s'expliquait l'affreuse scène du drame. Elle voyait Fabrice entrant dans la chambre de M. Blanchard et surprenant les deux voleurs. Le plus jeune parvenait à s'échapper, et l'autre, Pierre Ricard, moins alerte, restait en présence de Fabrice, fort étonné de retrouver, venant de commettre un vol audacieux, ce Pierre Ricard qu'il avait connu autrefois, ainsi que la mère Chéron l'avait appris à Louise.

Le reste était facile à deviner: se voyant reconnu, Pierre Ricard, autant pour s'ouvrir un passage et prendre la fuite que pour ne pas être dénoncé par le concierge, n'avait pas hésité à lui porter un coup mortel.

Louise pensa ensuite aux deux enfants qu'elle avait nourris, qui pendant une année avaient reçu ses soins, partagé sa tendresse, et à l'œuvre de réparation tardive qu'elle allait entreprendre. Dans cette difficile et délicate affaire, quelle allait être sa ligne de conduite? Elle se le demandait en frissonnant, pendant que des gouttes de sueur froide perlaient sur son front.

La voiture, en s'arrêtant, coupa court à ses sombres réflexions, et, pour un instant, elle fut détournée de ses perplexités.

Elle était rue Saint-Sébastien. Elle mit pied à terre, paya la course du cocher et se dirigea rapidement vers le n° 28, où elle voyait une vingtaine de personnes rassemblées.

Pour Louise, ce groupe dans la rue avait sa signification. Elle comprit que Pierre avait été mis en état d'arrestation et que ceux qui étaient là, des curieux, — il y en a toujours, — commentaient à leur manière cet événement et se livraient à mille suppositions pour en expliquer la cause.

Louise ne venait rue Saint-Sébastien qu'avec un vague espoir d'y trouver encore le jeune homme. Toutefois, en voyant qu'elle arrivait trop tard, elle ressentit dans son cœur comme un affreux déchirement.

Elle eut un moment d'hésitation, se demandant si elle ne ferait pas bien de rebrousser chemin; mais le désir de savoir ce qu'on disait, ce qu'on pensait dans le quartier, la retint. Elle s'approcha du rassemblement et tendit l'oreille, tout en regardant le visage de ceux qui l'entouraient. Au milieu du groupe se trouvaient deux ouvriers, qui paraissaient consternés. Ils interrogeaient, et on leur répondait. Aux interrogations et aux réponses, Louise eut vite compris que la cause de l'arrestation de Pierre était encore inconnue; en même temps elle découvrait que ces deux ouvriers, qui avaient l'air véritablement affligés, étaient deux amis du jeune homme.

En effet, c'étaient Boyer et Thibaut.

La surprenante nouvelle avait éclaté comme un coup de tonnerre dans les ateliers de la maison Corbon; et les deux ouvriers s'étaient donné rendez-vous, après le déjeuner, pour venir se renseigner rue Saint-Sébastien.

Disons maintenant ce qui s'était passé.

Il n'était pas encore dix heures lorsque Pierre et Louise avaient quitté l'hôtel de la rue de Seine. A part un reste de lassitude dans les membres, le jeune homme ne se ressentait plus de son bain forcé. Ils se séparèrent sur le quai. Pierre prit une voiture pour se faire conduire chez lui; Louise était revenue à pied à l'hôtel de Lucerolle. La voiture de Pierre s'arrêta devant la porte de la maison où il habitait. Il descendit, et, pendant qu'il payait le cocher, deux hommes se croisèrent derrière lui, en passant sur le trottoir. Il ne les remarqua point. Il entra dans la maison; mais voyant dans la loge un individu qui lui était inconnu, il ne dit rien à la concierge.

Or, cet individu, qui se trouvait avec la concierge, était un troisième agent du service de la police de sûreté. Il se tourna brusquement vers la concierge.

— C'est lui, n'est-ce pas? fit-il.

— Oui, c'est M. Pierre, répondit-elle. Mais tout cela est très-drôle, reprit-elle; qu'est-ce que vous lui voulez donc, à M. Pierre?

L'agent s'était levé.

— Ceci, ma chère dame, ne vous regarde nullement, répondit-il d'un ton sec.

Il sortit de la loge et se montra sur le seuil de la maison. Aussitôt quatre autres personnages vinrent à lui.

— Il vient de rentrer, nous le tenons, leur dit-il.

— Je l'avais reconnu, dit un autre.

Le premier agent reprit:

— La maison n'a pas d'autre sortie que celle-ci, deux d'entre vous vont garder la porte, les deux autres vont venir avec moi.

Deux hommes suivirent leur chef, et, l'un derrière l'autre, ils montèrent l'escalier.

En voyant entrer Pierre, la mère Chéron jeta un cri de joie et, toute en larmes, se précipita sur lui, l'entoura de ses bras et le serra contre elle à l'étouffer.

— Enfin, te voilà, mon Pierre, mon cher enfant! D'où viens-tu? Que t'est-il donc arrivé?

— Plus tard je vous dirai cela, mère, plus tard.

— Ah! maintenant que tu es revenu, que je te vois, que m'importe?... Quelle triste nuit j'ai passée! J'ai été bien malade, j'ai cru que j'allais mourir : il a fallu que nos voisines vinssent me soigner et veiller près de moi.

— Oui, vous deviez être très-inquiète, je le comprends.

— Ah! pendant que j'y pense : il est venu trois messieurs te demander dans la nuit.

— Vous voulez dire hier soir?

— Non, je dis bien, dans la nuit, puisqu'il était deux heures du matin.

— Voilà qui me paraît bien invraisemblable, fit-il en regardant la mère Chéron avec surprise. Maman Chéron, vous avez probablement rêvé cela, ajouta-t-il.

— Du tout, du tout; c'est madame Budaine, notre voisine, qui les a reçus, et les a renvoyés en leur disant que tu n'étais pas rentré et que j'étais très-tourmentée.

— Et ils étaient trois?

— Oui, trois hommes.

— Ont-ils dit ce qu'ils me voulaient?

— La voisine le leur a demandé; ils n'ont pas voulu répondre, et ils sont partis tout de suite.

— C'est étrange, murmura le jeune homme.

Il resta un moment silencieux.

— Après tout, reprit-il en remuant la tête, du moment que ces inconnus tenaient tant à me voir, ils reviendront.

A ce moment on frappa à la porte.

— Maman Chéron, dit-il, on frappe ; va voir qui c'est.

La vieille femme alla ouvrir. Les trois agents entrèrent. Deux restèrent à la porte ; l'autre, celui qui paraissait être le chef, pénétra dans le logement.

— Que voulez-vous? qui demandez-vous? interrogea la mère Chéron.

agent allait répondre lorsque Pierre se montra.

— Qu'y a-t-il pour votre service, monsieur? demanda-t-il.

— C'est vous qui vous nommez Pierre Ricard!

— C'est mon nom, monsieur. C'est vous, sans doute, qui êtes venu me de[man]-der la nuit dernière? Suis-je trop indiscret, n'ayant pas l'honneur de vous [conn]aître, de vous prier de me dire qui vous êtes?

— Je suis inspecteur de police. Au nom de la loi, Pierre Ricard, je vous [arrêt]e.

[U]n éclair passa dans le regard du jeune homme.

— Ah çà! est-ce sérieux? s'écria-t-il.

— Vous le voyez bien, répondit l'agent.

— En ce cas, monsieur, vous faites erreur, vous me prenez pour un autre; [j'a]i rien à démêler avec la justice.

— Ceci ne me regarde point. J'ai reçu l'ordre de m'assurer de votre personne, [exéc]ute mon mandat.

— Encore une fois, monsieur, je vous dis que vous me prenez pour un autre.

[L]'agent secoua la tête.

— J'arrête Pierre Ricard, répliqua-t-il, demeurant 28, rue Saint-Sébastien, [premier] serrurier de la maison Corbon et Cie, rue Saint-Maur.

[L]e jeune homme devint blême et fit trois pas en arrière. Il était atterré.

[L]a mère Chéron, dans une immobilité de statue, les yeux hagards, cherchait [à com]prendre.

— Allons, reprit l'agent, suivez-moi!

— Non, je ne me laisse pas arrêter ainsi! s'écria Pierre avec un commence[ment] de colère.

— Pierre Ricard, riposta l'agent, nous sommes ici en force; toute résistance [est in]utile.

[E]t, tirant un revolver de sa poche, il lui mit la main sur l'épaule.

[L]es deux autres agents, voyant ce qui se passait, se précipitèrent dans la [cham]bre.

[U]n tremblement nerveux saisit le jeune homme et il jeta autour de lui des [rega]rds éperdus.

[I]l resta une minute, la tête baissée, puis se redressant brusquement:

— Puisque c'est sérieux, dit-il d'une voix tremblante, mais avec beaucoup de [calm]e, je suis prêt à vous suivre; tout citoyen doit obéissance à la loi. Mais ne [pou]vez-vous pas me dire, messieurs, de quoi je suis accusé?

— On vous le dira plus tard. Mettez-lui les menottes, ajouta l'agent, s'adressant à ses compagnons.

— Ah! rien ne manque à l'aventure, reprit Pierre d'un ton légèrement railleur; vous faites bien les choses, messieurs : on ne traite pas avec plus de délicatesse les grands criminels.

Un sourire amer effleura ses lèvres, et il tendit ses bras aux agents.

La mère Chéron sortit alors de son immobilité. Elle marcha vers les agents, les lèvres frémissantes, le regard étincelant, plein de menace, comme si elle se sentait assez forte pour défendre Pierre contre eux.

Mais, d'un signe, le jeune homme l'arrêta.

— Pierre, c'est une infamie! exclama-t-elle; on n'a jamais vu chose pareille; depuis quand se permet-on de venir prendre ainsi chez eux les honnêtes gens? On met en prison les voleurs, les assassins, mais pas les bons cœurs comme mon Pierre!... Oui, c'est une indignité, c'est une infamie!

— Mère, calmez-vous, répondit Pierre ; je suis sûr qu'on me prend pour un autre. On ne condamne pas un innocent, et on ne me mettra pas en prison sans m'avoir entendu.

— Allez chercher une voiture à quatre places, fermée, dit l'inspecteur de police à l'un de ses hommes.

VIII

DANS L'ATELIER

Dès le matin, avant l'ouverture des ateliers et l'arrivée des ouvriers, un agent de police avait prévenu M. Corbon qu'un mandat d'amener avait été lancé contre Pierre Ricard, qui était au moment même l'objet d'actives recherches.

Comme les autres amis du jeune homme, M. Corbon, qui avait pour lui une estime toute particulière, fut surpris que Pierre eût passé la nuit hors de chez lui, tout en accueillant l'accusation avec une incrédulité complète.

— Je connais tous mes ouvriers, dit-il, je ne crois pas en avoir un seul capable seulement de commettre le crime de vol ; il y en a un, surtout, dont je réponds absolument, et celui-là est précisément Pierre Ricard. Mais je n'ai pas le droit de vous empêcher de faire votre devoir; les ouvriers ne tarderont pas à arriver, attendez.

Peu de temps après les ateliers se remplirent : à sept heures, tous les ouvriers

LES DEUX BERCEAUX

— C'est lui, c'est l'assassin! disait-on. (Page 207.)

ent à leur travail, à l'exception de Pierre. Nous savons pourquoi. Quand, au ⸺ t d'une heure, ses amis ne le virent point arriver, ils commencèrent à être ⸺ uiets.

— Ce n'est pas naturel, dit Boyer, c'est la première fois qu'il lui arrive de ne ⸺ être exact à l'heure.

— Il faut qu'il soit malade, dit Thibaut.

— Pourtant, hier soir en nous quittant, il était fort gai.

— S'il ne s'est pas montré avant l'heure du déjeuner, il faudra aller jusque chez lui voir ce qui se passe.

— Camarades, dit un autre ouvrier, voici le patron ; si Pierre est indisposé, ou s'il a été retenu par une affaire imprévue, il a certainement fait prévenir M. Corbon.

— Au fait, c'est vrai, répondit Thibaut, et on peut bien demander au patron... Diable, il fronce les sourcils, il a l'air mécontent.

M. Corbon s'avançait. Il s'arrêta devant l'étau de Boyer.

— Boyer, lui demanda-t-il, savez-vous pourquoi Pierre n'est pas venu ce matin ?

— Ma foi, monsieur, nous nous adressions cette question entre nous quand vous êtes entré ; il paraît que Pierre ne vous a pas fait prévenir ; c'est bien extraordinaire.

— Vous êtes son ami, Boyer est-ce qu'il ne vous a pas dit hier qu'il avait l'intention de s'absenter?

— Non, monsieur : en partant hier soir, il nous a dit comme d'habitude, aux camarades et à moi : A demain.

— C'est singulier ! murmura M. Corbon.

— Si monsieur Corbon le désire, j'irai jusqu'à la rue Saint-Sébastien, je ne ferai que le chemin.

— Non, Boyer, non, c'est inutile, répondit le maître.

Et la tête baissée, le front sombre encore, il passa dans un autre atelier.

A quelques pas de Boyer se trouvait Robin. Penché sur son étau, il faisait mordre et grincer sa lime sur l'acier sans lever la tête. Il restait silencieux, taciturne comme à l'ordinaire, mais il ne perdait pas un mot des paroles échangées par les autres ouvriers. Comme les amis de Pierre, il était agité et inquiet ; mais si Pierre n'était pas étranger à son inquiétude, celle-ci n'avait pas la même cause.

L'absence de Pierre avait pour lui une signification terrible. Il croyait le jeune homme tombé sous les coups d'assassins dont il était le complice. Tout misérable qu'il fût, sa conscience ne le laissait pas tranquille et il se sentait affreusement tourmenté. Malgré les précautions dont il s'était entouré, dans son extrême prudence, il redoutait pour lui les conséquences du crime. Un peu tard, sans doute, il comprenait que, si Pierre était frappé, les amis du jeune homme, connaissant sa haine, seraient les premiers à le soupçonner, à l'accuser. Il avait beau pousser sa lime avec une sorte de fureur, il ne parvenait pas à se distraire de ses sombres pensées. Il était comme sur des charbons ardents. A neuf heures et demie, n'y pouvant tenir, il posa sa lime et, sans rien dire, sortit de l'atelier.

Après avoir fait quelques pas dans la rue, il regarda autour de lui, afin de s'assurer que personne ne l'observait, puis il prit sa course dans la direction de la rue Saint-Sébastien. Il y arriva comme la voiture qui emmenait Pierre venait de partir. Il y avait déjà une foule énorme devant la maison.

Robin s'informa. Il sut bientôt qu'un jeune homme du nom de Pierre venait d'être arrêté.

— C'est pour avoir participé à la Commune, disaient les uns.

— Mais non, répliquaient les autres ; il est l'auteur d'un vol considérable.

Chacun avait son opinion, émettait son idée, ce qui indiquait que les uns comme les autres ne savaient rien.

Il n'y avait qu'un fait certain ; l'arrestation de Pierre.

Robin ne chercha pas à détromper ceux qui prétendaient que Pierre avait servi la Commune, bien que sur ce point il sût parfaitement à quoi s'en tenir.

On venait d'arrêter l'homme qu'il détestait le plus au monde : peu lui importait, pour le moment, d'en connaître la cause. Il n'avait qu'à se féliciter de trouver sa haine satisfaite d'une manière inattendue et de voir la perte de son ennemi sans avoir à redouter aucun danger pour lui.

Toutes ses appréhensions, ses craintes disparurent immédiatement, et il ne resta plus en lui qu'une joie atroce.

N'ayant plus rien à apprendre et se trouvant suffisamment renseigné, il revint en courant rue Saint-Maur, où les ouvriers, préoccupés, avaient à peine remarqué son absence. Il se remit à l'ouvrage.

On parlait toujours de Pierre, Robin écouta pendant quelques minutes, puis se mêla tout à coup à la conversation.

— Tout à l'heure, dit-il, je suis sorti pour aller acheter du tabac ; savez-vous ce qu'un camarade m'a appris ?

— Quand tu nous l'auras dit, nous le saurons, répondit un de ses camarades de cabaret.

— Eh bien ! M. Pierre ne viendra pas aujourd'hui, et ceux qui l'attendent l'attendront longtemps.

Tous les bras restèrent immobiles.

— Robin, si tu veux qu'on te comprenne, explique-toi.

— Si vous tenez à savoir ce qui se passe, je ne demande pas mieux que de vous le dire.

— Tu vois bien que tout le monde attend que tu parles, répliqua Boyer d'un ton sec.

— En deux mots voici la chose, reprit Robin en s'adressant plus particulièrement à ses compagnons de débauche ; Pierre a été arrêté ce matin par des agents de la sûreté.

Ces paroles furent suivies d'un murmure

Thibaut se tourna brusquement vers Robin, les yeux pleins d'éclairs.

— Tu en as menti ! exclama Boyer, indigné.

Robin haussa dédaigneusement les épaules et un sourire hideux crispa ses lèvres.

— Pour que Robin avance une chose pareille, dit un ouvrier qui n'était pas plus du parti de Pierre que de celui de Robin, il faut qu'il en soit certain.

— Dame ! fit Robin, je vous raconte ce qu'on vient de me dire ; je n'en sais pas davantage. Seulement, comme je n'ai pas la même manière de voir que Boyer, je ne me suis pas permis de donner un démenti au camarade qui a été témoin de l'arrestation de M. Pierre

— Robin, répliqua Boyer, tout le monde ici sait que tu détestes notre ami et que ce n'est pas la première fois que tu te permettrais de le calomnier.

— C'est vrai, murmura sourdement Thibaut.

Robin se redressa fièrement.

— Je n'empêche personne d'avoir son opinion, dit-il avec aigreur ; je laisse chacun libre d'ouvrir ou de fermer les yeux ; vous pouvez dire tant que vous voudrez que je hais M. Pierre et même que je le calomnie, tout cela n'empêche pas qu'il soit actuellement en prison.

Robin venait de parler avec une telle assurance que Boyer et Thibaut baissèrent la tête.

La joie du triomphe éclata dans les yeux de Robin.

— Ainsi, c'est bien vrai, Pierre a été arrêté? interrogea un ouvrier.

— Puisque Robin vient de nous dire qu'il en était sûr, répliqua un autre.

— Dis donc, c'est assez difficile à comprendre pour qu'on en doute.

— Il y a bien des choses qui existent et qu'on ne comprend pas, dit Robin.

— Il a raison, approuva un de ces intimes.

— Enfin, pourquoi Pierre a-t-il été arrêté ?

— Le camarade qui vient de me dire cela, répondit Robin, n'a pu me renseigner exactement ; on parle d'un vol.

Boyer tressaillit.

— Autant dire tout de suite qu'il a assassiné quelqu'un? répliqua-t-il avec colère.

Thibaut avait croisé ses bras et riait.

— Je n'ai qu'un conseil à donner à Boyer, dit Robin, c'est d'aller voir si ce ...on m'a raconté est vrai, afin de pouvoir vous prouver que j'ai menti.

— Puisque Robin l'affirme, reprit Boyer, je veux bien croire que Pierre a été ...été ; pourquoi ? je n'en sais rien, ni Robin non plus. Mais admettre qu'il soit voleur, allons donc !... Ah, çà ! nous le connaissons tous ; est-ce que c'est ...ssible ?

— Dame ! on ne sait pas, fit l'intime de Robin.

— C'est tout simplement absurde, dit Thibaut en haussant les épaules.

— Ce qui serait absurde, riposta Robin avec ironie, ce serait de supposer, ...mme Boyer et Thibaut, qu'on a arrêté M. Pierre parce qu'il est un trop parfait ...nnête homme. Moi, je ne vous dirai pas : Il a fait ceci, il a fait cela ; je ne sais ... pourquoi les agents de la sûreté sont venus le prendre ce matin chez lui. Mais ... en a plus d'un ici qui cessera de dire ou de penser que j'étais jaloux de Pierre et ... la haine me faisait parler. J'y voyais clair et je me défiais d'un hypocrite, voilà ...t. Maintenant, vous devez voir que M. Pierre, avec ses belles paroles et ses ...nds airs, a réussi à tromper tout le monde, excepté moi.

Depuis un instant M. Corbon était entré dans l'atelier et il avait entendu une ...rtie du dialogue des ouvriers. Il s'avança brusquement au milieu d'eux et leur ... :

— Messieurs, on vient de vous apprendre que Pierre a été arrêté, c'est la vérité. ... suis surpris et affligé, quand le malheur frappe un des vôtres, de voir quel-...es-uns d'entre vous éprouver de la satisfaction. Ce n'est point là, messieurs, l'es-...it de fraternité qui devrait toujours exister entre vous N'en déplaise à Robin, j'ai ...elque expérience des choses de la vie et j'ai la prétention de savoir aussi juger ... hommes. Eh bien ! je ne crois pas que votre camarade Pierre soit coupable, et ... garde l'estime que j'ai pour lui. Victime d'une déplorable erreur, j'en suis con-...incu, dans quelques jours il reviendra parmi vous ; ce jour-là, messieurs, je ...us le présenterai comme contre-maître. Je n'ai que cela à vous dire, messieurs ...prenez votre travail.

IX

LE PRISONNIER

Boyer et Thibaut s'étaient donné rendez-vous après leur déjeuner pour ...er ensemble rue Saint-Sébastien afin de se renseigner plus exactement sur la ...use véritable de l'arrestation de Pierre.

Ils étaient dans la rue depuis un instant, questionnant des gens qui, comme eux, cherchaient à savoir la vérité, lorsque Louise, arrivant rue Saint-Sébastien, s'approcha du rassemblement.

Elle écouta sans rien dire, et quand Boyer et Thibaut s'éloignèrent, elle marcha rapidement pour les rejoindre.

— Messieurs, leur dit-elle en les arrêtant, je ne vous connais pas; mais en vous écoutant tout à l'heure, j'ai deviné que vous êtes les amis de M. Pierre Ricard.

— Vous ne vous êtes pas trompée, répondit Boyer, Thibaut et moi, nous aimons Pierre comme s'il était notre frère.

— Je suis aussi son amie, messieurs, je suis heureuse de vous avoir rencontrés.

— Ah! vous connaissez Pierre? fit Thibaut.

— Oui, depuis longtemps.

— Savez-vous pourquoi il a été arrêté? demanda Boyer.

— Oui, je le sais.

Les deux ouvriers se serrèrent contre elle.

— On le croit complice d'un vol et d'un assassinat, dit Louise, baissant la voix.

Boyer et Thibaut échangèrent un regard rapide.

— Il y a du Robin là-dessous, murmura sourdement Boyer.

— Robin, qu'est-ce que c'est que Robin? interrogea Louise.

— C'est l'ennemi acharné de Pierre, répondit Boyer.

— Robin, ajouta Thibaut, dont j'ai eu le malheur d'être l'ami, m'a si bien animé contre Pierre, qu'il y a quinze jours j'ai tenter de le tuer. C'est depuis ce jour terrible, que je n'oublierai de ma vie, que je donnerais ma vie pour sauver celle de Pierre.

— Robin! il faut que je me rappelle ce nom-là, pensait Louise.

Elle reprit tout haut :

— Je m'empresse de vous dire, messieurs, que votre ami Pierre est faussement accusé.

— Ah! nous en sommes bien sûrs, répliqua vivement Boyer. Lui, voleur et assassin! nous ne sommes pas de ceux qui peuvent croire à une semblable absurdité. Du reste, M. Corbon, notre patron, pense absolument comme nous.

— Ainsi, vous êtes des ouvriers de la maison Corbon?

— Oui, et du même atelier que Pierre.

— Et ce Robin, dont vous parliez tout à l'heure?

— Il est aussi de notre atelier.

— Messieurs, reprit Louise d'un ton grave, un vol et un assassinat ont été réellement et malheureusement commis la nuit dernière dans une maison où Pierre va souvent depuis quelque temps. C'est pour cela que les soupçons se sont portés sur lui. Mais, innocent, votre ami sortira triomphant de cette cruelle épreuve. Toutefois, il faut que la justice découvre les vrais coupables; j'ai été frappée tout à l'heure de la façon dont vous avez prononcé le nom de Robin; et quelque chose me dit que ce Robin n'est pas étranger au double crime de la rue de Lille.

— La rue de Lille! exclama Boyer. C'est dans cette rue que demeurent M. Blanchard, l'aveugle, et sa petite-fille.

— Eh bien! on a volé à M. Blanchard une trentaine de mille francs qu'il possédait, et les voleurs — ils étaient deux — ont assassiné le concierge de la maison.

— Fabrice, Fabrice est mort, mort assassiné! s'écria douloureusement Boyer; il connaissait Pierre et avait pour lui une grande amitié.

— Boyer, je suis de ton avis, fit Thibaut, et quelque chose me dit aussi, à moi, que Robin n'est pas étranger à tout cela.

— Messieurs, reprit Louise, dont l'esprit se livrait à un travail extraordinaire, il est toujours bon de prévoir les choses; il peut se faire que j'aie bientôt besoin de vous revoir, veuillez me donner vos noms.

— Je m'appelle Boyer, et mon camarade se nomme Thibaut; si vous aviez besoin de nous, madame, pour être utile à notre ami Pierre, vous pouvez nous appeler n'importe à quelle heure du jour ou de la nuit.

— Merci. Avant de vous quitter, j'ai une recommandation à vous faire.

— Laquelle?

— Ne dites à personne que vous m'avez rencontrée et gardez pour vous seuls ce qui vient d'être dit entre nous.

— Vous pouvez comptez sur notre silence.

Ils se séparèrent.

Louise arrêta la première voiture vide qu'elle rencontra et donna l'ordre au cocher de la conduire rue de Grenelle-Saint-Germain.

Mais, au bout de quelques minutes, elle mit la tête à la portière et cria au cocher :

— J'ai réfléchi : conduisez-moi rue de Lille, 62.

Elle venait de penser qu'elle ferait bien, avant de rentrer à l'hôtel de Lucerolle, voir le commissaire de police du quartier.

Après son arrestation, Pierre fut conduit directement au Dépôt de la préfecture de police. Pendant le trajet, le jeune homme avait eu le temps de réfléchir et, de plus en plus convaincu qu'il devait sa mésaventure à une similitude de nom, il était devenu très-calme et n'éprouvait pas la moindre inquiétude.

Toutefois, après avoir vécu d'une vie si tranquille pendant plus de vingt ans, il trouvait son existence actuelle étrangement tourmentée, et il s'étonnait un peu d'avoir connu si rapidement tant d'émotions successives.

— C'est égal, se disait-il, j'ai hâte d'être interrogé, je serais bien aise de savoir de quoi il s'agit. Que vont penser de moi les bonnes gens de ma maison? Ils doivent se dire déjà que je suis un grand criminel. Bigre! cinq agents pour me prendre, et les bras enchaînés par-dessus le marché, cela ouvre le champ à bien des suppositions. Mais tout cela n'est rien : pourvu que la maman Chéron ne soit pas trop épouvantée, je ne m'inquiète pas de ce que penseront les autres. Si seulement j'avais pu prévenir M. Blanchard et M. Corbon, mon patron... Puis je leur raconterai moi-même la chose ce soir car j'espère bien qu'on ne va pas me laisser moisir ici.

« Comme les choses se groupent et s'enchaînent! Que d'événements depuis hier! Deux hommes veulent me noyer, me jettent à l'eau... Deux autres hommes qui, Dieu merci, ne ressemblent pas aux deux premiers, me sauvent la vie. On me transporte dans une chambre et, quand je reviens à moi, au milieu de la nuit, je vois à mon chevet une femme inconnue... et cette femme, Louise Verdier, a été ma nourrice, et elle me déclare que je ne suis pas le fils de Pierre Richard, dont j'ai toujours porté le nom. Et elle m'affirme que mon père et ma mère existent, et qu'elle me les fera connaître. Voilà ce qu'on peut appeler de l'extraordinaire! C'est comme un rêve, une féerie : je suis véritablement un héros de roman.

— Ne m'interrogez pas, m'a-t-elle dit, je ne puis rien vous dire encore ; c'est dans votre intérêt. Mais dans quelques jours... »

« Dans quelques jours... Ah! tout cela est bien étrange !... Sans compter qu'elle m'a fait promettre, que je lui ai juré de ne révéler à personne que je suis tombé la nuit dernière dans un odieux guet-apens. Évidemment, elle connaît les misérables. Me voilà bel et bien en plein mystère, et j'y suis enfoncé jusque par-dessus la tête... »

Il en était là de son monologue lorsqu'on vint le chercher.

— Enfin? dit-il en se levant pour suivre les deux gendarmes.

On le fit passer par plusieurs couloirs étroits, à peine éclairés, où se tenaient de distance en distance, des gendarmes et des gardiens de la paix. Puis une porte s'ouvrit devant lui ; les gendarmes qui le conduisaient le firent entrer, et il se trouva dans un cabinet en présence d'un grave personnage assisté de son secrétaire.

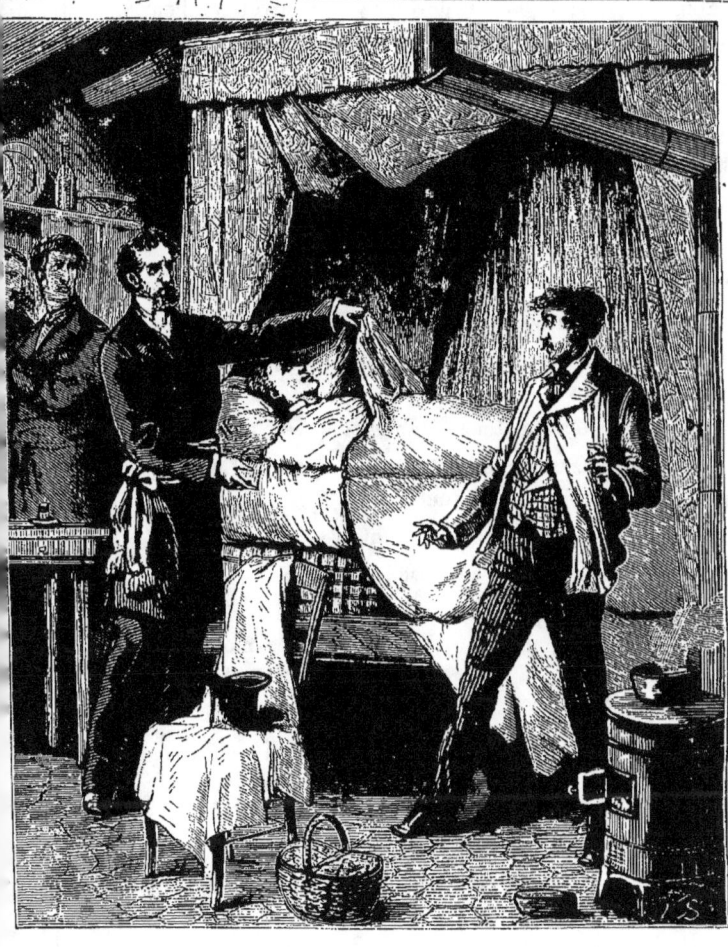

Il découvrit la tête du mort. « Pierre Ricard, reprit-il, regardez! regardez!» (Page 271.)

C'était le commissaire de police chargé de diriger et de compléter l'enquête commencée rue de Lille.

Après avoir consulté une feuille de papier placée devant lui, il se tourna vers [Pie]rre et le regarda attentivement. Aussitôt les mouvements de sa physionomie [ex]primèrent la surprise.

Certes, le regard loyal du jeune homme et son attitude pleine de dignité jus[tifi]aient son étonnement.

Aussi ce fut avec moins de sévérité qu'on ne devait s'y attendre qu'il lui parla.

— Comment vous appelez-vous? lui demanda-t-il.

— Pierre Richard, répondit le jeune homme.

— Vous demeurez?

— Rue Saint-Sébastien, n° 28.

— Quel est votre état?

— Serrurier.

— Vous travaillez?

— Rue Saint-Maur, chez MM. Corbon et Cie.

— Pierre Ricard, reprit le magistrat, une accusation des plus graves pèse sur vous.

— La façon dont j'ai été arrêté ce matin me le fait supposer, monsieur.

— Pierre Ricard, vous affectez un calme que vous n'avez point. Vous êtes ici en présence de la justice ; vous devez dire toute la vérité.

— J'attends, monsieur, que vous vouliez bien m'interroger.

— Vous savez de quels crimes vous êtes accusé !

— J'ai interrogé à ce sujet les agents qui m'ont arrêté ; ils n'ont pas cru devoir me répondre ; j'ose espérer, monsieur, que vous serez moins discret, répondit Pierre en souriant.

Le magistrat fronça les sourcils.

— Pierre Ricard, dit-il brusquement, je vois dès maintenant quel sera votre système de défense ; dans votre intérêt, il en est temps encore, je vous conseille de faire des aveux complets.

— N'ayant commis ni un crime ni même un délit, monsieur, je ne vois pas quels aveux je pourrais faire. Je vous répéterai ce que j'ai dit à vos agents : on me prend pour un autre.

— C'est bien, répliqua le magistrat ; nous verrons plus tard si vous conserverez votre assurance. Où avez-vous passé la dernière nuit?

Le jeune homme tressaillit.

— Où j'ai passé la dernière nuit ? balbutia-t-il.

— Oui, dites-le moi, et apprenez-moi aussi comment vous avez employé votre temps à partir de neuf heures du soir.

— Monsieur... commença Pierre.

Mais, aussitôt, il baissa la tête. Il se souvenait de son serment fait à Louise.

— Ah! vous voyez bien, s'écria le magistrat, vous ne pouvez pas répondre!

— C'est vrai, monsieur, répondit Pierre tristement ; je ne peux pas répon[dre] parce que j'ai promis de me taire sur certains faits qui se sont passés la [nuit] dernière, et qui me sont tout à fait personnels ; mais si, comme vous venez [de] me le dire, je suis accusé d'un crime quelconque, je vous prie de ne pas vous [laisse]r d'interpréter mon silence contre moi. Je ne sais pas de quoi je suis accusé, [mai]s je vous jure que j'ai la conscience bien tranquille. Tel vous me voyez en [ce] moment, tel vous me verrez demain et les jours suivants si vous croyez devoir [me] retenir prisonnier. La majesté de la justice, que je respecte, n'a rien [d'ef]frayant pour moi : un homme ne tremble pas quand il est innocent!

Le magistrat ne répondit rien à ces paroles. Il fit signe à un des gendarmes [de] s'approcher et il lui dit quelques mots à l'oreille.

Le premier interrogatoire était terminé. Pierre sortit du cabinet, escorté de deux gendarmes.

Une heure plus tard on le fit monter dans une voiture en compagnie de trois [age]nts de police.

— Allons, se dit-il, on va me mener à Mazas. Décidément, l'aventure devient [tou]t à fait désagréable.

Mais, à peine sorti de la cour de la préfecture, il s'aperçut que la voiture ne [pre]nait pas du tout le chemin de la prison.

Où le conduisait-on?

X

DEVANT LE CADAVRE

A la grande surprise de Pierre, la voiture, un fiacre de place ordinaire, s'ar[rê]ta rue de Lille. Une foule énorme se pressait sur les trottoirs et encombrait la [ru]e. Les gardiens de la paix réussissaient à grand'peine à maintenir les curieux [et] à laisser libre la circulation.

On avait vu arriver et entrer dans la maison plusieurs graves personnages, [d]ont l'un, disait-on, était le chef de la sûreté.

Quand Pierre, blanc comme un linge, descendit de voiture tenu par deux [a]gents, une rumeur sourde se fit entendre.

— C'est lui, c'est l'assassin! disait-on.

Mais la figure de Pierre savait si bien inspirer la sympathie, qu'il y eut immédiatement dans la foule beaucoup d'incrédules.

— Ce garçon-là un assassin? disaient ceux-ci ; allons donc! on peut parier cent contre un qu'il n'oserait pas tuer un oiseau.

A cela d'autres répondaient :

— Il a la physionomie et le regard doux ; mais il ne faut pas s'y fier : rien ne ressemble plus à un honnête homme qu'un coquin.

Tout à coup, un cri déchirant retentit à une des fenêtres de la maison. Pierre leva la tête et il vit Léontine échevelée, le corps penché en avant, agitant désespérément les bras. Le malheureux poussa un gémissement sourd et il lui sembla qu'une main de fer lui broyait le cœur. Sa tête tomba lourdement sur sa poitrine, ses jambes plièrent sous le poids de son corps, et il serait tombé si les agents ne l'eussent soutenu.

Mais ce ne fut qu'un moment de faiblesse ; il retrouva subitement son énergie.

Le premier regard qu'il rencontra en relevant la tête, ce fut celui de Louise, qui venait d'arriver. Craignant qu'il n'oubliât son serment, et tenant plus que jamais à ce qu'il gardât le silence, elle lui rappela sa promesse, en posant deux doigts sur ses lèvres.

Le jeune homme répondit qu'il comprenait, par un mouvement de tête qu'on put prendre pour un salut adressé à une personne de connaissance.

On le fit entrer dans la maison, puis dans la loge, où se trouvaient quatre hommes, parmi lesquels il reconnut le commissaire de police qui l'avait déjà interrogé.

Madame Fabrice n'était pas là, on l'avait probablement priée de se retirer. Fabrice n'était pas encore enseveli, mais son cadavre était entièrement caché.

Pierre regardait autour de lui avec un étonnement profond ; il cherchait à comprendre, à deviner quelque chose.

— Pierre Ricard, savez-vous où vous êtes ici? lui demanda le commissaire de police.

— Oui, monsieur, je suis dans la loge des concierges de la maison qui porte le n° 62 de la rue de Lille.

— Vous connaissez bien cette maison, vous y veniez souvent. ?

— Oui, monsieur, souvent.

— Depuis combien de temps y venez-vous?

— Depuis que M. et madame Fabrice y sont concierges, c'est-à-dire depuis une dizaine d'années. Mais alors, bien que M. et madame Fabrice eussent de

itié pour moi, je venais les voir rarement. C'est depuis quelque temps, après
[r] loué un logement pour M. et mademoiselle Blanchard, que je suis venu
[souv]ent dans la maison.

— Nous savons cela. Vous avez su gagner la confiance de M. Blanchard et
[de s]a petite-fille, comme vous aviez déjà celle des concierges. Or, la confiance de
[M. B]lanchard était si grande qu'il ne vous cachait rien de ses affaires ; il paraît
[mêm]e qu'il consentait à vous donner sa fille en mariage.

— C'est vrai, monsieur.

— Seulement, vous n'avez jamais eu l'intention d'épouser mademoiselle
[Blan]chard ; vous avez feint un amour que vous n'éprouviez pas, — il fallait cela
[pou]r vos projets, — au risque de détruire à jamais le repos et le bonheur d'une
[inno]cente jeune fille.

Le jeune homme se redressa superbe, le feu de l'indignation dans le regard.

— Monsieur, dit-il d'une voix frémissante, malgré le respect que je dois ici à
[l'ho]mme qui représente la loi et la justice, je ne crains pas de vous dire que vous
[vene]z de prononcer des paroles odieuses. Il y a des sentiments qui doivent être
[resp]ectés, même chez un criminel.

— Soit, Pierre Ricard ; je n'ai pas, d'ailleurs, à insister sur ce point. Vous
[all]iez chez M. Blanchard le dimanche et tous les deux jours dans la semaine.

« Avant-hier vous avez fait votre visite habituelle, cela ne vous a pas empêché
[de r]evenir hier soir assez tard, alors que vous n'étiez pas attendu. Mademoiselle
[Bla]nchard était allée passer la soirée chez une de ses amies, vous le saviez.

— Oui, monsieur, je le savais.

— Quel était le but de votre visite?

— M. Blanchard m'avait confié des coupons à toucher ; je lui ai apporté son
[arg]ent.

— A quelle heure l'avez-vous quitté?

— Il pouvait être neuf heures.

— Connaissez-vous une demoiselle nommée Henriette Mabire ?

— C'est la première fois que j'entends prononcer ce nom.

— En quittant M. Blanchard, qui vous a dit sans doute qu'il allait se coucher,
[ête]s-vous sorti immédiatement de la maison ?

— N'y connaissant pas d'autres locataires, je n'avais pas à m'arrêter chez
[eu]x.

— Pourtant madame Fabrice, qui n'a pas quitté sa loge, ne vous a pas vu
[sor]tir.

— Elle causait avec une autre femme ; pour ne pas la déranger, je ne lui ai rien dit en passant.

— Enfin, vous êtes sorti de la maison à neuf heures ; où êtes-vous allé ensuite ?

— Jusqu'à la rue de Grenelle-Saint-Germain.

— Ce n'était pas votre chemin pour rentrer chez vous.

— C'est vrai, monsieur ; mais mademoiselle Blanchard était allée chez son amie, mademoiselle de Lucerolle, j'espérais la rencontrer revenant rue de Lille.

— Ceci est vraisemblable. Vous êtes donc allé rue de Grenelle; après cela, qu'avez-vous fait?

— J'ai attendu assez longtemps ; mais, ne voyant point sortir mademoiselle Blanchard de l'hôtel de Lucerolle, j'ai pensé qu'elle était rentrée chez son père. L'orage étant près d'éclater, je me décidai à m'en aller pour revenir chez moi.

— Quelle heure était-il alors?

— Je ne puis vous le dire exactement, car je n'ai pas consulté ma montre ; mais il ne devait pas être loin de dix heures.

— Voulez-vous me dire, maintenant, comment il se fait que, partant de la rue de Grenelle à dix heures, hier soir, pour revenir chez vous, rue Saint-Sébastien, vous n'y soyez arrivé ce matin qu'à neuf heures et demie?

— L'explication serait facile à donner, monsieur ; mais, comme j'ai eu l'honneur de vous le dire tantôt, j'ai juré de garder le silence sur certains faits qui me sont absolument personnels.

— Pierre Ricard, c'est cependant cette explication que vous devriez nous donner ; vous n'hésiteriez pas à le faire, si cela vous était possible, car je ne vous ai pas laissé ignorer que vous aviez été arrêté sous le coup d'une accusation des plus terribles. D'un autre côté, votre présence ici devrait vous faire comprendre que votre système de défense manque absolument de solidité.

— N'étant point coupable, monsieur, je n'ai pas à me défendre.

— Pierre Ricard, deux crimes ont été commis dans cette maison la nuit dernière : un vol et un assassinat !

Pierre regarda le magistrat avec épouvante.

Celui-ci continua :

— Deux hommes, un jeune et un vieux, se sont introduits dans la chambre de M. Blanchard et lui ont volé l'argent et les valeurs qu'il possédait.

Une rougeur subite monta au front du jeune homme.

— Et c'est moi, moi qu'on ose accuser ! exclama-t-il indigné.

— Les deux voleurs ont été surpris dans la chambre de M. Blanchard par le [con]cierge de la maison, poursuivit le commissaire de police ; l'un d'eux, est-ce le [...], est-ce le plus âgé? — nous ne sommes pas fixés sur ce point — a frappé [...]ice d'un coup de couteau.

[I]l se leva brusquement et, découvrant la tête du mort :

— Pierre Ricard, reprit-il, regardez, regardez !

[L]e jeune homme poussa un cri étranglé. Puis, les yeux grands ouverts, les [bras] ballants, ne pouvant plus respirer, il resta immobile, comme pétrifié.

— Voilà la victime, continua le magistrat, nous trouverons l'assassin. Mais, [grâce] à Dieu, Fabrice n'est pas mort sur le coup ; il a pu parler : il avait reconnu [les] des voleurs, peut-être son meurtrier, et il l'a nommé. Pierre Ricard, c'est [vous] qu'il a désigné.

[L]e jeune homme sursauta comme un homme qu'on réveille brusquement et, [lente]ment, marcha vers le lit. Alors, les yeux fixés sur le visage du mort et la voix [plein]e de larmes, il dit :

— Fabrice, pauvre Fabrice, mon vieil ami, mort ! mort !... Et c'est moi qu'on [soup]çonne de t'avoir assassiné !...

[I]l tomba à genoux, en sanglotant, et resta un instant la tête dans ses mains [appu]yée sur le lit.

[L]es spectateurs de cette scène touchante se regardaient avec surprise, et cha[cun] se disait que ce n'était point là l'attitude d'un criminel.

[P]ierre se releva ; il jeta un dernier regard sur le corps de Fabrice, puis, se [tour]nant vers les quatre hommes :

— C'est vrai, messieurs, dit-il d'une voix vibrante, l'accusation qui pèse sur [moi] est terrible. Vous voulez découvrir les criminels, vous faites bien. Mais, [sur]tout, continua-t-il en secouant tristement la tête, ne croyez pas avoir en moi [un] de ces misérables ; dans cinq ou six jours, je l'espère, il me sera permis de [vou]s prouver mon innocence. En attendant, messieurs, cherchez toujours l'as[sas]sin de cet homme.

— Ainsi, Pierre Ricard, dit le commissaire de police, vous refusez de faire [auc]un aveu.

— Je n'ai rien à avouer, monsieur.

— Et vous persistez à ne point dire quel a été l'emploi de votre temps [la] nuit dernière ?

— J'attends, monsieur ; dans quelques jours je parlerai.

— C'est bien, nous attendrons aussi.

Il fit un signe. Aussitôt la loge s'ouvrit et deux agents parurent sur le seuil.

— Emmenez l'inculpé, dit le magistrat.

Pierre sortit de la loge. Derrière lui, une voix de femme prononça ce mot :

— Courage !

Le jeune homme se retourna, et il vit Louise Verdier debout sur la première marche de l'escalier.

— Je suis plein de confiance, répondit-il.

Un des agents s'approcha de Louise.

— Qui êtes-vous ? lui demanda-t-il d'un ton courroucé.

— Je me nomme Louise Verdier, répondit-elle très-haut pour que Pierre pût l'entendre ; je viens de faire une visite à mademoiselle Léontine Blanchard de la part de ma maîtresse, madame la comtesse de Lucerolle.

— Ah ! c'est différent, fit l'agent.

Et il s'empressa de rejoindre ses camarades qui emmenaient Pierre Ricard.

Louise n'avait pas menti ; elle venait, en effet, de voir pour la deuxième fois mademoiselle Blanchard. Elle avait entendu le cri poussé par la jeune fille au moment où Pierre descendait de la voiture, et la pensée généreuse lui était venue de monter chez M. Blanchard pour faire entendre de nouvelles paroles d'espoir à la jeune fille et pour raffermir sa confiance.

XI

LA MÈRE ET LE FILS

Il était près de cinq heures lorsque Louise rentra à l'hôtel de Lucerolle.

Intimidé par le ton d'autorité qu'elle avait pris le tantôt en lui parlant, son fils, malgré son audace, n'avait point osé agir contre sa volonté : il était resté à l'hôtel, enfermé dans sa chambre, et il l'attendait avec une impatience fiévreuse, pleine d'anxiété.

Elle le trouva marchant avec agitation et tournant autour de sa chambre comme un lion dans une cage.

— Enfin, lui dit-il en se plaçant brusquement devant elle, vous voilà ; vous devez être satisfaite, je me suis rendu à votre désir.

— Je vous ai donné un ordre, monsieur, vous l'avez exécuté, c'est bien

LES DEUX BERCEAUX 273

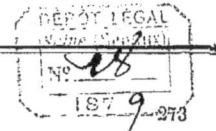

Boyer faisait le partage de l'appétissante tarte aux fraises attendue par les bébés. (Page 280.)

— Admettons cela, si vous y tenez. Maintenant, qu'avez-vous à me dire ? Écoute.

Louise s'assit. Il fit de même, en murmurant :

— Il paraît que ce sera long.

Ses yeux étaient fixés sur sa mère, et il lui trouvait un regard sombre, presque terrible, et un air de sévérité farouche qui lui firent passer un frisson sur le corps.

— Monsieur, dit-elle, vous savez que deux malfaiteurs sont entrés la nuit dernière chez M. Blanchard, rue de Lille, et y ont commis un vol et un assassinat?

Il se contenta de répondre par un mouvement de tête.

— Mais vous ignorez probablement encore, reprit Louise, que Fabrice a reconnu l'un des deux scélérats et qu'il l'a nommé avant de mourir. Il a livré au commissaire le nom de Pierre Ricard, et le jeune homme qui porte votre nom, le vrai vicomte de Lucerolle, a été arrêté ce matin comme un criminel.

— Je ne savais pas cela, balbutia-t-il en s'agitant sur son siége avec malaise.

— Vous pensez sans doute comme moi que le vicomte de Lucerolle est innocent et victime d'une erreur.

— Je ne pense pas cela du tout, répliqua-t-il; si on l'a arrêté, c'est qu'il est coupable.

— En ce cas, monsieur, je vais immédiatement vous détromper; j'ai découvert, moi, quel assassin du concierge, qui se nomme, en effet Pierre Ricard n'est autre que votre père.

Le jeune homme tressaillit et regarda sa mère avec terreur.

— Le vicomte de Lucerolle, continua Louise, est donc une fois de plus frappé par la fatalité qui le poursuit depuis son enfance, et il restera sous le coup de l'horrible accusation jusqu'au jour où, volontairement, vous lui aurez cédé la place que vous occupez ici, et qui lui appartient.

Le jeune homme se redressa, une lueur livide dans le regard et s'écria:

— Jamais! jamais!

— Louis Ricard, dit Louise, lui rendant son véritable nom, vous ferez ce que votre mère vous ordonnera.

— Je ne veux pas vous reconnaître le droit de me donner des ordres, répliqua-t-il avec hauteur.

Louise arrêta sur lui ses yeux pleins de flammes.

— Je saurai vous les imposer, lui dit-elle durement. Vous n'avez rien dans le cœur, rien dans l'âme, continua-t-elle avec véhémence; si, je me trompe: il y a tous les sentiments bas et vils. Ah! mes yeux se sont enfin ouverts, et mon cœur s'est entièrement fermé pour vous. Autrefois, je vous excusais, j'espérais que vous réfléchiriez et que rentrant en vous-même, vous deviendriez meilleur; étais-je assez insensée!... Aujourd'hui, Louis Ricard, vous ne m'êtes plus rien... Non-seulement je n'ai plus d'affection pour vous, — et c'est ce qui me rend forte à cette heure suprême, — mais je n'ose trop interroger mon cœur déchiré, meurtri, tant j'ai peur d'y trouver la haine à côté du mépris. Ah! je vous le

, je suis sans pitié pour vous; je frissonne en pensant que je suis votre
[mè]re, car ce n'est pas un homme, c'est un monstre que j'ai mis au monde!

Le visage de Louis Ricard s'était affreusement contracté. Ne pouvant suppor[ter]
la fixité du regard de sa mère, qui le frappait comme une lance, il baissa les
[yeu]x.

— J'ai fait encore une autre découverte, reprit Louise d'une voix sourde:
[sach]ant ce que vous êtes et ce qu'était celui dont vous portez encore le nom, vous
[l'av]ez trouvé gênant et vous avez voulu l'assassiner!

— C'est faux! c'est faux! s'écria-t-il.

— Misérable! mais ayez donc au moins le courage de ne pas nier votre in[fam]ie! Oui, vous avez voulu assassiner le vicomte de Lucerolle; vous n'avez pas
[hési]té à vous adresser à des scélérats dont le métier est de voler et de tuer, et
[c'es]t avec de l'or, de l'or qui lui appartenait, à lui, que vous avez payé le prix du
[crim]e! Hier soir, à peu près à la même heure que deux brigands, dont l'un est
[votr]e père, volaient et assassinaient un homme rue de Lille, deux autres mi[séra]bles s'élançaient comme deux tigres sur le malheureux enfant, qui traversait
[le p]ont des Arts, et l'ont précipité dans la Seine. Heureusement, j'étais là; j'ai
[app]elé au secours, et deux braves pêcheurs dans une barque l'ont sauvé!... Dieu
[a p]ermis à la mère, déjà si cruellement éprouvée, de conserver la vie de celui
[que] le fils voulait tuer!

Louis Ricard était écrasé, anéanti; la foudre tombait à ses pieds n'aurait pas
[pro]duit un effet aussi terrible. Il fut pris d'un tremblement convulsif, qui le se[cou]a avec une violence extrême.

Après un moment de silence, Louise reprit:

— Ce n'est pas assez pour moi que le vicomte de Lucerolle ait échappé à la
[mor]t; il faut, je veux que les coupables soient châtiés.

Il la regarda avec effarement.

— Vous allez me faire connaître les deux misérables que vous avez payés pour
[assa]ssiner le vicomte de Lucerolle.

Il resta silencieux.

— Louis Ricard, reprit-elle impétueusement, je vous ordonne de me répon[dre], vous entendez, je vous l'ordonne.

Il tressaillit et répondit:

— Je ne les connais pas.

— Vous mentez! cria-t-elle. Vous avez payé ces scélérats, vous devez les
[con]naître ou savoir, tout au moins, où ils demeurent.

— Non, je ne sais rien, bégaya-t-il.

— Ah! prenez garde, reprit Louise d'un ton menaçant; je vous ai dit que j'étais sans pitié, ne laissez pas éclater ma colère. Par respect pour le nom que vous avez porté jusqu'à ce jour, je voudrais ne pas être obligée, moi, votre mère, de vous livrer à la justice; mais si vous refusez de me répondre, si vous ne m'obéissez pas, je vous jure qu'aucune considération ne m'arrêtera plus : j'irai moi-même vous dénoncer au procureur de la République.

Le misérable comprit qu'il était entièrement sous la dépendance de sa mère et qu'elle ne faisait pas une vaine menace en disant qu'elle serait sans pitié. Cette fois, l'épouvante le saisit sérieusement. Il se décida à parler.

— Eh bien! oui, dit-il, j'ai donné de l'argent à un homme pour qu'il...

Il eut peur d'achever sa phrase.

— Pour qu'il tuât le vicomte de Lucerolle, dit Louise. Comment se nomme ce scélérat?

— Ramoneau.

— Où l'avez-vous connu?

— Je ne l'ai vu qu'une seule fois, dans un cabaret de Belleville où j'ai été conduit par un ouvrier.

— Un ouvrier! Il se nomme?

— Robin.

— Ah! Robin, Robin! s'écria Louise; Boyer et Thibaut ne se sont pas trompés! Alors, continua-t-elle, ce Robin, ouvrier serrurier de la maison Corbon, est l'ami de Ramoneau?

— Je ne sais pas s'ils sont amis; mais ils doivent se connaître depuis longtemps.

— Dans quelle rue de Belleville se trouve le cabaret où vous avez vu ce Ramoneau?

— Rue des Rigoles, n° 15.

— Ainsi, vous pensez que c'est Ramoneau et Robin qui ont tenté de noyer le vicomte de Lucerolle?

— Robin ne l'aime pas, mais je le crois trop prudent pour avoir été le complice de Ramoneau.

— Est-ce que Ramoneau est un habitué du cabaret de la rue des Rigoles?

— Oui.

— Il y va souvent?

— Probablement tous les soirs.

— Si ce soir ou demain soir j'allais moi-même dans ce cabaret de la rue des [...]es, à quoi reconnaîtrais-je ce misérable?

— C'est un homme assez grand, qui paraît avoir plus de soixante ans; il est [géné]ralement seul dans un coin et fume continuellement une pipe dont le fourneau noir touche à ses lèvres lippues; il a tout le haut de la tête entièrement [chau]ve, et les cheveux qui lui restent sont gris. Il est encore facile à reconn[aîtr]e à un tic nerveux qui consiste dans un haussement fréquent de ses larges [épau]les.

[L]ouise tressaillit, et un nuage passa devant ses yeux.

[À c]e tic du père Ramoneau, elle se souvint que Pierre Ricard l'avait déjà lors[que] le connut, Pierre Ricard avait aussi de larges épaules et de grosses lèvres, [dont] l'inférieure était tombante.

[E]lle ne douta pas que cet individu, qui se faisait appeler Ramoneau, ne fût [Pier]re Ricard lui-même. Une nouvelle lumière se fit immédiatement dans son [espr]it. Il devenait évident pour elle que Pierre Ricard, ayant pour complices des [scélé]rats comme lui, n'était pas seulement coupable du vol et de l'assassinat de [la ru]e de Lille, mais encore de la tentative de noyade du pont des Arts.

[C]e qu'elle éprouva pendant l'espace de quelques secondes est intraduisible. [Elle av]ait ce qu'il y a de plus effroyable dans l'horreur.

[N]'était-ce pas encore une inconcevable et terrible fatalité qui avait mis en [prés]ence le père et le fils, inconnus l'un à l'autre, celui-ci pour payer le crime, [celu]i-là pour le commettre?

La raison de certaines femmes, de certaines mères surtout, ne résisterait [pas] à de pareils coups. Mais Louise avait l'âme forte, la raison solide; de plus, [elle] était soutenue par sa conscience qui lui ordonnait impérieusement de rem[plir] la tâche qu'elle s'était imposée.

Remise de sa violente émotion, elle reprit la parole.

— Une singulière idée vient de me passer dans la tête, dit-elle. Je crois que [Ramo]neau est aussi l'un des auteurs du double crime de la rue de Lille.

— Oui, c'est possible, dit Louis Ricard comme se parlant à lui-même.

— Malheureux! s'écria Louise d'une voix frémissante, c'est peut-être vous [qui] l'avez poussé à pénétrer chez M. Blanchard pour le voler!

— Non, non, répliqua-t-il vivement; je suis innocent de cela, je vous le jure; [d'ai]lleurs, j'ignorais absolument, ce matin encore, que M. Blanchard eût de [l'ar]gent chez lui.

Louise secoua la tête.

— Si vous n'aviez pas parlé à Ramoneau de M. Blanchard, reprit-elle, comment aurait-il su l'existence de ce vieillard aveugle, qui n'est à Paris que depuis deux mois?

— Je cherche à me souvenir, répondit Louis Ricard ; oui, je crois me rappeler qu'en causant avec Ramoneau, dans la rue des Rigoles, j'ai prononcé le nom de M. Blanchard. Alors... Oh! maintenant, je me souviens de cela parfaitement, le visage de Ramoneau s'anima, et ses yeux pétillèrent. Surpris de son air singulier, je lui ai demandé s'il connaissait M. Blanchard. « Non, m'a-t-il répondu ; mais j'ai entendu parler de lui et de son fils que les Prussiens ont fusillé ; il est aveugle, et a avec lui sa petite-fille. »

Louise était suffisamment instruite, car il lui importait peu, pour le moment, de savoir comment Pierre Ricard ou Ramoneau avait pu savoir que M. Blanchard possédait chez lui des valeurs assez importantes.

— C'est bien, dit-elle à son fils ; je n'ai plus rien à vous demander. Maintenant, voici mes ordres : demain matin, avant le réveil de madame la comtesse et de M. le comte, vous quitterez l'hôtel de Lucerolle pour n'y plus rentrer jamais!

Il bondit sur ses jambes.

— Quoi! s'écria-t-il, vous voulez!...

Louise se leva à son tour, et marchant vers lui :

— Je veux, prononça-t-elle d'une voix lente et rude, je veux que vous disparaissiez et qu'on n'entende plus parler de vous. Je veux que dans trois jours, vous entendez bien, Louis Ricard, que dans trois jours vous ne soyez plus en France. Vous irez où vous voudrez, mais le plus loin sera le meilleur pour vous. Vous tâcherez, s'il en est temps encore, de vous repentir et de mériter la clémence du ciel. Voilà ce que la malheureuse femme qui vous a mis au monde a décidé.

Le misérable s'était ployé en deux comme foudroyé. Mais il se redressa brusquement, et, défiant sa mère du regard :

— Non, non, s'écria-t-il d'une voix rauque, non, je ne partirai pas!

Ses yeux s'arrêtèrent sur une magnifique panoplie composée d'armes très-rares et se remplirent aussitôt de lueurs sombres.

Quelle était sa pensée? Venait-il de songer au suicide? Non. Plus criminel encore, il avait eu l'horrible tentation de poignarder sa mère. Heureusement, ce n'était qu'une tentation. Mais ce fut moins la frayeur du crime que son inutilité qui l'arrêta. De quelque côté qu'il envisageât sa situation, il se voyait irrémissiblement perdu.

Il eut un geste et un regard désespérés.

— Vous avez à choisir, lui dit froidement Louise : vous quitterez la France ou vous irez au bagne!

Alors il eut une nouvelle audace, celle de jouer la comédie du désespoir et du

ir. Lui! si fier, si arrogant, il s'humilia. Il implora, il supplia, espérant pou-
veiller la tendresse de sa mère. Quand il eut fini, elle répondit :

Je vous ai dit que j'étais sans pitié ; rien ne peut me faire changer de
é. Vous partirez parce qu'il le faut pour la tranquillité de la famille de
olle.

Mais c'est impossible! s'écria-t-il ; je ne puis partir, je suis sans argent!

Je vous ferai don de tout ce que je possède. Depuis que vous êtes au
e, j'ai toujours été en service ; j'ai peu dépensé et j'ai beaucoup économisé.
tite fortune se monte à quarante mille francs. Avec cela, sur n'importe
oin de terre, vous pourrez vivre en travaillant. Vous êtes instruit, si vous
z régler votre conduite et vaincre votre paresse, vous embrasserez une pro-
n et vous vous tirerez d'affaire.

Jusqu'à lundi ou mardi au plus tard, vous vous logerez où il vous plaira
; lundi matin, vous me ferez savoir votre adresse, et je vous enverrai ou
porterai moi-même les quarante mille francs en billets de banque. Surtout,
z-vous d'oublier que vous ne devez plus être à Paris mercredi prochain.

C'est tout ce que j'avais à vous dire, acheva Louise ; je vous laisse à vos
ions. »

, sans même lui adresser un dernier regard, elle sortit de la chambre.

XII

CHEZ THIBAUT

e soir-là, quand on vint prévenir le faux vicomte qu'on allait se mettre à
, il répondit qu'il était souffrant et qu'il ne mangerait pas. Il avait besoin de
ide ; trouvant bon le conseil que lui avait donné sa mère en le quittant, il
chissait.

ouise n'avait pris aucune nourriture depuis le matin. Elle dîna très-vite.
 quoique très-fatiguée, elle sortit. Elle alla prendre un coupé à la plus proche
on des voitures de place et se fit conduire rue Saint-Maur, à la maison
on. Les ateliers étaient fermés ; elle s'y attendait. Mais comme c'était le
edi, jour de paie, elle trouva encore dans les bureaux le caissier et un autre
loyé aux écritures en train d'achever les comptes.

lle voulait voir Boyer le soir même, et, comme elle avait négligé de lui demander son adresse, elle venait pour se la faire donner. Cela ne souffrit aucune difficulté. Elle remercia le caissier et se rendit chez l'ouvrier. Elle ne trouva que sa mère.

— Mon fils n'a pas dîné ici ce soir, lui dit la brave femme. Est-ce bien important, ce que vous avez à lui dire?

— Oui, très-important : il s'agit d'un de ses amis.

— De M. Pierre, peut-être?

— Oui, de M. Pierre.

— Oh! alors, c'est différent. Vous trouverez mon fils chez Thibaut, un autre ami de M. Pierre. Ils sont très-peinés, très-désolés. Thibaut a emmené Boyer pour manger la soupe avec lui.

Et elle donna à Louise le nom de la rue et le numéro de la maison où demeurait Thibaut.

Les deux ouvriers, la femme et les enfants étaient à table. Boyer avait ajouté au repas de son camarade un pâté chaud, une magnifique tarte aux fraises et deux bouteilles de vieux vin. Pour cette intéressante famille, qui avait été si longtemps privée du nécessaire, c'était presque un festin.

Si ce n'eût été le chagrin que leur causait l'arrestation de Pierre, leur joie à tous aurait été grande. Seuls, les enfants riaient et battaient joyeusement des mains à la vue de la tarte achetée pour eux, surtout.

Depuis ce jour terrible où Thibaut ivre avait failli tuer Pierre d'un coup de couteau, le modeste logement avait pris un air de fête ; les enfants et la mère elle-même avaient chacun un vêtement neuf. Le buffet ne manquait plus de pain à donner aux chers petits, et la gaieté avait reparu en même temps qu'une aisance relative.

Thibaut, tenant son serment, n'allait plus au cabaret, ne s'enivrait plus. Sa femme, qui ne demandait qu'à l'aimer, lui avait rendu son amour en lui pardonnant le passé. Et le bonheur des premiers jours était vite revenu. On avait en plus les trois bébés roses, trois petits anges à adorer.

Ceux qui avaient vu la jeune femme, seulement quinze jours auparavant, ne la reconnaissaient plus : ses yeux avaient retrouvé leur éclat, sa voix son timbre gracieux, ses lèvres le sourire, et sur ses joues refleurissaient les fraîches couleurs de la jeunesse.

Et tout cela, c'était l'œuvre de Pierre.

Pendant le repas, on avait constamment parlé de lui et trinqué plusieurs fois à sa santé et à son retour à l'atelier. La jeune mère avait versé des larmes en se rappelant ce qu'il avait fait pour elle et ses enfants.

Boyer faisait le partage de l'appétissante tarte aux fraises, impatiemment

— Dites donc, continua-t-elle, en avez vous beaucoup, de ces belles pièces d'or? (Page 291.)

[idu]e par les bébés, lorsque Louise frappa à la porte du logement. La jeune [fem]me alla ouvrir.

A la vue de la visiteuse, qu'ils reconnurent aussitôt, les deux ouvriers se [levè]rent précipitamment et l'interrogèrent du regard.

— Ne vous dérangez pas, leur dit-elle, achevez de dîner tranquillement. Quand [vou]s aurez fini, nous causerons.

Puis, se tournant vers la jeune mère, elle reprit :

— Vous avez de bien jolis enfants, madame; me permettez-vous de les embrasser?

— Oh! certainement, répondit la jeune femme, qui se demandait avec surprise quelle était cette étrangère que son mari et Boyer semblaient connaître; seulement, ajouta-t-elle, ils sont tout barbouillés de fraises.

— Cela ne fait rien, dit Louise, comme ils mangent avec plaisir, les chers mignons!

Et elle les embrassa l'un après l'autre.

— Madame est aussi une amie de Pierre, dit Boyer à Lucie.

La jeune femme courut à Louise, et lui prenant les mains :

— Ah! madame, s'écria-t-elle très-émue, vous le connaissez, vous l'aimez aussi. Il est si bon!... Vous ne savez probablement pas ce qu'il a fait pour nous : vous voyez mes enfants, vous me voyez ; eh bien! sans M. Pierre, nous serions morts tous les quatre. Et c'est lui, qui n'a de pensées que pour le bien, lui, qu'on met en prison!

Elle pleurait à chaudes larmes.

— Consolez-vous, madame, dit Louise; il est en prison, c'est vrai ; mais il n'y restera pas longtemps.

— Madame, dit alors Thibaut, votre visite nous fait comprendre que vous avez besoin de nous.

— Oui, messieurs, oui, j'ai besoin de vous.

— Nous sommes prêts, dit Boyer; indiquez-nous ce que nous devons faire.

— Avant tout, il faut que je sache si, dans l'intérêt de votre ami et pour livrer les coupables à la justice, il ne vous répugnera pas de jouer le rôle... comment dirais-je?... Mon Dieu! je prononce le mot, le rôle d'espion?

Les deux ouvriers se regardèrent.

— Ce n'est pas un rôle bien agréable, répondit Boyer ; mais il s'agit de Pierre, nous ferons tout ce que vous voudrez... n'est-ce pas, Thibaut?

— Oui, tout.

— Vous êtes deux braves cœurs, merci! dit Louise.

« Maintenant, écoutez-moi : comme vous l'avez tout d'abord supposé, Robin n'est pas pour rien dans l'arrestation de votre ami; mais, quant à présent, il est difficile d'apprécier à quel degré il est coupable; nous n'avons donc pas à nous occuper de lui jusqu'à nouvel ordre.

« D'après certains renseignements que j'ai pu obtenir, je suis à peu près sûre

nous parviendrons, à nous trois, à découvrir non-seulement les deux miséra-
[bl]es qui ont commis le double crime de la rue de Lille, mais toute une bande de
[ma]lfaiteurs. Je sais bien que vous pouvez me dire : « Au lieu de venir nous
[dem]ander de faire un métier qui n'est pas le nôtre, pourquoi ne vous adressez-
[vou]s pas tout de suite à la police? » Ce serait, en effet, beaucoup plus simple et
[plu]s facile; mais, pour plusieurs raisons de force majeure, je dois agir autrement.

« Le nom d'un des brigands qui ont volé M. Blanchard m'a été livré. Ce misé-
[rab]le, déjà âgé, s'appelle Ramoneau : c'est probablement un nom de guerre. Quoi
[qu'i]l en soit cet homme fréquente un cabaret de la rue des Rigoles, à Belleville;
[il y] va, paraît-il, tous les soirs. Il est à peu près certain qu'il habite dans le
[qua]rtier de Belleville-Ménilmontant; or, il serait très-important pour moi et pour
[ce] que je veux faire, de connaître sa demeure. Voilà ce que je vous charge de
[déc]ouvrir d'abord. Je trouverai ensuite le moyen de me rencontrer avec lui, car
[il fa]ut que je lui parle à ce misérable, il le faut.

« Comme je viens de vous le dire, Ramoneau doit faire partie d'une bande de
[ma]lfaiteurs dont le nombre est sans doute considérable. Dans tous les cas, je puis
[affi]rmer qu'il a au moins quatre complices, dont deux, un homme et une femme,
[on]t participé aux crimes de la rue de Lille. Je sais même le nom de la femme,
[qui] est peut-être aussi un nom d'emprunt. Elle se nomme Henriette Mabire.

— Henriette Mabire! s'écria la femme de Thibaut; mais je la connais, je la
[con]nais !

— Comment, fit Thibaut étonné, tu connais une voleuse!

— C'est assez extraordinaire, reprit Louise, mais non impossible.

— Oh! elle n'est pas mon amie, répliqua vivement la jeune femme; et puis
[je] ne pouvais pas deviner qu'elle fût une voleuse. Quand je l'ai connue, il y a
[six] ans, elle était couturière. J'ai entendu dire qu'elle avait mal tourné; elle
[co]urait les bals publics et avait des amants ; du reste, je ne l'ai jamais fré-
[qu]entée. Je ne l'avais pas vue depuis au moins trois ans, lorsque, il y a quelques
[jo]urs, je me suis trouvée devant elle rue du Faubourg-du-Temple. Impossible
[de] l'éviter. Elle me dit qu'elle était enchantée de me revoir, et malgré la froi-
[de]ur de mon accueil elle me fit de grandes démonstrations d'amitié. Elle m'ac-
[co]mpagna jusqu'à notre porte dans la rue, et m'annonça, en me quittant, qu'elle
[vi]endrait me voir. J'ai eu la faiblesse, je l'avoue, de ne pas lui répondre qu'il
[ser]ait inutile qu'elle se dérangeât.

— Est-elle venue? demanda Thibaut.

— Pas encore ; mais si elle a l'audace de se présenter, je lui ferai une récep-
[tio]n qui ne l'engagera point à revenir une seconde fois.

— Madame Thibaut, dit Louise, ce serait agir très-sagement si, en raison
[de]s circonstances, nous n'avions pas intérêt à savoir ce que fait cette femme

et où elle demeure. Je crois donc que vous ferez bien de la recevoir, malgré votre répugnance, et d'obtenir qu'elle vous donne son adresse. Cette femme peut nous être utile, et il est bon que nous sachions où la trouver si nous avons besoin d'elle. Vous allez avoir aussi votre rôle à jouer, ajouta Louise en souriant.

La jeune femme consulta son mari du regard.

— Il s'agit de notre ami Pierre, dit Thibaut; nous devons servir aveuglément les projets de madame Louise Verdier, sans nous demander si ce qu'il y a à faire nous plaît ou ne nous plaît pas.

— C'est mon avis, fit Boyer.

— Si Henriette Mabire vient me voir, je la recevrai, dit la jeune femme.

— Et comme tu n'es pas bête, Lucie, reprit le mari, tu la feras causer.

— Ayez seulement son adresse, dit Louise; nous découvrirons le reste plus tard. Mais le plus important et le plus pressé est de connaître la demeure de Ramoneau, continua Louise en se tournant vers les deux hommes; je vous ai dit que vous le trouveriez dans le cabaret de la rue des Rigoles, où il va tous les soirs. Il vous sera facile de le reconnaître à sa figure de vieil ivrogne et à un mouvement fréquent des épaules, vous ne le perdrez pas de vue, et, en agissant avec prudence, sans qu'il se doute que vous le surveillez, car il doit être défiant, vous parviendrez à découvrir la maison où il loge.

— Quand faudra-t-il nous mettre en chasse? demanda Boyer.

— Le plus tôt possible.

— Alors, dès demain.

Pourquoi pas dès ce soir? dit Thibaut; il est encore de bonne heure et il n'y a pas loin d'ici à la rue des Rigoles.

— Thibaut a raison, reprit Boyer; il y a un proverbe qui dit : « Ne remettez pas au lendemain ce qui peut-être fait le jour même. »

Les deux hommes se levèrent en même temps et prirent leur casquette.

— Nous reverrons-nous bientôt? demanda Boyer à Louise.

— Je vais être très-occupée ces jours-ci, répondit-elle; mais tous les soirs, entre six et sept heures, l'un de vous pourrait venir me trouver rue de Grenelle-Saint-Germain, à l'hôtel de Lucerolle.

— C'est entendu, dit Boyer; comme cela, vous serez au courant de ce que nous aurons fait et vous pourrez nous donner de nouvelles instructions.

— J'ai encore quelque chose à vous dire, reprit Louise. Si vous étiez forcés de prendre quelques heures et même une ou deux journées sur votre travail, il faudrait avertir votre patron

— C'est la règle chez M. Corbon.

— D'ailleurs, votre temps ne sera pas perdu, vous en recevrez le prix, je vous promets, de même que vous serez indemnisés des dépenses que vous serez [for]cés de faire.

— Nous allons travailler pour Pierre, répondit Boyer avec une sorte de fierté; [on ne] se fait pas payer les services qu'on rend à un ami.

— Vous êtes pauvres, mes amis, et il n'est pas juste... D'abord il vous faut [beaucou]p d'argent; en avez-vous?

— Ce soir, en rentrant, répondit Thibaut, j'ai remis ma paie à Lucie.

— C'est l'argent de ta femme et de tes enfants, répliqua vivement Boyer; on [n'y to]uche pas. Moi, je suis garçon, je paierai les petites dépenses que nous pour[rons] faire. Partons.

[L]ouise émue, regardait les deux ouvriers avec admiration.

— Voilà les bons! se disait-elle.

[P]uis poussant un soupir :

— Ah! si je m'étais mariée avec un de ceux-là! ajouta-t-elle.

[T]hibaut, après avoir embrassé les enfants, mettait un baiser sur le front de [sa fe]mme.

[L]es deux ouvriers partirent.

— Prenez garde, soyez prudents, leur cria Lucie dans l'escalier.

[L]ouise resta encore un instant avec elle, puis, ayant embrassé les trois bébés, [s]e retira. Elle rentra à l'hôtel de Lucerolle rompue, exténuée, brisée de toutes [m]anières, avec un besoin absolu de repos.

XIII

SUR LA PISTE

[D]ans la matinée du dimanche eurent lieu les obsèques de Fabrice, qui fut in[humé] au cimetière Montparnasse. On vit une foule considérable à la suite du cer[cueil].

[M]adame Fabrice ne fut pas abandonnée; son malheur lui avait acquis de nom[breu]ses sympathies, et les encouragements et les paroles de consolation ne lui [man]quèrent point. La comtesse de Lucerolle lui fit remettre, sans se faire con[naît]re, un billet de mille francs.

Louise Verdier se leva un peu plus tard. Malgré sa fatigue physique et morale, tourmentée par mille pensées qui se heurtaient tumultueusement dans son cerveau, elle n'avait trouvé que quelques heures de sommeil. Toutefois, elle se sentit reposée et plus que jamais décidée à mettre à exécution le projet qu'elle avait conçu.

Sa tête, débarrassée de cette lourdeur qui l'avait fait agir pendant vingt-quatre heures au milieu d'une espèce de tournoiement vertigineux, lui permettait maintenant de réfléchir avec plus de suite et de coordonner ses pensées.

Elle descendit dans les appartements, et son premier soin fut de s'assurer que son fils, obéissant à l'ordre qu'elle lui avait donné, était parti de l'hôtel. Elle ne le trouva point dans sa chambre et on lui apprit qu'il était sorti depuis plus d'une heure.

— Il a compris, se dit-elle, c'est bien. Dès qu'il m'aura fait connaître sa demeure, je m'arrangerai pour lui faire parvenir son linge et ses effets en même temps que la somme que je lui ai promise.

Elle déjeuna, répondit à quelques questions que lui adressèrent les domestiques et sortit de l'hôtel. Elle se rendit à pied à la préfecture de police. Après avoir attendu assez longtemps, on finit par l'introduire dans les bureaux du commissariat aux délégations.

Ses premières paroles la firent regarder un peu de travers. Mais, ayant invoqué le nom de madame la comtesse de Lucerolle, on voulut bien lui apprendre que Pierre Ricard avait été écroué la veille à la prison de Mazas, et que les pièces de l'enquête étaient au parquet. On ne put lui dire le nom du magistrat chargé de l'instruction de l'affaire criminelle ; du reste, celui-ci n'était probablement pas encore désigné.

Louise se retira.

— Aujourd'hui je ne trouverais personne au Palais de Justice, se dit-elle ; je reviendrai demain. Le pauvre enfant, continua-t-elle pendant que de grosses larmes roulaient dans ses yeux, il se laisse arrêter, on l'accuse de deux crimes épouvantables, on le met en présence du cadavre de Fabrice, on le jette dans un cachot comme le plus vil des misérables, et il garde le silence, il se tait pour rester fidèle à la promesse qu'il m'a faite ! Quelle force, quel courage ! C'est bien le sang des Lucerolle qui coule dans ses veines.

Elle revint lentement à l'hôtel.

Vers trois heures de l'après-midi, un commissionnaire apporta une lettre à son adresse, qui lui fut remise aussitôt. Elle était de son fils. Voici ce qu'elle contenait :

« Vous l'avez voulu ; j'ai quitté l'hôtel de Lucerolle pour ne plus y rentrer.

volonté est terrible ! Je pouvais me révolter contre elle ; mais je n'ai pas [voulu] voir donner au monde ce spectacle admirable d'une mère ouvrant elle-[même] à son fils la porte d'une prison.

[J']ai pris le nom de Charles Cholet et me suis logé rue de la Goutte-d'Or, 29. [Jusqu']à que vous pourrez m'apporter ou m'envoyer ce que vous m'avez promis. [J'atten]drai lundi et mardi toute la journée.

[Puis] je m'expatrierai. Où irai-je? Je n'en sais rien. Qu'importe? vous serez [quit]te, car vous n'entendrez jamais parler de moi. Vous avez le regret de [m'avoi]r mis au monde ; moi, je maudis l'existence que vous m'avez donnée ! »

[Lo]uise resta un moment pensive, les yeux obscurcis, fixés sur la feuille qui [tremb]lait entre ses doigts. Puis avec un accent douloureux elle murmurait :

— Rien, rien ; le malheureux a un caillou à la place du cœur. Enfin, il par[le,] je n'ai pas à lui demander davantage.

[De]ux larmes tombèrent sur le papier. Elle releva brusquement la tête.

— Eh bien, fit-elle, pourquoi cette émotion ? Est-ce que je l'aime encore ? [Oh] non, c'est une dernière minute de faiblesse.

[Un] sourire amer glissa sur ses lèvres.

— Une sensation douloureuse au cœur, deux larmes tombées de mes yeux, [prono]nça-t-elle tristement, voilà le dernier signe de vie d'un grand amour [mater]nel ! Allons, allons, continua-t-elle le front haut, l'œil étincelant, j'ai fait [le sac]rifice de toutes mes illusions !

[El]le mit la lettre dans sa poche et laissa tomber sa tête dans ses mains. Elle [resta] longtemps ainsi absorbée dans ses pensées. Pour elle tout était fini. Elle [n'ava]it plus d'espoir de bonheur que pour les autres.

[L]e bruit d'une porte qui s'ouvrit la fit sortir de son rêve. Le valet de chambre [de M.] de Lucerolle était près d'elle.

— Louise, dit-il, il y a là un homme qui demande à vous parler ; voulez-vous [le re]cevoir?

— Oui, oui, Joseph, répondit-elle en se levant ; j'attends quelqu'un ce soir, probablement cette personne.

— En ce cas, je vais le faire entrer près de vous, reprit le domestique.

[Il] allait sortir. Louise l'arrêta.

— Est-ce que M. le comte est chez lui ? demanda-t-elle.

— Oui, il n'est pas sorti aujourd'hui. Il est soucieux et je le crois très-mé[conten]t.

— Pourquoi ?

— M. le vicomte n'a pas dîné à l'hôtel, depuis midi, M. le comte a fait demander trois ou quatre fois si son fils était rentré ; je crois bien qu'il a pris une détermination sérieuse à l'égard de M. le vicomte.

Louise tressaillit.

— Ah ! vous croyez cela ? fit-elle.

— M. le comte veut absolument que son fils change de vie et devienne un homme utile.

M. le comte a raison, Joseph ; je suis sûre que M. le vicomte de Lucerolle donnera à son père, dans l'avenir, de grandes satisfactions.

— J'en doute, répliqua le vieux serviteur en hochant la tête.

— Vous verrez cela, Joseph, vous le verrez, dit Louise.

— Que Dieu vous entende, Louise ; mais j'ai bien peur que ce ne soit qu'une illusion.

— Joseph, reprit-elle, je n'aurai probablement que quelques paroles à échanger avec la personne qui vient me voir ; je désirerais ensuite causer avec M. le comte. Voulez-vous avoir l'obligeance de le prier de m'accorder un moment d'entretien ?

— Je vais aller de suite prévenir M. le comte.

Joseph s'éloigna et, presque aussitôt, Boyer entra dans la chambre.

— Venez, venez vite, lui dit Louise, je vous attendais.

Elle ferma elle-même la porte en disant :

— Il ne faut pas qu'on nous entende.

Puis, revenant à Boyer, elle lui prit la main, l'entraîna à l'autre extrémité de la chambre, et le fit asseoir dans un fauteuil.

— Maintenant, reprit-elle en s'asseyant en face de lui, je vous écoute ; qu'avez-vous à me dire ?

— Thibaut et moi, nous n'avons pas perdu de temps, et nous avons eu la chance de réussir mieux que nous ne l'espérions.

— Alors vous savez où demeure Ramoneau ?

— Oui, mais nous avons fait encore une autre découverte.

— Importante ?

— Pour la police, je le crois.

— Voyons, voyons, dit Louise, en s'agitant sur son siége.

— Faut-il vous raconter, dès le commencement, comment nous avons passé la soirée d'hier ?

— Oui, oui, j'ai besoin de savoir tout.

LES DEUX BERCEAUX

— Vous manquez un peu de patience, madame, répliqua Louise d'un ton calme et plein de dignité. (Page 303.)

— Eh bien! voici : nous nous sommes rendus rue des Rigoles, où nous s facilement trouvé le cabaret en question. Mâtin! appeler cet affreux e un cabaret, c'est être honnête! Enfin, nous y entrons comme dix heures ient de sonner. Au milieu d'une fumée épaisse et lourde, qui menace de asphyxier, et qui enveloppe la lumière de deux becs de gaz, comme pour êcher d'éclairer trop vivement la salle, nous voyons assis autour des tables vingtaine d'individus, hommes et femmes, dont je renonce à vous faire les portraits. Autrefois, je fréquentais trop assidûment les marchands de vin et j'allais un peu partout : mais, cré nom ! jamais, non, jamais je n'avais vu de pareilles figures. Vrai, si nous n'avions pas eu un autre motif d'entrer dans cette caverne que celui de boire une bouteille, nous nous serions enfuis épouvantés.

« Quelques hommes, déjà ivres, dormaient la tête appuyée sur la table. Les autres, plus robustes sans doute, continuaient à boire. Tous fumaient, hommes et femmes. Celles-ci débraillées, le regard languissant, lascif, ayant de la bave aux lèvres, offraient un spectacle écœurant, hideux. A l'odeur du vin et des liqueurs fortes se mêlait celle de la fumée de tabac et de pipes culottées, pénétrante, âcre, infecte, et quelque chose de plus repoussant encore : la puanteur de la misère et du vice éhonté.

« Avant que j'ouvrisse la porte, tout ce monde criait, riait, chantait. Notre apparition fut suivie d'un silence presque lugubre, et tous les regards se braquèrent sur nous comme autant de pièces de canon. Nous vîmes fort bien que nous n'étions pas les bienvenus dans la société. Sans nous déconcerter nous allâmes nous asseoir à l'extrémité d'une table où il y avait encore trois ou quatre places à prendre et je demandai à la cabaretière de nous servir une bouteille de vin.

« Pendant un instant, les habitués continuèrent à nous regarder de travers, puis ayant sans doute reconnu que nous n'appartenions pas à la police, les yeux devinrent moins farouches, et bientôt ils ne firent plus attention à nous. Toutefois, ils restèrent gênés : leur gaîté fut moins bruyante et leurs paroles moins expansives.

« Nous profitâmes de l'indifférence qui succédait à la défiance qui nous avait d'abord accueillis, pour faire du regard l'inspection du lieu.

« Au fond de la salle, dans un coin où la lumière du gaz arrivait à peine, nous aperçûmes un individu ayant devant lui un verre et un flacon d'eau-de-vie. Seul à sa table, fumant sa pipe, il ne paraissait nullement s'intéresser à ce qui se passait autour de lui.

« Nous l'examinions à la dérobée, curieusement, nous demandant si ce n'était point là le personnage que nous cherchions, lorsque, posant sa pipe sur la table, il vida dans son verre ce qui restait d'eau-de-vie dans le flacon et l'avala d'un trait avec des haussements d'épaules semblables à des mouvements épileptiques. Thibaut me donna sous la table un coup de genou.

« En même temps, nous venions de reconnaître Ramoneau.

« Ayant bu son eau-de-vie, il jeta deux ou trois regards dans la salle et, d'une voix enrouée, appela la cabaretière. Ils échangèrent quelques paroles à voix basse. Puis le buveur tira de sa poche une pièce de monnaie qu'il mit dans la main de la femme,

« — Oh! oh! de l'or! fit-elle avec un mouvement de surprise et assez haut r que nous pussions l'entendre.

« — Eh bien! quoi? répliqua Ramoneau d'un ton aigre : est-ce si étonnant cela? J'ai touché mes rentes, voilà tout.

« La cabaretière ne croit pas beaucoup, sans doute, aux rentes de son client. regardait la pièce d'or et la tournait entre ses doigts, comme pour s'assurer ce n'était point de la fausse monnaie. A la fin, convaincue que c'était bien bon louis d'or qu'elle venait de recevoir, elle devint extrêmement gracieuse et arda Ramoneau avec une sorte de tendresse.

« — Il n'est que dix heures et demie, vous n'allez pas vous en aller déjà, lui elle; je vas vous servir un autre flacon.

« — Non, je ne veux plus boire ce soir.

« — Vous avez donc peur de vous griser?

« — Je n'ai peur de rien.

« — Hein! fit-elle en ricanant, c'est peut-être beaucoup dire.

« Il eut son haussement d'épaules et lança à la cabaretière un regard qui la reculer.

« — Oh! oh! reprit-elle, vous n'êtes pas facile ce soir; il ne faut pourtant pas s en prendre à moi si ceux que vous attendez ne sont pas venus; d'ailleurs, vont peut-être arriver.

« — Trop tard, grogna-t-il.

« — Vous avaient-ils bien promis d'être ici aujourd'hui?

« — Oui, puisque je les attendais.

« — Ils auront mal compris, c'est demain qu'ils viendront.

« — Je les attendrai encore demain, et s'ils ne viennent pas...

« Un éclair livide traversa son regard.

« — Il y en a un que je saurai bien trouver, ajouta-t-il d'une voix sourde.

« — Vrai, vous ne voulez pas que je remplisse le flacon? insista la cabare-
e.

« — Non.

« — Je ne vous ai jamais vu aussi sage.

« — Cela prouve que je me range.

« — Eh bien! je vais vous rendre votre monnaie. Dites donc, continua-t-elle se rapprochant de lui, est-ce que vous en avez beaucoup, de ces belles pièces ? »

« Il répondit par un grognement qui eut le pouvoir d'effrayer sérieusement la cabaretière. Aussi se hâta-t-elle d'aller à son comptoir et de rapporter la monnaie.

« Pendant que Ramoneau fourrait son argent dans sa poche, après l'avoir compté, nous nous levâmes, Thibaut et moi, et j'appelai la femme en frappant sur le comptoir. Elle accourut. Je lui payai notre dépense et nous sortîmes. Nous eûmes à peine le temps de nous éloigner de quelques pas, lorsque Ramoneau sortit à son tour. Il resta un instant devant la porte, regardant à droite et à gauche et humant l'air comme le chien qui flaire quelque danger. Cachés dans une encoignure, il ne nous aperçut point. Il monta la rue des Rigoles. Nous le suivîmes en laissant entre nous une assez grande distance. D'ailleurs, il ne se retourna pas une seule fois, ce qui indique qu'il n'avait pas la crainte d'être suivi. Il était certainement plus tranquille que nous, car à chaque instant nous redoutions de le perdre de vue ou qu'il ne s'aperçût que nous étions à sa poursuite.

« Il gagna le haut de Ménilmontant et ne tarda pas à s'engager sur un des nombreux sentiers entre clôtures qui traversent les champs et les jardins en descendant sur Charonne.

« A partir de ce moment, il marcha plus lentement et parut s'entourer de certaines précautions. Cela nous fit supposer qu'ayant d'excellentes raisons pour se cacher, nous approchions de son logis. Nous imitâmes sa prudence en lui laissant prendre encore un peu d'avance sur nous.

« Tout à coup nous le perdîmes entièrement de vue. Nous commencions à croire qu'il nous avait échappé lorsque, arrivés à l'extrémité du sentier que nous suivions, nous nous trouvâmes devant une maison isolée ou plutôt une masure que nous n'avions pas encore aperçue, parce qu'elle était masquée par des arbres. Mais après avoir examiné cette ruine silencieuse et sans lumière, au toit effondré, aux fenêtres brisées, sans vitres, ouverte à tous les vents, il me parut douteux qu'elle pût avoir d'autres locataires que des hiboux.

« Cependant, à moins qu'il ne se fût couché dans l'herbe ou enfoncé dans un trou sous terre, Ramoneau avait dû pénétrer dans la masure.

« — C'est évidemment une maison abandonnée depuis longtemps par son propriétaire, me dit Thibaut à l'oreille; notre homme s'y sera installé dans quelque coin, en compagnie des rats et des araignées, pour économiser un loyer.

« — Ou pour ne pas risquer d'être pincé dans une chambre d'hôtel par les agents de la sûreté, répondis-je.

« Nous fîmes le tour de la masure et, convaincus que Ramoneau couchait là, comme d'autres individus de son espèce dorment sous les arches des ponts, dans les carrières ou les fours à plâtre, nous nous disposions à rebrousser chemin lorsqu'un bruit de pas nous arrêta net à l'entrée du sentier. Nous n'eûmes que le temps de nous jeter de côté et de nous cacher derrière un buisson.

« Un homme, portant sur ses épaules un paquet assez volumineux, passa a [quel]ques pas de nous, s'arrêta devant la masure, tendit l'oreille et plongea son [re]gard dans la nuit, puis, rassuré par le silence qui régnait autour de lui, il ouvrit [l]a porte et disparut.

« — Eh bien! qu'est-ce que tu dis de ça? me demanda Thibaut.

« — Ma foi, lui ai-je répondu, si ce n'est pas ici la demeure de Ramoneau, je [co]mmence à croire que nous sommes devant un repaire de brigands.

« Après nous être consultés, nous décidâmes que nous resterions toute la [nu]it, s'il le fallait, en observation devant la maison isolée. Mais comme nous [éti]ons mal postés et trop près du sentier, nous allâmes nous étendre derrière une [ha]ie, vingt pas plus loin, en nous plaçant de façon à avoir constamment les yeux [su]r la masure.

« Au bout de quelques minutes, nous entendîmes de nouveau un bruit de pas. [Ce]tte fois ce n'était pas un, mais deux hommes qui arrivaient. Ils prirent les [mê]mes précautions que le premier et, comme lui, se glissèrent silencieusement [da]ns la maison.

« Vous nous aviez parlé d'une bande de voleurs, madame Louise, nous ne [po]uvions plus douter que cette maison en ruines au milieu des champs ne fût le [li]eu de leurs rendez-vous nocturnes.

— La reconnaîtrez-vous facilement, cette maison? demanda Louise.

— Isolée, au bout d'un sentier, la toiture enfoncée, plus de vitres aux fenêtres, [de] grandes lettres noires à demi effacées sur la façade : impossible de se [tr]omper.

— C'est bien. Comme vous, monsieur Boyer, je suis persuadée que cette [v]ieille maison abandonnée sert de refuge, de lieu de rendez-vous à une bande [de] malfaiteurs; peut-être même y ont ils établi leur domicile.

— Je n'ai eu ni la curiosité ni la hardiesse de visiter l'intérieur de la masure, [m]ais je suis à peu près certain qu'elle a un sous-sol. C'est là que les voleurs se [ré]unissent. Il est possible que quelques-uns y passent la nuit; mais les autres [d]oivent avoir un domicile particulier. Je ne saurais dire de combien d'individus [se] compose la bande; toutefois, en comptant Ramoneau, nous savions que quatre [h]ommes étaient dans la masure; entre une heure et deux heures du matin, tou[j]ours à notre poste d'observation, nous en avons vu sortir six. Ramoneau était du [n]ombre. Ils marchèrent le long d'une haie, sans bruit, comme des ombres; puis, [à] trente ou quarante pas de la maison, à un endroit où plusieurs sentiers se [cr]oisent, ils se séparèrent en prenant chacun une direction différente. Ramoneau [s]uivit seul le chemin par lequel il était venu. Nous nous élançâmes sur ses [tr]aces.

« Après d'assez longs détours, il nous ramena sur la hauteur de Ménilmontant ; il descendit rapidement la rue Saint-Fargeau, prit à droite la rue Darcy, dans laquelle il s'arrêta devant une sorte de bicoque n'ayant qu'un seul étage, et qui ressemble plus à un hangar qu'à une maison.

« Quand il fut entré, nous nous avançâmes jusqu'à la maison. Elle porte le n° 8; c'est un garni de la pire espèce, et il n'est pas difficile de deviner quelle sorte de gens il reçoit : c'est là, madame Louise, que demeure Ramoneau. »

— Vous avez complétement réussi, monsieur Boyer; je vous félicite et vous remercie. Tout ce que vous venez de m'apprendre me sera très-utile. Demain, oui, demain matin, je me rendrai rue Darcy; comme je vous l'ai dit, je veux voir Ramoneau. Seulement, je ne voudrais pas être seule au milieu de ces quartiers éloignés. Si vous vouliez m'accompagner, mon ami, je vous en serais très-reconnaissante.

— Mais avec grand plaisir, répondit vivement Boyer. Faudra-t-il prévenir Thibaut.

— Non, c'est inutile; ce sera assez de vous, car je n'ai pas précisément peur d'être assassinée.

— Viendrai-je vous prendre ici?

— Non; il est plus simple que vous m'attendiez chez vous.

— A quelle heure?

— A huit heures, répondit-elle après avoir réfléchi un instant.

Boyer n'ayant plus rien à lui dire, Louise lui tendit la main et le congédia

XIV

LE COMTE DE LUCEROLLE

L'ouvrier était resté assez longtemps avec Louise. L'heure du dîner était arrivée, et on venait d'annoncer à la comtesse qu'elle était servie. Ce n'était pas le moment de parler au comte de Lucerolle.

Mais, vers neuf heures, le comte, qui avait été prévenu par Joseph, fit dire à Louise que si elle avait quelque chose à lui demander, il l'attendait dans son cabinet. Un instant après, Louise était en sa présence.

M. de Lucerolle était pâle et paraissait très-préoccupé. Néanmoins il accueillit Louise avec son affabilité et sa bonté habituelles.

— Louise, lui dit-il, j'ai appris par Joseph que vous désiriez m'entretenir un [...]nt. De quoi s'agit-il? Est-ce quelque chose que vous avez à me demander? [...]rais heureux de pouvoir vous être agréable.

— Je remercie monsieur le comte de ses bonnes paroles; j'ai, en effet, deux [cho]ses à demander à monsieur le comte.

— Eh bien! Louise, vous pouvez parler.

— Monsieur le comte a été instruit de ce qui s'est passé rue de Lille?

— Oui, je sais.

— Le fiancé de mademoiselle Blanchard, accusé de ce double crime, a été [arrêté].

— Ma femme et ma fille ont pour mademoiselle Blanchard une grande affec[tion;] elles sont très-affligées. Heureusement, Ernestine ne connaît qu'une partie [de la] vérité; je vous préviens, Louise, afin que vous ne laissiez pas échapper [dev]ant ma fille des paroles qui pourraient augmenter sa douleur.

— Monsieur le comte peut être sûr de ma discrétion. Monsieur le comte [paraî]t s'intéresser vivement au malheur de mademoiselle Blanchard.

— Je n'ai vu cette jeune fille qu'une seule fois; mais il me suffit qu'elle soit [l'ami]e des miens pour que je prenne part à sa peine.

— Je vois sur le visage de monsieur le comte une grande tristesse; c'est [prob]ablement pour cela...

— Louise, j'ai d'autres sujets de préoccupation et d'ennui qui me touchent directement.

— Quoi! monsieur le comte serait malheureux?

— Oui, Louise, oui, j'ai un chagrin que je renferme en moi, que je cache à [la co]mtesse et surtout à Ernestine; je garde ma peine pour moi seul et je souffre [cru]ellement.

— Monsieur le comte, vous m'effrayez!

— Louise, il s'agit de mon fils, de l'enfant que vous avez élevé.

— Eh bien, monsieur le comte?

— Louise, les désordres de sa vie m'épouvantent, et j'ai peur, vous enten[dez] Louise, j'ai peur qu'il ne déshonore le nom de nos ancêtres... Il n'y a rien [d'éle]vé, rien de noble en lui. Il n'a d'affection pour personne, et je crois, main[tena]nt, qu'il nous hait, sa mère et moi... Que respecte-t-il? Rien. Il n'a pas [mêm]e conscience de sa propre dignité. Dernièrement j'ai voulu fouiller jusqu'au [fon]d de son cœur, espérant y trouver quelque sensibilité, y faire vibrer une [cor]de; il était là, devant moi, immobile, froid et insensible comme un bloc de [mar]bre; il écouta mes paroles fermes et sévères sans un tressaillement, sans la plus légère émotion, sans que je pusse rien faire palpiter en lui... Depuis ce jour, il m'évite, je ne l'ai pas revu. Ah! son âme est de boue, et la gangrène est dans son cœur! On dirait qu'il est né seulement pour le mal. A qui ressemble-t-il? Je me le demande. Je consulte vainement les annales de ma famille, je n'y trouve pas un homme qui me fasse reconnaître le sang de mon fils... Mais qu'ai-je donc fait pour mériter cette punition du ciel?

Louise avait baissé la tête. Elle laissa échapper un gémissement.

— Hier, reprit le comte, je me suis occupé de lui, je me suis décidé à l'éloigner, je ne veux plus qu'il reste à Paris. Plus il sera loin de la France, mieux cela vaudra pour lui. Toutefois, il faut que je lui fasse connaître ma volonté. Je voulais causer avec lui aujourd'hui; il est sorti ce matin de très-bonne heure, m'a-t-on dit, et il n'a pas reparu. Depuis quelque temps, voilà sa vie. Elle est pour tout le monde un scandale; les gens qui nous connaissent s'indignent, et nos meilleurs amis s'étonnent.

« Il est probable qu'il ne rentrera pas cette nuit : demain nous verrons. A tout prix il faut que cela finisse. Je n'ai pas que lui; il faut aussi que je pense à l'avenir de ma fille. Le moment de la marier approche, et pour tout homme son frère serait un repoussoir. Oui, il faut que je l'éloigne, il le faut, et ce n'est pas trop tôt. Mais voudra-t-il partir, le voudra-t-il?

Louise releva lentement la tête. De grosses larmes roulaient dans ses yeux, une grande souffrance intérieure avait altéré ses traits.

— Si j'osais devant monsieur le comte exprimer ma pensée, balbutia-t-elle.

— Depuis longtemps, Louise, nous vous considérons comme un membre de notre famille, répondit le comte; cela vous donne le droit de nous parler franchement; voyons votre pensée.

— Monsieur le comte, pendant quelques jours, ne vous occupez pas de M. le vicomte, ne faites plus aucune démarche pour lui.

— Cependant, Louise...

— Je vous en prie, monsieur le comte. Ah! croyez-le, si je vous parle ainsi, c'est dans l'intérêt même de votre famille. Ne cherchez pas à voir M. le vicomte; d'ailleurs, ce serait inutile : il ne sera à l'hôtel ni demain ni après-demain. Mais n'ayez aucune inquiétude à son sujet.

— Louise, répliqua le comte avec surprise, vos paroles sont singulières; pour me parler ainsi, vous avez une raison?

— Oui, monsieur le comte, une raison que vous connaîtrez bientôt.

— Pourquoi ne m'expliquez-vous pas immédiatement?...

— Je ne puis rien dire encore, monsieur le comte. Mais, continua-t-elle d'une voix vibrante, en se dressant debout, le regard illuminé, lorsque, dans

— Si tu fais un pas, lui dit-elle froidement, je te tue comme un chien enragé. (Page 307.)

ou quatre jours, M. le vicomte de Lucerolle paraîtra devant vous, vos bras
riront et vous embrasserez un fils digne de vous et digne du nom qu'il
!

e comte la regarda avec effarement, se demandant si elle ne venait pas de
e subitement la raison.

ouise devina sa pensée.

— Rassurez-vous, monsieur le comte, reprit-elle vivement, je ne suis pas folle.

— Louise, ce que vous me dites est si étrange...

— Ayez quelques jours de patience, monsieur le comte, attendez.

Il secoua tristement la tête.

— Soit, dit-il, j'attendrai le miracle que vous m'annoncez.

— Vous verrez, monsieur le comte, vous verrez.

M. de Lucerolle ébaucha un sourire forcé.

— C'est bien, reprit-il, laissons ce sujet douloureux. Je n'oublie pas que vous avez quelque chose à me demander, Louise. Dites-moi ce que je puis faire pour vous?

— Monsieur le comte n'ignore pas que j'ai fait des épargnes depuis que j'ai l'honneur d'être au service de madame la comtesse ; plusieurs fois même, monsieur le comte a bien voulu me donner des conseils au sujet du placement de mon argent. Je suis parvenue à amasser un peu plus de quarante mille francs. Cette somme est représentée par des titres au porteur qui sont en dépôt à la Banque de France ; en voici le récépissé.

Et Louise tira de sa poche un papier qu'elle posa sur le bureau de M. de Lucerolle.

— Or, monsieur le comte, continua-t-elle, je voudrais vendre ces valeurs et les convertir en espèces.

— Ordinairement, Louise, quand on ne s'occupe pas d'agiotage à la Bourse, et qu'on a d'excellentes valeurs comme les vôtres, on les garde.

— C'est vrai, monsieur le comte, mais j'ai besoin d'argent.

— Je n'ai rien à répliquer à cela, Louise. Votre petite fortune vous appartient et vous avez le droit d'en faire ce qui vous convient.

J'ai pensé que pour vendre mes titres et en toucher le prix, cela me demanderait trois ou quatre jours.

— C'est vrai.

— Et c'est demain, monsieur le comte, c'est demain qu'il me faut quarante mille francs.

— Alors?

— Je me suis dit, monsieur le comte, que vous voudriez bien me les donner en échange de mes titres ou me les avancer jusqu'au jour où, après les avoir vendus, j'en aurais touché le prix.

— Ma chère Louise, dit M. de Lucerolle, quarante mille francs sont pour

...us une somme importante; mais j'ai une telle confiance en vous que je ne ...ux pas vous demander l'emploi que vous en voulez faire. Il vous faut demain ...arante mille francs, vous les aurez.

Il s'approcha de son bureau, prit une feuille de papier et écrivit rapide-...ent quelques lignes. Ensuite il glissa la feuille dans une enveloppe sur ...quelle il mit une adresse.

— Demain, reprit-il, tendant à Louise le pli cacheté, en présentant ceci chez ...on banquier, n'importe à quelle heure, il vous remettra aussitôt la somme dont ...us avez besoin.

— Monsieur le comte ne me dit pas comment je devrai la lui rendre.

— Nous parlerons de cela un autre jour.

— En attendant, monsieur le comte voudra bien garder le récépissé de la ...anque.

— Si cela vous fait plaisir, Louise, vous pouvez me le laisser. N'avez-vous ...as encore une autre chose à me demander?

— Oui, monsieur le comte.

— Qu'est-ce?

— Monsieur le comte connaît beaucoup de monde à Paris et est surtout très-...onnu.

— Beaucoup moins que vous ne le pensez, Louise; dès qu'un homme cesse ...'occuper des fonctions publiques et qu'il n'est plus en vue, il est vite oublié. Le ...omte de Lucerolle n'est plus rien; on ne le connaît plus. Je ne veux point dire, ...ourtant, qu'on ne se souvienne pas encore des services que j'ai rendus à mon ...ays. En général, on est moins ingrat qu'oublieux.

— Monsieur le comte a encore des relations avec les personnages les plus ...nfluents aujourd'hui.

— Oui, j'ai le bonheur d'avoir conservé quelques vieilles et bonnes amitiés.

— Ce que je désire demander maintenant à monsieur le comte, c'est une ...ettre qui me recommande à un des principaux magistrats du parquet de Paris, ... procureur de la République, par exemple.

— Je ne comprends pas bien, Louise, et je ne saisis pas dans quel but...

— Monsieur le comte, il s'agit du fiancé de mademoiselle Léontine ...lanchard.

— Ah!

— J'ai su ce matin que la première enquête était terminée et que le parquet ...llait maintenant s'occuper de cette affaire grave. Le fiancé de mademoiselle

Blanchard est faussement accusé, monsieur le comte, et il est nécessaire, il est urgent que je voie le juge d'instruction, que je lui parle.

— Je me souviens, fit le comte ; n'avez-vous pas dit à madame la comtesse que vous pouviez fournir la preuve que ce jeune homme est innocent du crime horrible dont on l'accuse ?

— Oui, monsieur le comte, j'ai dit cela à madame la comtesse.

— Alors, Louise, vous n'avez pas besoin d'une lettre de recommandation pour être admise devant le juge d'instruction et lui faire une communication de cette importance.

— C'est vrai, monsieur le comte ; mais ce n'est pas immédiatement que je puis prouver l'innocence de l'accusé. Si, inconnue, n'étant appuyée par personne, je me présente devant le juge d'instruction, ou il refusera de m'entendre ou il n'aura pas la moindre confiance en mes paroles. La lettre que je vous prie de me donner, monsieur le comte, lui dira que je suis à votre service depuis plus de vingt ans, que vous répondez de moi, et que je suis incapable de tromper la justice.

— C'est bien, dit M. de Lucerolle après avoir réfléchi un instant ; j'ai eu, autrefois, des relations d'amitié avec le préfet de police actuel ; c'est à lui que je vous adresserai directement. Je vais écrire la lettre que vous me demandez dans le sens indiqué par vous même. Demain matin Joseph vous la remettra.

— Je remercie mille fois monsieur le comte, dit Louise.

Elle s'inclina respectueusement et sortit du cabinet.

XV

LE GARNI

Le lundi matin, un peu avant huit heures, Boyer, pour éviter à Louise la peine de monter à son quatrième étage, était descendu dans la rue et l'attendait sur le trottoir, devant sa maison.

Elle arriva à huit heures précises. Depuis quelques jours, elle déployait une activité et une énergie extraordinaires. Sa ligne de conduite tracée, son plan bien arrêté dans sa tête, elle avait hâte d'arriver au but. Les instants étaient précieux, elle n'en voulait perdre aucun. Elle savait combien les heures sont longues pour ceux qui souffrent. D'ailleurs, elle n'avait plus le temps de réflé-

ni de voir si elle devait agir comme elle le faisait ou autrement. Elle n'avait
qu'une pensée, une idée fixe : celle de la réparation. Une force irrésistible la
ssait en avant ; elle obéissait et se laissait conduire.

Boyer s'élança vers la voiture qui venait de s'arrêter.

— Me voilà, dit-il à Louise.

— Ah! vous m'attendiez, fit-elle ; est-ce que je suis en retard?

— Non, huit heures viennent de sonner.

— Vous êtes prêt?

— Oui

— Alors, venez, venez vite, dit-elle en se serrant au fond de la voiture.

— Le cocher sait-il où il doit nous conduire ?

— Non, dites-le-lui ; seulement nous descendrons avant la rue Darcy.

Boyer ayant donné l'ordre au cocher de les conduire à Ménilmontant, rue
nt-Fargeau, et de s'arrêter à l'angle de la rue Haxo, ouvrit la portière et prit
ce à côté de Louise.

Le trajet se fit en une demi-heure. La voiture s'arrêta au rond-point où com-
nce la rue Darcy et où la rue Saint-Fargeau coupe les rues Haxo et de la
uys. Cette partie du vingtième arrondissement de Paris est à peine habitée ;
rues sont tracées, mais les maisons y sont rares. On est là à deux pas des
tifications et pour ainsi dire au milieu des champs.

Louise et Boyer mirent pied à terre.

— Vous allez nous attendre ici, dit Boyer au cocher.

Et ils s'éloignèrent.

— Madame Louise, vous êtes pâle et vous tremblez, dit Boyer.

— C'est vrai, je tremble, répondit-elle.

— Nous sommes arrivés, mais si vous craignez quelque chose, n'entrez pas.

Louise était, en effet, très-agitée ; mais l'ouvrier ne pouvait deviner la cause
elle de son émotion. Elle s'arrêta un instant pour respirer et reprendre ses
ces.

— Non, non, murmura-t-elle, je veux le voir.

Elle essuya sa figure avec son mouchoir et dit à Boyer :

— Je vais entrer seule ; vous, mon ami, vous m'attendrez devant la maison.

— Madame Louise, si l'on cherchait à vous faire du mal?....

Elle eut un sourire singulier.

— Rassurez-vous, répondit-elle ; dans tous les cas, je saurai me défendre.

Elle lui fit un signe de la main, jeta un coup d'œil sur la façade de la maison, dont l'aspect révélait la misère de ceux qui y demeuraient, poussa une porte entr'ouverte et pénétra résolûment dans une allée étroite, humide et sombre, entre deux cloisons construites avec des planches mal jointes, dans lesquelles on voyait, de distance en distance, une porte marquée par un numéro.

Une de ces portes étant ouverte, Louise s'avança sur le seuil. Aussitôt, une femme d'un certain âge se dressa devant elle.

— Pardon, madame, lui dit Louise, je cherche le concierge ou le maître de ce garni.

— Nous n'avons pas de concierge ici, répondit la femme d'un ton revêche ; quant au propriétaire, c'est moi qui tiens le garni ; qu'est-ce que vous voulez ?

— Alors, je ne pouvais mieux m'adresser, répondit Louise gracieusement, veuillez me dire.....

— Quoi ? l'interrompit brusquement la logeuse.

— Vous manquez un peu de patience, madame, répliqua Louise d'un ton calme et plein de dignité ; on m'a dit que je trouverais rue Darcy, n° 8, chez vous, madame, une personne à qui je dois faire une communication très-importante.

— En ce cas, c'est différent ; comment se nomme-t-elle, cette personne ?

— Ramoneau.

— Ah ! En effet, M. Ramoneau demeure ici. Et vous voulez lui parler ? c'est drôle.

— Pourquoi cela, madame ? Est-il donc si extraordinaire que quelqu'un vienne voir votre locataire ?

— Oui, très-extraordinaire, vu que c'est la première fois, depuis plus d'un an que M. Ramoneau demeure ici.

— Il y a commencement à tout, fit Louise. Est-il chez lui ?

— Oui, le cher homme ne se lève jamais de grand matin ; il se fait une existence assez douce, en vivant tranquillement de ses petites rentes. Il doit être en train de faire rôtir sa côtelette.

— Soyez assez bonne pour m'indiquer son logement.

— Au bout de l'allée, vous monterez l'escalier, et, dans le couloir à gauche, la troisième porte, n° 17, est la sienne. Au fait, ajouta-t-elle en sortant de sa cabine, je vais vous montrer l'escalier.

Elle passa devant, et Louise la suivit jusqu'à l'échelle appelée pompeusement un escalier. Deux cordes graisseuses attachées à des clous servaient de rampes à ce merveilleux escalier.

— Monsieur Ramoneau, cria la logeuse d'une voix éraillée, c'est une visite pour vous.

Puis s'adresant à Louise, elle ajouta

— Prenez les cordes et n'ayez pas peur de tomber : c'est solide.

Louise la remercia par un mouvement de tête et monta l'échelle. Son apparition à l'entrée du couloir fut saluée par une sorte de grognement de Ramoneau, qui, effrayé par la voix de la logeuse lui annonçant une visite, témoignait sa surprise en voyant une femme. Il avait pensé que le garni venait d'être cerné et envahi par des escouades de gardiens de la paix et d'agents de police. Les scélérats, toujours sur le qui-vive, même quand aucun danger ne les menace, n'ont jamais une minute de tranquillité.

Mais une femme ne paraissant pas à Ramoneau un ennemi redoutable, il se rassura promptement à la vue de Louise, qu'il ne reconnut pas d'abord. Il resta dans l'embrasure de sa porte ouverte

Louise s'avança lentement vers lui.

Soudain, la lumière qui tombait d'un vasistas, servant à éclairer le couloir, frappa en plein son visage. Ramoneau la reconnut aussitôt. Le misérable crut voir un spectre dressé devant lui. Il étendit les bras comme pour la repousser, puis, épouvanté, il recula jusqu'au fond de sa chambre, en prononçant d'une voix rauque :

— Louise! Louise!

Celle-ci entra et, tranquillement, referma la porte.

Une couchette en bois blanc vermoulu, avec une paillasse à moitié pourrie et un mauvais matelas, une petite table ronde, deux chaises boiteuses au dossier rompu, une sorte de bahut semblable aux autres meubles et quelques ustensiles de cuisine couverts de rouille, composaient le mobilier du taudis. D'immenses toiles d'araignées remplaçaient le papier peint et décoraient les cloisons.

La côtelette que le maître du lieu avait préparée pour son déjeuner se carbonisait sur un gril posé sur un réchaud. Sur la table, il y avait trois bouteilles, deux de vin pleines et une d'eau-de-vie déjà fortement entamée, une assiette de fer battu, un couteau à forte lame, bon pour découper toutes sortes de morceaux et même égorger au besoin un autre Fabrice, et enfin un gobelet d'argent, qui avait l'air tout étonné de se trouver en une telle compagnie.

Louise ne vit rien de tout cela. Le front haut, de sombres lueurs dans le regard, elle marcha vers le misérable. A deux pas de lui, elle s'arrêta et croisa ses bras sur sa poitrine.

Il la regardait avec stupeur, comme s'il eût douté encore de la réalité.

— Pierre Ricard, dit Louise d'une voix sourde, je viens te rendre la visite que tu m'as faite dans ma petite maison de Jouarre, il y aura bientôt vingt-quatre ans.

— Je ne connais pas Pierre Ricard, bégaya-t-il, je me nomme Ramoneau.

— Ah! oui, Ramoneau, fit-elle avec ironie; c'est probablement le nom que tu t'es donné en t'échappant du bagne. Pour ceux qui ne connaissent pas ton horrible passé, tu peux t'appeler Ramoneau; mais pour moi, Louise Verdier, tu es toujours Pierre Ricard, le voleur d'enfant, le forçat!

Il promena autour de lui son regard farouche. Puis, faisant un pas vers Louise:

— Comment as-tu découvert que j'étais ici, dis? prononça-t-il d'une voix creuse; je te croyais morte; depuis longtemps je ne pense plus à toi; c'est donc l'enfer qui te jette de nouveau en travers de mon chemin? Que viens-tu faire ici? Réponds, que me veux-tu?

— Je te le dirai tout à l'heure, Pierre Ricard. Ainsi, tu me croyais morte, et, caché dans l'ombre comme tous les misérables qui n'osent affronter la lumière du jour, tu ne t'attendais pas à me voir surgir devant toi. Pierre Ricard, Dieu a voulu que je vive pour réparer quelques-uns des crimes que tu as commis. Ah! je t'ai longuement cherché... Moi aussi je t'ai cru mort; j'espérais que le ciel, dans sa justice, avait mis un terme à ton existence maudite. Ah! il y a vingt-cinq ans qu'un coup de tonnerre aurait dû te foudroyer!... Mais non, sur la pente fatale, le paresseux, l'ivrogne, le débauché, l'homme sans cœur et sans âme, devait descendre un à un tous les échelons du mal et rouler jusqu'au fond de l'effroyable abîme, couvert de toutes les ignominies!

— Hé! hé! fit-il en ricanant, madame parle comme un livre; c'est joli, tout à fait joli... Mais, continua-t-il en changeant de ton, si vous êtes venue ici pour me faire admirer votre éloquence, vous avez pris une peine inutile. Je suis insensible au charme de la parole, et les plus beaux discours m'ont toujours ennuyé. Que ma vie ait été bonne ou mauvaise, il vous importe peu; j'ai fait ce qu'il m'a plu et n'ai pas à vous en rendre compte. Vous êtes allée d'un côté, moi de l'autre, en reprenant chacun notre liberté. Est-ce que je m'occupe de vous, moi? Est-ce que je vous demande combien vous avez eu d'amants depuis vingt-cinq ans?

— Oh! le lâche, qui croit m'insulter! s'écria Louise d'une voix frémissante de colère.

— Comme moi, vous avez fait ce que vous avez voulu, continua-t-il, cela ne me regarde point. Mais je n'aime pas à causer longtemps, moi; j'ai hâte de savoir pourquoi vous m'avez cherché, pourquoi vous êtes ici.

— Il a toujours la même audace, pensait Louise; le remords ne l'atteindra jamais; on dirait qu'il ne croit pas à la justice des hommes, au châtiment qui attend les criminels.

LES DEUX BERCEAUX

Les bras croisés sur sa poitrine, elle le regardait avec horreur et dégoût. (Page 311.)

— Tiens, tiens, reprit Ricard en examinant sa femme des pieds à la tête, je vous avais pas encore regardée; votre mise n'annonce pas que vous soyez ns la misère. Quelle toilette! De la soie, rien que ça... et madame porte cha- u! Hé! hé! on voit que vous avez su faire vos affaires. A Paris, la vie est plus ile pour les femmes que pour les hommes : il y en a des milliers qui ont des es de soie, des dentelles et des bijoux qui ne leur coûtent guère, comme dit vieille chanson. Vous n'avez pas de bijoux, vous? Ah! je comprends, poursuivit-il cyniquement, vous ne vous en êtes point parée pour me rendre visite ; vous avez eu peur de me tenter. C'est de la prudence et peut-être aussi de la bonté pour moi.

« Ainsi, la fortune vous a fait les yeux doux, vous êtes riche... Oh ! je ne vous demande pas quel commerce vous a enrichie ; je ne suis pas curieux. Moi, je n'ai pas eu de chance, je suis resté pauvre et gueux, et, devenu vieux, quand même je le voudrais, je ne peux plus travailler. Regardez autour de vous : ceci est mon palais ; pas de lambris dorés ; je vis avec les rats, les araignées et les mouches. Si c'est là ce que vous vouliez voir, ma chère femme, soyez satisfaite.

Il s'arrêta, espérant que Louise allait parler. Mais elle resta silencieuse. Impassible, elle l'écoutait curieusement, se demandant jusqu'où pourrait aller son impudence.

Ricard fut pris d'un haussement d'épaules qui parut compter les secondes d'une minute.

Tout à coup, ses traits s'animèrent, et ses petits yeux jetèrent des étincelles.

— Quelle idée ! s'écria-t-il, mais oui, c'est cela, ce ne peut être que cela : Louise Verdier est riche, et moi pauvre comme Job ; elle a appris, je ne sais comment que j'étais près de crever de misère ; alors son cœur s'est ému, et ma chère femme, qui n'a pas oublié le beau temps de nos amours, vient partager sa fortune avec moi. J'accepte, Louise, j'accepte. Un mari peut recevoir sans honte un cadeau de sa femme.

« D'ailleurs Louise, continua-t-il sur le même ton ironique, bien que j'aie le droit d'exiger la moitié de ce que possède ma femme, puisque nous sommes mariés sous le régime de la communauté, je prendrai ce que tu me donneras.

Et il avança les mains pour s'assurer qu'elle avait de l'argent sur elle.

— Arrière, misérable, arrière ! cria Louise d'une voix menaçante.

Elle s'était redressée, pourpre d'indignation, un éclair terrible dans le regard.

Aussitôt un rire sec, nerveux, éclata entre ses lèvres comme un bruit de crécelle.

Ricard, abasourdi, la regardait avec des yeux stupides.

Elle cessa de rire, et, l'apostrophant avec violence :

— Pierre Ricard, dit-elle, puisque tu parles de ta misère, dis-moi donc ce que tu as fait de l'argent que tu as volé rue de Lille dans la chambre du vieil aveugle.

XVI

LA REVANCHE DE LOUISE

L'effet produit par ces paroles fut terrible.

Pierre Ricard, livide, bondit en arrière avec épouvante. Mais retrouvant vite 1 audace :

— Je ne sais pas ce que vous voulez dire, murmura-t-il.

Louise le foudroya du regard en lui jetant ces mots :

— Voleur ! assassin !

— Malheureuse, tais-toi ! tais-toi ! hurla-t-il.

Il se ramassa sur lui-même comme pour s'élancer sur sa femme.

Elle était près de la table ; elle étendit le bras et s'empara du couteau.

— Si tu fais un pas, lui dit-elle froidement, je te tue comme un chien enragé.

L'expression de son visage montrait une résolution énergique.

Ricard comprit qu'elle ne lui faisait pas une vaine menace. Son attitude lui peur. Il resta immobile.

— Va, reprit Louise avec un suprême dédain, s'il ne s'agissait que de moi, je prendrais même pas la peine de me défendre contre ta férocité. La vie que tu 'as faite n'est pas assez belle pour que je tienne tant à la conserver. Mais elle t utile encore et, pour d'autres, il faut que je vive ! Écoute-moi donc, misérable, cesse de croire que je n'aurais pas la force de me défendre contre ta fureur, la pensée te venait encore de m'égorger ou de m'étrangler !

« Ah ! tu te croyais bien caché, ici ; tu ne pensais pas qu'on pût arracher le asque de Ramoneau et reconnaître la face hideuse de Pierre Ricard. Tu te sais, sans doute : Je ne crains pas la justice, j'échapperai au châtiment ! Allons onc, la justice atteint toujours les scélérats. Celui qui échappe à la justice des ommes ne peut éviter celle de Dieu ! Non, n'est-ce pas, tu ne t'attendais point me voir apparaître tout à coup pour te crier : Voleur ! assassin ! Ah ! ah ! ah ! me croyais morte... Pierre Ricard, après la casaque du forçat, que tu as portée, 'est l'homme rouge qui t'attend ! »

Le misérable se sentit frissonner. Mais voulant faire bonne contenance, il se edressa, un sourire horrible sur les lèvres.

— Tu as volé l'aveugle de la rue de Lille, continua Louise.

— Cela n'est pas vrai! cria-t-il; je ne sais pas ce que tu veux dire!

— Tu as volé le vieil aveugle, après l'avoir endormi, répliqua-t-elle avec véhémence, et ce n'est pas tout, tu as assassiné le concierge de la maison. Misérable! misérable!

— C'est toi qui es une misérable, hurla-t-il affolé, car tu mens, tu mens!

— Pierre Ricard, plutôt que de nier tes crimes, tu ferais mieux de courber la tête.

— Devant toi, jamais!

— Devant Dieu, Pierre Ricard, devant Dieu!

— Je ne connais pas Dieu, moi, dit-il d'une voix creuse; mais je crois au démon qui t'a amenée ici. Tu m'appelles voleur et assassin : est-ce pour me faire peur? Tu perds ton temps, Louise Verdier; je ne crains rien, je ne crains rien... Avant d'accuser, il faut avoir des preuves. Qui m'accuse, dis, qui m'accuse?

— Moi.

— Toi, toi seule?

— Oui.

Il secoua fortement ses épaules et se mit à rire.

— Voyons, reprit-il en affectant un certain calme, est-ce que tu m'as vu?

— Non, j'ai deviné.

Il reprit son effroyable rire.

— Il ne sait pas encore qu'un autre a été pris pour lui et arrêté à sa place, se dit Louise.

— Il peut se faire qu'un concierge ait été assassiné et un aveugle volé, fit Ricard en hochant la tête, ça se voit tous les jours et je m'en fiche comme de l'an quarante; mais du diable si je comprends pourquoi mon épouse a voulu s'imaginer que j'étais pour quelque chose dans cette affaire. Elle aura, je pense, l'extrême obligeance de me l'apprendre; cela tient sans doute au but de sa visite. Je suis tout de même flatté de la bonne opinion qu'elle a de moi : il faut toujours s'attendre aux choses les plus incroyables. Voyons, parle, Louise Verdier : as-tu inventé cette curieuse histoire afin de me faire pincer par les mouchards! c'est un moyen comme un autre de se débarrasser d'un mari qui vit trop longtemps. Pourtant jusqu'à ce jour, je ne t'ai pas beaucoup gênée. Mais non, ce n'est pas ça; si tu avais voulu me faire arrêter, ce serait déjà fait. Tu as une autre idée. Laquelle?

« Tonnerre! continua-t-il avec une sorte de rage, tout ça m'embête, à la fin; vas-tu me dire ce que tu me veux!... Je veux savoir... »

D'un geste impérieux, Louise lui coupa la parole.

— Pierre Ricard, tu ne te trompes pas, répondit-elle; si j'eusse eu l'intention
te dénoncer, depuis trois jours tu serais entre les mains de la justice. Tu veux
oir pourquoi je suis ici, je vais te le dire. Ecoute-moi, Pierre Ricard, écoute-
i et réponds : Qu'as-tu fait de l'enfant que tu m'as volé?

— Quoi! c'est pour cela que tu es venue? fit-il en ricanant.

— Oui, oui, c'est pour cela,

— Est-ce que tu penses encore à lui?

— Je te réclame mon fils, misérable : réponds-moi donc! s'écria-t-elle avec
patience.

— Je dois vous faire observer, madame, que votre fils était à moi autant qu'à
us.

— Qu'en as-tu fait? qu'en as-tu fait?

— Eh bien!... je n'en sais rien; j'ignore ce qu'il est devenu.

— Infâme! Ainsi, tu es venu me le prendre pour l'abandonner!

— C'est fait; il n'y a plus à récriminer là-dessus.

— Et c'est tout ce que tu trouves à me répondre? Mais tu n'as donc pas d'en-
illes!... Oh! quel monstre, quel monstre!

— Je n'ai pas autre chose à dire, grommela-t-il entre ses dents serrées.

— C'est bien vrai, n'est-ce pas, tu ignores ce que l'enfant est devenu? reprit-
e, pendant que son regard ardent, arrêté sur Ricard, cherchait à lire jusqu'au
nd de sa pensée.

— Oui.

— Eh bien! Pierre Ricard, ce que tu ignores, je le sais, moi, et je vais te l'ap-
endre. Ah! tu as beau être un scélérat endurci dans le crime, tu vas trembler!
coute, écoute.

« Tu as livré ce pauvre enfant à une de ces créatures avilies, couvertes de
utes les souillures, qui traînent leur honte sur le pavé des rues. Cette femme
ait ta maîtresse.

« Un jour, peu de temps après, tu disparus, laissant la femme, abandonnant
nfant, sans t'inquiéter de ce qu'il deviendrait, le pauvre innocent! Pierre
icard, est-ce vrai, cela, est-ce vrai?

— Oui, c'est vrai.

— Elle n'avait probablement pas à manger tous les jours, la femme; elle trouva
e c'était une lourde charge de nourrir et d'élever un enfant qui n'était pas le sien.
t puis il la gênait dans son horrible métier. Elle pouvait s'en débarrasser, en le
erdant, la nuit, dans quelque ruelle sombre; elle ne le fit point; elle craignait,
ans doute, que tu ne vinsses le lui réclamer. Mais, pour se dédommager, elle

le maltraitait, le rouait de coups... Je n'ose dire qu'elle voulait le tuer, mais j'ai le droit de le supposer.

« Or, un jour qu'elle le frappait dans la rue, à coups de pied, de braves gens du quartier — ceci se passait à la Villette — accoururent au secours du malheureux enfant. On porta celui-ci chez le commissaire de police et on y traîna la femme. Ce qu'on fit de la malheureuse, je n'en sais rien. Mais un brave homme, un cordonier appelé Chéron, adopta l'enfant.

« Ah! il ne fut plus battu; on l'aima, et Chéron et sa femme l'élevèrent comme s'il eût été réellement leur enfant. Il grandit, il devint instruit, fort et beau, et il était bon, et il était honnête! Il apprit un jour que son père avait été condamné aux travaux forcés; et il n'eut aucune parole amère; il renferma sa douleur en lui et se contenta de baisser la tête.

« Pendant la guerre terrible qui vient de frapper la France au cœur, il était soldat; et il s'est noblement conduit sur les champs de bataille, car son sang a coulé! On voulait le faire officier, il refusa. On voulut placer sur sa poitrine le signe de l'honneur, la croix des braves; il refusa. Sais-tu pourquoi, Pierre Ricard, sais-tu pourquoi? Parce qu'il portait un nom déshonoré!

« Bien qu'il eût pu mettre à profit son instruction et devenir peut-être un ingénieur, il voulut être seulement un ouvrier. Il apprit l'état de serrurier. Mais c'était un ouvrier sérieux : il travaillait lui! Il avait l'estime, la confiance et l'amitié de son patron, M. Corbon, de la rue Saint-Maur. »

Ricard eut un tressaillement qui n'échappa point à Louise.

— Oui, continua-t-elle en faisant peser son regard sur le misérable, il était ouvrier serrurier, en attendant qu'il devînt contre-maître; il travaillait rue Saint-Maur, et il demeurait.

Elle s'interrompit avec intention.

— Achève, achève, dit Ricard d'une voix étranglée; il demeurait?...

— Rue Saint-Sébastien, n° 28.

Ricard poussa un cri rauque, horrible; il chancela sur ses jambes, et ses cheveux se hérissèrent sur sa tête.

Le regard de Louise était plein d'éclairs. Impitoyable, elle poursuivit :

— Il portait ton nom; comme toi, s'appelait Pierre Ricard. Il devait épouser prochainement mademoiselle Léontine Blanchard. Et les trente mille francs volés à l'aveugle de la rue de Lille étaient la dot de sa fiancée. Aujourd'hui, il n'est plus : avant-hier, on a trouvé son cadavre dans la Seine!

— Assez, tais-toi, tais-toi! s'écria-t-il d'une voix oppressée, haletante, en reculant jusqu'à la cloison contre laquelle il s'adossa.

l avait l'œil vitreux, le regard d'un fou. Un tremblement convulsif secouait ses membres, ses dents claquaient.

— Ah! ah! reprit Louise d'une voix éclatante, tu trembles, cette fois, tu trembles!

— Oui, je tremble, j'ai peur, tu m'épouvantes!

— Tu ne savais pas ce qu'était devenu l'enfant que tu m'as volé, je viens de dire. Il est mort! Mais ce n'est pas tout : il y a quelque chose de plus horrible, de plus effroyable encore. Écoute, écoute toujours.

— Non, non, exclama-t-il d'une voix qui n'avait plus rien d'humain ; assez, je veux pas savoir!...

— Ah! tu m'entendras jusqu'au bout!

Et, lentement, terrible et implacable comme la vengeance, elle marcha vers le bras tendu.

Il fit entendre une sorte de rugissement et couvrit son visage de ses mains. Louise reprit :

— Chez un marchand de vins de la rue des Rigoles, Ramoneau a reçu le prix son sang... Ramoneau, c'est Pierre Ricard, l'ancien forçat! Monstre, voilà ce tu as fait de l'enfant que tu m'as volé! Assassin! assassin!...

Les doigts de Ricard se crispèrent sur sa figure et gravirent jusqu'au sommet la tête, labourant la peau et faisant jaillir du sang.

— Maintenant, continua Louise avec énergie, courbe-toi donc, et reconnais la justice de Dieu!

Un râle sortit de la gorge du misérable; il était écrasé, foudroyé. Ne pouvant se tenir sur ses jambes, il s'affaissa lourdement et resta accroupi sur le carreau de la chambre.

Au bout d'un instant il tendit vers Louise ses mains tremblantes, et il murmura :

— Grâce! grâce!

Les bras croisés sur sa poitrine, elle le regardait avec horreur et dégoût.

Le monstre était vaincu, terrassé.

XVII

LA PRÉFECTURE DE POLICE

Louise venait de prendre sa revanche, après vingt-quatre ans écoulés depuis l'effroyable scène de nuit dans la petite maison de Jouarre. Son mari l'avait frappée brutalement et jetée sans connaissance sur le sol. Maintenant, Pierre Ricard, à ses pieds, se tordait dans d'atroces convulsions, implorant sa pitié.

Allait-elle en avoir pour un pareil scélérat?

Oui. La fatalité le voulait, et peut-être aussi cette justice de Dieu, dont elle avait parlé.

— Je l'ai bien frappé, se dit-elle; c'est le châtiment qui commence. Mais souffrira-t-il assez pour l'expiation de tous ses crimes?

Après quelques minutes d'un silence lugubre, elle reprit d'une voix sombre :

— Pierre Ricard, malgré mon dégoût, l'horreur et l'épouvante que tu m'inspires, je n'ai pas hésité à venir ici pour te dire ce que tu viens d'entendre. Je tenais à te faire savoir que tes crimes ne sont pas inconnus. Si je ne consultais que ma douleur et ma colère, dans un instant tu sortirais d'ici traîné comme une bête fauve par des agents de police. Oui : je devrais te dénoncer, te livrer à la justice, te conduire à l'échafaud... Ma conscience me dit que je ferais mon devoir, que je rendrais service à la société. Pourtant je ne le ferai point. Ne me demande pas pourquoi; je ne le sais pas bien moi-même, et je crains, en agissant ainsi, que les raisons que je me donne ne soient mauvaises. Par exemple, ne crois point qu'il soit entré dans mon cœur de la pitié pour toi!...

« Pierre Ricard, tu ne peux plus vivre à Paris, il faut que tu quittes la France, il faut que tu disparaisses. Pars dès demain, dès ce soir, dans une heure; hâte-toi, pars et cache-toi bien, cache-toi bien, si tu ne veux pas expier tous les crimes d'un seul coup, sous la hache du bourreau !

« C'est pour cela, surtout, que je suis venue ici. Va-t'en, Pierre Ricard, va-t'en, et je te le répète, hâte-toi, car dans trois jours il serait trop tard!

« Voilà ce que j'avais à te dire. J'espère bien ne te revoir jamais et ne plus entendre parler de toi. Je te laisse la liberté, en profiteras-tu pour te repentir? »

Elle jeta sur la table le couteau qu'elle avait gardé dans sa main et s'élança vers la porte.

Un instant après, elle rejoignait Boyer, qui, très-inquiet de ne pas la voir revenir, se disposait à entrer dans la maison.

— Enfin vous voilà, lui dit-il ; je respire. Voyez-vous, je commençais à avoir peur.

— Vous étiez impatient, je suis restée si longtemps !

— Connaissant l'individu, je n'étais pas rassuré du tout; je ne savais que penser. Vous l'avez vu?

— Oui. Mais éloignons-nous, je ne tiens pas à ce qu'on nous voie causer.

Ils marchèrent rapidement du côté de la voiture.

Presque aussitôt, deux hommes vinrent s'abriter à quelques pas de moi. (Page 321.)

— Rue des Trois-Couronnes, dit Louise au cocher.

Ils prirent place dans le coupé. Le cocher piqua d'un coup de fouet le flanc de cheval, qui se mit à grimper au petit trot la rue Saint-Fargeau.

— Nous allons donc chez Thibaut? demanda Boyer.

— Oui, répondit Louise.

— Nous ne le trouverons pas; je lui ai dit hier qu'il pourrait aller à l'atelier; sera chez lui qu'à l'heure du déjeuner, à midi.

— Il est maintenant dix heures ; vous ne pourrez pas l'attendre. Voici pourquoi je vous conduis rue des Trois-Couronnes : vous monterez chez votre ami et vous prierez sa femme de lui dire qu'il vous rejoigne à l'entrée de la rue Darcy aussitôt après avoir déjeuné, car vous allez y retourner. Vous ne perdrez pas de vue la porte du garni. Si Ramoneau sort dans la journée, vous le suivrez et prendrez note des endroits où il sera allé. Il faudrait, si c'est possible, savoir heure par heure ce qu'il fera dans la journée jusqu'à minuit. S'il se rend au chemin de fer et qu'il prenne un billet, ne dites rien, laissez-le partir. Vous pourrez alors revenir chez vous tranquillement. Mais s'il ne quitte pas Paris ce soir ou cette nuit, il faudra recommencer demain à le suivre pas à pas. Comme il est utile que je sois renseignée sur ce qu'il fera, demain matin, pendant que Thibaut sera en observation rue Saint-Fargeau, vous viendrez me trouver à l'hôtel de Lucerolle.

— A quelle heure?

— A partir de six heures, je vous attendrai.

— Alors, je ne vous verrai pas ce soir?

— J'ai beaucoup à faire aujourd'hui, et vous ne me trouveriez probablement point rue de Grenelle. Du reste vous serez suffisamment occupé de votre côté. Avez-vous bien compris, mon ami?

— Oui, madame Louise, parfaitement.

— Ainsi, c'est convenu, vous allez prévenir madame Thibaut et vous retournez immédiatement rue Darcy. Ne craignez pas, vous et votre ami, de prendre des voitures.

Elle lui mit deux pièces de vingt francs dans la main.

— Vous partagerez avec Thibaut, dit-elle, il ne faut pas que vous manquiez d'argent.

— Mais, j'en ai encore, madame Louise.

— Je ne veux pas que vous dépensiez le vôtre.

— J'accepte donc ce que vous me donnez.

— Selon toutes les probabilités, reprit Louise, Ramoneau ne sortira de chez lui que dans l'après midi ; mais il ne faut pas que votre surveillance soit mise en défaut : c'est pour cela que vous retournerez tout de suite du côté de la rue Darcy. Vous prendrez toutefois le temps de déjeuner chez vous ou chez un traiteur quelconque.

— Ceux-ci ne manquent pas dans Paris, dit Boyer.

La voiture, arrivée en haut de la rue Saint-Fargeau, descendit rapidement la chaussée de Ménilmontant. Au bout de quelques minutes, elle s'arrêta à l'entrée de la rue des Trois-Couronnes.

— A demain, madame Louise, dit Boyer en ouvrant la portière.

Elle lui tendit la main.

— Oui, à demain matin, répondit-elle. Dites bien à votre ami Thibaut que je compte sur lui comme sur vous.

Le jeune homme sauta sur le trottoir et s'éloigna en courant.

— Où allons-nous, maintenant? demanda le cocher, penché sur son siége.

— A la préfecture de police, répondit Louise.

L'automédon lança de nouveau son cheval au galop.

Onze heures sonnaient à l'horloge du Palais de justice, lorsque Louise mit pied à terre sur le quai des Orfèvres.

Ayant demandé où se trouvaient les appartements particuliers du préfet, on lui fit suivre un assez long couloir et monter un large escalier, qui la conduisit dans une grande salle assez mal éclairée, où se tenaient gravement plusieurs huissiers. Elle entra ensuite dans une seconde pièce très-petite, meublée seulement d'une banquette et de quelques chaises.

Elle était dans l'antichambre ou salle d'attente qui précédait immédiatement le cabinet du préfet de police.

Plusieurs personnes, arrivées avant elle, attendaient le moment d'être admises en présence du haut fonctionnaire.

— Vous désirez voir M. le préfet? lui dit un huissier qui se tenait debout devant la porte du cabinet, comme pour en défendre l'entrée.

— Oui, monsieur, répondit-elle.

— Je vais vous annoncer, dites-moi votre nom.

Elle tira de son corsage la lettre écrite la veille par M. de Lucerolle.

— Je n'ai pas l'honneur d'être connue de M. le préfet, dit-elle, en tendant à l'huissier le pli cacheté, mais veuillez le prier de prendre connaissance de cette lettre.

L'huissier entra dans le cabinet du préfet. Il reparut au bout d'un instant et dit à Louise avec beaucoup de déférence :

— Venez, madame, M. le préfet vous attend.

Et il ouvrit la porte toute grande pour la laisser passer.

Le préfet était seul, assis à un grand bureau couvert de papiers, qui occupait tout le milieu de la salle! Sa main droite tenait la lettre du comte de Lucerolle.

Il jeta un regard sur Louise, la salua d'un mouvement de tête et lui indiqua un fauteuil sur lequel elle s'assit. Elle était très-émue.

— C'est vous qui êtes madame Louise Verdier? lui demanda-t-il.

— Oui, monsieur.

— D'après cette lettre de M. le comte de Lucerolle, vous auriez une communication très-importante à faire au parquet au sujet du crime qui a été commis rue de Lille, il y a trois jours ?

— Oui, monsieur.

— Toute communication pouvant éclairer la justice est toujours accueillie avec empressement ; vous n'aviez donc pas à craindre qu'on refusât de vous entendre. Je ne connais pas encore les détails de cette grave affaire qui se présente, paraît-il, comme très-mystérieuse. D'ailleurs, si le magistrat chargé de l'instruire est déjà désigné, l'instruction n'a pas été commencée encore.

« M. le comte de Lucerolle me demande de vous recommander au juge d'instruction ; je ne lui refuserai pas ce témoignage de ma haute estime et de mon amitié ; mais cette lettre, qui contient votre éloge, signée d'un nom bien connu, respecté et honoré, est une recommandation à laquelle je n'ajouterai rien en l'appuyant.

Il écrivit quelques lignes en tête de la lettre et fit sonner un timbre.

Une porte s'ouvrit aussitôt. Un secrétaire parut.

— Monsieur, lui dit le préfet en lui remettant la lettre de M. de Lucerolle, vous allez accompagner madame au parquet. On vous donnera le nom du juge à qui a été confiée l'instruction de l'affaire de la rue de Lille ; vous lui remettrez cette lettre et le prierez de ma part de vouloir bien entendre immédiatement cette dame.

Le secrétaire s'inclina. Louise s'était levée.

— Je remercie monsieur le préfet, dit-elle en le saluant avec respect.

Le préfet lui rendit son salut, et elle sortit par une porte que le secrétaire ouvrit devant elle.

Dix minutes plus tard, elle se trouvait dans le cabinet du juge d'instruction.

Ce magistrat était seul, occupé à examiner plusieurs dossiers étalés devant lui sur son bureau.

Son greffier écrivait dans une pièce à côté.

Il avait prié Louise de s'asseoir et avait lu très-attentivement la lettre du comte de Lucerolle et les quelques lignes du préfet de police. Ensuite, repoussant plusieurs dossiers, il ouvrit une chemise dans laquelle se trouvaient trois ou quatre feuilles écrites, qu'il parcourut des yeux.

Ce magistrat était un homme de cinquante ans environ. Son large front annonçait une grande intelligence. Ses yeux étaient vifs, brillants, et son regard clair et profond. On reconnaissait l'observateur, l'homme habitué à sonder la pensée d'autrui. Il avait la figure calme, froide et austère qui convient à un représentant de la loi ; mais sous cette apparence sévère se cachaient la bonté et une grande bienveillance. Depuis vingt ans que cet homme exerçait les fonctions, souvent pénibles, de juge d'instruction, il avait vu paraître devant lui bien des criminels et touché à de nombreuses plaies sociales ; pourtant, son cœur ne s'était point endurci : il éprouvait souvent le besoin de se montrer compatissant. Il était de ceux qui pensent que les sévérités de la loi doivent être adoucies dans bien des circonstances et qu'il ne faut pas, en frappant le coupable, lui fermer la porte du repentir, en lui enlevant tout espoir de réhabilitation.

Après avoir consulté les papiers dont nous avons parlé, le juge d'instruction se tourna vers Louise.

— Excusez-moi, madame, dit-il, si je vous ai fait un peu attendre. Cette lettre me dit que vous avez quelque chose à me communiquer concernant l'horrible crime commis rue de Lille, vendredi dernier ; j'ai cru devoir, avant de recevoir votre déposition, prendre connaissance des faits recueillis par la première enquête. Maintenant, je suis au courant de tout, vous pouvez parler, je vous écoute.

— Me permettez-vous, monsieur, de vous demander si l'instruction de cette douloureuse affaire est commencée ?

— Elle commence en ce moment, madame, puisque vous venez me faire une communication qui s'y rapporte.

Il appela son greffier.

— Oh ! pardon, monsieur, dit Louise vivement ; mais ce que j'ai à vous dire est tout à fait confidentiel.

— Ah ! fit le magistrat étonné.

Et se tournant vers le greffier, qui venait d'entrer :

— Tout à l'heure, lui dit-il, je vous appellerai si c'est nécessaire.

Le greffier se retira.

— Vous devez me trouver bien hardie, monsieur, dit Louise, et si je n'avais en ce moment l'appui de M. le comte de Lucerolle, je n'oserais pas...

Le magistrat sourit.

— Ordinairement, dit-il, ce n'est pas au parquet qu'on vient parler confidentiellement à un juge d'instruction ; mais, enfin, je veux bien faire infraction à la règle en votre faveur.

— Vous n'avez pas encore commencé votre instruction, monsieur ; eh bien ! je viens vous prier, vous supplier de ne pas la commencer avant deux ou trois jours.

Le magistrat bondit sur son fauteuil.

— Ah çà ! fit-il d'un ton sévère, qui donc vous a dit qu'on pouvait arrêter si facilement l'action de la justice? Assurément, ce n'est pas votre maître, M. le comte de Lucerolle.

— M. le comte ignore ce que j'ai à vous dire.

— Ce que vous demandez est impossible.

— Monsieur le juge d'instruction, reprit-elle d'une voix tremblante avec des larmes dans les yeux, il s'agit de l'honneur d'une grande famille.

— D'une grande famille! répéta le magistrat en arrêtant sur Louise son regard inquisiteur.

— Oui, monsieur.

— Quel est le nom de cette famille?

— De Lucerolle, monsieur.

XVIII

CHEZ LE JUGE D'INSTRUCTION

Le juge d'instruction se rejeta brusquement en arrière. Il était stupéfait. Mais son regard interrogeait toujours la physionomie de Louise, qui gardait son attitude suppliante.

— Cette femme possède quelque secret terrible, pensait-il.

Il fit avancer son fauteuil et, se penchant vers Louise :

— Voyons, lui dit-il, qu'avez-vous à m'apprendre? Expliquez-vous clairement. Parlez, madame, parlez, et dites-moi toute la vérité. Il s'agit de l'honneur de la famille de Lucerolle? continua-t-il avec agitation : je connais cette noble famille, madame, et je lui suis attaché par la reconnaissance ; c'est au père du comte Édouard que je dois ma position.

Le regard de Louise s'illumina.

— Voyons, reprit le magistrat, quel rapport peut-il y avoir entre le crime de la rue de Lille et la famille de Lucerolle?

Embarrassée par cette question, Louise baissa la tête.

— Eh bien! vous ne me répondez pas? fit le juge d'instruction.

Louise tressaillit, puis relevant brusquement la tête :

— Monsieur, dit-elle d'un ton animé, vous connaissez la famille de Lucerolle, je n'ai pas besoin de vous parler de sa noblesse, de sa générosité, de sa

…ndeur, je n'ai pas besoin de vous dire que madame la comtesse est la plus …tueuse des femmes et monsieur le comte le meilleur des hommes! Et leur …nquillité, et leur repos pourraient être troublé!... Non, c'est impossible; je ne veux pas, monsieur, je ne le veux pas!

— Je ne comprends pas, expliquez-vous!

— Monsieur le juge d'instruction, je suis venue pour vous parler du vol et de …sassinat commis rue de Lille. On a accusé d'être l'un des auteurs de ces deux …mes un jeune homme qui porte le nom de Pierre Ricard. Samedi matin, comme … jeune homme rentrait chez lui, on l'a arrêté. Eh bien, monsieur, on a accusé … arrêté un innocent!

— C'est ce qu'il prétend. La plupart des criminels commencent toujours par …r les crimes qu'ils ont commis, jusqu'à ce qu'ils soient écrasés sous le poids … preuves accumulées contre eux. Alors seulement ils entrent dans la voie des …eux. Pierre Ricard...

— Ce jeune homme est innocent, l'interrompit-elle; devant la justice, devant …eu, je le jure!

Le magistrat secoua la tête.

— S'il en était ainsi, dit-il, il aurait répondu aux questions qui lui ont été …ressées. Ne pouvant justifier de l'emploi de son temps la nuit du crime, il a cru …voir garder un silence prudent.

Il prit les pièces de l'enquête et y jeta les yeux.

— Oui, voilà, reprit-il; on lui demande ce qu'il a fait depuis neuf heures du …ir jusqu'à neuf heures et demie le lendemain matin. Il répond qu'il ne peut …s le dire parce qu'il a juré de garder le silence.

— C'est la vérité, monsieur, il a juré de se taire.

— C'est tout à fait incompréhensible et invraisemblable.

— Et cela est, pourtant. Monsieur le juge d'instruction, c'est moi, Louise …erdier, qui lui ai fait promettre, qui lui ai fait jurer de ne pas dire pour quelle …use il a passé la nuit de vendredi à samedi hors de chez lui.

— Vous, vous! s'écria le magistrat.

— Est-ce que devant vous, un juge d'instruction, j'oserais crier : Il est inno-…nt! si je ne pouvais pas vous en donner la preuve?

Le magistrat s'agita sur son siége.

— En ce cas, dit-il, vous savez où il a passé la nuit?

— Oui, monsieur, je le sais.

— Vous pouvez me le dire?

— Oui, monsieur, je peux vous le dire, car j'étais avec lui.

— Ah! fit le magistrat, en plongeant de nouveau son regard dans les yeux de Louise.

— Écoutez-moi, monsieur, écoutez-moi : vendredi soir, il est allé chez monsieur Blanchard, rue de Lille, pour lui remettre une somme d'argent qu'il avait touchée dans la journée. L'aveugle était seul, sa petite-fille, mademoiselle Léontine Blanchard, étant allée passer la soirée avec son amie mademoiselle de Lucerolle.

— Je sais cela. Continuez.

— Il a quitté monsieur Blanchard vers neuf heures. Vous savez peut-être aussi qu'il est fiancé à mademoiselle Léontine, qu'ils s'aiment et que leur mariage devait avoir lieu prochainement.

— Si l'amour de Pierre Ricard était réel, ce serait déjà une preuve de son innocence, dit le juge d'instruction.

— Son amour pour mademoiselle Léontine est aussi profond que sincère, monsieur, répliqua Louise ; mais si je n'avais que son amour à invoquer, je ne saurais pas vous convaincre qu'il est innocent.

— Continuez, madame, continuez.

— En sortant de la maison où demeure M. Blanchard, la pensée lui vint d'aller attendre mademoiselle Léontine à sa sortie de l'hôtel de Lucerolle.

— C'est ce qu'il a dit.

— A neuf heures et demie, monsieur, à l'heure juste où les crimes étaient commis rue de Lille, j'arrivais rue de Grenelle-Saint-Germain, revenant de porter, de la part de ma maîtresse, un secours en argent à une pauvre famille d'ouvriers, et j'allais rentrer à l'hôtel lorsque je me trouvai tout à coup devant le fiancé de mademoiselle Blanchard, qui se promenait sur le trottoir en fumant un cigare.

— Et vous êtes bien sûre qu'il était neuf heures et demie?

— Absolument sûre, monsieur.

— Il vous a parlé?

— Non ; il ne me connaissait pas ; moi-même je le voyais pour la première fois.

— Je vous interromps encore. Comment se fait-il que, le voyant pour la première fois, vous l'ayez reconnu?

— Une ressemblance extraordinaire qu'il a avec une autre personne m'a fait supposer que c'était lui. Toutefois, monsieur, si j'étais rentrée à l'hôtel et si je n'avais que cela à vous dire, je ne pourrais pas affirmer que c'était bien le fiancé de mademoiselle Blanchard qui se promenait à neuf heures et demie devant l'hôtel de Lucerolle. Mais, voulant être sûre que je ne me trompais point, et sachant

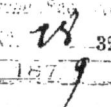

Elle cacha sa figure dans ses mains et des sanglots s'échappèrent de sa poitrine. (Page 324.)

mademoiselle Blanchard était à l'hôtel, la pensée me vint d'attendre qu'elle
. Vous allez voir, monsieur, que cette pensée me fut inspirée par Dieu. Ah!
nua-t-elle avec des larmes dans la voix, la Providence veillait sur le pauvre
t!

La pluie se mit à tomber; je traversai la rue et allai me mettre à l'abri sous
chafaudage de maçons. Presque aussitôt, deux hommes vinrent également
briter à quelques pas de moi. Ils ne me virent point, et, se croyant seuls, ils

échangèrent quelques paroles sinistres que j'eus le bonheur d'entendre. Ils étaient là, guettant le jeune homme, attendant le moment propice pour se jeter sur lui et l'assassiner !

— Oh ! fit le juge d'instruction.

« Je voulus courir à lui et le prévenir du danger qui le menaçait, continua Louise. Mais la pluie tombant plus fort, et, renonçant à attendre sa fiancée, il venait de s'éloigner rapidement. Les deux hommes s'étaient élancés sur ses pas. A mon tour, je me mis à les suivre en courant. J'arrivai un instant après eux sur le quai Malaquais ; j'étais épuisée, haletante, sans force, sans voix ; mon cœur battait à se briser, le sang bourdonnait dans mes oreilles. A cet instant, l'orage éclatait dans toute sa fureur. Comme les rues, le quai était désert.

« Tout à coup, monsieur, à la lueur d'un effroyable éclair, je vis, sur le pont des Arts, les deux misérables s'élancer sur le jeune homme, le saisir, l'enlever et le précipiter dans le fleuve.

— Alors, alors ? s'écria le magistrat frémissant.

— Alors le désespoir me fit retrouver mes forces ; la voix me revint et je poussai de grands cris en appelant au secours. Personne n'accourut. Les assassins avaient disparu. Je crus que j'allais devenir folle. Je m'élançai sur le pont. J'allais, je crois, me jeter dans la Seine, lorsque, toujours à la lueur des éclairs, je vis une barque montée par deux pêcheurs, qui couraient au secours du noyé.

— Comment ! s'écria le magistrat, ce crime horrible a été commis et la justice l'ignore !

— Monsieur le juge d'instruction, ce crime n'a eu pour témoins que moi et les deux pêcheurs qui ont sauvé la victime. Il n'y avait là ni un gardien de la paix, ni un agent de police. J'ai remercié les pêcheurs, le père et le fils, je les ai récompensés autant que je le pouvais et leur ai demandé comme une grâce de garder le silence. Ah ! si je n'avais pas un innocent à défendre, des preuves à vous donner, je ne vous aurais pas dit cela, monsieur, je ne vous l'aurais pas dit.

— Comment, témoin d'un pareil crime, vous ne l'auriez pas dénoncé à la justice !

— J'en voulais garder le secret, et c'est pour cela que j'ai fait jurer à la victime de ne point parler.

— Et la punition des coupables, madame ? s'écria le magistrat d'un ton sévère.

Louise se dressa debout, une flamme dans le regard.

— L'un deux est châtié déjà, dit-elle d'une voix creuse, châtié par moi, et je n'ai pas eu besoin pour cela de l'intervention de la justice !

— Cette femme est étrange, se dit le magistrat.

— Mais soyez tranquille, monsieur, poursuivit Louise, ils seront tous punis. [Qua]nd vous rendrez la liberté à l'innocent injustement accusé, je vous aurai [livré], d'un seul coup, les voleurs et les assassins de la rue de Lille et du pont des [Art]s.

— Mon Dieu! madame, je vous écoute, je cherche à comprendre, et j'avoue [que] je n'y parviens pas. L'un des coupables a été châtié par vous, et vous livrerez [les] autres à la justice : qu'est-ce que cela veut dire? Si vous connaissez les cri[min]els, pourquoi, depuis trois jours, n'avez-vous point parlé? Quel châtiment [ave]z-vous infligé à l'un des coupables? De quel droit vous êtes-vous faite son [just]icier?

Louise retomba sur son siége. Elle était devenue très-pâle.

— Ah! s'écria-t-elle d'un ton douloureux, je n'avais pas prévu que vous [m'ad]resseriez ces terribles questions.

— Vous êtes devant un juge d'instruction, madame, et vous devez lui dire la [vér]ité, toute la vérité.

— Mais je ne vous mens pas, monsieur; ce que je vous dis est la vérité.

— Soit, mais je vois, je devine que vous me cachez quelque chose.

Elle passa rapidement sa main sur son front.

— Non, je ne peux pas, je ne peux pas, murmura-t-elle.

Des larmes jaillirent de ses yeux.

— Oh! c'est horrible, horrible! s'écria-t-elle.

Puis, joignant les mains :

— Monsieur le juge d'instruction, reprit-elle d'une voix suppliante, ne me [dem]andez rien, ne m'interrogez pas... Ah! si vous saviez, si vous saviez!... [Pou]rquoi suis-je ici? Pour vous prouver l'innocence de celui qu'on appelle Pierre [Ren]ard. Je ne veux pas autre chose. Vous me demandez pourquoi je n'ai pas [dén]oncé les coupables; je ne les connais pas; avec l'aide de deux de mes amis, [je l]es ai cherchés; je sais maintenant où les trouver, et demain, avant minuit, ils [ser]ont entre vos mains, je vous le promets. Ils sont cinq, six, sept, peut-être [plu]s, je ne sais pas; enfin, toute une bande de scélérats.

« Celui que j'ai puni n'est pas de ceux-là. Oh! je ne cherche pas à l'excuser, [mo]nsieur, non. Car il est aussi un misérable!... Il a payé les assassins du pont des [Art]s. Il m'a tout avoué, et, grâce à lui, j'ai découvert que les brigands de la rue [de] Lille et ceux du pont des Arts faisaient partie de la même bande. Je lui ai [rep]roché son crime, je l'ai condamné et je l'ai châtié comme il le méritait : c'était [mo]n droit, monsieur.

« Je ne vous le livrerai pas, lui, c'est impossible, ce serait odieux... Vous repré[sen]tez la justice, monsieur, et vous devez être sévère et implacable comme elle :

mais vous êtes un homme, vous avez un cœur, vous avez sans doute des enfants... Eh bien! monsieur, dites, dites, est-ce qu'on peut exiger d'une mère qu'elle envoie son fils au bagne?

— Votre fils! s'écria le juge d'instruction frappé de stupeur.

— Ah! vous voyez, vous voyez, reprit-elle d'une voix déchirante, je parle trop; ma tête s'égare, je ne sais plus ce que je dis... Oh! la justice, un juge d'instruction!... Ayez pitié de moi, monsieur, ayez pitié de moi!

Elle cacha sa figure dans ses mains, et des sanglots s'échappèrent de sa poitrine.

Une émotion extraordinaire s'était emparée du magistrat. Maintenant il regardait Louise avec autant de compassion que de curiosité.

Au bout d'un instant, elle releva la tête :

— Eh bien! oui, dit-elle, mon fils est un misérable. Pourtant, ce ne sont pas mes conseils et ma tendresse qui lui ont manqué jamais. Je l'ai aimé comme une mère seule peut aimer son enfant. Maintenant mon cœur est mort pour lui..... Hier, je l'ai repoussé, maudit et chassé, chassé pour toujours! C'est là son châtiment, et il est terrible, allez, terrible! Mais ce n'est pas tant pour lui et pour moi que j'ai voulu, que je veux encore le soustraire à la justice; c'est pour la famille de Lucerolle; c'est pour éviter le scandale, peut-être la honte qui rejaillirait sur elle; oui, c'est pour monsieur le comte, madame la comtesse, leur fille et leur fils, c'est pour ne point les jeter tous comme une pâture à la curiosité du monde.

— Ce que vous me dites est tellement étrange et incohérent que je m'y perds, répliqua le magistrat; pourquoi mêlez-vous à tout cela la famille de Lucerolle? En vérité, madame, si je n'avais pas sous les yeux la lettre de monsieur le comte de Lucerolle, je croirais avoir affaire à une pauvre insensée. Je ne comprends pas, non, je ne comprends pas.

— Ah! je sais bien que vous ne pouvez pas comprendre, puisqu'il y a un secret?...

— Un secret?

— Oui, monsieur, un secret terrible.

Le juge d'instruction secoua la tête avec incrédulité.

— Décidément, dit-il, je crois que je perds mon temps à vous écouter, car, enfin, madame, rien ne me prouve encore que cette histoire de l'accusé Pierre Ricard, précipité dans la Seine, ne soit pas inventée par vous.

— Quoi, monsieur, vous ne me croyez pas?

— Je doute, madame.

— M. le comte de Lucerolle ne vous dit donc pas que vous pouvez avoir confiance en moi?

— M. le comte de Lucerolle peut se tromper.

— Mais dans une heure, monsieur, dans une demi-heure, si vous le voulez, vous aurez la preuve que je vous ai dit la vérité. Vous n'avez qu'à aller ou à envoyer rue de Seine, à l'hôtel meublé où le jeune homme a été transporté par les pêcheurs. On interrogera la maîtresse de l'hôtel ; elle dira qu'il a passé la nuit chez elle, qu'un jeune médecin, encore étudiant, qui demeure dans la maison, l'a soigné et rappelé à la vie : elle dira aussi que c'est moi qui ai veillé près de lui toute la nuit, et qu'il est sorti de l'hôtel le samedi matin vers neuf heures. Il retournait chez lui, rue Saint-Sébastien, où les agents de la sûreté l'attendaient pour l'arrêter.

— C'est bien, dit le juge d'instruction, tout à l'heure j'enverrai rue de Seine.

— Alors vous ne douterez plus, monsieur, vous aurez la preuve que je vous ai dit la vérité et qu'il est innocent. Je ne vous demande point de le mettre immédiatement en liberté ; car on en veut à sa vie et, tant que tous ses ennemis n'auront pas été mis dans l'impossibilité de le frapper, je craindrais qu'il ne tombât dans quelque nouveau guet-apens.

« Il a été conduit à Mazas, je l'ai appris hier. Comme il doit être inquiet, malheureux ! Comme il doit souffrir ! Il sait que je pense à lui, que je m'occupe de son bonheur, et il m'a dit qu'il était plein de confiance ; mais les plus forts peuvent se laisser prendre par le découragement ; je voudrais qu'il n'eût pas la douleur, la honte d'être amené ici, devant vous, entre deux gendarmes comme un criminel. »

Depuis un instant, le juge d'instruction semblait réfléchir profondément.

— J'irai moi-même à Mazas, dit-il ; j'interrogerai Pierre Ricard dans sa prison.

— C'est une bonne inspiration ; quand il saura que vous m'avez vue, il ne refusera plus de parler. Ah ! si vous avez pitié de l'innocent, dites-lui, monsieur, dites-lui que Louise Verdier tiendra la promesse qu'elle lui a faite.

— Maintenant, Louise Verdier, reprit le magistrat, deux fois vous avez parlé de la famille de Lucerolle, sans vouloir vous expliquer ; que peut-il y avoir de commun entre cette famille des plus honorables et des criminels ? Vos paroles trop vagues m'ont vivement impressionné, je suis inquiet, j'ai l'esprit troublé. Il s'agit d'un secret, d'un secret terrible, avez-vous dit ; il faut que je sache tout, j'ai besoin de tout savoir pour apprécier les faits. Complétez votre confidence, quel est ce secret ? Louise Verdier, ici vous ne devez rien avoir de caché, je vous adjure de parler.

— Non, je ne peux pas ! s'écria-t-elle effrayée. Vous êtes le juge d'instruction, vous êtes la justice ; j'ai peur, j'ai peur !

— Louïse Verdier, prenez garde! dit le magistrat avec une sorte de violence.

Elle eut un sourd gémissement.

— Ah! reprit-elle d'un ton douloureux, si vous connaissiez mes angoisses, si vous saviez ce que je souffre, vous auriez pitié de moi. Vous m'ordonnez de parler, vous voulez que je vous dise... Eh bien, oui, vous saurez tout, vous connaîtrez ce secret fatal que je garde depuis vingt-quatre ans, ce secret qui m'étouffe, qui me brûle comme si j'avais un brasier dans la poitrine ; mais pas aujourd'hui, je manquerais de force ; attendez à demain ; à midi, je serai ici, je vous le promets.

Ce que la malheureuse femme éprouvait en ce moment était une véritable torture.

Le magistrat ne crut pas devoir insister davantage.

— Soit, dit-il, je vous attendrai ici demain, à midi.

— Oh! vous êtes bon, merci! s'écria-t-elle.

Il la congédia d'un geste.

Elle se leva et sortit du cabinet en essuyant ses joues baignées de larmes.

Resté seul, le juge d'instruction appuya ses coudes sur son bureau et prit sa tête dans ses mains.

Au bout d'un instant, il murmura :

— Tout cela est bien étrange, bien mystérieux. De quelle nature est donc le secret de cette femme? Je me suis trouvé souvent en présence d'affaires judiciaires bien ténébreuses, mais je n'ai jamais eu une semblable appréhension. C'est comme si je doutais de moi, de mes forces, de mon intelligence. Il me semble que je vais marcher dans la nuit à travers des abîmes.

Il secoua la tête comme pour se débarrasser d'importunes pensées, et il ajouta :

— Elle reviendra demain à midi ; attendons.

XIX

COMMENT ON PEUT SE DISTRAIRE EN PRISON

Une demi-heure après le départ de Louise, la maîtresse de l'hôtel meublé de la rue de Seine entrait dans le cabinet du juge d'instruction.

Elle répondit sans hésiter à toutes ses questions et lui confirma l'exactitude du récit de Louise Verdier. Seulement, son amie lui ayant caché avec intention

s'était passé sur le pont, elle dit au juge d'instruction que le jeune homme
voulu se suicider par suite d'un violent chagrin d'amour.

ais le magistrat était prévenu ; il savait que Louise Verdier, dans un but
ne connaissait pas encore, avait eu intérêt à ne point parler du crime. Il ne
, ce qui était vrai, que le calcul d'une volonté bien arrêtée. C'était par suite
même calcul que Louise Verdier avait fait jurer à Pierre Ricard de garder
ence. Évidemment, cela touchait à son secret, ce secret terrible qu'elle gar-
lepuis vingt-quatre ans.

ertes, avant d'envoyer chercher la maîtresse de l'hôtel et de l'avoir enten-
le juge d'instruction était convaincu que Louise Verdier lui avait dit la
en lui dénonçant le crime du pont des Arts. Il avait trop l'habitude d'étu-
les physionomies et de scruter les pensées, pour se laisser tromper par le
onge. Mais, scrupuleux en tout, sa conscience de magistrat lui faisait un
ir de ne négliger aucun détail et d'accumuler les renseignements en faveur
vérité.

congédia l'amie de Louise, se réservant de faire appeler plus tard l'étudiant
édecine, et, voulant ajouter aux déclarations de Louise Verdier et de la
resse d'hôtel celle de Pierre Ricard, il se rendit à la prison où, comme nous
ns dit, le jeune homme avait été écroué le samedi soir et mis au secret.

Confiant dans la parole de Louise, pensant bien qu'elle avait trouvé le
en de rassurer Léontine en lui faisant entendre des paroles d'espoir, Pierre
assez calme. Il trouvait, néanmoins, que les choses prenaient une singu-
tournure et il se demandait avec une certaine anxiété comment il verrait la
e cette déplorable erreur dont il était victime.

— Que doivent penser de moi mes amis? se disait-il ; et Léontine?... Mais
c'est impossible, malgré les apparences, malgré les charges qui semblent
raser, ils me connaissent trop bien pour admettre un seul instant que je
un voleur et un assassin.

a pensée s'occupait constamment de la jeune fille, qu'il se représentait
lée, les yeux rougis par les larmes, et qu'il revoyait sans cesse à la fenêtre,
rée, le corps penché en avant, agitant ses bras avec désespoir. Si seulement
ait pu lui écrire! C'eût été pour lui une consolation, une joie. Mais il y a
des choses qui sont interdites aux prisonniers : on ne lui permit point d'é-
. On consentit seulement, sur sa demande, à lui donner des livres.

Ces deux jours qu'il venait de passer dans un isolement complet, ne voyant
e pas le guichetier, qui lui passait sa nourriture par une ouverture prati-
dans le mur de sa cellule, ces deux jours lui avaient paru longs comme des
les.

— Que serait-ce donc, se disait-il avec une terreur dont il ne pouvait se défendre, si je devais rester ici plusieurs mois ?

Et il se sentait frémir à cette pensée que des innocents, faussement accusés comme lui, pouvaient être condamnés à une prison perpétuelle.

Alors il se rappelait les lettres de cachet de la royauté, devant lesquelles, pour donner satisfaction à la haine d'un grand seigneur ou seulement au caprice d'une favorite, s'ouvraient les portes de la Bastille et des autres prisons d'État.

— Nous n'en sommes plus là heureusement, reprenait-il ; on peut encore emprisonner des innocents, puisque je suis ici ; mais au moins il n'y a plus de lettres de cachet pour le bon plaisir des riches et des puissants ; la justice est pour tous, c'est elle qui juge, et, si elle peut se tromper quelquefois, jamais elle ne condamne un homme sans l'avoir entendu.

Il avait longuement cherché à découvrir comment l'erreur dont il supportait la peine s'était produite, comment les soupçons avaient pu se porter sur lui ; mais il eut beau mettre son esprit à la torture, il ne put rien s'expliquer. Il cessa de penser à cela en se disant que d'autres plus habiles que lui parviendraient à déchiffrer l'énigme.

Louise lui avait dit : « Vous n'êtes pas le fils de Pierre Ricard ; vous aviez onze mois lorsque vous avez été la victime d'un crime infâme ; vos parents existent, je vous les ferai connaître et je vous mettrai dans leurs bras. »

Elle lui avait dit encore : « Au nom de votre fiancée, au nom d'autres personnes qui vous seront chères, au nom aussi de votre propre intérêt, il faut que vous gardiez le silence sur les événements de cette nuit ; mais dans quelques jours, quand il n'y aura plus utilité de garder le secret, je vous délierai de votre serment. »

Ah ! il ne les avait point oubliées, ces paroles de Louise Verdier : elles étaient gravées dans sa mémoire, et il lui semblait les voir écrites en lettres de feu sur les murs de sa prison. Il les avait commentées de toutes les manières, il se les répétait sans cesse, et, s'il ne parvenait pas à en sonder le mystère, du moins elles lui donnaient l'espoir, l'espoir qui est l'unique consolation de ceux qui souffrent et que le malheur frappe injustement.

Il ne lui vint même pas une seule fois à l'idée que Louise Verdier avait pu le tromper. En la voyant tremblante, toute en larmes, agenouillée devant lui, il n'avait pu douter de la sincérité de ses paroles. D'ailleurs on ne joue pas ainsi la comédie de la douleur.

Mais quelle étrange révélation ! Il n'était pas le fils de Pierre Ricard ! Ce nom d'un misérable qu'il portait depuis son enfance, depuis le jour de sa naissance peut-être, ce nom n'était pas le sien. Son père et sa mère existaient, et Louise Verdier, cette femme qui avait été sa nourrice, devait le prendre par la main

— Est-ce que vous ne m'emmenez pas, monsieur? demanda-t-il d'une voix anxieuse. (Page 336.)

..ur le conduire près d'eux. Qui étaient-ils? Après tant d'années voudraient-ils .. reconnaître? Pourquoi n'avait-il pas été élevé par eux? L'avaient-ils donc ..andonné? Et s'il en était ainsi, ce qui lui paraissait probable, ce qui pouvait .. en être le crime dont Louise avait parlé, devait-il espérer qu'ils lui donneraient ..rdivement leur affection et leur tendresse?

Toutes ces pensées se heurtaient tumultueusement dans son cerveau.

On comprend combien il avait hâte d'être mis en liberté, afin de se trouver en présence de l'inconnu qui l'attendait.

Du côté de Léontine et de M. Blanchard, il était tranquille : il se savait aimé !

Si cruelle que fût sa situation, si énorme que fût l'accusation qui pesait sur lui, il s'en affectait à peine ; du reste, il n'avait guère le temps d'y songer, trop de choses plus intéressantes occupaient son esprit.

Son amour était pour lui comme le phare lumineux qui apparaît aux marins au milieu d'une nuit de tempête et les appelle au port où ils doivent trouver le salut après le danger.

Oh ! son amour, il était toute sa joie, son plus doux espoir, la chose délicieuse qui lui faisait aimer la vie et croire au bonheur ! Il remplissait son cœur de rayonnements célestes ! Il n'avait qu'à l'évoquer, cet amour si pur et si plein de charmes, et aussitôt son cachot s'inondait de lumière, les sombres murailles s'écroulaient, il voyait s'ouvrir le ciel d'azur et il croyait marcher sur un tapis de fleurs parfumées.

Alors, au milieu de ces fleurs et de cette lueur éblouissante, Léontine lui apparaissait gracieuse, souriante, radieuse. Elle s'approchait de lui, le regard irradié de tendresse et d'amour, et, de sa voix douce comme un gazouillement de fauvette, de cette voix aimée qui enchantait son âme, elle lui disait, en penchant vers lui sa jolie tête blonde :

— Je t'aime ! je t'aime !

C'était une illusion, oui, mais une illusion charmante, adorable, qui faisait pénétrer une indicible ivresse dans le cœur du pauvre prisonnier.

Étendu sur son lit, Pierre était dans un de ces heureux moments d'hallucination, lorsque le grincement d'une clef dans la serrure de la porte fit disparaître la suave apparition et le rejeta brusquement dans la réalité.

Il se leva. La porte s'ouvrit, et il vit entrer un homme vêtu de noir, dont le visage pâle, sans barbe, lui parut extrêmement sévère.

La porte de la cellule s'étant refermée, les deux hommes se trouvèrent seuls en face l'un de l'autre.

XX

DANS LA PRISON

Le visiteur resta un moment immobile, les yeux fixés sur le jeune homme, dont la physionomie ouverte, le regard limpide et assuré, le front intelligent et le grand air de distinction l'avaient subitement frappé. Bien qu'il sût que Pierre ait un ouvrier, il comprit aussitôt qu'il ne se trouvait pas en présence d'un homme ordinaire. Mais ce qui augmentait encore sa surprise, c'est qu'il lui semblait que ce jeune homme ne lui était pas inconnu.

— Où donc l'ai-je déjà rencontré? se demanda-t-il.

Il interrogea vainement sa mémoire; il ne put se souvenir.

Pierre, dans une attitude respectueuse, attendait que ce grave personnage voulût bien lui adresser la parole.

— Pierre Ricard, dit enfin le visiteur, je suis le juge d'instruction.

Le jeune homme s'inclina.

— Monsieur, dit-il, je ne m'attendais pas à l'honneur de votre visite; vous venez sans doute pour m'interroger; malheureusement il ne m'est pas possible de vous répondre encore comme je le voudrais : je ne pourrai que vous répéter ce que j'ai déjà dit. Vous pouvez me croire, monsieur, je ne suis point un criminel, et c'est par suite d'une inconcevable erreur que j'ai été arrêté. Je sais bien qu'on me croira coupable tant que je n'aurai pas prouvé mon innocence; mais, sûr d'avance d'être mis en liberté aussitôt que j'aurai parlé, je n'ai ni crainte ni terreur, et si j'ai quelque souci, c'est en pensant que mes amis, ceux que j'aime peuvent, je ne dis pas douter de moi, je n'ai pas cette crainte, mais souffrir de me savoir injustement accusé.

« Il y a dans cette mystérieuse affaire quelque chose de fatal qui semble s'acharner contre moi. Oh! je ne me fais pas illusion, monsieur le juge d'instruction; vous devez penser que je suis un bien grand scélérat.

— J'ai peut-être une tout autre pensée, répondit le magistrat, qui cherchait toujours à se souvenir où il avait déjà vu le prisonnier; car plus il le regardait, plus il était convaincu que cette figure ne lui était pas inconnue.

— Quelle que soit votre pensée, répliqua le jeune homme avec un doux sourire, je sais bien qu'elle ne peut pas m'être favorable.

Puis, gêné par le regard du magistrat :

— Pourquoi donc me regarde-t-il ainsi? se dit-il. Mais, reprit-il à haute voix, vous voulez m'interroger, monsieur le juge d'instruction; je suis prêt à vous répondre.

Ces paroles rappelèrent au magistrat le but de sa visite. Après s'être recueilli un instant :

— Où êtes-vous né? demanda-t-il au jeune homme.

— Je l'ignore, monsieur.

— Comment, vous ne savez pas...

— Je n'avais pas encore deux ans lorsque je fus confié par un commissaire de police à de braves ouvriers, le mari et la femme, qui m'adoptèrent. Madame Chéron, ma mère adoptive, existe encore, monsieur; nous demeurons ensemble rue Saint-Sébastien. Je n'ai connu ni mon père ni ma mère. On m'a dit que mon père se nommait Pierre Ricard; on m'a appelé ainsi depuis mon enfance, je n'en sais pas davantage. Cependant, comme tout indique que mon père demeurait à Paris, j'ai quelque raison de croire que j'y suis né.

— Quel âge avez-vous?

— De vingt-quatre à vingt-cinq ans, je ne sais pas au juste.

— Avez-vous satisfait à la loi du recrutement?

— Oui, monsieur, le tirage au sort m'a donné un bon numéro. Mais, comme tous les Français qui aiment leur pays, j'ai été soldat pendant la guerre; j'ai même reçu une blessure grave le jour de Champigny.

— Vous n'avez jamais quitté Paris?

— Jamais.

— Vous êtes ouvrier?

— Ouvrier serrurier, oui, monsieur.

— Ainsi, vous n'avez pas de famille? vos parents sont morts?

— Il y a quelques jours, je le croyais encore; mais une femme, que le hasard a mise sur mon chemin, m'a dit que mon père et ma mère existaient toujours.

— Ah!... Comment nommez-vous cette femme?

Il hésitait à répondre.

— C'est peut-être madame Louise Verdier, dit le magistrat.

Le jeune homme ne chercha pas à cacher sa surprise.

— Vous connaissez donc Louise Verdier? balbutia-t-il.

— Je l'ai vue aujourd'hui, et elle a cru devoir m'apprendre que vous lui avez fait certaine promesse...

— Quoi! s'écria-t-il très-agité, vous savez?...

— Je dois vous dire aussi que madame Louise Verdier ne vous oublie pas et qu'elle travaille pour vous.

Le front du jeune homme s'éclaira et son regard devint rayonnant.

— Oh! s'écria-t-il avec un accent plein de reconnaissance, vous n'êtes pas un juge d'instruction, vous qui me parlez avec tant de bienveillance et de bonté, vous êtes un messager de joie!

— Pierre Ricard, répondit gravement le magistrat, un juge n'a le droit d'être sévère que lorsque la culpabilité d'un accusé est bien prouvée. Vous avez

sé de répondre aux questions qui vous ont été adressées; vous n'avez point
u dire quel avait été l'emploi de votre temps depuis neuf heures le vendredi
jusqu'à neuf heures le samedi matin. Je viens moi-même vous le demander.

Le jeune homme baissa tristement la tête :

— J'ai fait une promesse, monsieur, vous ne l'ignorez pas; jusqu'à nouvel
e, j'ai juré de garder le silence.

— A Louise Verdier. Du moment qu'elle-même a parlé, vous n'êtes plus
gé de tenir votre serment.

— C'est donc vrai, monsieur, elle vous a dit?...

— Louise Verdier m'a tout dit, et ce qu'elle m'a raconté m'a été confirmé par
amie, qui tient, rue de Seine, un hôtel meublé.

— Mais alors, monsieur, vous savez que je suis innocent! exclama le jeune
me.

— J'espère que vous n'êtes pas coupable. Cela vous explique pourquoi je ne
s interroge pas comme un criminel; mais avant de me prononcer, il faut que
ous entende. Après celles de Louise Verdier et de la maîtresse d'hôtel, j'at-
ds votre déclaration pour acquérir une certitude complète.

Pierre resta un moment silencieux. Puis, faisant un pas vers le magistrat :

— Je vous crois, monsieur, dit-il, je vous crois; je ne veux même pas suppo-
qu'on veuille me tendre un piége.

Le juge d'instruction protesta par un geste énergique.

— Oh! je n'ai pas la moindre défiance envers vous, reprit vivement le jeune
mme; mais malgré le calme de ma conscience, j'ai des inquiétudes et des
intes dont je ne puis me défendre. En me faisant promettre de ne point parler,
uise Verdier m'a dit que c'était dans mon propre intérêt et qu'il s'agissait de
uvegarder le repos et le bonheur de plusieurs autres personnes. Je n'ai pas le
it de douter de sa sincérité, et je crois qu'elle avait de puissantes raisons pour
 parler ainsi. Qu'a-t-elle voulu me dire? Je l'ignore absolument. Il paraît que
i des ennemis, moi qui ne suis qu'un pauvre ouvrier, des ennemis que je gêne,
isqu'ils en veulent à ma vie. Tout cela n'est pas rassurant, monsieur, et je peux
en avoir des inquiétudes et du trouble dans l'esprit. Si encore j'étais seul me-
cé! Mais il y a d'autres personnes dont le repos peut être troublé par moi,
nt je peux, sans le vouloir, détruire le bonheur. Quelles sont ces personnes!
uise Verdier ne me les a pas fait connaître, pas plus que mes ennemis. Cepen-
nt, en me rappelant ses paroles, je pense à ma mère, à mon père, dont elle
'a aussi parlé, et quelque chose me dit que c'est au nom de leur repos, au nom
 leur bonheur qu'elle m'a fait jurer de me taire.

« Ah! je ne saurais vous dire ce qui se passe en moi, je ne puis m'en rendre compte moi-même. Depuis trois jours, voyez-vous, je suis dans un état de surexcitation extraordinaire, et il me semble que je suis entraîné dans une sorte de vertige. Cela se comprend : ma situation est si étrange, et tant de choses surprenantes et imprévues sont venues se mêler à mon existence si tranquille et si heureuse jusqu'ici !

« Mais vous avez vu Louise Verdier, monsieur, vous l'avez vue et elle vous a révélé ce qu'elle avait intérêt à tenir caché il y a trois jours. Si elle a parlé, c'est que ses craintes n'existent plus et que les conséquences qu'elle redoutait ne peuvent plus être funestes. Je puis donc, dès maintenant, me considérer comme délié de mon serment et parler à mon tour. »

Alors, simplement, clairement, et sans omettre aucun détail, il raconta brièvement les faits au juge d'instruction. Il lui dit quels avaient été son saisissement, son épouvante, quand les deux hommes, qu'il n'avait pu voir, se jetèrent sur lui sur le pont et le lancèrent dans le vide.

— Je ne me souviens pas, continua-t-il, si j'eus le temps de pousser un cri avant que l'eau ne se refermât sur moi. Je me suis cru perdu. Ma première pensée à ce moment suprême fut, je l'avoue, pour mademoiselle Blanchard, ma fiancée ; ensuite elle monta vers Dieu. Mais, aussitôt, regrettant la vie et voyant le spectre horrible de la mort, je perdis connaissance.

« Quand je revins à moi, dans une chambre de l'hôtel où l'on m'avait transporté, et grâce aux soins d'un étudiant en médecine, je vis confusément un homme, une femme et d'autres objets qui semblaient se livrer à une danse désordonnée et fantastique. Mais ce ne fut qu'une vision rapide comme un éclair, car je tombai soudain dans un sommeil lourd, qui devait être une autre syncope, puisque je n'éprouvais aucune sensation.

« C'est plus tard, quand je sortis de cette espèce de léthargie, et en recouvrant la faculté de penser, que je compris qu'on m'avait retiré de l'eau, que je vivais encore.

« En même temps je repris possession de tous mes sens. Je me touchai afin de bien m'assurer que je n'étais pas mort ; je voyais et j'entendais.

« Je me vis couché dans un lit. Une lampe et un grand feu éclairaient la chambre. Près du lit, penchée vers moi, se tenait une femme pâle que je ne connaissais pas, que je n'avais jamais vue. C'était Louise Verdier.

« Elle m'apprit comment j'avais été sauvé par des pêcheurs et comment elle m'avait fait transporter dans la chambre où je me trouvais, chez une de ses amies.

« Vous devinez le reste, monsieur. Le lendemain, complétement rétabli, je pris vers neuf heures une voiture qui me ramena chez moi, rue Saint-Sébastien. J'avais eu à peine le temps de changer de vêtement, lorsque les agents sont en-

…t m'ont arrêté. Je me laissai emmener en me disant que j'étais victime …erreur et qu'aussitôt après m'avoir interrogé on me rendrait la liberté. Aussi, …de ma surprise, de ma stupéfaction en apprenant que j'étais accusé d'avoir …t assassiné !

Oh ! il y avait de quoi devenir fou ! Je bénis le ciel qui m'a donné la force de …rter cette rude épreuve.

J'aime et j'adore une jeune fille charmante, plus douce et plus vertueuse …e qu'elle est belle ; j'ai le bonheur d'être agréé par son grand-père, son …e parent, un vieillard aveugle que je respecte et vénère ; je suis à la veille …venir le mari de cette jeune fille, le vieillard m'appelle déjà son fils : c'est le …eur, ce sont toutes les joies de la vie qui m'attendent, et c'est moi, moi qu'on …e d'avoir volé la dot de ma fiancée !... N'est-ce pas absurde ?

Mais ce n'est pas tout : le concierge Fabrice, que je connais depuis mon …ce, qui m'a fait sauter sur ses genoux autrefois, le malheureux Fabrice est …é d'un coup de poignard par le voleur, et c'est moi, moi, son ami, qu'on ac…de l'avoir assassiné !...

Ah ! tenez, ce n'est pas seulement absurde, c'est monstrueux ! »

… prononça ces derniers mots d'une voix étranglée ; il suffoquait.

— Pauvre Fabrice ! pauvre Fabrice ! murmura-t-il.

…t il se mit à pleurer.

…ertes, en présence de cette douleur si vraie et si profonde, même s'il n'eût …u déjà des preuves matérielles, le juge d'instruction n'aurait pu douter de …ocence du jeune homme.

…e n'était pas la première fois qu'il voyait devant lui un homme faussement …sé ; mais jamais il n'avait éprouvé une aussi grande satisfaction à reconnaître …ocence d'un prévenu. C'est que, malgré lui, et sans pouvoir se rendre compte …es impressions, il s'intéressait vivement à ce jeune ouvrier, dont la voix …pathique, le langage correct, la bonne tenue, l'air distingué et la noblesse …sentiments étaient pour lui autant de sujets d'étonnement.

…u bout d'un instant, Pierre reprit la parole.

— Excusez-moi, monsieur, excusez-moi, dit-il ; je ne devrais pas pleurer de…vous.

— Les pleurs soulagent, dit le juge d'instruction.

— Je vous ai montré ma faiblesse, continua le jeune homme, je n'ai pu me …re maître de mon émotion. Hélas ! Fabrice était le meilleur des hommes, je …ais et je ne le verrai plus !

Mais il faut que je reste calme et fort, j'ai besoin de tout mon courage et je …éloigner ma pensée de ces choses douloureuses. Je vous ai dit la vérité, monsieur, je vous ai même ouvert mon cœur; maintenant vous devez être convaincu que je suis innocent.

— Oui, je n'ai plus aucun doute, vous êtes innocent.

— Ah! merci, monsieur, merci !

— Dites-moi, Pierre Ricard, Louise Verdier vous a-t-elle appris pourquoi vous aviez un ou plusieurs ennemis? Enfin, vous a-t-elle dit pour quel motif ils voulaient vous ôter la vie?

— Elle m'a parlé, en effet, d'un ennemi inconnu; mais elle ne m'a donné aucune explication. Je ne sais rien.

— Vous l'avez questionnée, cependant?

— Oui, monsieur, mais elle a refusé de me répondre.

— Je comprends cela; elle n'a pas voulu vous livrer son secret.

— Un secret terrible, m'a-t-elle dit.

— Comme à moi, pensa le magistrat.

Il reprit à haute voix :

— C'est bien, nous le connaîtrons, ce secret; la lumière se fera.

Il se dirigea vers la porte, à laquelle il frappa. Puis, se tournant vers le prisonnier, il lui fit un signe d'adieu.

La porte de la cellule venait de s'ouvrir.

Pierre s'élança vers le magistrat.

— Est-ce que vous ne m'emmenez pas, monsieur? demanda-t-il d'une voix anxieuse; est-ce que je ne suis pas libre? est-ce que cette porte va encore se refermer sur moi?

— Vous ne pouvez être mis en liberté que sur un ordre émanant du parquet, répondit le magistrat; prenez patience, cet ordre sera signé demain, et avant la nuit vous serez libre.

— Le jeune homme poussa un profond soupir.

— J'attendrai, dit-il tristement; mais j'ai des amis qui s'inquiètent, monsieur, je voudrais les rassurer; vous n'auriez qu'un mot à dire et il me serait permis de leur écrire.

Le juge d'instruction parut réfléchir un instant.

— Non, dit-il, non, il vaut mieux que vous n'écriviez à personne.

Il venait de se rappeler ces paroles de Louise Verdier : « Tant que ses ennemis n'auront pas été mis dans l'impossibilité de lui nuire, je craindrai pour sa vie. »

Mademoiselle de Lucerolle s'arrêta en face du vieux serviteur : « Joseph, est-ce que nous attendons des visites ce soir ? (Page 343.)

Pierre n'osa pas insister ; il poussa un nouveau soupir et baissa la tête.

Le juge d'instruction sortit, et la lourde porte se referma sur le prisonnier.

— J'ai pourtant une excellente mémoire, se disait le magistrat en traversant la r de la prison ; si je n'ai pas déjà rencontré ce jeune homme, il faut qu'il res- ble beaucoup à quelqu'un que je connais. C'est étrange ; à qui donc ressem- -t-il ?

XXI

LES INQUIÉTUDES

En sortant du Palais de Justice, dans une agitation et un trouble faciles à comprendre, Louise s'était rendue chez le banquier de M. de Lucerolle. Elle présenta la lettre du comte, et on lui remit immédiatement, en échange d'un reçu, la somme de quarante mille francs en billets de banque.

Bien que la journée fût déjà avancée, elle avait encore le temps de se rendre rue de la Goutte-d'Or avant la nuit. Cependant, après un moment d'hésitation, elle se décida à remettre au lendemain sa dernière entrevue avec son fils.

Les questions du juge d'instruction l'avaient singulièrement impressionnée ; elle avait pu lui échapper et garder son secret ; mais elle avait promis de parler, et le lendemain était proche. Elle se voyait engagée sur une pente au bas de laquelle elle redoutait de trouver un abîme. Elle commençait à avoir peur. Elle avait cru bien agir, selon sa conscience, et elle tremblait de s'être trompée. Elle sentait son cœur noyé d'amertume, tourmenté par toutes sorte d'angoisse. De noirs pressentiments l'assiégeaient.

Elle rentra à l'hôtel de Lucerolle.

A l'insu des domestiques, elle pénétra dans la chambre de celui qui s'était appelé le vicomte de Lucerolle et s'y enferma pour ne point être surprise dans son travail. Elle rassembla le linge, les effets d'habillement et les autres objets à l'usage de son fils, dont elle remplit une malle. Cela l'occupa pendant deux bonnes heures. Un peu avant la nuit, profitant du moment où les maîtres étaient à table et les domestiques réunis dans l'office, elle alla chercher un commissionnaire, qui emporta la malle sur ses épaules. Le concierge le laissa passer, sans même songer à s'étonner : il pensa que la femme de charge exécutait un ordre de la comtesse.

Depuis quelques jours, tout le monde était triste dans l'hôtel, les domestiques comme les maîtres. Le comte était devenu soucieux et inquiet ; la comtesse avait également ses inquiétudes. Ils évitaient de se communiquer leurs pensées, comme s'ils eussent craint de se contrarier mutuellement. Ernestine n'était pas plus tranquille : elle voyait son père préoccupé, sa mère distraite ; instinctivement, elle devinait qu'on lui cachait quelque chose.

Quant aux domestiques, il semblait qu'ils eussent peur de parler haut ; ils chuchotaient, ils s'interrogeaient à voix basse. Sans rien savoir, sans même avoir un doute, ils pressentaient quelque grave événement, quelque chose comme une catastrophe.

Ce soir-là, quand Ernestine entra dans la salle à manger, et qu'elle vit, comme la veille et le tantôt, quatre couverts sur la table et son frère absent, de grosses larmes lui vinrent aux yeux. Elle s'assit tristement à sa place entre son père et sa mère. Chaque fois qu'une porte s'ouvrait, elle sursautait et levait vivement la tête, croyant voir apparaître le vicomte.

Tout à coup, vers la fin du dîner, elle se mit à pleurer à chaudes larmes.

— Ma fille, ma fille, mon enfant! s'écria la comtesse.

Elle se leva brusquement, prit la tête d'Ernestine dans ses mains et couvrit de baisers le front et les cheveux de l'enfant.

— Pourquoi ces larmes? lui demanda-t-elle; qu'as-tu, mon trésor, qu'as-tu?

— Je ne sais pas, répondit la jeune fille en essuyant ses jolis yeux; je pensais à mon frère, à la pauvre Léontine, et je n'ai pas pu m'empêcher de pleurer. Mais ce n'est rien; voilà que c'est passé. Oh! pardonne-moi, ma mère chérie, pardonne-moi de t'avoir effrayée!

Le comte paraissait très-ému.

— Cher père, reprit la jeune fille en se tournant vers lui, pourquoi donc mon frère n'a-t-il pas déjeuné et dîné avec nous, ni hier ni aujourd'hui?

— Ernestine, est-ce donc parce que ton frère n'est pas ici que tu as pleuré? demanda le comte.

— C'est peut-être un peu pour cela, mais c'est aussi parce que vous êtes préoccupés tous les deux et que vous vous parlez à peine; on dirait que vous avez quelque chose à vous dire, il me semble que vous êtes contraints, embarrassés en ma présence. Je m'imagine, à tort sans doute, que vous me cachez des choses graves. Depuis trois jours, je suis dans l'isolement, et sans savoir pourquoi, je suis tourmentée, oui, bien tourmentée.

— Ma chère Ernestine, dit le comte avec douceur, il faut te défier de ton imagination, qui te fait voir des fantômes qui n'existent pas. Quand tu es sûre de notre affection, de notre tendresse, je me demande ce qui peut te tourmenter. Que te manque-t-il? Voyons, n'es-tu pas heureuse?

— Oh! oui, je suis heureuse de vous aimer, répondit-elle en tendant une main à son père, l'autre à sa mère.

— Si je suis préoccupé, reprit le comte, si j'ai quelques ennuis, qui disparaîtront bientôt, je l'espère, cela ne doit nullement t'inquiéter : rien ne peut toucher à ton bonheur et à tes joies qui sont sous la protection de ta mère. Le ciel n'est pas toujours d'un bleu pur, ma fille, on y voit souvent des nuages. Il en est de même de la vie. Mais, je te le répète, mes ennuis disparaîtront, comme ceux de ta mère, qui sont les mêmes ; seulement, ne viens pas nous donner en plus la douleur de te voir verser des larmes.

— Je sais la cause de vos ennuis, répliqua vivement la jeune fille; oui, je comprends votre peine et depuis longtemps je la partage. Vous avez beaucoup à vous plaindre de mon frère; mais c'est un égaré que vous pourriez peut-être encore ramener dans le bon chemin avec de bonnes et douces paroles. Ah! je ne cherche pas à l'excuser, je sais qu'il a mérité toute votre sévérité; mais il est votre fils, mais il est mon frère!... Voyons, dites, ne l'avez-vous pas trop abandonné à lui-même? Tenez, et je vous demande pardon de vous dire cela, j'ai cru m'apercevoir que vous ne l'aimiez pas!

La comtesse tressaillit.

— Ernestine, dit le comte d'un ton affligé, je ne saurais blâmer le sentiment qui te fait prendre la défense de ton frère; mais tu as eu tort de nous parler de lui. Ta mère et moi nous l'avons aimé autant que nous t'aimons, et Dieu sait les belles espérances que nous avions placées sur sa tête. Il ne dépendait que de lui de conserver notre affection et de devenir notre joie et notre orgueil. Qu'a-t-il fait pour cela? Rien. Il est resté sourd à nos reproches. Il ne s'est montré ni soumis, ni bon, ni reconnaissant, ni respectueux. Nous ne l'avons pas abandonné, ma fille, c'est lui qui s'est éloigné de nous, montrant une ingratitude révoltante, pour se laisser conduire par ses instincts et se faire l'esclave de ses passions. Non, ton frère n'est pas un égaré, c'est une mauvaise nature, et je désespère de son avenir.

La comtesse fit entendre un gémissement.

— Ernestine, poursuivit le comte, tu peux demander à ta mère, dont le cœur est tout tendresse et tout amour, si mes paroles ne sont pas l'écho de sa pensée. Aime-la bien, mon enfant, aime-la, aime-nous, car c'est maintenant sur toi seule que repose tout notre espoir. Et crois-moi, ma fille, crois-moi, si notre affection pour ton frère a diminué, je ne dis pas qu'elle s'est éteinte complétement, — quels qu'ils soient on aime toujours ses enfants, — c'est qu'il s'est rendu indigne de notre tendresse, c'est que lui-même n'a pas voulu nous aimer!

« Tout à l'heure tu me demandais pourquoi nous ne l'avons pas vu ni hier, ni aujourd'hui. Je n'en sais rien. Il court sans doute après ce qu'il appelle les plaisirs de son âge. Hier soir, j'ai appris par Louise qu'il était parti pour quelques jours. Où est-il allé? Depuis longtemps déjà il se dispense de demander la permission de s'absenter et n'ose plus nous dire comment il emploie les jours et les nuits.

— Oh! oui, tout cela est mal, bien mal! fit la charmante enfant avec une tristesse profonde : eh bien! à son retour, je lui parlerai, moi, je le gronderai... Je ne suis qu'une petite fille, je ne sais rien encore des choses de la vie; mais je trouverai dans mon cœur des accents qui parleront au sien, qui le toucheront. Il n'est pas méchant, il ne peut l'être, il est mon frère! Vous verrez, il m'écoutera;

lui parlerai avec tant de douceur! Il faut qu'il redevienne digne de vous, qui êtes si bons et qui méritez si bien d'être aimés, d'être adorés!

La comtesse enveloppa sa fille d'un regard où éclatait une tendresse infinie. Toujours soucieux, le comte réfléchissait.

— Hier soir, reprit-il après un moment de silence, en s'adressant à sa femme j'ai causé assez longuement avec Louise ; elle m'a paru très-surexcitée, exaltée même. N'as-tu pas remarqué en elle quelque chose d'extraordinaire ?

— Non. Il est vrai que je ne l'ai pas vue depuis trois jours ; elle m'a demandé quelques jours de liberté que je n'ai pas cru devoir lui refuser.

— Elle n'a point quitté l'hôtel, pourtant !

— Elle sort dès le matin et ne rentre que le soir, dit Ernestine.

— T'a-t-elle dit pourquoi elle voulait être libre pendant quelques jours ? demanda le comte.

— Oui, et j'espère qu'elle réussira, répondit la comtesse.

Et son regard rappela à M. de Lucerolle qu'ils ne devaient point parler de Pierre Ricard devant Ernestine.

— J'en étais sûre, pensa la jeune fille, qui surprit le regard de sa mère ; on me cache quelque chose. Oh! je saurai ce qui se passe, je ferai parler Louise !

Elle se leva, embrassa son père et sa mère et sortit de la salle.

— Ainsi, reprit M. de Lucerolle, Louise t'a dit, comme à moi, que Pierre Ricard, le fiancé de mademoiselle Blanchard, arrêté sous la double inculpation de vol et d'assassinat, était innocent?

— Oui.

— Est-ce que tu crois cela ?

— Oui, mon ami, je le crois.

— Il faut qu'elle fournisse des preuves.

— Assurément ; si elle ne les a pas encore, elle doit être certaine de les trouver. Louise est trop sérieuse pour agir avec légèreté.

— Alors elle ne t'a pas dit sur quoi elle appuyait sa conviction ?

— Je l'ai interrogée à ce sujet. Elle m'a répondu : Attendez.

— Décidément cette femme est étrange !

— Oui, étrange ! murmura la comtesse.

— Il y a plus de vingt ans qu'elle vit près de nous, et nous ne la connaissons pas encore.

— Dans tous les cas, nous ne pouvons douter de son dévouement. Elle sait que mademoiselle Blanchard est l'amie d'Ernestine et que j'ai moi-même une grande sympathie pour cette charmante jeune fille ; c'est évidemment par affection pour nous qu'elle s'intéresse si vivement au fiancé de mademoiselle Léontine. Que sait-elle ? Qu'a-t-elle découvert ? C'est son secret. J'ai cru devoir le respecter. Louise Verdier a beaucoup de bon sens, et j'ai la meilleure opinion de son jugement. Elle a entrepris une tâche qui peut paraître difficile ; mais elle ne s'est point lancée dans cette aventure sans avoir réfléchi. Elle marche vers un but qu'elle atteindra, j'en ai la conviction.

— Soit ; mais tout cela est bien mystérieux.

— C'est vrai. N'importe : j'ai en Louise une confiance entière, et j'attends le résultat de ses démarches.

— Mathilde, est-ce que tu connais M. Pierre Ricard ?

La comtesse rougit subitement.

— Pourquoi m'adresses-tu cette question ? fit-elle.

— Parce que l'intérêt que tu portes à ce jeune homme ne me paraît pas ordinaire.

— On s'intéresse toujours aux malheureux, répondit-elle en s'efforçant de cacher son trouble intérieur. Je ne l'ai vu qu'une seule fois : je l'ai rencontré par hasard au bois de Boulogne, accompagné de mademoiselle Léontine et du vieil aveugle. Je l'ai trouvé fort bien, ce jeune ouvrier ; il a une belle figure, de la noblesse dans le maintien, le regard doux et honnête et l'air très-distingué.

— Mon Dieu ! comme tu t'animes ! fit le comte en souriant.

« Madame de Lucerolle resta un moment interdite.

— Si j'osais lui dire ? pensa-t-elle ; mais non, plus tard, plus tard !

Mademoiselle Blanchard devait nous l'amener hier, continua-t-elle : je me serais fait un plaisir de te le présenter.

C'était vrai ; madame de Lucerolle avait eu l'idée de mettre le jeune homme en face de son mari, afin de bien constater leur ressemblance, tout en observant l'attitude du comte. Elle s'était proposé de provoquer ensuite une franche explication. Disons que, à force de chercher, madame de Lucerolle en était arrivée à supposer que le comte avait eu une intrigue amoureuse avant leur mariage et que le jeune ouvrier était son fils illégitime. De là l'embarras qu'elle éprouvait chaque fois qu'elle se trouvait seule avec son mari, et le sentiment de crainte qui la retenait lorsque son cœur était prêt à s'ouvrir pour se livrer à des épanchements intimes.

En croyant avoir deviné la vérité, madame de Lucerolle s'était enlevé le moyen de la découvrir.

Elle s'expliquait sa sympathie pour le jeune ouvrier par son amour pour son mari, toujours aussi profond. Ni la jalousie, ni la haine, ni aucun mauvais sentint ne pouvaient trouver une place dans le cœur de cette femme admirable, eptionnellement bonne et généreuse.

— Revenons à Louise, reprit M. de Lucerolle ; sais-tu si elle a encore des ents ?

— Je l'ignore absolument ; elle ne m'a jamais rien dit qui pût me le faire poser ; dans tous les cas, ces parents seraient fort éloignés. Louise aime à parler d'elle, de son passé surtout ; elle a cela de commun avec toutes femmes qui ont quelque chose à cacher ou à faire oublier. Je sais qu'elle it encore une enfant lorsqu'elle perdit son père ; sa mère mourut quelques ées plus tard : elle avait alors seize ou dix-sept ans. Elle vint à Paris et entra z le docteur Gervais, dont le nom n'était pas encore devenu célèbre.

— Brave et excellent homme, dit le comte ; nous sommes vraiment ingrats vers lui ; j'irai ces jours-ci lui faire une visite.

— Je ne l'ai jamais oublié, dit la comtesse en baissant la voix, et si je n'ai pas siré le revoir, c'est que j'ai eu peur de me troubler et de rougir devant lui.

— La comtesse de Lucerolle ne doit rougir devant personne, répliqua le nte en lui envoyant un regard plein de tendresse.

— Pour te dire tout ce que je sais de l'existence de Louise Verdier, reprit comtesse, — et c'est ce qu'elle-même m'a appris, — elle a fait une faute, elle est devenue mère. C'est alors que le docteur Gervais, qui avait en elle une ande confiance, lui confia notre fils.

— Et son enfant? demanda le comte.

— Il est mort au bout de quelques mois.

— C'est singulier, se dit M. de Lucerolle ; pourquoi donc m'a-t-elle demandé arante mille francs ?

XXII

CŒUR DE JEUNE FILLE

Le valet de chambre du comte allumait les lampes dans le salon, lorsque ademoiselle de Lucerolle, sortant de la salle à manger, le traversa pour rentrer ez elle.

Elle s'arrêta brusquement en face du vieux serviteur.

— Joseph, est-ce que nous attendons des visites ce soir? lui demanda-t-elle.

— Je n'en sais rien, mademoiselle. J'éclaire le salon comme d'habitude ;

jusqu'à dix heures il peut venir quelqu'un pour monsieur le comte ou pour madame la comtesse.

— C'est juste, fit la jeune fille, qui n'avait demandé cela que pour se préparer à adresser une autre question. Joseph, reprit-elle, savez-vous si Louise est rentrée?

— Depuis longtemps, mademoiselle; elle doit être en ce moment dans sa chambre.

— Eh bien! Joseph, voulez-vous être assez bon pour aller lui dire que j'ai un petit service à lui demander?

— Certainement, mademoiselle, certainement. Mes lampes sont allumées, elles vont bien, j'y vais tout de suite.

— Merci, mon bon Joseph; je l'attends chez moi.

Un instant après, Louise entrait dans la chambre de la jeune fille.

— Enfin, vous voilà! s'écria Ernestine; approchez-vous et asseyez-vous là, dans ce fauteuil.

— Mademoiselle, dit Louise, Joseph est venu me dire que vous aviez quelque chose à me demander, et, vous le voyez, je me suis empressée de me rendre à vos ordres.

— Oh! je sais bien que vous ne seriez pas venue si je ne vous avais point fait appeler! Je vis ici comme si j'étais une recluse : on ne me parle plus, on me laisse seule, tout le monde m'abandonne.

— Oh! mademoiselle!

— Oui, tout le monde m'abandonne, vous comme les autres. Nourrice, je ne suis pas contente, mais pas contente du tout.

— Voyons, mademoiselle, qu'avez-vous? Est-ce un reproche que vous m'adressez? Alors veuillez me dire en quoi j'ai pu vous déplaire.

— Non, non, ce n'est pas cela, répondit la jeune fille, qui ne put retenir ses larmes.

— Mon Dieu, mais vous pleurez! s'écria Louise.

— Eh bien! oui, je pleure; j'ai déjà pleuré tout à l'heure, cela me fait du bien de pleurer.

— Chère enfant, reprit Louise très-émue, mais qui donc a osé vous chagriner, vous qui devriez avoir sur les lèvres un éternel sourire?... Ah! ce ne sont pas des larmes, ce sont des perles qui tombent de vos yeux! Vous m'avez appelée, est-ce que je puis vous consoler?

— Oui, nourrice, oui, je crois que vous pouvez me consoler.

— J'essaierai toujours, dit Louise. Voyons, dites-moi ce qui vous afflige.

Louise se trouva en face de son fils. Il était très-pâle. (Page 354.)

— Nourrice, il se passe ici quelque chose d'extraordinaire que l'on me cache ; surprends les domestiques causant tout bas entre eux, et quand ils m'aperçoivent, ils ont l'air effrayé. Ma mère et mon père, Joseph et les autres, tout le monde devient mystérieux ; quant à vous, Louise, vous êtes plus mystérieuse encore : je ne vous vois plus, vous vous absentez du matin au soir.

— Mademoiselle doit savoir que madame la comtesse m'a accordé quelques jours de congé.

— Oui, je le sais ; mais vous aussi, vous êtes triste, préoccupée, inquiète, je le vois bien. Nourrice, cela n'est pas naturel. Oui, oui, il se passe ici quelque chose d'extraordinaire. Il me semble qu'il y a un orage au-dessus de nos têtes, et qu'un grand malheur va nous frapper.

— Oh! ne croyez pas cela, mademoiselle ; c'est peut-être, au contraire, un bonheur qui va nous arriver.

La jeune fille secoua la tête.

— S'il en était ainsi, reprit-elle, je n'aurais pas toujours envie de pleurer. Nourrice, mon frère n'a point paru à l'hôtel ni hier, ni aujourd'hui ; vous avez dit à mon père qu'il était parti pour quelques jours ; où est-il allé ? Louise, ma bonne Louise, si vous m'aimez réellement, dites-moi où est mon frère.

— Je l'ignore, mademoiselle, répondit Louise avec embarras ; mais je puis vous assurer qu'il sera ici après-demain.

— Vous êtes troublée, Louise ; il me semble que vous ne dites pas la vérité.

— Je n'ai pas intérêt à vous tromper, mademoiselle, je vous le jure. Ah ! vous pouvez me croire, aucun malheur ne vous menace, et rien ne doit troubler la paix de votre cœur.

— Ainsi, rien de fâcheux n'est arrivé à mon frère?

— Je supplie mademoiselle de se tranquilliser, répondit Louise, cherchant à ne pas mentir.

— Alors, reprit la jeune fille, il y a autre chose.

— Je ne comprends pas, fit Louise, dont l'embarras devenait pénible ; que voulez-vous dire, mademoiselle?

— Nourrice, tout à l'heure, pendant le dîner, on a parlé de vous. Mon père a demandé à ma mère si elle savait pour quel motif vous lui avez demandé quelques jours de liberté entière. Ma mère a répondu par ces mots : « Oui, et j'espère qu'elle réussira. » En même temps, elle eut un regard qui disait : « Nous ne devons point parler devant Ernestine. » Je n'aurais peut-être pas fait attention à la réponse de ma mère, continua la jeune fille, si son regard, dont j'ai parfaitement compris la signification ne m'avait pas confirmé encore qu'on me cache quelque chose. Mais quoi ? C'est donc bien terrible pour qu'on craigne de parler devant moi? Louise, de quoi s'agit-il? Dites-le-moi.

— Mais je ne sais rien, mademoiselle, je...

— N'achevez pas, interrompit la jeune fille avec une sorte d'emportement. Nourrice, pourquoi vos yeux se détournent-ils des miens? Regardez-moi bien en face. Oui, comme cela. Ah ! Louise, ce n'est point là votre regard d'autrefois vous me cachez votre pensée.

— Mademoiselle, je vous assure...

— Vous n'avez pas besoin de protester, Louise, je lis dans vos yeux. Pourquoi sortez-vous tous les jours? voilà ce que je veux savoir.

— Mademoiselle me permettra de lui faire observer qu'elle est un peu indiscrète. Cependant pour lui être agréable, je lui répondrai que je m'occupe d'affaires qui me sont tout à fait personnelles.

Ernestine resta un moment silencieuse, puis elle reprit :

— Vous avez trouvé une manière comme une autre de couper court à mes questions, indiscrètes, peut-être ; mais vous me laissez avec mes inquiétudes ; elles sont très-grandes, Louise. Vous m'avez tranquillisée au sujet de mon frère, je vous en remercie. J'avais peur qu'il n'eût fait quelque nouvelle folie et que, dans un moment de vivacité et de colère, mon père ne l'eût chassé. — Oui, j'ai eu cette pensée et je suis heureuse de m'être trompée.

« Mais j'ai des yeux et un cœur, Louise, et je ne suis pas aussi enfant qu'on semble le croire. Enfin, je vous le répète, il se passe ici, autour de moi, quelque chose d'extraordinaire que l'on me cache. Mon père est sombre, soucieux, il s'enferme toute la journée dans son cabinet et ne parle plus à personne, pas même à ma mère. A cela Louise, il y a une cause. Et les tristesses de ma mère, est-ce qu'elles n'ont pas aussi une cause? Elle n'est plus la même ; elle est comme absorbée dans une pensée unique. La douce intimité qui régnait entre nous n'existe plus ; il semble que toute confiance ait pour toujours disparu. Je vois cela, Louise, et je souffre affreusement. Si je connaissais la cause ou les causes de ce changement, je pourrais essayer de les consoler ; mais ne sachant rien, je ne peux rien. Ma tendresse est impuissante. Autrefois, mes baisers les rendaient heureux ; maintenant, je croirais presque qu'ils deviennent importuns. Vous le voyez, Louise, vous le voyez, ce n'est pas sans raison que je suis inquiète et tourmentée.

« Quelques paroles vagues, prononcées ce soir devant moi, m'ont fait deviner que vous connaissiez la véritable cause des préoccupations et des tristesses de ma mère. Comptant sur l'affection que vous m'avez toujours témoignée, je vous ai fait appeler, espérant que vous me délivreriez des angoisses qui torturent mon cœur. Louise, ma bonne amie, je vous en supplie, dites-moi la vérité.

Un gémissement s'échappa de la poitrine de Louise.

— Ah! vous êtes une enfant terrible, répondit-elle d'une voix plaintive : pourtant, vous devriez bien voir que je ne peux pas parler.

— Tenez, c'est abominable ! s'écria la jeune fille avec une impatience fébrile ; c'est un parti pris, on ne veut rien me dire, je ne peux rien savoir!

Elle laissa tomber sa tête dans ses mains et se mit à sangloter.

C'était une espèce de crise nerveuse, mais sa douleur n'en était pas moins très-vive.

— De grâce, mademoiselle, calmez-vous ! dit Louise.

— Non, non, laissez-moi pleurer !

— Mais, je vous le répète, je vous le jure encore, il n'existe rien qui puisse vous désoler ainsi.

— Je ne vous crois plus, je ne veux plus vous croire. Ah ! j'en ai maintenant la certitude, quelque danger effroyable menace ma famille, le malheur que je redoute est près de nous.

— Encore une fois, mademoiselle, je vous jure que vous avez tort de vous alarmer.

Louise se mit à genoux devant la jeune fille et voulut l'entourer de ses bras.

Ernestine la repoussa presque durement.

— C'est une nouvelle et cruelle épreuve, murmura Louise.

« Je ne peux pourtant pas la quitter ainsi, la laisser dans les larmes. Non, mieux vaut encore lui dire...

« Mademoiselle Ernestine, reprit-elle d'une voix caressante, puisque vous l'exigez, je vais vous dire ce qu'on a cru devoir vous cacher depuis trois jours, dans la crainte de trop vous affliger. Mais vous me promettez de ne plus pleurer? vous me le promettez, n'est-ce pas?

La jeune fille releva la tête et montra son visage baigné de larmes.

— Eh bien ! dit Louise, il s'agit de votre amie Léontine.

— Léontine ! fit la jeune fille étonnée ; je sais que sa dot a été volée ; mais une perte d'argent, c'est peu de chose. Je sais aussi que le concierge de sa maison a été assassiné, c'est un plus grand malheur. Cependant, je ne comprends pas. Louise, qu'est-il donc arrivé à Léontine? Ah ! elle est malade, en danger de mort, peut-être?

— Non, ce n'est pas cela. Votre amie est très-malheureuse en ce moment, mais grâce à Dieu elle n'est pas malade.

— Elle est très-malheureuse, dites-vous ! Pourquoi, pourquoi?

— Son fiancé a été arrêté, il est en prison.

— Monsieur Pierre Ricard est en prison! s'écria Ernestine.

— Oui, mais il est innocent. C'est pour lui que je sors tous les jours, avec la permission de madame la comtesse. Votre mère est très-inquiète au sujet du résultat de mes démarches, car comme vous, mademoiselle, elle aime beaucoup mademoiselle Blanchard.

— C'est vrai, dit Ernestine songeuse ; elle s'intéresse beaucoup aussi à monsieur Pierre Ricard. Pourquoi donc a-t-il été arrêté?

— Par suite d'une incroyable erreur, mademoiselle : on le soupçonne d'être un des auteurs du vol et de l'assassinat.

— Ah! mais c'est épouvantable, cela!

— Oui. Heureusement, son innocence sera reconnue, et bientôt il sera mis en liberté.

— Pauvre Léontine! pauvre Léontine! prononça la jeune fille d'une voix émue. Vous avez raison, Louise, elle est très-malheureuse. Ah! je comprends pourquoi elle n'est pas venue hier comme elle nous l'avait promis. Si j'avais su cela plus tôt, je serais allée la voir, j'aurais pleuré avec elle.

— Je l'ai vue, mademoiselle; je lui ai dit d'espérer et je l'ai un peu consolée.

— N'importe, j'irai la voir demain; nourrice, vous m'accompagnerez.

— Je ne puis vous le promettre; demain j'aurai beaucoup à faire.

— En ce cas, je prierai maman de venir avec moi; si elle ne peut pas me conduire rue de Lille, eh bien, j'irai seule. Voyez-vous, Louise, j'aime Léontine comme si elle était ma sœur. Elle commençait à oublier, à être heureuse... Oh! c'est horrible!

De nouvelles larmes jaillirent de ses yeux.

Louise répondit encore à quelques-unes de ses questions, et au bout d'un instant, la voyant plus calme elle se retira.

Mademoiselle de Lucerolle n'était pas aussi complétement rassurée que le croyait Louise; toutefois, en lui apprenant une partie de la vérité, elle avait heureusement réussi à faire diversion aux pensées de la jeune fille.

XXIII

PAUVRE MÈRE

Le lendemain, Louise se leva de bonne heure. Elle n'avait pas beaucoup dormi, mais elle avait eu le temps de réfléchir et de s'affermir dans ses résolutions. L'esprit un peu plus calme, et sûre d'ailleurs que le juge d'instruction était un homme d'un grand caractère et d'un grand cœur, elle était moins effrayée de la nouvelle entrevue qu'elle devait avoir avec lui.

Elle se disait qu'après tout ses souffrances passées devaient plaider en sa faveur, la rendre digne de compassion et lui valoir une certaine indulgence.

A huit heures, elle était habillée, prête à sortir. Mais elle attendait Boyer, à qui elle avait donné rendez-vous. Il lui tardait de savoir si, tenant compte de ses paroles, Pierre Ricard s'était éloigné de Paris.

Elle se mit à sa fenêtre, qui ouvrait sur le jardin de l'hôtel, ombragé de grands arbres, et y resta longtemps songeuse, la pensée et le regard perdus dans l'infini. Un soleil splendide illuminait le haut des maisons et faisait tomber une pluie d'or sur la verdure. Le feuillage frissonnait au souffle de la brise, un merle chantait à plein gosier caché dans les feuilles. Mais Louise ne voyait et n'entendait rien; elle ne cherchait ni à se distraire, ni à s'égayer. Elle restait plongée dans les sombres tristesses de son âme.

Enfin, Boyer arriva.

— Eh bien? l'interrogea-t-elle avec anxiété.

— Thibaut est à son poste au coin de la rue Darcy, répondit-il.

— Ainsi, reprit-elle d'une voix qui trembla malgré elle, Ramoneau est toujours à Paris?

— Oui, et rien ne nous a fait supposer qu'il ait l'intention de le quitter.

— Est-ce qu'il n'a pas entendu mes paroles? Est-ce qu'il ne les a pas comprises? se demanda-t-elle.

Boyer devina son désappointement.

— Vous pensiez donc que le vieux serait parti en voyage? lui demanda-t-il.

— Je le croyais, je l'espérais. Est-il sorti de chez lui dans la journée?

— Dans la journée, non. Notre faction a été longue et surtout ennuyeuse; mais nous avions notre consigne, nous avons tenu bon. C'est seulement à neuf heures du soir que le vieux s'est montré dans la rue.

— Vous l'avez suivi?

— Naturellement.

— Où est-il allé?

— Rue des Rigoles; c'est son endroit de prédilection. Nous n'avons pas cru devoir entrer dans le cabaret : il nous a été plus agréable de nous promener dans la rue. Cependant, à travers les vitres et les rideaux sales et déchirés qui pendent aux fenêtres, lesquels rendent peu le service qu'on attend d'eux, nous avons pu voir Ramoneau assis seul à sa place habituelle, ayant devant lui sa forte ration d'eau-de-vie et fumant sa pipe noire.

« Quand, au bout de deux heures, il est sorti du cabaret, il paraissait vivement contrarié, car il grommelait des paroles de menace entre ses dents. Obligés de nous tenir à distance, nous n'avons pu entendre ce qu'il disait; mais nous avons pensé qu'il était furieux de n'avoir point vu encore les individus qu'il attendait déjà le samedi soir.

« Nous nous attendions à le suivre comme l'avant-veille, jusqu'à la maison
[isol]ée au milieu des champs ; mais il s'est rendu chez lui directement. Nous nous
[som]mes encore promenés pendant une heure dans la rue Darcy ; puis, à peu près
[cer]tains que le vieux n'aurait pas la fantaisie de faire une nouvelle promenade
[au] clair de lune, nous sommes rentrés chez nous.

— Ce matin, à cinq heures, j'étais chez Thibaut comme je vous l'ai dit, il
[est] allé reprendre son poste d'observation.

Louise fit deux fois le tour de sa chambre marchant d'un pas agité, fiévreux.

— Ah! le misérable, s'écria-t-elle, il ne partira pas! Mais je l'ai prévenu,
[j'ai] fait ce que j'ai cru être mon devoir ; tant pis pour lui!

Boyer la regardait avec étonnement et cherchait vainement à comprendre le
[sen]s de ses paroles.

Louise se rapprocha de lui.

— Alors votre ami Thibaut est là-bas? dit-elle.

— Oui ; il m'attend. Mais avant d'aller le rejoindre, n'avez-vous pas de nou[v]elles instructions à me donner?

— J'aurai certainement besoin de vous ce soir, cette nuit. A quelle heure? Je
[ne] le sais pas encore.

Elle appuya sa main sur son front et parut se concentrer dans sa pensée.

— Boyer, reprit-elle au bout d'un instant, il faudra être chez vous ce soir à
[se]pt heures ; j'y serai. Dans le cas contraire, vous trouverez un billet de moi qui
[v]ous indiquera ce que vous aurez à faire. Pour le moment vous allez rejoindre
[v]otre ami et reprendre votre faction d'hier; il ne faut pas que nous perdions de
[v]ue Ramoneau un seul instant. Ah! c'est bien de la peine que je vous donne ; mais
[n]ous touchons au but et il nous restera la satisfaction d'avoir rendu un service
[i]mmense à votre ami Pierre Ricard. Ainsi, c'est entendu, vous vous arrangerez
[p]our être chez vous ce soir à sept heures.

— Je n'oublierai pas, madame Louise, j'y serai. Ah! continua-t-il en se frap[p]ant le front, où donc ai-je la tête? J'allais oublier de vous dire que la demoiselle
[H]enriette Mabire est venue hier faire une visite à la femme de Thibaut.

— Ah! fit Louise, dont le regard étincela.

— Elle était attendue, et comme vous le lui aviez recommandé, la femme de
[T]hibaut, faisant contre mauvaise fortune bon cœur, l'a reçue presque amicale[m]ent.

— A-t-elle donné son adresse?

— Oui, elle demeure de l'autre côté des buttes Chaumont, pas loin des Prés
Saint-Gervais, rue du Bois-des-Ormes, n° 6.

— N° 6, rue du Bois-des-Ormes, répéta Louise ; je n'oublierai pas cette adresse.
Elle tendit sa main à l'ouvrier.

— Merci, mon ami, merci, reprit-elle ; ce nouveau renseignement ne m'est pas moins précieux que ceux que vous m'avez déjà donnés. Enfin, tous ces misérables sont en mon pouvoir, nous les tenons tous, ils ne peuvent plus nous échapper !

— Madame Louise, avez-vous encore quelque chose à me dire ?

— Non.

— En ce cas, je vous quitte pour aller retrouver Thibaut, qui doit commencer à s'impatienter.

— A ce soir, Boyer, à ce soir, dit Louise.

— Oui, à ce soir.

L'ouvrier s'en alla.

Louise resta un instant immobile, la tête inclinée sur sa poitrine.

— Demain il sera trop tard, murmura-t-elle ; mais il peut partir aujourd'hui.

Puis, se redressant brusquement, une lueur sombre dans le regard :

— Je ne peux rien arrêter, prononça-t-elle sourdement, on n'empêche pas la foudre de tomber. Allons, allons, pas de faiblesse, ajouta-t-elle avec énergie. Pour remplir ma tâche jusqu'au bout, j'ai besoin de tout mon courage.

Elle descendit rapidement l'escalier de service et sortit de l'hôtel.

Au coin de la rue du Bac, elle trouva le commissionnaire qui, la veille, avait emporté la malle.

— Êtes-vous prêt ? lui demanda-t-elle.

— Vous voyez, je vous attendais. Où faut-il aller ?

— Je vais avec vous, mais la course est longue, nous allons prendre une voiture.

— C'est facile, voici justement notre affaire.

Une voiture vide descendait la rue. Le commissionnaire fit un signe au cocher, qui vint se ranger contre le trottoir.

La malle avait été provisoirement déposée chez un marchand de vin ; elle fut promptement placée sur le fiacre.

— Vous allez nous conduire à l'entrée de la rue de la Goutte-d'Or, dit Louise au cocher.

Elle monta dans le fiacre, le commissionnaire grimpa sur le siège, et les chevaux se remirent à trotter.

Ramoneau descendit la rue de Puebla suivi par les deux ouvriers. (Page 357.)

Au bout d'une demi-heure, la voiture s'arrêta. Le commissionnaire prit la malle sur ses épaules. Louise paya au cocher le prix de sa course, et, suivie du commissionnaire, se dirigea vers le numéro 29 de la rue de la Goutte-d'Or.

— Est-ce ici que demeure M. Charles Cholet? demanda-t-elle à la concierge, entr'ouvrant la porte de la loge.

La concierge prit d'abord le temps d'examiner curieusement la visiteuse.

— Oui, M. Charles Cholet demeure ici, répondit-elle en accompagnant ses paroles d'un sourire singulier.

— Est-il chez lui?

— Je ne crois pas qu'il soit sorti; il m'aurait laissé la clef de sa chambre. Si vous voulez le voir, c'est au deuxième, la porte en face.

Cette femme, que Louise ne connaissait pas, qu'elle voyait pour la première fois, lui causa une impression désagréable.

— Tiens, tiens, se dit la concierge, pendant que Louise et le commissionnaire montaient l'escalier, ceci m'a tout l'air de ressembler à un emménagement. Mon locataire ne m'a pourtant point dit hier qu'il attendait une femme. Décidément, il y a dans l'existence de ce garçon-là, qui me paraissait si gentil, quelque chose de louche. Cette femme est probablement sa... Ce serait drôle. Ma foi, elle est encore assez bien, on voit qu'elle a dû être jolie; mais elle me ressemble, elle n'est plus de la première jeunesse. Si elle vient demeurer avec lui, je vais perdre encore un de mes petits profits.

Arrivée au deuxième étage, Louise frappa à la porte que lui avait indiquée la concierge. Un bruit de pas se fit entendre, et la porte s'ouvrit. Louise se trouva en face de son fils. Il était très-pâle; ses yeux avaient un éclat fiévreux. Il recula jusqu'au milieu de la chambre, mais sans paraître éprouver la moindre émotion.

Louise entra la première sans rien dire. Elle fit un signe au commissionnaire, qui mit la malle dans un coin de la chambre et se retira immédiatement.

Alors Louise s'approcha de son fils et lui dit :

— Vous êtes peut-être surpris de me voir, mais j'ai pensé qu'il était préférable que je vinsse; il vaut toujours mieux faire ses affaires soi-même; c'est plus sûr. Dans cette caisse, qu'on vient de vous apporter, vous trouverez des effets et du linge; j'ai voulu vous éviter une perte de temps et aussi l'ennui d'acheter ces choses qui vous sont indispensables. Depuis deux jours, vous avez eu le temps de réfléchir; rien ne peut changer votre situation, vous avez dû le comprendre, et il est urgent que vous vous éloigniez. Êtes-vous prêt à partir?

— Oui.

— Partez donc dès aujourd'hui, dans une heure, si c'est possible. Je ne serai tranquille que quand je vous saurai loin de Paris.

Un sourire amer crispa les lèvres du jeune homme.

— Quel chemin pensez-vous prendre? demanda Louise.

— Je n'en sais rien, répondit-il sèchement.

— Alors il est inutile que je vous demande ce que vous comptez faire, vous ne le savez pas davantage. Il est temps, cependant, que vous y songiez.

Elle tira de sa poche un petit rouleau de papier. Elle le lui tendit en disant :

— Voilà la somme que je vous ai promise, quarante mille francs

Il avança la main, prit les billets de banque, et prononça le mot merci du [bout] des lèvres. Son visage ne changea pas d'expression.

— Cette somme est tout ce que je possède, reprit Louise, je vous la donne; [je sou]haite que vous sachiez faire un bon emploi de cet argent; pour d'autres ce [sera]it une fortune; pour vous c'est peu de chose, je le sais; mais avec cela et [du] courage, vous pourrez, si vous le voulez, vous tirer d'affaire. Seulement, il [faut] vouloir. Vous n'êtes rien, devenez quelque chose. Si bas qu'il soit tombé, [un] homme peut toujours se relever. Si vous cherchez à mériter votre propre [estim]e, vous aurez celle des autres. Vous ne m'êtes pas devenu si indifférent que je [ne m']intéresse encore à votre avenir. Je vais vous quitter, nous allons être séparés [long]temps, peut-être pour toujours. Pourtant, si un jour, après quelques [anné]es de travail et de bonne conduite, vous vous trouviez réhabilité à vos yeux, [écri]vez-moi. Alors, je pourrai peut-être oublier le passé, ce que j'ai souffert pour [vou]s et par vous et vous pardonner.

En parlant, ses bras s'étaient ouverts. Elle espérait sans doute qu'il allait se [jete]r à son cou. Mais il resta immobile et muet.

— Ah! s'écria-t-elle d'un ton douloureux, si vous aviez du cœur, je ne déses[pé]rerais pas de vous; mais vous n'en avez pas!... Adieu, ajouta-t-elle d'une voix [étou]ffée, adieu!

Elle marcha lentement vers la porte, qu'elle ouvrit. Sur le seuil elle se [reto]urna. Son fils n'avait pas fait un mouvement, il ressemblait à une statue de [pier]re ou à un être pétrifié.

La pauvre mère attendit vainement un cri ou une parole qui eût été comme un [baum]e versé sur les plaies saignantes de son cœur.

— Ah! tout est bien fini! murmura-t-elle; il n'y a plus d'espoir, il est [per]du!

Elle laissa échapper un sourd gémissement et se précipita comme une folle [dan]s l'escalier, qu'elle descendit rapidement.

Dans la rue, elle respira avec force. Mais après avoir fait une vingtaine de pas, [elle] fut forcée de s'arrêter. Elle étouffait.

— Mon Dieu! comme je souffre, comme je souffre! murmura-t-elle en appuyant [ses] deux mains sur son cœur.

Un sanglot lui serra la gorge. Mais, se roidissant contre la douleur, elle le [refou]la dans sa poitrine.

— Ah! s'écria-t-elle avec désespoir, je l'aime toujours!

Elle se jeta dans la première voiture qu'elle rencontra et se fit conduire au [Pal]ais de Justice. A midi précis elle entrait dans le cabinet du juge d'instruction.

XXIV

UNE ANCIENNE

Après avoir quitté Louise, le matin, Boyer s'était empressé de rejoindre son camarade Thibaut.

— Y a-t-il du nouveau? demanda celui-ci.

— Non.

— Alors nous allons encore faire le pied de grue ici toute la journée?

— C'est probable.

— Les gens du quartier ont certainement remarqué déjà nos allées et venues.

— Est-ce que cela t'inquiète?

— Pas précisément. Mais on va nous prendre pour des hommes de la police.

— Qu'est-ce que cela nous fait?

— Tu es toujours content, toi.

— Parce que cela ne m'avancerait à rien de ne pas l'être.

— C'est égal, je commence à trouver que les agents de la sûreté gagnent bien l'argent qu'on leur donne.

Boyer se mit à rire.

— Mon cher Thibaut, fit-il, tu ne serais pas bon pour ce métier-là.

— Je l'aurais bien vite envoyé au diable.

— Je n'en doute pas. Mais ne nous approchons pas trop de la rue Darcy : j'ai toujours peur que le vieux coquin ne nous aperçoive et ne devine que nous sommes ici pour lui.

— Si sa niche est sur la rue, ce que nous ne savons pas, il n'est guère curieux ; je n'ai pas vu encore son museau à la fenêtre.

— Il a d'excellentes raisons de craindre de le montrer.

— J'ai faim, dit Thibaut au bout d'un instant; si nous déjeunions?

— Je n'y vois pas d'inconvénient.

Ils entrèrent chez un marchand de vin, où ils avaient déjà dîné la veille, et ils s'assirent à une table près de la fenêtre. En écartant légèrement les rideaux, ils découvraient la rue Darcy dans toute sa longueur.

Ils se firent servir chacun un bouillon et ensuite un morceau de bœuf, ce qu'on appelle un *ordinaire* chez le traiteur de Paris.

Ils commençaient seulement à se servir de la fourchette lorsque Boyer se leva brusquement.

— Regarde! dit-il à Thibaut.

— Oui, c'est lui.

Ramoneau venait de tourner à l'angle de la rue.

— Il aurait bien pu nous laisser achever de déjeuner, reprit Thibaut en se levant à son tour.

Et il regarda avec une sorte de regret le morceau de viande, à peine entamé, qui occupait le milieu de son assiette.

— Nous mangerons ce soir de meilleur appétit, répondit Boyer. Mais nous pouvons, je crois, prendre le temps de vider nos verres. A ta santé, Thibaut!

— A la tienne, Boyer!

— Pendant que je vais payer notre dépense, reprit Boyer, tu vas sortir le premier; ne perds pas de vue notre gibier, car il peut filer à droite ou à gauche.

Un instant après, les deux ouvriers, se donnant le bras, et ayant l'air d'avoir copieusement déjeuné hors barrière, grimpaient la rue Saint-Fargeau, à trente pas de distance de Ramoneau.

En sortant du garni, Ramoneau avait regardé autour de lui avec défiance; mais ne voyant rien qui pût lui faire soupçonner quelque danger, il s'était décidé à se montrer au soleil, ce qui devait lui arriver rarement. Maintenant, il marchait rapidement, les deux mains dans ses poches, et la tête en avant, légèrement inclinée.

Il descendit la rue de Puébla et suivit ensuite les boulevards de la Villette et de la Chapelle.

— Ah çà! je voudrais bien savoir où il va nous mener, dit Thibaut.

— Nous le saurons sans avoir besoin de le lui demander, répondit Boyer.

— C'est qu'il n'a pas l'air de vouloir s'arrêter. Tout de même il a de bonnes jambes, le vieux brigand; comme il marche! comme il marche! Autant dire le Juif-Errant...

— Il finira toujours par arriver au bout de sa course.

— On dirait qu'il a l'intention de nous faire faire le tour de Paris. Si seulement nous avions eu le temps de déjeuner!

— Dévore tes regrets et tu te trouveras rassasié, répliqua Boyer en riant. Attention! Thibaut, attention! je ne vois plus notre homme; il vient de prendre une rue à droite.

Ils coururent jusqu'à l'endroit où ils avaient subitement perdu de vue Ramoneau.

— Le voilà, dit Thibaut, le voilà.

Mais il avait à peine prononcé ces mots que Ramoneau, quittant la rue qu'il suivait pour en prendre une autre, disparut de nouveau.

Les deux ouvriers se mirent à courir. Ils arrivèrent à temps à l'angle de la rue pour voir Ramoneau entrer dans une maison.

— Tonnerre, fit Boyer, ce n'était pas trop tôt; un peu plus, nous en étions peut-être pour nos frais; il s'en est fallu d'une seconde. Voyons, dans quelle rue sommes-nous, ici?

— Tiens, regarde, et lis comme moi : rue de la Goutte-d'Or.

— Ah! c'est la rue de la Goutte-d'Or! Joli nom pour une vilaine rue. Qu'est-ce que Ramoneau vient y faire?

— Le diable seul peut le savoir.

— Il vient sans doute voir un de ses confrères. Encore un renseignement pour madame Louise. As-tu bien remarqué la maison où il est rentré?

— Oui, allons jusque-là.

Ils s'avancèrent dans la rue, marchant lentement. Au bout d'un instant Thibaut dit tout bas à Boyer.

— C'est là.

— Tu es sûr?

— Tu sais que j'ai des bons yeux; sois tranquille.

— N° 29, dit Boyer; c'est bien.

— Maintenant, qu'est-ce que nous allons faire? demanda Thibaut.

— Nous allons attendre, répondit Boyer.

Thibaut ne s'était pas trompé; Ramoneau venait d'entrer dans la maison où, s'il fût arrivé une heure plus tôt, il aurait rencontré sa femme. Mais une autre surprise l'attendait.

Ayant ouvert la porte de la loge, la concierge, qui était en train de lire son feuilleton, lequel devait vivement l'intéresser, leva brusquement la tête disposée à recevoir fort mal l'importun qui osait venir la troubler dans un pareil moment.

Ramoneau était entré dans la loge.

— Madame, commença-t-il, veuillez me dire...

Il fut interrompu par un cri de la concierge, qui bondit sur ses jambes

— Hein, quoi donc? fit Ramoneau, est-ce que je vous fais peur?

En effet, la concierge était terrifiée; son visage s'était couvert d'une pâleur affreuse, tous ses membres tremblaient et ses yeux démesurément ouverts avaient un regard d'insensée.

— Pierre Ricard, Pierre Ricard... murmura-t-elle d'une voix étranglée.

En entendant prononcer son nom, le misérable se rejeta instinctivement en cière. Mais retrouvant aussitôt sa présence d'esprit, il se dit que cette vieille nmo ne pouvait pas être pour lui un ennemi bien redoutable. Il ferma prudemment la porte de la loge, et revint se placer en face de la concierge.

Soudain, un petit rire sec éclata entre ses lèvres.

La concierge tremblait toujours. Loin de se rassurer, sa frayeur augmentait.

— Bon! dit Ramoneau en cessant de rire, c'est drôle tout de même, et je veux me le diable m'emporte si je m'attendais à retrouver ici une ancienne. Eh bien! me fait plaisir, ça me rappelle le bon temps. Ah! il est loin, bien loin... N'importe, on se reconnaît toujours, quand on s'est aimé. Tonnerre! en ce temps-là, étais vraiment gentille! Ah çà! pourquoi me regardes-tu ainsi comme une farouchée? Allons, rassure-toi; je suis un revenant, mais pas un spectre; je ne rs pas de la tombe. Dis, est-ce que tu n'es pas contente de revoir un ami? Tu e trouves changé, n'est-ce pas? Dame! j'ai vieilli. Du reste, tu as fait comme oi; pourtant, tu as encore tes yeux bleus, ta bouche rose et ce petit air fripon ont je raffolais autrefois. Parole d'honneur, tu es encore superbe!

« Puisque le hasard, qui se plaît à faire de ces choses-là, nous a fait nous rencontrer, continua-t-il, nous pouvons bien causer un instant.

— Vous ne saviez donc pas que j'étais ici? balbutia-t-elle.

— Pas le moins du monde.

— Alors je ne comprends pas...

— C'est pourtant bien simple : je viens voir quelqu'un qui demeure dans la maison.

— Que vous connaissez?

— Naturellement. Mais nous parlerons de cela tout à l'heure. En attendant, avec ou sans ta permission, je m'assieds; je ne vois pas la nécessité de se tenir ur ses jambes quand on peut faire autrement. On fabrique les chaises pour asseoir, pas vrai? Oh! tu peux faire comme moi, ne te gêne pas.

En parlant, il avait pris une chaise et s'était assis.

La concierge jeta du côté de la porte un regard anxieux et se laissa tomber sur on siège.

Pierre Ricard n'avait pas eu de peine à comprendre que son « ancienne », omme il l'appelait, n'était nullement enchantée de le revoir et de se trouver seule avec lui. Mais n'eût-ce été que pour se donner la satisfaction de la voir souffrir, il ui plaisait de rester un instant avec elle.

— Tu sais, lui dit-il en fronçant les sourcils, pas de bêtises; si quelqu'un entre ci, tu peux te dispenser de me présenter; nos petites affaires ne regardent personne.

« Nous disons donc que tu es concierge, continua-t-il d'un ton gouailleur; cela prouve que la fortune t'a tourné le dos comme à moi. Que veux-tu? quand le guignon s'en mêle, rien à faire! D'ailleurs, ma pauvre Hortense, — tu vois, je n'ai pas oublié ton nom, — quand je t'ai connue, tu étais déjà dans la dégringolade. Hé, hé, les amours sont des oiseaux de passage, ils disparaissent aux approches de l'hiver. Mais va, console toi; autant vaut tirer le cordon que le diable par la queue.

« A propos, reprit-il en changeant de ton, ces jours derniers quelqu'un m'a parlé de toi.

— De moi, de moi! fit-elle.

— Oui, et aussi de l'enfant que je t'ai confié.

La concierge s'agita sur son siége avec un malaise visible.

— J'espère bien que tu vas m'en donner des nouvelles, dit Ricard d'une voix creuse.

— Est-ce que vous venez me le réclamer? s'écria-t-elle avec épouvante.

— C'est mon fils, je tiens à savoir ce qu'il est devenu.

— Je l'ignore, gémit-elle. Il n'était pas à moi, cet enfant; c'est vous qui l'avez abandonné.

— Je comprends, tu l'as mis aux enfants trouvés.

— Non.

— Allons, qu'en as-tu fait? dis-le-moi.

— On me l'a pris : un commissaire de police.

— C'est cela, un jour que tu étais en train de l'assommer dans la rue; on m'a raconté cette histoire. En ce temps-là, la belle Hortense avait la main leste; quand ça n'allait pas à son idée, pif, paf, elle tapait. Donc, le commissaire de police s'est mêlé de l'affaire et il t'a pris l'enfant.

— Oui.

— Et après, qu'en a-t-il fait?

— Je ne le sais pas.

— Heureuse d'en être débarrassée, tu n'as plus pensé à lui.

— Si, j'y ai pensé; j'ai même fait des démarches pour découvrir où il était, mais je n'ai pas réussi. Je n'étais pas heureuse, alors; vous m'aviez quittée en emportant l'argent qui me restait, et j'avais, avec d'autres dettes, deux termes à payer; vous aviez mis mon linge et mes effets au Mont-de-Piété et vendu mes bijoux; je ne possédais plus rien. Oui, je ne pouvais plus garder votre enfant; mais croyant toujours que vous reviendriez j'aurais voulu pouvoir vous donner le moyen de le retrouver. Je ne mens pas, je vous dis la vérité.

— C'est bien, je te crois, dit-il sourdement. Je m'explique maintenant pourquoi tu as été si effrayée tout à l'heure en me voyant. Mais tu peux te rassurer et

De grosses gouttes de sueur froide perlaient au front du jeune homme. (Page 365.)

lus avoir peur. Je voulais seulement te faire parler; tu m'as dit ce que je dési-
savoir. Je ne viens pas te réclamer mon fils; je sais ce qu'il est devenu, moi,
 sais.

 ne lueur sombre traversa son regard.

— Vrai! s'écria la concierge, vous l'avez retrouvé?
— Oui.

Elle poussa un soupir de soulagement.

— Ah! je suis bien contente. Que fait-il? Est-ce qu'il est à Paris? Je voudrais bien...

— Assez là-dessus, l'interrompit brusquement Ricard.

— Alors, parlons de vous, reprit-elle; aviez-vous réellement quitté Paris?

— Oui.

— Y a-t-il longtemps que vous êtes revenu?

— Quelques mois.

— Vous êtes allé loin?

— Très-loin.

— Pourquoi êtes-vous parti sans me prévenir, sans que je sache rien, abandonnant votre enfant?

— Je ne me souviens plus de ça, quelque chose qui m'a passé par la tête... Je m'embêtais à Paris, voilà, j'espérais mieux réussir à l'étranger. Je me suis trompé. Le guignon a toujours voyagé avec moi. J'ai eu beau faire, je l'ai eu constamment sur les talons.

— En ce cas, vous n'êtes pas heureux?

— Heureux! répondit-il en haussant les épaules avec fureur, je laisse les imbéciles courir après ce qu'ils appellent le bonheur; je ne connais pas ça, moi. Je n'aime plus rien, je ne crois plus à rien et je me moque de tout, même de la vie, qui est bien la plus mauvaise chose que je connaisse.

« Tonnerre! continua-t-il en se levant, je ne suis pas venu ici pour te raconter mon histoire; j'ai quelque chose à faire de plus pressé.

« Je suis en ce moment à la recherche d'un jeune homme du nom de Charles Cholet; est-ce bien dans cette maison qu'il demeure?

— Oui, il demeure ici. Est-ce que vous voulez le voir?

— Le voir et lui parler.

— Vous le connaissez?

— Apparemment, puisque je viens lui faire une visite.

— Alors, vous savez qu'il va partir.

— Non, je ne savais pas cela. Ah! il va partir; quand?

— Ce soir.

— Oh! oh! je n'arrive pas trop tôt...

— Pour lui serrer la main et lui souhaiter un bon voyage?

— Naturellement, fit-il avec un mauvais sourire. Est-ce qu'il part pour longtemps?

— Il ne me l'a pas dit.

— Où va-t-il?
— En Amérique, je crois.
— Est-il chez lui?
— Oui.
— Seul?
— Tout seul.
— Ça se trouve à merveille; nous avons un compte à régler ensemble, et il [y a] certaines choses qu'on n'aime pas à dire devant des gens qu'on ne connaît [pas]. Maintenant, il ne me reste plus qu'à te prier de m'indiquer la porte de son [appart]ement.

Dès qu'il eut le renseignement qu'il demandait, il sortit de la loge et monta [rap]idement l'escalier.

XXV

LE PÈRE ET LE FILS

Le jeune homme était assis, tournant le dos à la porte. Les coudes appuyés [sur] une table et pressant dans ses mains son front brûlant, il se livrait à d'amères [réf]lexions. Devant lui, sur la table, étaient éparpillés les billets de banque que lui [ava]it remis sa mère. Il venait probablement de les compter. A côté des billets [se] trouvait le portefeuille destiné à les recevoir, et, ironie cruelle, il y avait [sur] ce portefeuille deux lettres d'or L L., surmontées d'une couronne de [com]te.

Du fond de l'abîme, Louis Ricard avait mesuré la hauteur de laquelle il était [tom]bé. Quelle chute effroyable! Il avait été fêté, adulé, admiré, envié; il avait eu [la] fortune, un titre, un nom glorieux, les plus belles espérances, et tout cela avait [dis]paru d'un seul coup, comme un nuage de fumée que le tourbillon emporte! Il [do]minait, il avait été le vicomte de Lucerolle, et il n'était plus rien, plus rien que [le] fils d'un voleur et d'un assassin!... Certes, l'écrasement ne pouvait être plus [co]mplet, l'humiliation plus terrible. Et, son immense orgueil anéanti, il ne pou[va]it même plus jeter un défi à la destinée.

Eh bien! en présence de cette catastrophe, de cet effondrement formidable qui [l'a]vait impitoyablement broyé, il ne trouvait pas un reproche à s'adresser, rien [de] bon ne parlait à son cœur; il accusait tout, excepté lui-même. Il subissait [l'h]umiliation, il ne s'humiliait pas.

Il s'était décidé à quitter Paris, non pour obéir aux ordres de sa mère, mais parce qu'il sentait bien qu'il lui était impossible d'y vivre désormais. Il ne pouvait plus s'y montrer. Il se demandait s'il trouverait un pays assez éloigné, une retraite assez profonde pour y cacher sa rage et sa honte. Oui, il voulait s'enfuir loin de Paris, qui l'avait vu brillant, magnifique dans le triomphe; de Paris, qu'il avait aimé dans les heures de plaisir et que, maintenant, il comprenait dans sa haine.

Ah! il pouvait quitter Paris sans regret : il n'avait plus rien à demander à Paris et Paris n'avait plus rien à lui donner.

Il y avait des amis ; mais les amis du vicomte de Luccrolle ne pouvaient être les amis de Louis Ricard. Ses compagnons de plaisir et des nuits folles, ceux qui étaient les plus empressés à serrer la main de l'élégant vicomte, celles qui feignant de l'aimer se faisaient payer cher leurs faveurs, tous se détourneraient de Louis Ricard avec dédain, le poursuivraient de leurs regards moqueurs, de sourires ironiques et le montreraient du doigt, fuyant les sarcasmes et le bruit des éclats de rire.

Non, non, il n'avait plus rien à demander à Paris. Il aurait voulu être déjà à l'autre extrémité du monde.

Qu'allait-il faire? Il n'en savait rien. Et s'il essayait de regarder en avant et de sonder l'avenir, sa pensée reculait aussitôt, et il ne pouvait s'empêcher de frissonner, tant les choses lui apparaissaient lugubres. Il se voyait au milieu d'un cercle sans issue, et de quelque côté qu'il se tournât, des obstacles, qui lui paraissaient infranchissables, se dressaient devant lui.

— Plus d'espoir, plus d'avenir, plus rien! se disait-il. Oh! je suis bien perdu... Je suis chassé, banni comme un paria. Mais pourquoi donc cette femme, qui est ma mère, m'a-t-elle frappé ainsi, sans pitié? Pourquoi m'a-t-elle mis au monde? Est-ce que je demandais à vivre, moi... Ah! elle aurait mieux fait de me laisser dans le néant d'où elle m'a tiré pour m'y faire rentrer!

« Elle m'a donné quarante mille francs... Après m'avoir pris tout, elle s'imagine sans doute qu'elle a fait beaucoup pour moi. Quarante mille francs! cela représente aujourd'hui toute mon existence, et le dernier billet de mille francs en marquera la fin. Oui, ajouta-t-il d'une voix sombre, en prenant un des billets qu'il froissa dans sa main, après celui-ci le suicide!

Le suicide! il ne voyait que cela. Il ne comprenait pas que sa mère lui donnait le moyen de refaire son existence et lui ouvrait la porte d'une vie nouvelle. Il voyait le suicide, le malheureux, et il ne pensait pas au travail. Il avait l'intelligence, l'instruction, la jeunesse, et il ne sentait pas que lorsqu'il possède ces trois choses, l'homme n'est jamais un déshérité.

Il était tellement absorbé dans ses pensées, qu'il n'entendit point le bruit que fit Pierre Ricard en ouvrant la porte de sa chambre.

Celui-ci, ayant trouvé la clef en dehors, dans la serrure, n'avait pas jugé utile [de frap]per. Tout en entrant, son regard tomba sur le jeune homme, qui n'avait pas [fait] un mouvement.

— Bon, se dit-il, il ne m'a pas entendu.

Il tira la clef de la serrure et la mit dans sa poche, ce qui était une bonne pré[caut]ion à prendre pour ne pas être surpris à l'improviste, puis il referma douce[men]t la porte.

— Maintenant, dit-il tout bas, à nous deux, M. Charles Cholet.

Il marcha lentement vers le jeune homme.

Arrivé près de lui, le touchant presque, il leva le bras et allait lui poser la [mai]n sur l'épaule, lorsqu'il aperçut les billets de banque. Aussitôt ses yeux bril[lère]nt comme deux tisons et il resta immobile, le bras tendu. Un sourire étrange [eff]leura ses lèvres.

— Superbe! exclama-t-il.

Le jeune homme poussa un cri de surprise et se dressa d'un bond. Il reconnut [Ram]oneau et se lança en arrière avec épouvante. La vue d'une bête féroce l'eût [peu]t-être moins effrayé.

— Je présente mes civilités à M. Charles Cholet, dit Ramoneau d'un ton iro[niq]ue.

Le jeune homme jetait autour de lui des regards effarés.

— Cher monsieur, reprit Ramoneau, je vois à votre surprise que vous n'atten[die]z point ma visite.

— Je ne vous connais pas, s'écria le jeune homme éperdu; que me voulez[-vou]s?

— Oh! les hommes seront toujours ingrats. Mais je ne vous crois pas, cher [mon]sieur; votre air mécontent et consterné me dit assez que vous avez parfaite[men]t reconnu le père Ramoneau, votre complice, car nous pouvons nous dire cela [ent]re nous, nous sommes deux fameux scélérats. Quand on s'est associé pour [com]mettre un crime, cher monsieur, on doit rester amis.

De grosses gouttes de sueur froide perlaient au front du jeune homme. Un [trem]blement convulsif secouait ses membres.

— Encore une fois, que me voulez-vous? demanda-t-il d'une voix étranglée.

— Décidément, vous manquez de mémoire, répondit Ramoneau en s'avançant [ver]s lui.

— Oh! ne m'approchez pas, ne m'approchez pas! s'écria le jeune homme avec [terr]eur, en reculant de quelques pas.

— En ce cas, cher monsieur, nous causerons à distance, et s'il y a des voisins [qui] nous entendent, vous n'aurez aucun reproche à me faire. Permettez-moi de vous dire, d'abord, continua-t-il sur le même ton railleur, que lorsqu'on veut être seul chez soi et ne pas être dérangé par un visiteur désagréable, ce que je suis en ce moment, vous me le faites assez voir, on s'enferme, et on ne laisse pas sa clef sur sa porte. C'est permettre aux importuns d'entrer sans frapper. Vous n'êtes pas prudent, monsieur Cholet; mais rassurez-vous, on ne viendra pas nous déranger sans notre permission ; j'ai enlevé la clef, et nous pouvons causer tranquillement de nos petites affaires. Mais asseyez-vous donc, cher monsieur. Vous n'y tenez pas ? A votre aise. Moi, je m'assieds. Je n'ai jamais aimé à me tenir debout en causant.

Il s'assit sur la chaise que le jeune homme venait de quitter et appuya son bras sur la table. Sa main touchait les billets de banque.

— Au lieu de me serrer la main, reprit-il, au lieu de me demander des nouvelles de ma santé et de me remercier de la besogne qui a été faite pour vous être agréable, vous m'accueillez comme si j'étais le diable en personne ; il peut se faire que je lui ressemble, mais vous devriez être plus gracieux pour ce bon vieux Ramoneau, qui vous a rendu service. J'avoue, monsieur Cholet, qu'en venant vous voir, je comptais un peu sur votre reconnaissance. Vous n'en avez pas : n'en parlons plus.

— Vous me demandez ce que je vous veux ? Ma présence seule devrait vous répondre, à moins que vous n'ayez véritablement perdu la mémoire, ce qui ne me paraît guère possible. Je demeure loin d'ici, monsieur Cholet, et bien que j'aie encore de bonnes jambes, je n'aime pas les longues courses comme celle que je viens de faire. Vous m'aviez promis de venir me trouver, et je vous ai vainement attendu. Je n'ai pas de patience, voyez-vous : lassé de vous attendre, je me suis décidé ce matin à vous faire ma petite visite.

« Et je suis content d'être venu ; oui, content, enchanté, ajouta-t-il en jetant sur les billets de banque un regard oblique, qu'il accompagna d'un horrible sourire. »

Le jeune homme devina sa pensée. Un éclair traversa son regard, et il s'élança vers la table pour s'emparer des billets. Mais Ramoneau se dressa en face de lui et le repoussa rudement.

— Ah çà ! qu'est-ce qui vous prend ? fit-il. Restez à votre place, cher monsieur, nous n'avons pas fini de causer. Ah ! ah ! continua-t-il d'un ton goguenard, j'ai cru que vous alliez me sauter au cou pour m'embrasser. Calmez-vous, mon jeune ami, et ne nous laissons pas aller à l'attendrissement.

« Oui, reprit-il, je suis enchanté d'avoir eu l'excellente idée de venir vous voir aujourd'hui, car il paraît que vous êtes au moment de partir pour un long voyage. Si j'eusse remis ma visite à demain, bonsoir, je ne trouvais plus personne. Enfin, une fois par hasard, j'ai de la chance. Je ne vous demande pas où vous allez ni pourquoi vous partez, cela ne me regarde pas. Mais votre départ me fait l'effet

ressembler à une fuite. Je comprends ça, vous devez avoir besoin de changer
.ir. Après la noyade de l'autre jour, vous ne respirez plus à l'aise ici.

Il prononça ces dernières paroles d'une voix creuse, en faisant peser sur le
.ne homme son regard farouche.

Celui-ci ne put s'empêcher de frissonner.

— Maintenant, reprit Ramoneau, parlons sérieusement. Nous avons fait en-
nble un marché ; je suis votre créancier ; réglons nos comptes.

— Ah ! c'est donc de l'argent que vous voulez?

— Touchante naïveté ! Est-ce que vous vous imaginez, cher monsieur, que je
.is venu jusqu'ici uniquement pour vos beaux yeux? Vous n'avez pas, je pense,
.tention de nier votre dette?

— Du moment que vous vouliez de l'argent, il fallait le dire tout de suite,
.liqua le jeune homme.

« Tenez, continua-t-il en tirant une bourse de sa poche, il y a dans cette bourse
.s que vous ne me réclamez ; je n'ai pas le temps de compter ; prenez cet or et
.ez-vous-en, allez-vous-en. »

Et, le couvrant d'un regard plein de mépris, il lui jeta la bourse.

Ramoneau la saisit au vol, et, la pesant dans sa main, il compta la somme en
.lculant le poids.

Tout en haussant les épaules et en fronçant les sourcils, il fourra la bourse dans
.e de ses poches. Mais il restait immobile et n'avait point l'air de se disposer à
.rtir.

— Eh bien ! reprit le jeune homme frémissant d'impatience, vous êtes payé,
.us n'avez plus rien à me dire ; pourquoi ne vous en allez-vous pas !

— Oh ! je ne suis pas pressé.

— Mais je le suis, moi.

— C'est vrai, vous allez partir. Si vous prenez le chemin de fer du Nord, vous
.es à côté ; du reste, il y a des trains à toutes les heures. Voyez-vous, cher mon-
.eur, je me trouve bien ici, et cela me fait plaisir de prolonger cette entrevue.
.ous ne nous reverrons probablement jamais, c'est dommage, car je m'intéresse
.votre avenir.

Le jeune homme se mordit les lèvres avec colère.

— Encore une fois, reprit-il, allez-vous-en, j'ai besoin d'être seul.

— Ah ! ah ! vous me chassez ; eh bien ! soit ; je vais m'en aller. Mais, aupa-
.avant, il faut que je vous adresse une question : quelle somme avez-vous reçue
.our qu'on fasse disparaître l'amoureux de la jolie demoiselle de la rue de Lille?

Le jeune homme tressaillit.

— Petit cachottier, vous ne voulez pas répondre ; c'est mal, cela, c'est mal ;

on manque de confiance envers un ami. Hé! hé! la somme est ronde, j'en suis sûr. Dites-donc, continua-t-il en posant sa main sur les billets de banque, est-ce que ces jolis billets de mille ne font pas partie de la somme?

— Misérable! s'écria le jeune homme en bondissant sur Ramoneau, ne touchez pas à cela, n'y touchez pas!

Ramoneau se trouva éloigné de la table avant que sa main eût le temps de se fermer sur les billets de banque. Mais il revint aussitôt sur le jeune homme, les yeux pleins d'éclairs.

— Sortez, sortez à l'instant! s'écria Louis Ricard, le regard menaçant, — ou j'appelle et je crie au voleur!

— Allons donc! fit Ramoneau en ricanant, vous n'oseriez pas. Pourtant, si vous y tenez, ne vous gênez pas, cher monsieur. Vous me fournirez ainsi l'occasion de raconter la petite histoire que vous savez, et j'aurai la satisfaction de rester plus longtemps avec vous, de vous revoir un peu plus tard à la cour d'assises et probablement au bagne.

Le jeune homme sentit son sang se figer dans ses veines. Il était terrifié.

Ramoneau se mit à rire.

— Dites donc, monsieur Cholet, reprit-il de sa voix railleuse, on dirait que vous avez peur. Dame, ce n'est pas gai, la cour d'assises, et le bagne donc!... Mais ce n'est pas tout ça : j'ai travaillé pour vous et je ne me trouve pas suffisamment récompensé. Vous êtes riche et je suis pauvre, ce qui ne me semble pas juste. Ensuite, vous êtes jeune, vous pouvez travailler; moi, je suis vieux et ne suis plus capable de rien faire. J'estime donc que vous n'avez pas besoin de ces beaux billets de banque et que vous devez me les donner. Oui, vraiment, vous allez me les donner ou plutôt je vais les prendre. Combien y en a-t-il? Au moins trente. Et tous de mille francs. Qu'est-ce que c'est que ça pour vous? Une misère, rien. Pour moi, qui suis vieux, et qui n'ai plus de goûts coûteux, c'est la fortune, la tranquillité des dernières années qui me restent à vivre.

« D'ailleurs, poursuivit-il d'un ton lugubre, ce n'est pas un cadeau que vous me faites; ah! vous ne savez pas ce que j'aurais le droit de vous demander, vous ne le savez pas! »

Il s'avança vers la table, tendant le bras pour s'emparer des billets.

— Arrière, misérable, arrière! cria le jeune homme, en se plaçant devant lui, prêt à défendre énergiquement son trésor.

Ramoneau devint livide, ses traits se contractèrent affreusement, et de ses yeux glauques jaillirent d'effroyables lueurs.

— Prends garde, Charles Cholet, prends garde, dit-il sourdement; je veux ces billets de banque, je les veux... Allons, laisse-moi passer!

LES DEUX BERCEAUX

jeune homme faisait des efforts suprêmes pour se dégager de l'étreinte de son ennemi. (Page 370.)

Il voulut passer. Mais le jeune homme se rua sur lui en criant :
— Voleur! voleur !
Ramoneau le saisit à la gorge.
— Mais tu veux donc que je te tue! hurla-t-il, laissant enfin éclater la fureur grondait en lui.
Alors, entre ces deux hommes, le père et le fils, qu'une horrible fatalité avait

rapprochés, commença une lutte épouvantable. Accrochés l'un à l'autre, poitrine contre poitrine, haletants, le souffle embrasé, les yeux étincelants, les dents serrées, ils se secouaient et se tordaient avec rage.

Le démon de la haine animait Ramoneau; le jeune homme se défendait en désespéré.

Ils tombèrent, se tenant toujours, et roulèrent sur le carreau de la chambre. Un instant Ramoneau parut vaincu, Louis Ricard le tenait en respect un genou sur la poitrine. Mais, se repliant tout à coup, il parvint à saisir le cou du jeune homme avec ses deux mains. Celui-ci se sentit serré comme par un anneau de fer. La respiration lui manqua; un râle sortit de sa gorge; en même temps poussé par Ramoneau, il tomba en arrière. Il comprit qu'il était perdu. Il voulut appeler à son secours; mais son cri fut étouffé par la main de Ramoneau qui se plaça en travers de sa bouche comme un bâillon. Il la mordit avec fureur, et ses dents firent jaillir le sang, qui coula de sa gorge et rougit ses lèvres.

La douleur arracha à Ramoneau un cri rauque.

Le jeune homme faisait des efforts suprêmes pour se dégager de l'étreinte horrible de son ennemi.

— Oh! ça dure trop longtemps, murmura Ramoneau.

Ses yeux avaient pris une expression plus féroce.

Laissant sa main gauche dans la bouche du jeune homme afin de l'empêcher de crier, d'un mouvement rapide il arma son autre main d'un couteau qu'il tenait caché dans sa poitrine.

— Charles Cholet, prononça-t-il d'une voix terrible, tu vas mourir... Mais ce n'est point pour te voler que je te tue, je venge le jeune homme de la rue Saint-Sébastien que tu m'as fait assassiner. Je ne m'appelle pas Ramoneau, je me nomme Pierre Ricard. Charles Cholet, je venge mon fils!

Les yeux du jeune homme s'ouvrirent démesurément. Il eut un mouvement convulsif, et son regard n'eut que le temps d'exprimer le sentiment d'épouvante et d'horreur qu'il éprouvait en reconnaissant son père.

La lame du couteau s'enfonça dans sa poitrine.

XXVI

LE PORTEFEUILLE

Ramoneau se leva, les yeux injectés de sang, les cheveux hérissés, la bouche grimaçante et le visage couvert d'une sueur qui ressemblait à du sang sous la peau rouge, violacée; il était hideux.

Après s'être essuyé avec une serviette, qu'il trouva à portée de sa main, il s'empara des billets de banque, jeta un regard farouche sur sa victime qui râlait, et bondit vers la porte.

Au moment de sortir, il se trouva en présence de deux hommes, qui reculèrent brusquement. Ils étaient là depuis un instant, prêtant l'oreille et cherchant à deviner ce qui se passait dans la chambre.

Ramoneau eut peur. Il crut que ces deux hommes avaient été témoins du crime, et il perdit sa présence d'esprit. Oubliant de refermer la porte, il passa entre les deux hommes comme une bombe et dégringola l'escalier en bondissant sur les marches.

Mais, revenus de leur surprise, les hommes regardèrent dans la chambre. Ils virent le jeune homme étendu au milieu d'une mare de sang, ils entendirent ses râlements étouffés.

Aussitôt, ils se précipitèrent dans l'escalier en criant à pleins poumons :

— A l'assassin ! A l'assassin !

Ces cris retentirent dans toute la maison.

Ramoneau était arrivé dans la rue et fuyait à toutes jambes, aiguillonné par l'épouvante.

Bientôt les cris des deux hommes, auxquels se mêlèrent ceux de plusieurs autres personnes, se firent entendre derrière lui. Les fenêtres des maisons s'ouvraient à tous les étages et de partout on criait :

— A l'assassin ! arrêtez-le !

Au milieu de l'effarement général, Ramoneau aurait peut-être réussi à s'échapper en se perdant dans le dédale des petites rues, si Boyer et Thibaut n'eussent été là, se promenant tranquillement sur l'un des trottoirs. Ils entendirent les premières clameurs et se retournèrent vivement. Un homme, venant de leur côté, courait au milieu de la rue. Ils reconnurent Ramoneau. Ils n'eurent pas le temps d'échanger une parole, mais d'un regard ils se comprirent. Ils s'élancèrent ensemble sur Ramoneau et l'arrêtèrent au passage.

Se voyant pris, le scélérat poussa un rugissement de bête fauve et se débattit furieusement des pieds et des mains afin de se dégager. Mais Boyer et Thibaut étaient d'une vigueur et d'une force peu communes. Ils reçurent chacun deux ou trois formidables coups de poing ; mais avant qu'on eût eu le temps de leur prêter main-forte, ils étaient parvenus à terrasser l'assassin.

Une cinquantaine de personnes les entourèrent, en battant des mains, en criant :

— Bravo ! bravo !

Attirés par les cris, plusieurs gardiens de la paix accoururent. Les femmes et les enfants affolés continuèrent à crier :

— A l'assassin! à l'assassin!

Les gardiens s'emparèrent du misérable et, malgré sa résistance, le traînèrent au poste, au milieu des huées et des exclamations furieuses de la foule.

— Dis donc, Boyer, chuchota Thibaut à l'oreille de son ami, si nous ne nous étions pas trouvés là, le vieux coquin courrait encore ; seulement, nous avons peut-être eu tort.

— Tort, pourquoi?

— Si nous nous étions mis, sans le vouloir, en travers des projets de madame Louise?

— Mon cher Thibaut, répondit Boyer, Ramoneau vient de commettre un nouveau crime; en l'arrêtant nous avons fait notre devoir. Au lieu de nous adresser des reproches, nous devons nous féliciter. Ce soir madame Louise sera instruite de ce qui s'est passé et elle agira en conséquence. En attendant, tâchons de nous procurer d'autres renseignements.

La foule s'amassait devant la maison où le meurtre venait d'être commis. Les uns causaient avec animation, gesticulaient; les autres, plus calmes, se contentaient d'écouter.

Deux gardiens de la paix s'étaient placés devant la porte pour repousser les curieux et les empêcher de pénétrer dans la maison.

Dans la loge, plusieurs femmes donnaient des soins à la concierge, qui se roulait sur le sol dans des attaques de nerfs.

Boyer et Thibaut, que la foule désignait comme ayant arrêté le meurtrier, furent du nombre des quelques privilégiés que les gardiens de la paix laissèrent entrer dans la maison. Deux autres gardiens de la paix montaient l'escalier avec cinq ou six personnes. Les deux ouvriers les suivirent. Il y avait déjà dans la chambre de la victime trois femmes et un homme, probablement des locataires. Ils avaient relevé le malheureux jeune homme, et il était maintenant étendu sur son lit. Il respirait encore. Ses yeux étaient restés grands ouverts, et ses mains, rouges de son sang, s'étaient crispées sur sa poitrine.

Debout devant le lit, les **femmes** pleuraient comme des Madeleine.

Ramoneau avait laissé son couteau dans la poitrine de sa victime, qui l'avait sans doute arraché au milieu d'une convulsion. Une des femmes l'avait ramassé dans le sang et posé sur la table.

— Est-ce qu'il est mort? demanda un des gardiens de la paix en s'approchant du lit.

— Pas encore, voyez.

— C'est vrai. La blessure n'est peut-être pas mortelle ; il faut vite courir chercher un médecin.

— J'en connais un qui demeure tout près, dit un des hommes qui venait d'entrer; je vais voir s'il est chez lui; si je le trouve, je l'amènerai.

— Oui, allez, allez vite, dit le gardien de la paix.

— Et le commissaire? dit une voix.

— On est allé le prévenir; il ne tardera pas à arriver.

L'autre gardien de la paix s'était approché de la table.

— Un vrai couteau de boucher, murmura-t-il en regardant l'instrument du crime.

Il aperçut le portefeuille aux initiales d'or; il le prit, le tourna un instant dans ses mains, puis l'ouvrit. Dans une des poches il trouva plusieurs cartes de visite.

— Tiens, tiens, fit-il, c'est drôle!

— Quoi donc? demanda son camarade en s'approchant.

— Ce pauvre jeune homme se nomme Charles Cholet, nous a-t-on dit.

— Oui, Charles Cholet.

— C'est bien son nom, affirma une femme.

— Alors, ce portefeuille n'est pas à lui. Tiens, regarde, continua-t-il en plaçant une des cartes sous les yeux de son collègue.

Celui-ci lut à haute voix :

— Vicomte Léon de Lucerolle.

Boyer et Thibaut tressaillirent, puis ils se regardèrent avec étonnement.

— Ce portefeuille a certainement été volé, reprit le gardien de la paix.

— Par qui? par l'assassin?

— C'est probable. Il l'avait sans doute posé sur la table, et il a oublié de le reprendre avant de se sauver.

— Ce sera une pièce à conviction.

Boyer s'était avancé derrière les agents. Il put voir le portefeuille et lire le nom sur la carte.

Il revint près de Thibaut, l'entraîna au fond de la chambre et lui dit :

— Tout cela est fort singulier : je ne sais plus que penser. Mais quelque chose me dit qu'il faut absolument que je prévienne madame Louise. Tu vas rester ici et tu écouteras tout ce qui se dira; moi, je vais prendre une voiture et courir à l'hôtel de Lucerolle.

— Reviendras-tu?

— Oui, que je trouve ou non madame Louise.

Or, pendant que les deux ouvriers causaient à voix basse, les agents faisaient une nouvelle découverte : dans une seconde poche du portereuille, ils trouvaient un portrait-carte et constataient, malgré la pâleur du visage de la victime et la contraction de ses traits, sa ressemblance avec la photographie.

— C'est frappant, c'est bien lui, disaient-ils.

Boyer s'approcha, et, après avoir regardé le jeune homme et le portrait, il répéta après les agents :

— Oui, c'est frappant.

Au même instant, deux nouveaux gardiens de la paix entrèrent dans la chambre.

— L'assassin n'a pas encore prononcé une parole, dit l'un. Pour se rendre maître de lui, on a été forcé de le lier avec des cordes. Ce n'est pas un homme, c'est une bête féroce. Il grince des dents et pousse des rugissements épouvantables, comme on en entend en Afrique, dans les gorges de l'Atlas. Ce doit être un repris de justice et probablement un forçat évadé ou en rupture de ban. Dans tous les cas, c'est un malfaiteur de la pire espèce. On est certain que le vol a été le mobile du meurtre : on l'a fouillé et on a trouvé sur lui quarante mille francs en billets de banque, oui, quarante mille francs et une bourse contenant quatre cents francs en or.

— Tout cela est bon à savoir, se dit Boyer.

Il fit un signe à Thibaut et sortit de la chambre.

Il courut jusqu'au boulevard extérieur, où il trouva une voiture de place, et, une demi-heure après, il arrivait à l'hôtel de Lucerolle.

— Ah! vous venez voir madame Louise Verdier? lui dit le vieux Joseph, qui le reconnut.

— Oui, j'ai besoin de lui parler à l'instant.

— C'est fâcheux, elle est sortie depuis ce matin.

— Oh! je n'ai pas de chance, fit Boyer qui ne put cacher sa vive contrariété.

— C'est donc bien important, ce que vous avez à lui dire?

— Oui, très-important.

— Je ne sais pas à quelle heure madame Louise rentrera; mais si vous ne pouvez pas revenir ce soir, je me chargerai volontiers de lui faire savoir...

— Non, non, c'est tout de suite que j'aurais voulu lui apprendre ce qui se passe.

— Ce qui se passe?

— Oui. Mais je la verrai ce soir, elle m'a donné rendez-vous à sept heures. C'est égal, je suis désolé de ne pas la trouver.

Tout à coup une idée lui vint.

— Puis-je voir M. le vicomte de Lucerolle? demanda-t-il.

— M. le vicomte est absent depuis quelques jours, répondit le vieux serviteur : mais vous pouvez parler à M. le comte.

Boyer eut un moment d'hésitation.

— Non, dit-il, il vaut mieux que j'attende l'heure de mon rendez-vous avec madame Louise.

Il allait se retirer, lorsqu'une porte s'ouvrit brusquement. Le comte entra.

— M. le comte de Lucerolle, dit le valet de chambre.

Puis, s'adressant à son maître en montrant Boyer, il ajouta :

— Monsieur venait pour voir madame Louise Verdier.

— J'ai entendu, dit le comte.

Et, s'approchant de l'ouvrier :

— Y a-t-il longtemps que vous connaissez madame Louise Verdier? lui demanda-t-il.

— Depuis quelques jours seulement, répondit Boyer.

— Ah! fit M. de Lucerolle. Comment vous appelez-vous?

— Jules Boyer, monsieur le comte.

— Vous êtes ouvrier?

— Ouvrier serrurier de la maison Corbon, rue Saint-Maur.

— Alors vous connaissez Pierre Ricard?

— Je peux dire qu'il n'a pas d'ami plus sincère et plus dévoué que moi.

— Accusé d'un crime horrible, ce jeune homme a été arrêté.

— Oui, mais il est innocent.

— C'est la conviction de Louise Verdier. Elle cherche les coupables; les trouvera-t-elle?

— Ils sont trouvés, monsieur le comte.

— Ah! Dieu soit loué! s'écria M. de Lucerolle avec émotion. Voilà sans doute ce que vous veniez dire à Louise Verdier?

— Madame Louise sait cela, répondit Boyer.

— Dites-moi, mon ami, reprit le comte, ne manifestiez-vous pas tout à l'heure le désir de voir le vicomte de Lucerolle?

— Oui, monsieur le comte.

— Puis-je savoir ce que vous vouliez dire à mon fils?

— Je voulais seulement demander à M. le vicomte de Lucerolle si, dernièrement, on ne lui avait pas volé un portefeuille.

— Étrange question! fit le comte; voyons, ne pouvez-vous pas m'expliquer?

— C'est difficile, monsieur le comte, car moi-même je n'y comprends rien.

— D'après ce que vous venez de dire, un portefeuille appartenant au vicomte de Lucerolle lui aurait été volé.

— A moins qu'il ne l'ait perdu.

— Enfin, où avez-vous vu ce portefeuille?

— Dans une chambre où un meurtre a été commis il y a une heure.

— Un meurtre! exclama le comte, qui devint subitement très pâle.

— Au fait, reprit Boyer, si monsieur le comte le désire, je vais lui dire la chose; c'est ce que je venais raconter à madame Louise.

— Oui, oui, répondit le comte, en proie à une vive agitation; parlez, mon ami, parlez, je vous écoute.

Boyer inclina légèrement la tête, appuya sa main sur son front, et resta un moment immobile, dans l'attitude d'un penseur qui met de l'ordre dans ses idées.

XXVII

LE PORTRAIT

Le silence ne dura pas deux minutes; cependant il parut long à M. de Lucerolle. Son inquiétude était visible.

— Monsieur le comte, dit Boyer en relevant la tête, il faut que je vous apprenne, d'abord, que depuis trois jours, par ordre de madame Louise, mon camarade Thibaut et moi, nous surveillons et suivons partout où il va un individu qui se nomme Ramoneau et qui est bien le plus grand scélérat que la terre ait porté. C'est un drôle de métier que nous fait faire madame Louise; mais elle nous a dit: « C'est ce brigand de Ramoneau qui a volé l'argent du vieil aveugle et qui a assassiné Fabrice; dans l'intérêt de votre ami Pierre, et pour que je puisse prouver qu'il est innocent, il faut que vous fassiez cela. » Et comme Pierre est notre ami et que nous nous ferions couper en quatre pour lui, nous n'avons pas hésité un instant. Nous avons répondu à madame Louise: « Nous ferons ce que vous voudrez. » Et aussitôt nous nous sommes mis en chasse.

« D'abord, nous découvrons qu'une bande de malfaiteurs se réunit la nuit dans une maison isolée au milieu des champs, derrière le Père-Lachaise. Mais ce n'est pas de ça qu'il s'agit.

« Aujourd'hui, à onze heures, nous voyons Ramoneau sortir du garni où il demeure. Nous le suivons jusqu'à la Chapelle, rue de la Goutte-d'Or. Il entre dans une maison. Nous l'attendons en nous promenant dans la rue: c'est notre con-

LES DEUX BERCEAUX

— Regardez, dit le comte en le montrant à l'ouvrier. (Page 379.)

signe. Une heure se passe. Nous commencions à trouver le temps long. Tout à coup nous entendons crier : Arrêtez-le ! à l'assassin !

« Nous nous retournons et nous voyons Ramoneau qui court, qui court comme s'il avait quarante chiens enragés à ses trousses. Nous devinons qu'il vient de commettre un nouveau crime. Nous nous jetons sur lui, nous l'arrêtons. Les gardiens de la paix arrivent, ils l'empoignent, et, pendant qu'ils le conduisent au poste, nous allons demander ce qui s'est passé afin d'en instruire madame Louise.

On nous apprend que le vieux scélérat vient d'assassiner, chez lui, un jeune homme appelé Charles Cholet.

— C'est épouvantable! murmura le comte.

Le valet de chambre écoutait en frissonnant d'horreur.

— Mon camarade et moi, reprit Boyer, nous parvenons à entrer dans la maison. Nous montons au deuxième étage, et nous entrons dans la chambre de la victime. Nous y voyons plusieurs personnes, qui piétinent dans le sang qu'on n'a pas encore fait disparaître. On a mis le pauvre jeune homme sur son lit. Il a été frappé d'un coup de couteau en pleine poitrine, comme Fabrice. Le couteau est sur la table, la lame est toute rouge. C'est un spectacle horrible.

— Et le portefeuille? demanda le comte d'une voix anxieuse.

— J'y arrive, monsieur le comte. Il était sur la table. Un gardien de la paix le prend, le regarde, l'ouvre et s'écrie. C'est drôle! Je vois qu'il tient une carte de visite et j'entends ces mots : le vicomte Léon de Lucerolle.

— Oh! fit le comte, qui chancela comme un homme ivre.

— Je n'ai pas besoin de vous dire, monsieur le comte, si je fus étonné, poursuivit Boyer; je m'approchai du sergent de ville et je pus lire sur la carte de visite : vicomte Léon de Lucerolle.

— Oui, c'est étrange, étrange! murmura le comte. Continuez, mon ami, continuez.

— On pensa d'abord, reprit Boyer, que le portefeuille avait été oublié par l'assassin; on pouvait facilement admettre qu'il l'eût volé. Mais on y trouva encore un portrait-carte, qui détruisit ces deux suppositions.

— Eh bien! ce portrait? interrogea M. de Lucerolle d'une voix frémissante.

— Ce portrait, monsieur le comte, est celui de la victime.

— Mon Dieu, qu'est-ce que cela veut dire? balbutia M. de Lucerolle en pressant sa tête dans ses mains.

Le vieux domestique était consterné.

— Comme monsieur le comte, reprit Boyer, je n'ai pas pu comprendre comment le portefeuille, qui appartient évidemment à M. de Lucerolle, se trouvait là. Mais j'ai pensé qu'il était utile de prévenir immédiatement madame Louise.

— Oh! il y a là quelque chose d'effroyable pour nous! s'écria le comte.

Et il se mit à marcher d'un pas agité, fiévreux. Au bout d'un instant, il s'arrêta devant l'ouvrier.

— Voyons, voyons, dit-il, il faut pourtant essayer de percer ce mystère. Savez-vous pourquoi Ramoneau a commis ce nouveau crime?

— Pour voler le jeune homme, monsieur le comte.

— Il avait donc chez lui des bijoux, de l'argent?

— Quand, après l'avoir conduit au poste, on a fouillé l'assassin, on a trouvé sur lui une bourse pleine d'or et quarante mille francs en billets de banque.

— Quarante mille francs! s'écria le comte frappé d'une lueur subite.

Ces quarante mille francs que Louise lui avait demandés sans lui dire l'emploi qu'elle en voulait faire, les singulières paroles de la nourrice, dont il n'avait pu pénétrer le sens, étaient encore dans sa mémoire. Un doute horrible traversa sa pensée.

— Monsieur Boyer, dit-il d'une voix tremblante, vous avez vu la figure de ce jeune homme, qui porte le nom de Charles Cholet.

— Oui, monsieur le comte.

— Vous avez dû voir aussi la photographie qui se trouvait dans le portefeuille avec les cartes de visite.

— Oui, monsieur le comte.

— Êtes-vous bien sûr que le portrait soit celui de la victime?

— Absolument sûr, monsieur le comte. Du reste, je n'ai pas été seul à constater la ressemblance.

— Ah! je vais pouvoir sortir de cette cruelle incertitude! s'écria le comte. Joseph, nous devons avoir ici une ou plusieurs photographies de mon fils.

— Monsieur le comte, il y en a une dans la chambre de mademoiselle.

— Allez me la chercher, Joseph, allez vite.

Le valet de chambre sortit, et revint au bout d'une minute, apportant le portrait-carte placé dans un cadre d'or. Il le remit à son maître.

— Regardez, dit le comte en le montrant à l'ouvrier.

Boyer laissa échapper une exclamation de surprise.

Le visage du comte se décomposa.

— Monsieur le comte, dit Boyer, ce portrait est le même que celui du portefeuille.

— Mon fils, c'est mon fils qui vient d'être assassiné! s'écria M. de Lucerolle d'un ton douloureux. Joseph, courez vite me chercher une voiture. Oh! mon Dieu, oh! mon Dieu!

— Je n'ai pas renvoyé la voiture qui m'a amené, dit Boyer; si monsieur le comte veut la prendre...

— Oui, oui, merci.

Il s'élança hors de la chambre, tête nue, et traversa la cour en courant, suivi de près par l'ouvrier et le vieux domestique affolé.

Le comte sauta dans la voiture.

— Rue de la Goutte-d'Or! cria Boyer au cocher.

Le cheval était excellent. Il bondit en sentant la mèche du fouet toucher ses flancs et partit à fond de train.

Peu à peu l'agitation du comte se calma; l'esprit moins troublé, il put réfléchir. Il ne cherchait pas à se faire illusion. L'ouvrier avait reconnu le portrait de son fils, il ne pouvait plus avoir un doute. Un épouvantable malheur venait de frapper sa famille. Mais comment le vicomte de Lucerolle, qu'il croyait absent de Paris, s'était-il trouvé dans une chambre rue de la Goutte-d'Or? Pourquoi ce nom de Charles Cholet? Il faisait mille suppositions, qu'il repoussait successivement, sentant bien qu'elles l'égaraient loin de la vérité. Toutes sortes de pensées contradictoires se croisaient confusément dans sa tête; il avait beau chercher, la lumière ne se faisait point dans son esprit.

— Non, non, se disait-il, je ne comprends pas, je ne peux rien m'expliquer. Ah! c'est Louise, c'est Louise Verdier qui tient la clef de cet effroyable mystère.

La voiture, ayant traversé le Carrousel, entrait dans la rue Richelieu. Le comte pensa au docteur Gervais, qui demeurait dans cette rue. L'ouvrier lui avait dit que la victime respirait encore, il eut l'idée de prendre en passant le célèbre médecin. Un rayon d'espoir venait de pénétrer dans son cœur.

— Si tout secours n'est pas inutile, se dit-il, le docteur Gervais le sauvera.

Il mit la tête à la portière, et, arrivé devant la maison où demeurait le docteur, il fit arrêter la voiture.

M. Gervais était heureusement chez lui; il travaillait dans son cabinet. Quand son domestique vint lui annoncer que le comte de Lucerolle désirait lui parler, il se leva précipitamment, et ouvrit lui-même la porte de son cabinet en disant :

— Venez, monsieur le comte, venez.

Puis remarquant la pâleur de M. de Lucerolle et le désordre de son vêtement, il s'écria avec inquiétude :

— De quoi s'agit-il donc, monsieur le comte? qu'avez-vous?

— Monsieur le docteur, hier au soir, la comtesse de Lucerolle et moi nous avons longuement parlé de vous, répondit le comte : en nous rappelant ce que vous avez fait pour nous, nous nous sommes trouvés oublieux et ingrats, et je m'étais proposé de vous faire une visite. Hier, monsieur le docteur, je ne savais pas que j'aurais à vous demander aujourd'hui un nouveau service.

— Parlez, monsieur le comte, parlez, je suis à vos ordres.

— Je viens vous chercher; notre fils, le vicomte de Lucerolle, vient d'être frappé par un assassin; peut-être arriverez-vous à temps pour le sauver.

En un clin d'œil, le docteur enleva sa robe de chambre, mit sa redingote, prit son chapeau, sa trousse et se trouva prêt.

— Partons, monsieur le comte, partons! s'écria-t-il.

En chemin M. de Lucerolle raconta au médecin ce que Boyer venait de lui apprendre à lui-même.

— Monsieur le comte, dit le docteur, je vous ai écouté avec beaucoup d'attention et d'intérêt; mais cet homme, qui a vu la victime, a pu se tromper en déclarant que le portrait du portefeuille et celui de M. le vicomte, que vous lui avez montré, ressemblent au jeune homme, qu'il appelle Charles Cholet. Certes, comme vous, je trouve très-extraordinaire la présence du portefeuille dans cette chambre où vient de se commettre un meurtre, et nous devons renoncer, quant à présent, à nous l'expliquer; mais je crois qu'il y a lieu de douter encore que la victime soit M. le vicomte de Lucerolle.

— Ah! je le voudrais, je le voudrais!...

— Espérons, monsieur le comte, espérons que nous allons nous trouver tout à l'heure devant un inconnu.

Ils arrivèrent rue de la Goutte-d'Or. Il y avait toujours une foule énorme devant la maison. Les gardiens de la paix continuaient à garder la porte. Mais ils s'écartèrent devant le comte et le docteur, qui portaient à la boutonnière la rosette d'officier de la Légion d'honneur.

Comme à la porte de la maison, il y avait deux agents devant celle de la chambre. Le commissaire de police était là, en compagnie de son secrétaire, d'un médecin du quartier et de deux autres agents. Il attendait l'assassin, qu'il venait d'envoyer chercher. Après avoir interrogé les personnes qu'il avait trouvées dans la chambre, il les avait renvoyées. Il était préoccupé et fort soucieux ; il n'avait encore recueilli que des renseignements vagues et insignifiants.

Thibaut, interrogé comme les autres, et craignant de trop parler, avait tout simplement répondu qu'il ne savait rien.

Le portefeuille, les cartes de visite, le portrait, voilà ce qui intriguait au plus haut point le commissaire de police et était surtout l'objet de ses préoccupations. Il sentait bien qu'il y avait là un mystère, et il se réservait de mettre tout en œuvre pour le découvrir. Toutefois, il lui répugnait ou plutôt il redoutait de placer le nom de Lucerolle dans son enquête.

Deux fois déjà il avait répondu à son secrétaire, qui appelait son attention sur le portefeuille :

— Plus tard, plus tard, nous verrons.

Un silence profond régnait dans la chambre lorsque M. de Lucerolle et le docteur Gervais y entrèrent.

XXVIII

LA MÉMOIRE DU DOCTEUR

Le commissaire de police s'était levé, une interrogation dans le regard.

Le comte marcha vers lui.

— Monsieur le commissaire de police, dit-il, je suis le comte de Lucerolle; monsieur qui a bien voulu m'accompagner ici, est le docteur Gervais.

Le magistrat s'inclina.

— Monsieur le commissaire, reprit le comte, on est venu me prévenir et j'accours.

— Monsieur le comte, répondit le magistrat, dont le visage s'était subitement épanoui, ce n'ai pas moi qui vous ai envoyé chercher; mais je ne puis que remercier le messager officieux qui est allé vous avertir. Je ne veux pas vous cacher la satisfaction que j'éprouve, monsieur le comte; vous allez peut-être me tirer d'un embarras pénible.

Et lui montrant les objets étalés sur la table :

— Regardez, monsieur le comte, regardez, ajouta-t-il.

— Oui, dit le comte d'une voix oppressée, tout cela appartient à mon fils.

— Le portrait aussi ?

— Je vais vous répondre.

Il se tourna du côté du lit vers lequel le docteur Gervais s'était immédiatement dirigé.

Après avoir salué respectueusement le célèbre docteur, dont il avait été l'élève, qu'il aimait et vénérait, le médecin, qu'on avait appelé près du jeune homme, lui disait :

— Cher maître, vous arrivez malheureusement trop tard; il est mort!

Le comte entendit ces sinistres paroles.

— Mort! répéta-t-il sourdement, mort!

Il s'avança lentement vers le lit, ses yeux tombèrent sur la figure de la victime. Aussitôt un sourd gémissement s'échappa de sa poitrine.

Le docteur Gervais lui prit la main :

— Ainsi, lui demanda-t-il, vivement ému, c'est lui! vous le reconnaissez?

— Oui, répondit le comte d'une voix brisée, c'est bien lui, c'est mon fils!

Ces paroles furent suivies d'un silence lugubre.

Toutes les personnes présentes étaient atterrées.

Le comte, appuyé contre le mur, tenait sa tête dans ses mains.

Le docteur Gervais se pencha sur la victime.

— Vous êtes bien sûr qu'il est mort? demanda-t-il au jeune médecin.

— Oui, maître ; du reste vous pouvez vous en assurer.

La main du docteur se posa sur la poitrine du jeune homme entièrement découverte. Elle était d'un blancheur de neige. Le sang avait été enlevé avec une éponge mouillée.

— Oui, il est bien mort, murmura M. Gervais. Depuis combien de temps?

— Depuis un quart d'heure.

— A-t-il parlé?

— Non. L'agonie a été longue, mais il n'a pas souffert. La paralysie des principaux organes a été instantanée.

Un savant ne perd jamais l'occasion de faire des observations intéressantes pour la science. Le docteur Gervais oublia un instant la présence de M. de Lucerolle et ce que la situation avait de douloureux, de terrible ; il ne vit plus dans ce corps inerte, sans vie, étendu devant lui, qu'un objet d'étude.

Voulant se rendre un compte plus exact des désordres causés dans l'organisme et des phénomènes qui avaient dû se produire avant la mort, il se mit à examiner curieusement la blessure, entr'ouvrant les deux lèvres encore saignantes, pendant que sa pensée suivait la ligne tracée par la lame de couteau à travers les organes qu'elle avait atteints.

Tout à coup, il se redressa, un éclair dans le regard.

— Monsieur le comte, monsieur le comte ! s'écria-t-il d'une voix vibrante.

M. de Lucerolle tressaillit comme un dormeur qu'on réveille brusquement, leva la tête et regarda M. Gervais avec surprise.

— Monsieur le comte, reprit le docteur en proie à une agitation extraordinaire, ce jeune homme qui vient d'être assassiné, ce cadavre n'est pas celui de votre fils.

M. de Lucerolle soupira.

— Hélas ! dit-il avec douleur, je le reconnais.

— Monsieur le comte, une ressemblance étrange abuse vos yeux ; je vous le répète, ce n'est pas votre fils.

Le comte secoua tristement la tête.

— Non, non, murmura le docteur se parlant à lui-même, j'ai bonne mémoire, je ne peux pas me tromper. Monsieur le comte, reprit-il, vous n'avez qu'un fils, n'est-ce pas?

— Le voilà, monsieur Gervais, le voilà.

— Eh bien! non, répliqua le docteur avec une sorte de violence, non ; malgré votre affirmation, monsieur le comte, malgré toutes les apparences, je n'admets pas que je puisse commettre une semblable erreur.

Le commissaire de police et son secrétaire s'étaient vivement approchés.

Le comte regardait le docteur avec effarement.

— Non, continua M. Gervais, je suis sûr, je suis sûr... Ce n'est point là le vicomte de Lucerolle, l'enfant que j'ai tenu dans mes bras au moment de sa naissance.

M. de Lucerolle se demandait si le docteur ne venait pas de perdre subitement la raison, ou s'il n'était pas lui-même halluciné ou tourmenté par un horrible cauchemar.

— Mais non, s'écria-t-il éperdu, passant sa main sur son front ; j'entends, je vois... hélas! oui, je vois! Monsieur Gervais, je ne comprends pas vos paroles, ayez pitié de moi, expliquez-vous ; au nom de Dieu, expliquez-vous!

— Écoutez-moi donc, monsieur le comte, écoutez-moi :

« J'ai consacré une partie de ma vie à étudier longuement et avec patience toutes les maladies de la peau, si nombreuses et souvent si bizarres. Je fus amené, naturellement, à m'occuper de certaines altérations de la couleur des téguments, que nous désignons sous le nom générique de taches ou de macules. J'ajoute même que je fis une étude spéciale des éphélides, des taches sanguines, des décolorations et des *nœvi materni*, taches congéniales vulgairement appelées envies. Ces taches, de forme souvent irrégulière et de diverses dimensions, ont toutes leur nature, un caractère particulier, leur cause ou leur origine. Quelques-unes de ces taches peuvent disparaître avec le temps, ou sous l'action de lotions excitantes, sinon complètement, du moins en partie. Il en est d'autres pour lesquelles tout traitement serait inutile, car elles ne sont le symptôme d'aucune maladie. J'ai découvert ou j'ai cru découvrir que ces dernières, que je classe parmi les *nœvi materni*, pouvaient être héréditaires.

« Lors de la naissance de votre fils, monsieur le comte, continua le docteur Gervais, j'écrivais un travail sur cette question des macules, et une tache d'un rouge vif, couverte de poils, que j'ai remarquée sous le sein du nouveau-né, a été pour moi l'objet d'une étude spéciale.

La tache était à cette place, monsieur le comte, là, où je pose le doigt, et je suis sûr qu'elle n'a pu s'effacer, ni être enlevée.

— La tache des Lucerolle! exclama le comte.

D'un mouvement rapide, il écarta son vêtement, entr'ouvrit sa chemise et, montrant son sein droit :

— Voyez, docteur, voyez, dit-il.

M. Gervais poussa une exclamation joyeuse. Son visage parut illuminé.

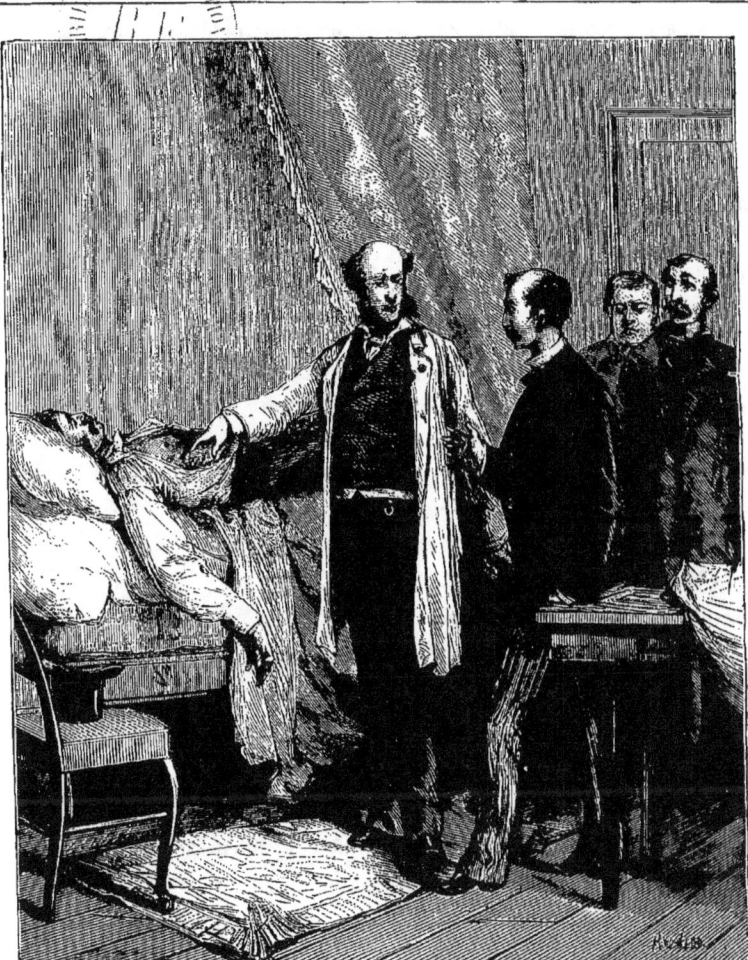

— La tache des Lucerolle était à cette place, monsieur le comte. (Page 384.)

— Monsieur le comte, s'écria-t-il, vous avez la même tache !

— Comme mon père et mon aïeul ; c'est la tache rouge des Lucerolle !

A ce moment, Louise Verdier, échevelée, haletante, pâle comme un suaire et ayant dans le regard quelque chose d'effrayant, apparut sur le seuil de la chambre.

Personne ne l'aperçut.

— Eh bien ! monsieur le comte, reprit le docteur, êtes-vous convaincu, maintenant? Ah! vous pouvez me croire, ce cadavre n'est pas celui de votre fils, ce n'est point là le vicomte de Lucerolle.

— Docteur, docteur, répondit le comte, il me semble que ma raison m'abandonne, que je deviens fou.

Louise s'était avancée jusqu'au milieu de la chambre.

— M. le docteur Gervais ne se trompe pas, prononça-t-elle d'une voix rauque; ce n'est point là le cadavre de M. le vicomte de Lucerolle.

Le comte poussa un grand cri et, s'élançant vers Louise :

— Ah! Louise, vous allez me dire...

— Monsieur le comte, l'interrompit-elle, ce soir, à l'hôtel de Lucerolle, en présence de madame la comtesse, je vous dirai tout. La malheureuse Louise, à genoux, implorera votre pardon. Ah! je vous en conjure, ne me demandez rien en ce moment... Laissez-moi pleurer, monsieur le comte, laissez-moi pleurer!

Et, ne pouvant plus se contenir, elle se mit à sangloter.

Le docteur Gervais avait tout deviné.

— Louise, dit-il en lui prenant la main, un mot, un seul mot.

Elle leva sur lui son regard désolé.

— Louise, reprit le docteur, étendant le bras vers le mort, dites-moi qui est cet homme.

— C'est mon fils! s'écria-t-elle d'une voix déchirante. Ah! maintenant qu'il est mort, qu'il ne m'entend plus, qu'il ne me voit plus, je vais enfin pouvoir l'embrasser!

Elle se précipita sur le cadavre, l'entoura de ses bras et le couvrit de baisers délirants, en l'arrosant de ses larmes. Elle sanglotait et poussait des gémissements à fendre l'âme. C'était navrant, horrible à voir et à entendre.

— Oh! la misérable; murmura le comte! je comprends.

— Monsieur le comte, dit le docteur, si elle est coupable, voilà sa punition : mais, croyez-moi, ne vous hâtez pas de l'accuser. Attendez qu'elle se soit confessée devant vous.

— Mais qu'a-t-elle fait de notre enfant? Qu'en a-t-elle fait?

— Ce n'est pas en ce moment que vous pouvez l'interroger; ce soir, elle vous le dira. Nous n'avons plus rien à faire ici, monsieur le comte, venez, venez.

Et presque de force, il l'entraîna vers la porte.

Mais avant de sortir, le docteur se retourna.

— Monsieur le commissaire de police, dit-il, je ne sais pas quelles sont les exigences de votre mandat; mais, si c'est possible, au nom du comte de Lucerolle, je vous demande de garder le secret sur ce qui vient de se passer ici en votre présence. Cette femme est la mère de la victime; il est inutile, je pense, de mentionner dans votre rapport que M. de Lucerolle, qui est venu ici volontairement, a cru reconnaître son fils.

— Monsieur le docteur, répondit le magistrat, je sais qu'il y a des douleurs et des secrets de famille qu'il faut respecter. Ce que recherche la justice, c'est la vérité. Pour la découvrir, je n'ai plus besoin de m'occuper de faits et de détails qui se trouvent maintenant en dehors de l'affaire.

— Merci, monsieur, dit le comte; merci pour ma famille et pour moi.

Le commissaire de police ramassa le portefeuille, le portrait-carte et les cartes de visite qui étaient sur la table, et les remit au comte en lui disant :

— Vous pouvez emporter ces objets, monsieur le comte; ils n'ont plus pour moi aucune utilité.

Le docteur Gervais passa son bras sous celui du comte, dont les jambes étaient chancelantes, et ils franchirent le seuil de la chambre. M. de Lucerolle était brisé, accablé. Il n'avait plus de volonté, plus de pensée. Il se laissa emmener sans résistance.

Louise continuait à pousser des gémissements affreux, en roulant sa tête sur le corps glacé de son fils.

XXIX

UN COUP DE FOUDRE

Disons maintenant comment, au moment où elle se sentait rassurée et plus tranquille, la malheureuse Louise Verdier apprit l'épouvantable drame.

Elle était restée près d'une heure dans le cabinet du juge d'instruction. Elle lui avait raconté en partie sa douloureuse histoire, qui était en même temps l'histoire du vicomte de Lucerolle et celle de son fils.

Certes, le juge d'instruction était loin de s'attendre à une révélation aussi extraordinaire, aussi grave. Il jugea Louise sévèrement et lui fit de justes reproches en lui montrant, ce qu'elle n'ignorait pas, d'ailleurs, les conséquences funestes du silence coupable qu'elle avait gardé. Toutefois, en présence de son repentir et de ses larmes, il trouva dans son cœur des arguments, sinon pour l'absoudre, du moins pour l'excuser.

Ensuite, Louise lui avait appris comment, sur les indications données par son fils, Boyer et Thibaut, s'étant mis en campagne, avaient découvert la maison abandonnée où se réunissaient les voleurs.

Alors il avait été convenu que, la nuit même, des agents de police, sous les ordres d'un chef, et guidés par Boyer, cerneraient la masure et s'empareraient de toute la bande; qu'en même temps d'autres agents arrêteraient Henriette Mabire et Robin, qui avaient aussi leur part de culpabilité.

En sortant du Palais de Justice, Louise s'était dit qu'elle ferait bien de prévenir Boyer immédiatement, et, presque sûre de le trouver à son poste d'observation en compagnie de Thibaut, elle avait pris une voiture et s'était fait conduire rue Saint-Fargeau. Mais elle eut beau regarder de tous les côtés, elle ne vit ni Boyer, ni Thibaut. Nous savons pourquoi. Alors, au lieu d'être contrariée d'avoir fait une course inutile, elle éprouva une véritable satisfaction. Elle pensa que son mari, effrayé par ses menaces, s'était enfin décidé à quitter Paris.

Toutefois, elle pouvait se tromper. Voulant avoir la certitude, elle entra dans le garni et s'adressa à la logeuse, qui la reconnut. Elle lui demanda si elle pouvait voir Ramoneau.

— Non, répondit la femme, il est sorti.

— Ah! il est sorti? fit Louise.

— Oui. Et à moins que vous ne l'attendiez, vous ne pourrez pas le voir. Il m'a payé ce matin ce qu'il me devait, et m'a prévenue que, tout en rentrant, il enlèverait sa malle, qui est toute prête.

— Est-ce qu'il va loger ailleurs? demanda Louise.

— Non : il ne m'a pas raconté ses affaires; il m'a seulement dit qu'il partait, qu'il allait faire un long voyage.

Louise se sentit rassurée.

— Je ne peux pas vous en dire davantage, continua la logeuse. Voyez si vous voulez l'attendre.

Elle faisait vraiment des efforts pour paraître gracieuse, ce qui n'était pas dans ses habitudes.

— Non, répondit Louise, je ne l'attendrai pas.

— Si c'est quelque chose que je peux lui dire...

— Je vous remercie, madame; je sais qu'il doit faire, en effet, un voyage, et je venais simplement pour **savoir** quand il partait. Vous venez de me renseigner, je vous remercie.

Louise quitta la logeuse.

— Il a eu quelqu'un à voir avant de partir, se dit-elle en regagnant sa voiture; Boyer et Thibaut l'ont suivi; je saurai ce soir où il est allé. Pourvu qu'il n'ait point eu l'idée de prévenir ses complices de se tenir sur leurs gardes ! C'est possible; mais il ignore que je connais l'endroit de leurs réunions secrètes. Non, non, cette bande de malfaiteurs n'échappera pas à la justice.

Elle se fit conduire au domicile de Boyer où elle écrivit un billet qu'elle laissa sur la table, en priant la veuve de le remettre à son fils aussitôt qu'il rentrerait.

Dans ce billet elle disait à Boyer de se trouver à neuf heures précises au bureau du commissaire de police du quartier Popincourt. C'est de là que devaient partir les agents chargés de l'arrestation des voleurs dans la masure.

La journée n'était pas encore très-avancée. N'ayant plus pour le moment qu'à réfléchir et à rassembler toutes ses forces pour paraître dans la soirée devant le comte et la comtesse, afin de leur confesser sa faute, elle se fit ramener à l'hôtel de Lucerolle.

La femme de chambre de la comtesse se trouva sur son passage.

— Madame la comtesse est-elle chez elle? lui demanda Louise.

— Non, elle est sortie tout de suite après le déjeuner pour rendre plusieurs visites; elle a emmené mademoiselle, qu'elle a dû conduire rue de Lille chez son amie, mademoiselle Blanchard.

— C'est vrai, dit Louise, mademoiselle Ernestine devait aller voir son amie aujourd'hui.

— M. le comte vient aussi de sortir; il y a à peine dix minutes, reprit la femme de chambre, je l'ai vu traverser la cour en courant; il était pâle et paraissait très-agité; il avait la tête nue et il est parti sans chapeau.

— Sans chapeau! fit Louise étonnée.

— Oui, et j'ai pensé qu'il était arrivé quelque malheur.

— A madame la comtesse? s'écria Louise effrayée.

— Oh! je ne crois pas... Mais je ne sais rien; demandez à Joseph.

— Où est-il?

— Là, dans l'antichambre.

Louise ouvrit brusquement la porte de l'antichambre et y entra.

Joseph était là, en effet. Assis sur un canapé, tenant sa tête dans ses mains, le vieux domestique pleurait. En voyant Louise, il se leva.

— Ah! c'est vous, Louise? dit-il tristement.

— Joseph, on vient de me parler d'un malheur qui serait arrivé, savez-vous quelque chose?

— Oui, Louise, je sais que le deuil est dans cette maison.

— Mon Dieu, que signifient ces paroles? Joseph, expliquez-vous!

— Louise, c'est un malheur épouvantable.

— Quel est ce malheur? Ah! vous me faites mourir! Parlez, parlez!...

— Louise, M. le vicomte vient d'être assassiné!

Louise bondit en arrière avec terreur :

— Mais ce que vous me dites là est impossible! s'écria-t-elle; vous êtes fou, Joseph, vous êtes fou!

— Hélas! ce n'est que trop vrai, gémit le vieux serviteur. Depuis longtemps j'avais le pressentiment d'une catastrophe de ce genre.

— Je ne comprends pas, je ne comprends pas, murmura Louise, en proie à une horrible anxiété.

Elle se rapprocha du vieux domestique, et, lui saisissant le bras :

— Voyons, dit-elle d'une voix étranglée, vous vous trompez, ce n'est pas cela, ce n'est pas cela!...

— Non, je ne me trompe pas, répondit Joseph; j'étais là quand on est venu prévenir M. le comte.

— C'est impossible, vous dis-je! répliqua-t-elle avec violence; personne que moi ne sait où se trouve en ce moment M. le vicomte de Lucerolle. Mais qui donc est venu prévenir M. le comte?

— Qui? cet ouvrier qui est déjà venu plusieurs fois vous demander.

— Boyer! exclama-t-elle.

— Oui, Boyer. Il a dit son nom à M. le comte; je l'avais oublié. C'est vous qu'il voulait voir, Louise; je lui ai dit que vous n'étiez pas à l'hôtel, et il allait se retirer lorsque M. le comte est entré ici, où nous étions. Alors M. le comte l'a interrogé.

Louise était devenue très pâle, ses yeux avaient un éclat singulier et son front se couvrait d'une sueur froide.

— Ah! fit-elle, M. le comte l'a interrogé?

— Oui. L'ouvrier lui a dit que depuis quelques jours, par votre ordre, il suivait un individu appelé Ramoneau, et que ce misérable venait d'assassiner un pauvre jeune homme.

— Mon Dieu! qu'est-ce que cela veut dire? s'écria Louise, qui commençait à entrevoir l'affreuse vérité.

— On a arrêté l'assassin.

— On a arrêté l'assassin? répéta Louise, dont la raison s'égarait.

— On a trouvé sur lui une bourse d'or et quarante mille francs en billets de banque.

Un nuage passa devant les yeux de Louise, le sang lui montait à la tête et battait violemment ses tempes : elle crut qu'elle allait tomber, elle chercha un appui contre un meuble.

— Vous comprenez, Louise, continua le vieux domestique; après avoir tué, il avait volé, le scélérat!

La malheureuse restait immobile, sans voix, le regard fixe, comme pétrifiée.

Le vieillard put lui répéter, sans être interrompu, tout ce que Boyer avait dit au comte de Lucerolle.

— Enfin, ajouta-t-il, quand l'ouvrier eut reconnu le portrait de M. le vicomte, que je suis allé prendre dans la chambre de mademoiselle, et qui est encore là, sur la cheminée, M. le comte n'eut plus aucun doute, et il est parti aussitôt pour courir rue de la Goutte-d'Or.

L'immobilité de Louise devenait effrayante. La malheureuse était comme foudroyée. Joseph aurait pu douter qu'elle l'eût écouté et entendu. Cependant, aucune de ses paroles ne lui avait échappé. Son anéantissement momentané était l'effet d'une atroce et immense douleur.

Le vieux domestique s'approcha tout près d'elle avec inquiétude.

— Vous ne dites rien, Louise, fit-il ; comme moi, vous êtes toute consternée.

Il lui prit la main. Il sentit qu'elle était froide comme la main d'une morte.

— Oui, n'est-ce pas, reprit-il, c'est épouvantable !

Quelque chose comme un râle sortit de la gorge de Louise.

Joseph eut peur. Il lâcha la main et recula.

Tout à coup, Louise se redressa et son regard s'éclaira de lueurs fauves. Elle poussa un cri rauque, horrible, semblable à un rugissement, et bondit hors de la chambre, en criant :

— Malheur ! malheur !

Quand elle arriva rue de la Goutte-d'Or, Thibaut, qui se tenait au premier rang des curieux et qui la vit descendre de voiture, s'avança précipitamment à sa rencontre.

— Ah ! vous voilà, madame Louise, dit-il ; vous savez ce qui s'est passé ?

— Oui.

— Boyer m'avait dit de rester là-haut : mais le commissaire de police est venu, il a fait sortir tout le monde.

— Où est-il, votre ami ?

— Je l'attends.

— Dès qu'il sera arrivé, vous pourrez retourner chez vous ; il n'est plus utile que vous restiez ici.

— Boyer aussi ?

— Oui. Un mot de moi, qu'il trouvera en rentrant, lui dira ce qu'il aura à faire ce soir.

— Et demain ?

— Demain, vous retournerez à l'atelier ; si M. Corbon et vos camarades ne le savent pas déjà, vous leur annoncerez qu'on a reconnu l'innocence de votre ami Pierre et qu'il n'est plus en prison.

— Quel bonheur! s'écria le brave ouvrier.

— Dites-moi, Thibaut, a-t-on fait venir un médecin.

— Oui, madame Louise; mais c'était bien inutile : il est mort.

— Mort! répéta Louise d'une voix creuse.

Elle s'élança vers la porte. Les gardiens de la paix l'arrêtèrent en prononçant ces mots :

— On n'entre pas.

— Je connais la victime, dit-elle.

Les agents la laissèrent passer.

XXX

L'ENQUÊTE

Nous savons comment Louise était entrée dans la chambre, et nous avons vu sa douleur faire explosion devant le cadavre de son fils.

— Ah! disait-elle à travers ses sanglots et ses gémissements, il n'a jamais su combien je l'ai aimé et quels trésors de tendresse il aurait trouvés dans mon cœur s'il l'eût voulu!... Hélas! il ne m'a jamais donné ce nom si doux, qui eût été mon ravissement; il ne m'a jamais appelée sa mère! Il était méchant, il manquait de cœur, c'est vrai; mais il était jeune, il avait l'avenir devant lui et toute une vie pour avoir horreur de ses fautes et se repentir. Oui, le malheur l'aurait rendu meilleur; il aurait senti le besoin d'avoir près de lui une affection sûre et dévouée, l'amour d'une mère... Un jour ses bras se seraient tendus vers moi, je serais accourue pour le consoler et il m'aurait aimée... Maintenant, plus d'espoir, plus rien, tout est fini, fini! Ses yeux sont fermés pour toujours, il ne peut plus m'entendre, ses lèvres froides ne sentent plus la chaleur de mes baisers... Il est mort!... Tué... égorgé... par qui? Oh! que de choses épouvantables sur la terre! Mais pourquoi donc la foudre du ciel n'a-t-elle pas broyé l'assassin, le monstre, afin de l'empêcher de commettre ce crime sans nom! Quoi? Dieu a permis cela! Qu'est-ce donc que Dieu? Si c'est là sa justice, Dieu épouvante le monde!

Dans l'exaltation de sa douleur, elle aurait pu parler longtemps encore, si le commissaire de police n'eût pas jugé que le moment de l'interroger était venu.

Ramoneau, le visage livide, apparut entre deux agents. (Page 397.)

— Madame, lui dit-il, je comprends votre douleur, si légitime, et je tiens à la respecter. Mais je vous prie de reprendre autant que possible votre calme, afin de pouvoir répondre aux questions que je suis obligé de vous adresser.

Louise se tourna vers lui en essuyant ses yeux.

— Je vous écoute, monsieur, dit-elle.

— Veuillez vous approcher. Voilà une chaise, asseyez-vous.

Louise s'avança et se laissa tomber sur le siège en face du magistrat.

— Comment vous appelez-vous ? lui demanda-t-il.
— Louise Verdier.
— Vous demeurez ?
— A l'hôtel de Lucerolle.
— Vous êtes domestique ?
— Oui, monsieur.
— Il y a longtemps que vous êtes au service de la famille de Lucerolle ?
— Plus de vingt ans.
— Ce malheureux qui vient d'être assassiné est votre fils ?
— C'est mon fils.
— Où est-il né ?
— A Paris.
— Êtes-vous mariée ?
— Malheureusement, répondit-elle en faisant entendre un gémissement.
— Votre fils savait-il que vous étiez sa mère ?
— Depuis quelques jours seulement.
— Se nomme-t-il réellement Charles Cholet ?
— Ce nom n'est pas le sien.
— Pourquoi se l'est-il donné ?
— Je l'ignore.
— Alors il se nomme Verdier ?
— Il n'a jamais porté ce nom, monsieur, qui était celui de mon père.
— Je comprends : vous êtes née Louise Verdier ?
— Oui, monsieur.

— D'après ce qui s'est passé ici tout à l'heure, nous savons que votre fils portait un nom et un titre qui ne lui appartenaient point. Il y a là un secret, probablement un crime.

— Oui, un crime, mais ce crime n'est pas le mien, c'est celui d'un autre.

— Je ne veux pas m'immiscer dans cette affaire ; c'est la famille de Lucerolle qui a le droit de vous demander compte de votre conduite ; je lui laisse le soin d'éclaircir ce mystère si elle le juge nécessaire. La mission que je remplis ici est des plus pénibles, car à peine une difficulté a-t-elle disparu qu'il en surgit de nouvelles. Il existe des faits antérieurs d'une extrême gravité, qu'il serait sans doute important de connaître ; mais la nature même de ces faits me conseille

tre prudent et de procéder avec une sage réserve. Je ne toucherai pas au voile
í les couvre, par respect pour la famille de Lucerolle.

— Ah! vous avez compris, monsieur le commissaire, merci.

— Oui, j'ai compris et j'ai deviné bien des choses ; c'est pour cela que je ne
ux m'occuper ici que de la victime et de son meurtrier. Établissons d'abord
lentité de la victime. Sous quel nom a-t-elle été inscrite sur les registres de
tat civil?

— Sous le nom de Louis Ricard.

Le commissaire de police fit un mouvement de surprise.

— Louis Ricard, répéta-t-il ; Ricard est le nom de votre mari, de son père?

— Oui, monsieur.

— Oh! c'est étrange... Ces jours derniers un assassinat a été commis rue de
lle ; l'assassin se nomme aussi Ricard, Pierre Ricard, si je ne me trompe point.
est un jeune homme ; il a été arrêté.

— Oui, monsieur le commissaire, on a arrêté un jeune homme qui n'est
int Pierre Ricard, l'assassin du concierge de la rue de Lille.

— Comment, vous savez?...

— Je sais qu'on a arrêté un innocent. Aujourd'hui, à midi, j'étais dans le
binet de M. le juge d'instruction et je lui fournissais la preuve de son innocence.
 ce moment, les portes de la prison se sont ouvertes devant ce jeune homme,
cusé par erreur d'un crime horrible qu'un autre a commis.

— S'il en est ainsi, vous connaissez l'auteur de l'assassinat de la rue de Lille?

— Oui, je le connais.

— Et il se nomme Pierre Ricard?

— Oui.

— Voyons, achevez de m'éclairer. Votre fils se nommait Louis Ricard?

— Je vous l'ai dit.

— Alors ce n'est pas lui qui a commis le crime de la rue de Lille?

— Oh! vous n'avez pas fait cette affreuse supposition? s'écria Louise d'un
n douloureux.

Et elle cacha sa figure dans ses mains.

— J'avoue que cette pensée m'est venue, reprit le commissaire de police
vec émotion. Mais, mieux inspiré maintenant, je ne crois pas me tromper en
sant que Pierre Ricard, l'assassin du concierge Fabrice, est votre mari.

Louise répondit par un gémissement.

— Pauvre femme! murmura le magistrat.

Après un moment de silence il reprit :

— Vous venez de me fournir un renseignement qui aura sa place dans l'enquête ; mais c'est du crime qui a été commis ici que je dois m'occuper avant tout. Pouvez-vous m'apprendre pourquoi votre fils avait loué cette chambre ?

— Il fallait qu'il se logeât quelque part, lorsque je lui ai ordonné de quitter pour toujours l'hôtel de Lucerolle.

— Connaissait-il le nom de son père ?

— Oui ; et je ne lui avais pas caché que Pierre Ricard, un ancien forçat, était un voleur et un assassin.

— Ceci m'explique pourquoi, ayant honte de reprendre son nom, il s'est donné celui de Charles Cholet. Vous saviez qu'il demeurait ici ?

— Je le savais. Du reste, il devait partir aujourd'hui même.

— Où devait-il aller ?

— Le plus loin possible de la France.

— Il avait de l'argent ?

— Je ne saurais dire la somme au juste ; mais ce matin je suis venue ici et je lui ai remis, en billets de banque, quarante mille francs.

— On a trouvé cette somme sur l'assassin, plus de l'or dans une bourse. Il est parfaitement démontré, maintenant, que le meurtre a eu pour cause le vol. Il nous reste à découvrir le nom de l'assassin, qui refuse absolument de répondre aux questions qu'on lui adresse, et de dire comment il a pu savoir que vous aviez remis ce matin à votre fils une somme de quarante mille francs. Pouvez-vous me donner quelques renseignements à ce sujet ?

Louise tressaillit.

— Non, répondit-elle visiblement troublée, non, je ne sais rien.

— Elle ment, se dit le commissaire de police ; elle sait quelque chose. Pourquoi ne parle-t-elle pas ?

Il arrêta sur elle un regard sévère. Elle baissa les yeux.

— Louise Verdier, dit-il d'un ton grave, votre embarras n'est pas naturel ; jusqu'à présent vous avez répondu à mes questions comme vous deviez le faire, pourquoi changez-vous d'attitude ? Votre devoir est de ne rien cacher, vous devez dire tout ce que vous savez. Devant moi, qui vous parle au nom de la loi et de la justice, devant le cadavre de votre enfant, je vous ordonne de parler et de dire la vérité.

— Mais que voulez-vous donc que je vous dise ? s'écria-t-elle d'une voix frémissante.

— Tout ce que vous savez.

— J'ai tout dit à M. le juge d'instruction.

— Je ne doute pas que vous n'ayez fait à M. le juge d'instruction d'importantes révélations ; mais elle ne pouvaient concerner le meurtre qui a été commis ici à une heure de l'après-midi. Louise Verdier, continua-t-il en se levant et n lui posant la main sur l'épaule, vous connaissez l'assassin de votre fils !

Elle se dressa d'un seul mouvement, comme poussée par un ressort.

— Eh bien ! oui, s'écria-t-elle avec égarement, oui, je le connais !

Le commissaire de police ne put retenir un cri de joie.

— Son nom, son nom? demanda-t-il.

— On l'appelle Ramoneau, répondit-elle d'une voix presque éteinte, en retombant sur son siège.

Le magistrat se disposait à lui adresser de nouvelles questions.

Tout à coup on entendit pousser de grands cris dans la rue, et presque aussitôt un bruit de pas lourds retentit dans l'escalier.

Un gardien de la paix entra dans la chambre.

— Monsieur le commissaire de police, dit-il, on amène l'assassin.

En entendant ces mots, Louise bondit de nouveau sur ses jambes ; elle avança de quelques pas et s'arrêta au milieu de la chambre, faisant face à la porte.

Une sorte de tremblement nerveux secouait ses membres. Sa physionomie avait pris une expression terrible. Le front haut, les lèvres crispées, le regard rempli d'éclairs et le sein agité, elle attendit.

Le commissaire de police la regardait avec autant de surprise que de curiosité. C'était comme une transformation qui venait de se faire sous ses yeux.

Les agents qui gardaient la porte s'effacèrent et Ramoneau, le visage livide couvert de taches violacées, verdâtres, apparut entre deux autres agents, qui tenaient chacun un de ses bras.

A la vue de sa femme, il fit un mouvement brusque en arrière.

Les agents purent supposer qu'il cherchait à s'échapper ; ils le poussèrent violemment, et il se trouva à deux pas de Louise, sous la flamme de son regard.

Les agents le tenaient toujours.

— Lâchez-le, dit le commissaire de police.

Les agents s'écartèrent, ayant toujours l'œil sur l'assassin. Ramoneau ne songeait pas à s'enfuir. Il resta immobile. Il était terrifié.

XXXI

LE COUTEAU DE RAMONEAU

Il y eut un moment de sombre silence. Qu'allait-il se passer ? Le commissaire de police attendit ; il sentait pénétrer en lui une sorte d'anxiété ; il avait le pressentiment de quelque chose de terrible.

Enfin, d'une voix sifflante, Louise jeta ces mots à son mari :

— Assassin ! assassin !

Ramoneau promena autour de lui son regard farouche.

— Pourquoi m'a-t-on amené ici ? demanda-t-il d'une voix creuse en s'adressant au commissaire de police. J'ai tué, je ne nie pas. Je me suis laissé prendre ; tant pis pour moi. Je sais ce qui m'attend...

— La guillotine, prononça Louise sourdement.

— Je ne veux pas rester ici, reprit Ramoneau en frissonnant ; qu'on m'emmène. Vous n'avez pas besoin de m'interroger, je ne dirai rien, je ne répondrai pas.

— Maudit, je parlerai pour toi ! s'écria Louise.

Elle le prit par son vêtement et le secoua avec rage.

— Ah ! tu ne t'attendais à me trouver ici, reprit-elle ; tu trembles, tu as peur, tu as peur ! Va, ne crois pas que je sois satisfaite de me trouver en ton horrible présence. L'autre jour, quand je suis allée te trouver, dans un moment de folie et de lâche faiblesse, j'espérais bien te voir pour la dernière fois. J'étais une misérable, presque aussi infâme que toi ; oui, j'étais une misérable, une infâme, car, je ne crains pas de le dire, je voulais te soustraire à l'échafaud. Alors, seule, je connaissais tes crimes, et mon silence était coupable ; mais j'obéissais à un sentiment qui faisait taire les cris de ma conscience indignée et révoltée. Maintenant, ce sentiment n'existe plus : la corde qu'il faisait vibrer dans mon cœur est brisée. Je t'avais dit : Quitte Paris aujourd'hui, demain au plus tard. Pourquoi n'es-tu pas parti ? Pourquoi ? Parce que, pour servir d'exemple au monde, tu devais commettre un nouveau crime plus horrible, plus atroce que tous les autres. Tu ne peux échapper à la justice des hommes ; seulement le châtiment qui t'attend sera trop doux encore pour tes forfaits. Mais il y a la justice de Dieu, plus terrible que celles des hommes. Démon, démon ! tu rentreras dans l'enfer qui t'a vomi dans un jour de rage contre l'humanité !

Ramoneau se tourna vers les agents.

— Ah çà! mais cette femme est folle, dit-il, cherchant à reprendre son assu[rance]; est-ce que vous n'allez pas lui ordonner de sortir ou de se taire?

— Monsieur le commissaire de police, s'écria Louise, laissez-moi parler, je [n'ai] pas tout dit. Écoutez tous. Ah! vous allez frémir d'épouvante et d'horreur!

« Vous voyez ce misérable, vous voulez le connaître; eh bien, je vais vous [dire] qu'il est, ce qu'il a été, ce qu'il est. Ce n'est pas un homme, c'est un mons[tre] à face humaine. Il est la désolation, la haine, le malheur, le crime! Il a la [cruau]té du tigre et il est à lui seul plus féroce que toutes les bêtes féroces [ensem]ble. Dans sa jeunesse, ivrogne, brutal, paresseux, débauché, il s'est traîné [dans] toutes les fanges; tous les vices honteux se sont incarnés en lui. Un jour il [s'es]t marié. Sa femme a été la plus malheureuse de toutes les créatures, sa [fem]me a été une martyre!

« Lui, il fut ce qu'il devait être. La pente est fatale; il faut la descendre et [al]ler jusqu'au fond du gouffre béant. Malheureusement, l'ivrognerie et les pas[sion]s viles ne l'ont pas conduit à l'abrutissement, à la folie; elles ont fait de lui [la] bête fauve que voilà. Il devint voleur et il a été au bagne. C'est un forçat!... [Apr]ès avoir été un voleur, il est devenu un assassin, et sa tête tombera sous le [cou]teau du bourreau!

« Il se fait appeler Ramoneau; ce n'est pas son nom: il se nomme Pierre [Ric]ard! C'est lui qui a volé l'aveugle de la rue de Lille, c'est lui qui a assassiné [la c]oncierge. »

Pierre Ricard fit entendre un grognement sourd.

Le commissaire de police était stupéfié. Les agents échangeaient des regards [d'h]erreur.

— Pierre Ricard, reprit Louise d'une voix éclatante, là, sur ce lit, regarde, [reg]arde le cadavre de ta dernière victime!

Il tourna la tête d'un autre côté.

— Regarde, je le veux! s'écria Louise d'un ton impérieux.

— Non, non, murmura le misérable pendant qu'un frisson courait dans ses [me]mbres et glaçait son sang; qu'on m'emmène d'ici, et qu'on fasse de moi ce [qu']on voudra.

Les yeux de Louise flamboyèrent. Elle poussa une sorte de rugissement, [bon]dit sur son mari comme une panthère qui saute sur sa proie, et le poussa [de] fureur jusqu'auprès du lit.

De nouveau elle lui cria d'une voix rauque, étranglée, haletante:

— Regarde, regarde!

Le regard de l'assassin tomba sur sa victime; mais aussitôt il détourna les yeux avec épouvante.

— Ce n'est pas assez, reprit Louise avec une fureur croissante qui la rendait impitoyable, regarde encore, mais regarde donc!...

Et elle força Pierre Ricard à ramener ses yeux sur le cadavre.

— Eh bien, oui, balbutia-t-il, je l'ai tué...

— Pour lui voler ses billets de banque?

— Non, pour venger mon fils

— Ah! je comprends, je comprends! s'écria-t-elle. Quand Charles Cholet est allé te trouver rue des Rigoles, il t'a donné son adresse ici?

— Oui.

— Après l'avoir attendu vainement rue des Rigoles, tu t'es décidé à venir le trouver!

— Oui.

— Avais-tu, en venant, l'intention de l'assassiner?

Il hésitait à répondre.

— Mais réponds donc! exclama-t-elle en frappant du pied avec impatience.

— Non, mais je voulais savoir...

— Quoi?

— Le nom de l'homme qui a payé pour faire assassiner mon fils.

— Te l'a-t-il dit?

— Je ne le lui ai pas demandé.

— Tu as préféré le tuer pour lui voler son argent. Comment as-tu su qu'il avait des billets de banque?

— Ils étaient là, sur la table.

— C'est cela; en les voyant, tu n'as plus eu qu'une pensée : celle de t'en emparer.

Et, se tournant vers le magistrat :

— Monsieur le commissaire de police, dit-elle, vous êtes éclairé; ah! je savais bien que je le forcerais à parler malgré lui!

Pierre Ricard se trouvait mal à son aise si près de sa victime. Il voulut s'éloigner.

— Reste là, lui dit Louise, accompagnant ces mots d'un geste plein d'autorité.

Il s'arrêta. Il se sentait dominé.

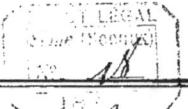

Le jeune homme s'agenouilla devant Léontine. (Page 408.)

— Assassin, reprit Louise, contemple donc ton œuvre horrible ; est-ce que tu as peur de ce malheureux enfant dont tu as fait un cadavre?... Ta main a-t-elle tremblé quand tu lui as plongé ton couteau dans la poitrine, dis, a-t-elle tremblé quand tu l'as égorgé?... Voleur! assassin!... Ah! tu ne sais pas encore combien ton dernier crime est épouvantable ; mais c'est par moi que tu vas l'apprendre !

« Pierre Ricard, continua-t-elle d'une voix terrible pendant que ses yeux lançaient des éclairs sombres, ce cadavre n'est pas celui de Charles Cholet; tu vas savoir le nom de ta victime! Écoute, écoute, monstre! Ah! ah! c'est ton fils que tu as voulu venger?... Ah! ah! tu as bien réussi!... Félicite-toi et admire ta vengeance!...

« A Jouarre, où je m'étais retirée, espérant pouvoir y vivre tranquille, loin de toi, je nourrissais deux enfants : le mien et un autre du même âge, que mon ancien maître, le docteur Gervais, m'avait confié. Ces deux enfants, que je tenais ensemble dans mes bras et qui s'endormaient chaque jour sur mon sein du sommeil des anges, ces deux enfants étaient tout mon bonheur et toutes mes joies; ils m'aidaient à porter le fardeau de ma triste existence fatalement condamnée ; ils me faisaient oublier les amertumes et les souffrances de ma jeunesse flétrie. Grâce à eux, je sentais un peu d'espoir rentrer dans mon cœur brisé, et, pour les aimer, je me rattachais à la vie. Je les aimais autant l'un que l'autre, et jamais mes lèvres ne se sont posées sur le front de mon enfant sans s'appuyer ensuite sur celui de mon autre nourrisson. Mon affection, ma tendresse et mon amour se partageaient également. Ils me consolaient, les chers petits ; ils étaient tout pour moi ; j'étais leur mère à tous les deux.

« Mais il était écrit dans le livre des destinées, continua Louise, que je ne serais jamais heureuse. Tu vins à Jouarre, Pierre Ricard... Oh! je n'ai jamais oublié cette effroyable nuit! Tu voulais me forcer à revenir à Paris, tu voulais ressaisir ta victime afin de lui faire partager ta misère, ta honte et peut-être tes vices et tes crimes. Je te répondis : Non. Alors tu conçus l'horrible pensée de me prendre mon enfant. Je me vois encore luttant contre toi pour t'empêcher de commettre ce crime infâme. Tu me frappas brutalement, lâchement, je roulai sans connaissance à tes pieds. Alors tu entras dans la chambre où dormaient les enfants. Il y avait deux berceaux, tu n'en vis qu'un seul. Tu pris l'enfant, et tu partis...

« Eh bien! Pierre Ricard, cet enfant que tu as emporté, ce n'était pas le mien, c'était l'autre! »

Le misérable la regardait avec stupeur.

Louise poursuivit d'une voix saccadée :

— Le lendemain, le soir, les parents de l'enfant vinrent le réclamer. J'aurais eu le temps de dénoncer ton crime. Pourquoi ne l'ai-je pas fait? Je n'en sais rien. Quand le père et la mère du pauvre petit me dirent : « Nous venons le chercher, nous l'emportons », je crus que j'allais mourir... Je pouvais leur dire la vérité, je n'ai pas osé; j'avais peur... Ah! de quoi avais-je peur? Mon enfant était sur mes genoux, ils l'enlevèrent de mes bras, croyant que c'était le leur. La mère le couvrait de baisers... Oh! ce qui se passa alors fut terrible pour moi ; ce souvenir me fait encore frissonner.

Elle s'interrompit un instant pour reprendre haleine, puis continua :

— Je voulus alors leur crier : « Arrêtez! cet enfant ne vous appartient pas, est à moi!... » Impossible, ma gorge était serrée, ma langue paralysée, je ne pus prononcer un mot... J'avais la tête perdue, j'étais folle... Ils emportèrent mon fils, et je me retrouvai seule en face de l'épouvantable réalité ; j'avais livré mon enfant!...

« As-tu entendu, Pierrre Ricard, as-tu entendu ? Écoute toujours : l'enfant que tu m'as volé à Jouarre était le fils du comte et de la comtesse de Lucerolle, et pendant vingt-quatre ans mon fils, le tien, misérable, a porté le nom de vicomte de Lucerolle. Et pendant tout ce temps j'ai gardé le silence, j'ai commis la faute, conséquence de ton crime, de ne pas dévoiler la vérité. Hélas! ne pouvant leur rendre leur fils que pouvais-je dire au comte et à la comtesse? Je t'avais cherché et fait chercher partout... Ah! ce n'est pas toi que je désirais retrouver ! C'est l'enfant volé que je voulais te reprendre pour le rendre à sa famille. Mes recherches furent inutiles ; tu avais disparu et je pus croire que le pauvre enfant était mort. »

Pierre Ricard avait baissé la tête ; l'œil morne et frémissant, il écoutait, laissant ses épaules se livrer à des mouvements désordonnés.

— Dernièrement, reprit Louise, quand j'avais perdu depuis longtemps tout espoir de retrouver l'enfant, je découvris qu'un jeune homme, ouvrier serrurier, qui demeurait rue Sébastien, sous le nom de Pierre Ricard, et que de pauvres ouvriers avaient adopté et élevé, était l'enfant volé par toi, abandonné par toi, le vicomte Léon de Lucerolle. Alors je n'eus qu'une pensée : réparer ton crime en rendant aux parents leur enfant et à l'enfant son nom et sa fortune.

Pierre Ricard eut un tressaillement, et ses yeux hagards errèrent autour de lui. Cependant, il ne comprenait pas encore.

— Ah! de même que tous mes déchirements, toutes mes douleurs devaient me venir de toi, continua Louise; jusqu'à la fin tu devais porter malheur au vicomte de Lucerolle.

« Un crime est commis rue de Lille. Avant de rendre le dernier soupir, Fabrice, qui a reconnu son assassin, le nomme. Ses lèvres ont seulement murmuré le nom de Pierre Ricard; il n'a pas eu le temps de désigner autrement son meurtrier. On accuse le fiancé de mademoiselle Blanchard, et ce malheureux, qui porte un nom couvert d'infamie, le nom d'un voleur et d'un assassin, qui n'est pas le sien, est arrêté et emprisonné comme étant lui même un voleur et un assassin.

« Pierre Ricard, quand je t'ai dit que tes complices avaient précipité le malheureux dans la Seine et que le lendemain matin son cadavre avait été retiré de l'eau, je te trompais ; je cherchais à faire entrer en toi l'horreur de tes crimes. Le vicomte de Lucerolle n'est pas mort, il a été sauvé !

« On a reconnu son innocence, et maintenant il est libre ; la justice est éclairée ; c'est toi qui vas être jeté dans le cachot d'où sortent les scélérats pour monter sur l'échafaud !

« Maintenant, Pierre Ricard, reprit-elle d'un ton farouche, regarde encore ce cadavre, pour la dernière fois regarde le bien.

Le misérable n'eut pas la force de lever les yeux. Louise continua :

— Ce matin, il y a quelques heures seulement, il était plein de vie. Ne pouvant plus rester en France, où il avait porté un nom qui n'était pas le sien, il allait partir. C'est à moi qu'il obéissait. Mais tu es venu, toi, et voilà ce que tu as fait de lui... Ah ! sans ce dernier crime, tu n'aurais pas suffisamment rempli ton ignoble vie !... Le reconnais-tu maintenant, Pierre Ricard ? le reconnais-tu ? Il s'est appelé vicomte de Lucerolle ; c'était un mensonge... Il s'est appelé Cholet ; encore mensonge... Ce cadavre est celui de Louis Ricard !...

— Oh ! oh ! oh ! fit le misérable sur trois tons différents.

Ses yeux s'arrondirent, son visage prit une expression effrayante ; un tremblement convulsif le secouait comme un arbre qui va tomber sous la cognée, ses dents claquaient. Il voulut parler, ses lèvres remuèrent ; ce fut un cri rauque, affreux, qui sortit de sa gorge. Alors il se ploya en deux comme s'il eût vu descendre sur sa tête un bloc de rocher.

Louise avait subitement retrouvé sa fureur.

— Monstre, monstre ! exclama-t-elle avec un accent sauvage impossible à rendre tu as assassiné ton fils !

« Ah ! continua-t-elle avec un redoublement de rage, on ne peut même pas te comparer à une bête féroce : le lion et le tigre défendent leurs petits, tandis que toi tu abandonnes ton enfant et tu le tues ! Ta soif de sang est-elle éteinte ? Non, non, il te faut encore une victime, un cadavre !... »

Par un mouvement brusque, elle s'empara du couteau qui était resté sur la table, et le mit dans la main du misérable.

— Tiens, lui cria-t-elle en lui présentant sa poitrine ; c'est mon tour, tue-moi, tue-moi !

Pierre Ricard, s'était redressé, l'œil enflammé, ayant sur ses lèvres un horrible sourire.

— Oui, encore un cadavre ! dit-il sourdement.

Il serra dans sa main le manche du couteau et allongea le bras.

Le commissaire de police, les agents s'élancèrent sur lui. Il était trop tard. Pierre Ricard avait eu le temps de s'enfoncer la lame du couteau dans la poitrine, à la place du cœur.

Ses bras battirent l'air, et il tomba en arrière, raide, foudroyé. Sa tête rebondit sur le carreau.

De toutes les poitrines s'échappa un cri d'épouvante et d'horreur.

Louise avait fermé les yeux et était tombée sur ses genoux devant le cadavre de son fils.

Le médecin s'était approché. Il se pencha sur Pierre Ricard et arracha le couteau. Le sang jaillit comme d'une source.

— Eh bien ? interrogea le commissaire de police.

— La lame a traversé le cœur, répondit-il ; il est mort !

— Mort ! répétèrent plusieurs voix.

— C'est une tête de moins pour la guillotine, dit un agent.

Louise se leva et s'avança lentement.

— Pierre Ricard s'est fait justice lui-même, dit-elle d'une voix creuse ; une fois dans sa vie il a montré un véritable courage.

Un profond silence succéda à ces paroles.

XXXII

LIBRE

Comme nous l'avons dit, voulant donner à Léontine Blanchard une preuve de son amitié, mademoiselle Ernestine de Lucerolle avait demandé à sa mère la permission d'aller voir son amie et le vieil aveugle.

La comtesse avait d'abord refusé. Mais quand Ernestine lui eut dit que, la veille, Louise lui avait appris l'arrestation de Pierre Ricard, elle ne crut plus devoir s'opposer au désir de sa fille.

Elle la conduisit elle-même rue de Lille, et, après avoir embrassé Léontine, elle se retira, en prévenant sa fille qu'elle viendrait la prendre vers quatre heures, aussitôt qu'elle aurait fait ses visites.

Il y eut entre les deux jeunes filles une de ces douces causeries intimes, où les choses les plus simples ont leur charme et leur ravissement. En recevant les caresses de mademoiselle de Lucerolle, en écoutant ses paroles d'espoir, Léontine oublia un instant sa douleur et ses cruelles angoisses. Elle sentait son cœur soulagé. Si douloureuse que fût sa situation, l'intérêt touchant dont elle était l'objet lui disait qu'elle ne pouvait, sans paraître ingrate, se montrer complètement désespérée.

Elles parlèrent longuement de Pierre Ricard.

A chaque instant, malgré elle, Léontine versait des larmes.

— Tu l'aimes donc bien? demanda mademoiselle de Lucerolle.

— Oh! oui, je l'aime!

— Ainsi, à côté de l'affection qu'on a pour ses parents, il existe un autre sentiment qui a le pouvoir de nous rendre heureuses ou malheureuses?

— Oui, Ernestine, ce sentiment existe.

— C'est l'amour. Je ne le connais pas encore, mais il m'effraie.

— Vous aimerez, Ernestine, et vous serez toujours heureuse.

— Quand je te vois si changée! avec des larmes dans les yeux, je me demande si ce n'est pas un malheur d'aimer.

— Oh! moi, fit tristement Léontine, je suis une exception. Toutes les destinées ne ressemble pas à la mienne.

— C'est vrai, tu as été cruellement éprouvée; Dieu, qui est bon, te donnera de grandes joies pour te faire oublier ce que tu as souffert.

Léontine poussa un profond soupir.

— Tu espères, n'est-pas?

— Ernestine, on espère toujours. Ah! si je n'étais pas soutenue par l'espoir, je serais déjà morte!

— Oh! que viens-tu de dire! Tu mourrais, toi, si jeune et si belle! D'ailleurs, tu ne peux pas être désespérée : ton fiancé est innocent, vous vous aimez, vous vous marierez, vous serez heureux!

— Oui, Pierre est innocent, je le crois; mais pourra-t-il le prouver?

— Louise Verdier l'affirme; nous avons une grande confiance en elle.

— Oui, elle me l'a dit aussi; malgré cela, j'ai des moments de doute. Elle est venue me voir deux fois le même jour; pourquoi n'est-elle pas revenue?

— Elle sort tous les jours, elle s'occupe de ton fiancé, elle me l'a dit.

— Mais je ne sais rien, moi, je ne sais rien!

— Louise est incapable de te tromper, de nous tromper tous. Maman est sûre qu'elle réussira. Ainsi, tu peux te rassurer. Écoute : ce soir, si elle rentre de bonne heure, je lui dirai qu'il faut absolument qu'elle aille te voir. Et elle fera cela pour moi, elle viendra.

A quatre heures et demie, la voiture de la comtesse s'arrêta devant la maison. Le valet de pied monta chez M. Blanchard pour prévenir mademoiselle de Lucerolle que sa mère l'attendait.

La conversation des deux jeunes filles fut brusquement interrompue. Elles

...mbrassèrent, et mademoiselle de Lucerolle quitta son amie, en lui promettant ...lui envoyer Louise Verdier le soir même et de revenir bientôt passer une ...ès-midi avec elle.

A la même heure, sur un ordre expédié du parquet, les portes de Mazas s'ou...ient devant Pierre Ricard, ou plutôt le vicomte de Lucerolle.

— Libre, je suis libre ! s'écria-t-il.

Il respira à pleins poumons, avec ivresse, et leva vers le ciel ses yeux irradiés ...ne reconnaissance infinie.

Après avoir jeté un regard sur le cadran de l'horloge du chemin de fer de ...on, il s'élança en courant dans la direction de la place de la Bastille.

Comme il se sentait léger ! Il lui semblait qu'il avait des ailes et que ses pieds ...touchaient pas le sol, une joie immense inondait son cœur.

En moins d'un quart d'heure il arriva chez lui.

A la vue de son cher enfant, la bonne mère Chéron faillit tomber à la ren...rse.

Nous renonçons à décrire sa joie ; c'était plus que du bonheur, c'était du ...lire. Elle riait et pleurait en même temps. Elle ne pouvait se lasser de le regar...r, de l'embrasser. A chaque instant elle lui sautait au cou ; elle était comme ...le.

— Quand je pense, lui dit-elle, qu'il y a des gens dans la maison qui ont osé ...e que tu avais commis des crimes, je sens que la colère me monte encore à la ...e. Ah ! je t'ai défendu avec énergie contre les méchants ; je leur aurais arra...é les yeux ! « Croire mon Pierre capable d'une mauvaise action, leur criais-je, ...st une infamie ! » C'est qu'ils le croyaient vraiment, les imbéciles ! Avoir douté ...Pierre, de mon fils, jamais je ne pardonnerai cela ! Tout de même, j'étais bien ...nteuse, va. Et quand je sortais, pour ne voir personne de la maison, c'est en ...issant la tête, comme ça, sur ma poitrine, que je descendais et montais l'esca...r. Maintenant, je vais prendre ma revanche ; je marcherai le front haut et je ...ur dirai leur fait, à toutes les mauvaises langues !

— Vous ne direz rien, maman Chéron, rien. Qu'importe ce qu'on a pu penser ...dire de moi ; mon arrestation autorisait les gens qui ne me connaissent pas ...mme vous à me croire coupable. Nous ne devons en vouloir à personne. Vous ...es heureuse de me revoir, n'est-ce pas ?

— Si je suis heureuse ! je le crois bien.

— Que cela vous suffise et que ce soit votre revanche, comme vous dites. Il ...t déjà tard, je vais changer de linge et m'habiller.

— Est-ce que tu vas sortir ?

— Oui.

— Quoi ! à peine arrivé tu vas me quitter !

— Vous m'avez vu, vous êtes rassurée; mais j'ai des amis qui sont inquiets comme vous l'avez été; il faut que j'aille les voir.

— M. Corbon?

— Je lui ferai certainement une visite, mais ce sera pour demain.

— Au fait, je ne sais pas pourquoi je me permets de t'interroger; tu sais mieux que moi ce que tu dois faire. Seulement, avant de sortir, tu vas dîner; avant que tu sois habillé, la table sera mise et le dîner prêt. Tu dois avoir faim.

— Non, je n'ai pas faim, répondit-il en souriant. Est-ce qu'on pense à manger quand on sort de prison? Est-ce qu'on en a le temps? Non, je n'ai pas faim, continua-t-il avec une sorte d'exaltation; ce qu'il me faut en ce moment, et je veux m'en rassasier, en être enivré, c'est le grand air, l'air pur, l'air de la liberté !

Il entra dans sa chambre, et s'habilla très vite.

Un peu avant six heures il arrivait rue de Lille.

Il voulut entrer dans la loge pour dire bonsoir à Mme Fabrice et lui adresser quelques paroles de consolation. La porte était fermée. Il monta au deuxième et sonna. La concierge, qui était en ce moment chez M. Blanchard, vint lui ouvrir.

Elle poussa un cri de surprise et de joie.

D'un bond, Léontine se dressa sur ses jambes. Elle vit son fiancé. Le saisissement lui coupa la respiration, ses yeux se fermèrent et elle retomba sur son siège à demi évanouie.

Le jeune homme se précipita dans la chambre et s'agenouilla devant Léontine. Il lui prit les mains et les couvrit de baisers.

Presque aussitôt la jeune fille rouvrit les yeux. Ses traits s'animèrent, son front s'illumina et un rayonnement divin éclaira son regard. Elle retira doucement ses mains, que le jeune homme tenait toujours, et elle lui jeta ses bras autour du cou. Des sanglots s'échappèrent de sa poitrine gonflée. En même temps elle s'inclina. Les deux têtes se touchèrent. Et l'aveugle, qui cherchait à deviner ce qui se passait près de lui, put entendre le bruit de deux baisers.

Les deux amoureux ne parlaient pas; mais comme le silence, parfois, est éloquent! Que de choses disaient leurs yeux! C'était le ravissement, l'ivresse, l'extase du bonheur !

La concierge était restée dans l'embrasure de la porte, n'osant ni entrer ni se retirer.

LES DEUX BERCEAUX 409

— Monsieur le comte, dit-elle, regardez! Voilà la tache des Lucerolles. (Page 421.)

— Mais qu'est-ce donc? demanda M. Blanchard; qu'y a-t-il?

— Grand-papa, c'est Pierre! répondit Léontine d'une voix joyeuse.

— Pierre! s'écria le vieillard en se levant brusquement, Pierre est ici, libre!...

— Oui, monsieur Blanchard, libre et heureux; oh! oui, bien heureux de vous revoir!

L'aveugle s'avançait les bras ouverts.

Les jeunes gens s'étaient levés; ils allèrent à sa rencontre. Les bras du vieillard se fermèrent sur eux et il les serra avec transport sur sa large poitrine.

— Mes enfants, mes chers enfants! murmura-t-il.

L'émotion lui coupa la parole; il se mit à pleurer.

Léontine lui prit le bras et le ramena près de son fauteuil.

Pendant ce temps, le jeune homme avait tendu silencieusement la main à Mme Fabrice.

— Ah! monsieur Pierre, lui dit-elle d'une voix presque suppliante, ne maudissez pas la mémoire de mon pauvre homme; vous savez combien il vous aimait, combien il vous était dévoué; en mourant c'est à vous qu'il a pensé... Hélas! c'est ce qui a été la cause qu'on vous a arrêté et mis en prison.

— Madame Fabrice, répondit le jeune homme d'un ton pénétré, je garderai toujours le souvenir de mon vieil ami, victime de son dévouement, car je ne veux jamais oublier qu'il fut un de ceux qui m'ont protégé et aimé dans mon enfance.

— Ah! maintenant, je suis rassurée et contente; merci, monsieur Pierre.

Elle s'en alla.

Le jeune homme revint près de Léontine et s'assit entre elle et l'aveugle.

— Comme je me sens heureux en ce moment, dit M. Blanchard; oh! c'est fini, je le sens, les mauvais jours sont passés.

— Cher père, que Dieu vous entende! répondit Léontine.

— Pierre, reprit l'aveugle, vous a-t-on dit, savez-vous que la petite fortune de ma fille a été volée?

— Oui, monsieur Blanchard, je sais cela; pourquoi m'en parler? Vous ne doutez pas de mes sentiments?

— Non, mon ami.

— Ce n'est pas, vous le savez bien, parce que Mlle Léontine avait une dot que je l'ai aimée. Ne regrettez rien, monsieur Blanchard. Je suis sûr de moi, et je vous promets encore de rendre Mlle Léontine heureuse. Avec la bonne conduite et l'amour du travail on ne craint ni la misère, ni les difficultés de la vie. Nous ne serons pas riches, mais nous nous aimerons. Le bonheur ne s'achète pas comme une marchandise, il se donne à ceux qui savent le mériter.

L'aveugle lui prit la main et la serra dans les siennes.

— Vous avez toujours raison, dit-il.

Léontine s'était penchée, et sa tête s'appuyait légèrement sur l'épaule du jeune homme.

— Pierre, lui dit-elle, vous avez dû beaucoup souffrir?

— Oui, répondit-il, j'ai horriblement souffert le jour où, ne sachant pas où l'on me conduisait, on m'a amené dans la maison pour me montrer le cadavre du pauvre Fabrice; je vous vis à la fenêtre, Léontine, et je crus que j'allais mourir de douleur. Quand on m'apprit de quels crimes j'étais accusé et que je compris qu'on pouvait, en effet, me croire coupable, ce fut pour mon cœur une torture à laquelle rien ne peut ressembler. Ah! c'est que je pensais à vous, Léontine, à vous, qui pouviez être abusée comme tout le monde, et douter de moi!

— Un instant j'ai eu l'esprit troublé, répliqua vivement la jeune fille: c'est quand j'appris, le lendemain du crime, que vous n'étiez pas rentré chez vous; mais je n'ai pas douté de vous, Pierre, je vous le jure. Non, ma confiance en vous n'a pu être ébranlée.

— Chère Léontine, ces seuls mots me font tout oublier. Du reste, je ne tardai pas à être rassuré. En sortant de la loge, je vis Louise Verdier; elle venait de causer avec vous; je devinai dans quel but elle vous avait fait une visite. Le calme me revint aussitôt et je m'armai de courage pour subir l'épreuve.

— Oui, Louise Verdier est venue nous consoler; grâce à elle, je n'ai pas été désespérée.

— Elle vous a dit que j'étais faussement accusé?

— Oui. Mais puisqu'elle avait la preuve de votre innocence, pourquoi ne l'a-t-elle pas donnée immédiatement? Et vous-même, Pierre, pourquoi, innocent, vous êtes-vous laissé arrêter?

— Je ne pouvais détruire la fausse accusation portée contre moi qu'en disant où et comment j'avais passé la nuit. Or, Louise Verdier m'avait défendu de parler et je lui avais juré de garder le silence.

— Pourquoi ce serment?

— C'est un des secrets de Louise Verdier, et je ne le connais pas encore. Ainsi, elle ne vous a pas dit ce qui m'était arrivé la nuit du crime?

— Nous ne savons rien.

— Et malgré les apparences, qui semblaient justifier l'accusation portée contre moi, vous avez repoussé l'idée que je pouvais être coupable?

— Pierre, si j'eusse douté de vous, c'est que je ne vous aurais plus aimé.

— Léontine, ma bien-aimée, s'écria-t-il avec passion, vous ne savez pas combien je suis heureux et fier d'avoir su vous inspirer une pareille confiance! Ah! je n'aurai pas assez de mon amour et du dévouement de ma vie entière pour vous prouver ma reconnaissance! Vous n'êtes pas seulement la meilleure, la plus vertueuse et la plus belle de toutes les créatures de Dieu, vous êtes la plus digne d'être aimée et adorée!

En parlant, il l'avait entourée de ses bras, il la serrait contre son cœur.

— Vous vous embrassez, dit l'aveugle... Oh! embrassez-vous, aimez-vous, mes enfants! Je n'ai plus qu'un regret, celui de ne pas avoir des yeux pour vous voir et vous admirer.

Après un moment de silence, le jeune homme reprit :

— Tout à l'heure je vous disais que Louise Verdier avait des secrets. Elle en possède un qui est pour moi de la plus haute importance ; elle m'a dit que mon père et ma mère existaient encore.

— Votre mère, s'écria Léontine, oh! quelle joie pour nous!

— Ce n'est pas tout, reprit-il, Louise Verdier m'a dit aussi que je n'étais pas le fils de Pierre Ricard.

La jeune fille et l'aveugle poussèrent en même temps une exclamation de surprise.

— Je ne sais pas encore qui sont mes parents, continua le jeune homme, ni pourquoi ni comment j'ai été enlevé à ma famille, probablement par Pierre Ricard, qui m'a abandonné ensuite comme vous le savez. « Vous aviez onze mois, m'a dit Louise Verdier, lorsque vous avez été victime d'un crime. » J'ai une confiance entière en cette femme, qui a fait, je le sais, des démarches pour me faire mettre en liberté. Elle m'a promis de me faire connaître mes parents, et je ne doute pas qu'elle m'apprenne bientôt le mystère de ma naissance.

— Tout cela est bien extraordinaire, murmura l'aveugle.

— Oui, bien extraordinaire, répéta Léontine.

— Qui sont mes parents? Bien des fois je me suis fait cette question. Des ouvriers, sans doute. Peut-être sont-ils pauvres, malheureux... Ah! quels qu'ils soient, s'ils sont heureux de me retrouver, je les aimerai, je les vénérerai!

— Pierre, pourquoi ne dites-vous pas nous les aimerons?

— Si le mot n'a pas été sur mes lèvres, il était dans ma pensée, Léontine; je sais que nous ne pouvons plus aimer qu'ensemble.

Un regard rayonnant d'amour le remercia.

— Maintenant, reprit-il, que je n'ai plus, je crois, de raisons de garder le silence que Louise Verdier m'avait imposé, je vais vous raconter dans quelle circonstance nous nous sommes rencontrés ; vous apprendrez en même temps ce qui m'a empêché de rentrer chez moi la nuit du crime et l'effroyable danger auquel j'ai échappé par miracle.

— Un danger! s'écria la jeune fille avec effroi.

— Oui. Comme je traversais la Seine, sur le pont des Arts, deux individus se sont jetés sur moi et m'ont précipité dans le fleuve.

— Oh! fit M. Blanchard.

Léontine devint très pâle

Le jeune homme allait commencer son récit, lorsqu'un coup de sonnette retentit.

Ils tressaillirent tous les trois.

Cependant, Léontine se leva et courut ouvrir.

— Mme Louise Verdier! s'écria-t-elle.

Louise traversa l'entrée, fit trois pas dans la salle à manger et s'arrêta.

Le jeune homme poussa un cri de joie, se leva précipitamment et vint à elle, la main tendue.

Les bras de Louise restèrent pendants à ses côtés.

— Mon Dieu, qu'avez-vous? s'écria le jeune homme en voyant sa pâleur, ses traits décomposés, ses yeux secs qui brillaient d'un éclat fiévreux.

— Rien qui doive vous inquiéter, monsieur, répondit-elle tristement; je viens de voir, sous mes yeux, les signes terribles et éclatants de la justice de Dieu!

Elle se tourna vers la jeune fille.

— Mademoiselle, reprit-elle, je vous demande pardon de venir vous déranger en ce moment où vous êtes toute au bonheur de revoir votre fiancé; mais une nécessité impérieuse m'y oblige.

— Mon Dieu, pourquoi me parlez-vous ainsi? répliqua la jeune fille étonnée: est-ce que vous n'êtes pas notre amie?

— Non, non, je ne puis être votre amie. Mais ce n'est pas de moi qu'il s'agit. Je savais que votre fiancé sortirait ce soir de sa prison, et je suis venue avec la certitude de le trouver ici.

« Monsieur, continua-t-elle d'un ton respectueux en s'adressant au jeune homme, je vous ai dit que je vous conduirais devant votre père et votre mère; l'heure de tenir ma promesse est venue; je viens vous chercher pour vous rendre à votre famille; venez, monsieur, venez!...

XXXIII

LE PARDON

Le comte de Lucerolle était rentré chez lui, accompagné du docteur Gervais. Celui-ci n'avait point voulu quitter le comte dans l'état de surexcitation où il se trouvait en sortant de la maison de la rue de la Goutte-d'Or.

Avec de bonnes paroles, en employant toutes les ressources d'une éloquence qu'un grand cœur peut trouver dans une circonstance semblable, le docteur était parvenu, non sans peine, à calmer un peu l'agitation de M. de Lucerolle.

Ils se trouvaient en présence d'un fait inouï : sous le nom de Charles Cholet, un jeune homme venait d'être assassiné ; et ce jeune homme, qui depuis vingt-quatre ans portait le nom de Lucerolle, était le fils de Louise Verdier. Qu'était donc devenu le fils du comte et de la comtesse?

M. de Lucerolle, se souvenant que sa femme lui avait dit la veille que l'enfant de Louise était mort quelques mois après sa naissance, répondait à cette question par ces mots :

— Ce n'est pas son enfant, mais le nôtre qui est mort, et par suite d'un calcul odieux et infâme, elle lui a substitué son fils.

Évidemment, la substitution avait existé ; mais le docteur Gervais se refusait à admettre qu'elle eût été préméditée et accomplie par Louise dans le but de donner à son fils une fortune et un grand nom.

— Non, disait-il, non, Louise n'a pas commis ce crime.

D'un autre côté, il ne croyait pas que le fils du comte fût mort.

— Dans ce cas. Louise m'aurait averti. Du reste, ajouta-t-il, même en admettant la mort de votre fils, monsieur le comte. Louise ne pouvait songer à en tirer profit pour le sien, puisqu'elle ignorait absolument le secret de sa naissance. Certes, la conduite de Louise est inexplicable, et nous avons le droit l'un et l'autre, de lui demander des explications qu'elle a, d'ailleurs, promis de vous donner.

Nous avons épuisé à peu près toutes les hypothèses ; attendons que Louise Verdier vienne nous dévoiler ce mystère.

— Viendra-t-elle, la malheureuse?

— Je n'en doute pas. Dans tous les cas, nous saurions facilement la retrouver.

Ils causaient depuis une demi-heure, lorsque la comtesse rentra avec sa fille. Elles ne savaient rien encore. Le docteur se leva et les salua avec respect.

— C'est monsieur le docteur Gervais, s'écria la comtesse en lui tendant la main : ah! je ne m'attendais pas au plaisir de vous voir!

Pendant ce temps, Ernestine s'était avancée vers le comte pour l'embrasser. Aussitôt elle poussa un cri d'effroi.

— Mon Dieu, comme vous êtes pâle! dit-elle d'une voix tremblante : mon père, qu'avez-vous?

Le comte la prit dans ses bras et la serra contre son cœur.

La comtesse s'était vivement approchée.

— C'est vrai, dit-elle avec agitation, tu as la figure bouleversée, M. Gervais lui-même paraît consterné; qu'y a-t-il? quel malheur nous est donc arrivé? Adolphe, je t'en supplie, réponds-moi!

— Il le faut, dit le comte; que ce soit en ce moment ou un peu plus tard, vous devez savoir... Mathilde, Ernestine, ce que vous allez apprendre est terrible.

— Ah! je savais bien qu'un grand malheur allait nous frapper! s'écria la jeune fille.

Et elle se jeta au cou de sa mère en pleurant.

La comtesse l'entraîna près d'un canapé sur lequel elles s'affaissèrent en se tenant enlacées.

Alors le comte raconta rapidement comment il avait appris par un ouvrier qui venait prévenir Louise Verdier, qu'un assassinat venait d'être commis rue de la Goutte-d'Or, comment, ne doutant pas que la victime ne fût le vicomte de Lucerolle, il s'était rendu rue de la Goutte-d'Or, accompagné du docteur et enfin ce qui s'était passé en présence du cadavre.

La comtesse avait écouté en frissonnant, sans interrompre une seule fois son mari. A ce moment du récit où le docteur Gervais, constatant l'absence de la tache rouge, avait déclaré que la victime n'était pas l'enfant confié par lui à Louise Verdier, elle s'était levée brusquement, avait fait quelques pas dans le salon, et s'était appuyée contre le marbre de la cheminée.

Le comte cessa de parler.

La tête inclinée sur sa poitrine, une main appuyée sur son cœur, l'autre pendante, la comtesse réfléchissait, absorbée dans ses pensées.

Ernestine s'était agenouillée et pleurait, la figure dans ses mains.

Au bout d'un instant, M. de Lucerolle s'inquiéta du silence et de l'immobilité de la comtesse.

— Mathilde, prononça-t-il d'une voix anxieuse, tu as entendu, et tu ne dis rien! Ah! comme moi, tu dois penser que Louise Verdier est une misérable, une infâme! Quand elle t'a dit que son fils était mort, elle mentait avec effronterie! C'est le nôtre qui est mort, le nôtre!...

La comtesse releva la tête.

— Si ce que pense le comte de Lucerolle était vrai, dit-elle d'une voix lente et grave, Louise Verdier serait, en effet, une misérable et une infâme. Mais, si étrange et si incompréhensible que nous paraisse sa conduite, j'entends une voix intérieure qui me crie : « Ne la condamne pas avant de l'avoir entendue! » Tu me regardes et tu t'étonnes, peut-être, de ne pas me voir désolée et désespérée... C'est que la même voix dont je viens de parler me crie encore : « Espère, espère! »

— A la place de notre fils, Louise Verdier nous a donné le sien, voilà le fait! exclama le comte.

— C'est vrai.

— Ah!... Et tu cherches à l'excuser!

— Je n'en sais rien. Mais je ne dois pas oublier les services qu'elle nous a rendus et je veux lui tenir compte de son dévouement.

— Le rôle que Louise Verdier a joué ne s'explique que trop : elle nous a indignement trompés tous. Mathilde, j'admire ta générosité, mais tu devrais te défier de ton cœur.

— Où est Louise? s'écria la comtesse, où est-elle?

— Nous l'avons laissée près du cadavre de son fils.

La comtesse s'élança vers M. Gervais.

— Docteur, lui dit-elle, vous avez connu Louise Verdier quand elle était jeune fille?

— Oui, à son arrivée à Paris; elle avait à peine dix-sept ans.

— Vous aviez confiance en elle, puisque vous l'avez choisie pour être la nourrice de mon enfant.

— Une confiance entière, madame la comtesse.

— La pauvre fille avait commis une faute.

— Dont elle s'est amèrement repentie; malgré les conseils de ma femme et les miens, elle s'est mariée.

— Mariée! fit la comtesse avec surprise; Louise est mariée?

— Comment! vous ne le savez pas?

— Elle ne m'a jamais parlé de cela.

LES DEUX BERCEAUX 417

La porte fut enfoncée et les voleurs surpris firent mine de vouloir se défendre. (Page 425.)

— Eh bien! Mathilde, dit le comte, t'a-t-elle assez menti?

— Attends, mon ami, attends, répondit la comtesse en proie à un trouble extraordinaire! Ah! je crois comprendre... Docteur, reprit-elle d'une voix vibrante en lui saisissant le bras, avez-vous vu le mari de Louise Verdier?

— Je l'ai vu une ou deux fois; c'était, autant qu'il m'en souvienne, un assez beau garçon; il avait une certaine instruction et maniait facilement la parole.

Louise se laissa tromper par ces dehors séduisants. Mais elle ne tarda pas à découvrir que son mari était un mauvais sujet, un gredin de la pire espèce. Au bout d'un an et quelques mois de mariage, étant enceinte, elle fut forcée de le quitter.

— Docteur, cet homme s'appelait !...

— Pierre Ricard.

— Pierre Ricard ! s'écria le comte en se dressant sur ses jambes.

— Pierre Ricard ! répéta la voix d'Ernestine.

Le visage de la comtesse s'éclaira et parut resplendir. Elle se précipita dans les bras de son mari en criant :

— Notre fils existe !

— Mathilde, que veux-tu dire ? Explique-toi !

— Oui, répondit-elle avec exaltation, notre fils existe ; je le connais, je l'ai vu... Ce jeune homme, qui aime mademoiselle Blanchard, qui a été arrêté comme coupable d'un crime horrible... Oh ! mais il est innocent, il est victime d'une monstrueuse erreur, j'en suis sûre...

— Eh bien ? eh bien ? l'interrogea avidement le comte.

— Eh bien ! ce jeune homme ne s'appelle pas Pierre Ricard ; c'est notre fils, c'est le vicomte de Lucerolle !

— Grand Dieu, est-ce possible ?

— Il te ressemble d'une manière frappante. Ah ! je m'explique maintenant la véritable cause de mon saisissement, de mon trouble lorsque je l'ai rencontré... Depuis, à quoi ai-je pensé ? A des choses folles... Et aux battements de mon cœur je n'ai pas deviné que ce jeune homme était mon fils !

— Mathilde, prends garde ! si tu te trompais !...

— Va, n'aie pas cette crainte ; ma pensée est éclairée, et je sens se réveiller dans mon cœur des transports de tendresse et d'amour !

Mais, continua-t-elle en marchant la main tendue vers le cordon d'une sonnette, il faut envoyer chercher Louise ; les instants sont précieux, il faut qu'elle vienne et qu'elle nous dise...

Une porte du salon, qui s'ouvrit tout à coup devant elle, l'empêcha d'achever sa phrase.

Joseph entra et dit :

— Louise Verdier fait demander à monsieur le comte et à madame la comtesse s'ils veulent la recevoir.

Madame de Lucerolle bondit vers la porte en criant :

— Louise, Louise, venez!

La veuve de Pierre Ricard entra, baissant la tête.

Elle s'avança jusqu'au milieu du salon. Puis, les mains jointes, elle tomba à genoux, en disant d'une voix suppliante :

— Monsieur le comte, madame la comtesse, pardonnez-moi !

— Avant de vous accorder le pardon que vous nous demandez, dit le comte avec sévérité, il faut que nous sachions si vous le méritez.

— Monsieur le comte, répondit-elle d'un ton douloureux, je ne veux rien vous cacher. Quand vous saurez combien j'ai souffert, comme j'ai été malheureuse, vous me jugerez... Oh! j'ai mérité votre colère, peut-être votre mépris; mais ne me repoussez pas avant de m'avoir entendue. Quand j'aurai parlé, si vous me trouvez indigne de votre clémence, vous me chasserez comme une misérable.

— Parlez donc, dit le comte.

— Louise, relevez-vous, dit la comtesse.

— Merci, madame la comtesse; mais c'est à genoux devant vous que je veux parler. Monsieur le comte, madame la comtesse, veuillez vous rappeler ce qui s'est passé à Jouarre, dans ma petite maison, au moment où vous êtes venus me réclamer votre fils.

— Nous ne l'avons pas oublié.

— Ne vous connaissant pas, je vous regardai d'abord avec surprise, et quand vous m'eûtes dit que vous étiez le père et la mère de l'enfant que le docteur Gervais m'avait confié, que vous alliez l'emporter, je sentis que tout se brisait en moi. C'était une de ces douleurs affreuses qui frappent en même temps le corps, l'âme, le cœur, la raison.

Je tenais un enfant dans mes bras, madame la comtesse me le prit, presque de force, et se mit aussitôt à le couvrir de baisers.

« Alors je perdis complètement la tête. Cet enfant était le mien.

— Où était le nôtre? demanda le comte.

— La nuit précédente, Pierre Ricard, mon mari, que je n'avais pas vu depuis plus d'un an, était venu à Jouarre. Pour rendre mon malheur complet, pour me frapper au cœur, il eut l'horrible pensée de me prendre mon enfant... Ah! il aurait mieux fait de me tuer, le misérable!... Les deux enfants dormaient chacun dans son berceau; il n'en vit qu'un, celui qu'il emporta... C'est votre enfant, c'est votre fils qu'il m'avait volé!... Voilà ce que j'aurais dû vous dire. J'en avais peut-être la volonté; mais je n'ai pas eu la force de parler, le courage m'a manqué...

— Ah! je comprends, s'écria la comtesse, je comprends tout maintenant!

Louise, reprit-elle d'une voix frémissante, savez-vous ce que Pierre Ricard a fait de notre enfant?

— Il l'a abandonné, l'infâme... Mais vous connaissez l'histoire de votre fils, madame la comtesse; dernièrement, dans votre chambre, mademoiselle Léontine Blanchard vous l'a racontée.

La comtesse se redressa les yeux étincelants.

— C'est lui! exclama-t-elle; ah! Dieu soit loué!

— Oui, madame la comtesse, reprit Louise, celui qui portait le nom maudit de Pierre Ricard est le vicomte de Lucerolle. J'ignorais ce que votre fils était devenu; je l'avais cherché vainement pendant des années afin de vous le rendre. Mon mari avait disparu, je ne pouvais rien savoir. C'est le récit que vous a fait mademoiselle Blanchard et que j'ai entendu, sans le vouloir, qui me l'a fait retrouver, alors que je n'avais plus aucun espoir.

— Louise, relevez-vous, dit la comtesse; vous nous apprendrez dans un autre moment pourquoi vous avez gardé un si long silence. Quel qu'ait été le mobile de votre conduite, Louise, dès à présent la comtesse de Lucerolle vous pardonne.

— Oh! madame la comtesse...

— Mais nous avons en ce moment d'autres sujets de préoccupation, mon cœur est plein d'angoisses; Louise, parlez-nous de notre fils; depuis quatre jours, qu'avez-vous fait pour lui?

— L'assassin de Fabrice se nomme Pierre Ricard, répondit Louise en se relevant; j'ai donné au juge d'instruction la preuve qu'on avait arrêté un innocent, et le fils de monsieur le comte et de madame la comtesse a été mis en liberté.

— Louise, où est mon fils? s'écria la comtesse.

Louise s'élança hors du salon, et reparut presque aussitôt, tenant par la main le vicomte de Lucerolle.

— Monsieur le comte, madame la comtesse, dit-elle d'un ton solennel, voici M. le vicomte Léon de Lucerolle.

Le jeune homme tressaillit et jeta autour de lui des regards éperdus.

— Mon fils! s'écrièrent en même temps M. et madame de Lucerolle.

Le jeune homme avait pâli; il suffoquait; ses jambes ployèrent sous le poids de son corps; il chancela comme s'il allait tomber. En le soutenant, Louise le poussa doucement vers la comtesse.

Soudain ses traits s'animèrent, une joie indicible brilla dans ses yeux, un cri s'échappa de sa poitrine oppressée, et il tomba dans les bras de madame de Lucerolle, qui l'étreignit fortement.

— Ma mère, ma mère! murmura-t-il d'une voix éteinte.

La comtesse sanglotait.

Le comte s'était approché. Il les regardait avec bonheur.

— Oh! oui, c'est bien mon frère! se disait Ernestine.

A son tour le comte embrassa son fils.

— Mon ami, vois donc comme il te ressemble! s'écria la comtesse enivrée, [iv]re de bonheur.

— Je reconnais mon sang répondit le comte.

Louise, qui était restée à l'entrée du salon, s'élança vers le jeune homme.

— Monsieur le comte, dit-elle en découvrant elle-même la poitrine du comte, regardez... Et vous aussi, M. Gervais, *regardez... Voilà la tache des [Lu]cerolle !*

— Oui, dit le comte, c'est la tache rouge des Lucerolle. Mon fils, continua-t-il [av]ec émotion, cette marque que vous portez sur la poitrine se transmet dans [no]tre famille avec le courage, l'honneur, l'amour du bien et toutes les grandes [v]ertus; je suis sûr d'avance que vous serez digne du nom que vous allez porter.

Le jeune homme répondit :

— Je demanderai à mon noble père de me montrer le chemin qu'il faut suivre, [et], guidé par ses conseils, ayant sous les yeux l'exemple de sa vie, je marcherai [sa]ns hésitation. Pour vous, mon père, pour vous, ma mère, mon cœur est déjà [re]mpli de respect et d'amour. Ah! je saurai mériter votre affection, je vous le [ju]re; inspiré par vous, je pourrai, je l'espère, répondre à ce que vous attendez [de] moi.

— Ah! il parle déjà comme un Lucerolle! s'écria la comtesse avec enthou[s]iasme.

— Ma mère, répliqua le jeune homme avec une sorte d'orgueil, j'en ai la mar[q]ue sur le sein; c'est le cœur que vous m'avez donné qui bat dans ma poitrine; [c']est le sang de mon père qui coule dans mes veines!

— Louise, dit M. de Lucerolle en se tournant vers elle, je me souviens de vos [p]aroles de l'autre jour. Vous m'avez dit :

« — Quand votre fils paraîtra devant vous, vos bras s'ouvriront, et vous em[b]rasserez un fils digne de vous et digne du nom qu'il porte. Je ne pouvais com[p]rendre alors le sens de vos paroles; vous m'avez dit la vérité. »

Et ouvrant ses bras :

— Venez, mon fils, ajouta-t-il, venez, que je vous embrasse encore!

Ensuite, se tournant vers Louise, il reprit :

— Je ne veux pas me souvenir du passé ; vous avez le pardon de madame la comtesse : comme elle, Louise, le comte de Lucerolle vous pardonne.

— Ah ! merci, monsieur le comte, merci ! s'écria-t-elle avec un accent plein de reconnaissance.

— Mon père, dit le vicomte, je ne sais pas ce que vous pouvez avoir à reprocher à Louise Verdier ; mais je n'oublierai jamais ce qu'elle a fait pour moi ; j'ai contracté envers elle une dette sacrée, et Louise...

— Ne dites rien devant moi, monsieur le vicomte, l'interrompit-elle. Monsieur le comte, madame la comtesse, je vous demande la permission de me retirer.

— Louise, répondit vivement madame de Lucerolle, que signifient ces paroles? Est-ce que vous ne restez pas à l'hôtel ? Où voulez-vous aller?

— Où mon devoir m'appelle, madame la comtesse ; je suis mère aussi !... je retourne rue de la Goutte-d'Or, où il y a maintenant deux cadavres.

— Deux cadavres !

— Oui, celui de mon fils et celui de mon mari. Chassé par moi de votre maison, mon fils allait quitter la France. Je lui avais donné les quarante mille francs que monsieur le comte a bien voulu me prêter. Pour lui voler ces quarante mille francs, Pierre Ricard, sans le connaître, a assassiné son fils et s'est tué lui-même, il y a une heure, devant le cadavre de sa victime.

— Oh ! pauvre femme ! murmura la comtesse.

Derrière elle, la voix du docteur Gervais répéta :

— Pauvre femme !

XXXIV

LES CRAVATES BLEUES

Louise était partie, laissant dans le salon ses maîtres et le docteur Gervais frissonnant d'horreur.

— Si grande que soit sa faute, dit le docteur, elle l'expie cruellement aujourd'hui.

— Tout cela devait arriver, répliqua M. de Lucerolle.

— Vous êtes fataliste, monsieur le comte?

Je le crois. Mais éloignons notre pensée de ces choses lugubres. Docteur, vous gardons toute la soirée.

— Oui, oui, dit vivement la comtesse, nous gardons M. Gervais.

À ce moment, Ernestine, qui était restée à l'écart, s'approcha de sa mère et dit d'une voix adorable :

— On m'oublie, moi; mais je ne peux pas être jalouse, je suis si heureuse!

— Ah! ma fille, ma fille! s'écria la comtesse, c'est vrai, nous t'oublions, mon trésor... Mon fils, c'est Ernestine, votre sœur; ah! mes chers enfants, embrassez-vous!

La jeune fille tendit ses joues à son frère.

— Nous n'avons plus rien à demander, plus rien à désirer, dit la comtesse à son mari.

— Plus rien que le bonheur de nos enfants.

— Cher père, répondit Ernestine, vos enfants seront heureux, car il vous ont toujours. Le bonheur et la joie étaient sortis de notre maison, ils viennent d'y rentrer. Mon frère, continua-t-elle, je vous aimerai comme une bonne sœur; vous me donnerez aussi une place dans votre cœur, n'est-ce pas? Léontine Blanchard a dû vous parler de moi et vous dire que je suis son amie. Vous vous aimez; j'en suis bien heureuse, et mon bonheur sera plus grand encore quand Léontine sera ma sœur.

Ces paroles troublèrent le jeune homme. Il regarda le comte et la comtesse, et baissa la tête.

— Mon fils, dit M. de Lucerolle, aimez-vous réellement mademoiselle Blanchard?

— Oui, mon père, répondit-il.

— Vous avez demandé sa main?

— Et son vieux père me l'a accordée.

— Enfin, vous êtes fiancés. Mais alors vous étiez Pierre Ricard, un ouvrier fortuné; aujourd'hui vous êtes le vicomte Léon de Lucerolle. Votre père a le droit de vous demander ce que vous comptez faire?

— Oui.

— Eh bien?

— Le vicomte de Lucerolle ne renie pas les sentiments de l'ouvrier Pierre Ricard, mon père : mon cœur restera le même. J'aime mademoiselle Blanchard et je préférerais renoncer à la fortune et au nom que vous me donnez, si j'en avais le droit, plutôt que de manquer à une promesse que je considère comme un engagement d'honneur, quand même il ne s'agirait pas du bonheur de ma vie tout entière.

Le comte lui tendit la main.

— C'est bien, dit-il, je suis satisfait.

Il alla ouvrir la porte du salon et appela son valet de chambre.

Le vieux domestique accourut.

— Joseph, ordonna le comte, faites atteler à l'instant.

La comtesse se tourna vers son mari, une interrogation dans le regard.

— Ma chère Mathilde, répondit-il avec un doux sourire, je veux que tout le monde soit heureux aujourd'hui autour de moi : je vais aller chercher M. Blanchard et mademoiselle Léontine.

— Ah ! mon père, comme vous êtes bon ! s'écria Ernestine en s'élançant à son cou.

Louise passa la nuit et une partie de la journée du lendemain dans la chambre de la rue de la Goutte-d'or. Elle n'avait pas voulu s'éloigner du corps de son fils.

Louis Ricard et Pierre Ricard furent mis chacun dans un cercueil et conduits en même temps au cimetière. Louise remplit son devoir jusqu'au bout avec un véritable courage. Elle accompagna son fils et son mari, et quand la terre eut recouvert les deux cercueils, placés à côté l'un de l'autre dans la même fosse, elle s'agenouilla et pria.

Les journaux rapportèrent le drame de la rue de la Goutte-d'or de vingt manières différentes. On avait intérêt à cacher la vérité; la police refusa de donner communication des faits recueillis par l'enquête, et l'on ne sut jamais que Charles Cholet, dont on racontait partout la mort tragique, avait été, sous le nom de Léon de Lucerolle, un élégant du boulevard, un viveur de Paris.

D'ailleurs, toutes les suppositions furent facilement admises, et le mystère devint tout à fait impénétrable. Les reporters des journaux durent se contenter des renseignements qu'ils obtinrent en interrogeant les habitants du quartier. Chacun écrivit sa version plus ou moins fantaisiste.

Du reste tous ces faits-Paris des journaux peuvent se résumer ainsi :

« Un ancien forçat, du nom de Ramoneau, malfaiteur des plus dangereux, a assassiné un jeune ouvrier horloger appelé Charles Cholet, pour lui voler quarante mille francs, dont le pauvre jeune homme venait d'hériter, et avec lesquels il se disposait à aller faire fortune en Amérique. »

Dans la nuit, à l'heure habituelle des rendez-vous des voleurs, une vingtaine

AVIS. La prochaine livraison qui terminera les **Deux Berceaux,** contiendra en outre la première livraison de **ANDRÉA LA CHARMEUSE,** grand roman dramatique du même auteur. — Ces deux livraisons réunies ne coûteront que 10 centimes seulement.

LES DEUX BERCEAUX 425

Chaque fois qu'elle rencontre une mère tenant par la main son enfant. (Page 429.)

'agents de police, guidés par Boyer, entourèrent la maison isolée. Toutes les
ssues étant gardées, le commissaire de police entra dans la masure, accompagné
e six agents armés de révolvers. Ils descendirent dans le sous-sol, et se trouvè-
ent devant le caveau, d'où sortaient des cris et des éclats de rire. La porte fut
nfoncée. Les voleurs, surpris à l'improviste, firent mine de vouloir se défendre;
s s'emparèrent des lourdes chaises de bois dont ils menacèrent les têtes des

agents; mais les canons des revolvers les tinrent en respect. Comprenant que toute résistance était inutile, ils se laissèrent emmener.

Ils étaient sept : Griffard, chef de la bande, le Lézard, Moulinet et quatre autres.

Une perquisition faite dans toute la maison amena la découverte de beaucoup de marchandises et d'objets volés.

Au domicile de Griffard, où d'autres agents arrêtaient la Frileuse, à peu près à la même heure, on trouva une quantité de bijoux, de l'argenterie et de nombreuses reconnaissances du Mont-de-piété.

Robin fut arrêté dans un cabaret au moment où il montait la tête à ses compagnons de débauche pour les entraîner dans une cabale contre Boyer et Thibaut, qu'il craignait, depuis que ceux-ci s'étaient nettement déclarés ses ennemis.

Dès le lendemain de l'arrestation de Griffard et de sa bande, Moulinet et la Frileuse firent de très importantes révélations, qui mirent sur pied tous les agents de la police de sûreté. Dans l'espace de trois jours, cinquante-sept individus, parmi lesquels se trouvaient plusieurs recéleurs, tombèrent entre les mains de la justice. C'était la bande entière, dont Griffard et ses hommes formaient un détachement.

La plupart de ces misérables étaient des repris de justice.

On remarqua que presque tous portaient une cravate bleue sur laquelle était fixée une épingle à tête rose. Moulinet qui cherchait évidemment à se tirer d'affaire et à mériter l'indulgence de ses juges, en trahissant les autres, apprit au juge d'instruction que la cravate bleue et l'épingle était un signe de ralliement. C'est encore par Moulinet qu'on sut comment la bande était organisée et comment elle procédait dans ses opérations à Paris, dans tous les quartiers, et dans la banlieue.

Dirigée par un seul chef, surnommé par les voleurs le Merveilleux, la bande entière se divisait en cinq détachements ayant chacun leur capitaine. Ces cinq fractions de la bande occupaient Belleville, Montmartre, Batignolles, Grenelle et Vaugirard.

Chaque chef subalterne opérait séparément avec ses hommes. Seul, le Merveilleux avait le droit de réunir deux ou plusieurs détachements pour une expédition importante qu'il commandait lui-même. Cela arrivait chaque fois que les coureurs de n'importe quel détachement avaient découvert aux environs de Paris une maison de campagne à mettre au pillage.

Les vols commis par la bande entière, depuis son organisation, furent évalués à près de deux millions.

En livrant à la justice cette bande de brigands, Louise Verdier avait rendu à tous un immense service.

On voulut lui restituer la somme qu'on avait trouvée sur Ramoneau; mais, conseillée par M. de Lucerolle, elle refusa de l'accepter et demanda qu'elle fût distribuée aux sociétés de secours, et aux indigents des vingt arrondissements.

M. Blanchard agit de même pour ses titres de rente, qui furent retrouvés.

Au cours de l'instruction, on apprit que Ramoneau — Griffart ne connaissait son autre nom — avait été, pendant la guerre, un espion au service de la Prusse. Il se trouvait à Lours le jour où le père de Léontine avait pris son fusil pour aller à la rencontre des Prussiens. C'est sur sa dénonciation que le malheureux Philippe Blanchard fut fusillé sur la place du village.

Fêté par les Allemands, à qui il rendait sans doute beaucoup d'odieux services, Ramoneau assista à l'incendie de la ferme, à la ruine d'une famille qui devait son malheur. Plus tard, le hasard le ramena à Lours; il apprit que Blanchard, voulant s'éloigner d'un pays qui n'était plus la France, se disposait à vendre ses propriétés pour le prix qu'on lui en offrait : trente mille francs.

Le misérable était donc parfaitement renseigné, lorsque, apprenant que l'aveugle et sa petite-fille venaient d'arriver à Paris, il conçut le projet de commettre le vol qui fut suivi de l'assassinat de Fabrice.

Le procès de la bande des cravates bleues fit beaucoup de bruit. Tout Paris s'en occupa pendant quinze jours. C'est beaucoup, si l'on songe aux événements qui se succèdent sans cesse et qui tombent successivement dans l'oubli. Le fait du jour jette un voile sur celui de la veille. A la curiosité publique, aux amateurs de drames, il faut constamment de la nouveauté.

Robin ne fut pas compris dans l'affaire des cravates bleues. Ramoneau étant mort, malgré ce que Louise Verdier avait appris au juge d'instruction, il était difficile, pour ne pas dire impossible, de prouver qu'il fût coupable. On allait le mettre en liberté, en vertu d'une ordonnance de non-lieu, lorsqu'on découvrit que pendant la guerre, incorporé comme ancien militaire dans un régiment de ligne, il avait déserté. Il fut renvoyé devant un conseil de guerre qui le condamna à vingt ans de travaux forcés.

Deux mois après leur arrestation, les cravates bleues passèrent en cour d'assises.

Ils furent tous condamnés : quinze aux travaux forcés à perpétuité; les autres, à vingt, quinze, douze et dix ans de la même peine.

Griffard et le Lézard étaient au nombre des condamnés à perpétuité. On tint compte à Moulinet des révélations qu'il avait faites; il ne fut condamné qu'à dix ans, ainsi qu'Henriette Mahire surnommée la Frileuse.

ÉPILOGUE

Six mois se sont écoulés.

Le drame de la rue de Lille, celui de la rue de la Goutte-d'Or sont tombés, comme tant d'autres choses, dans le gouffre du passé, qui reçoit tout, où tout s'éteint, se brise, s'efface.

Quelques personnes seulement en gardent le souvenir. Celles-là n'oublieront jamais.

La famille de Lucerolle est en Lorraine. Le monde s'est étonné en apprenant que le comte avait quitté Paris. On chercha la cause de ce départ. On ne la trouva point. Les amis intimes de la famille la connaissent ; ils en gardent le secret.

Le comte leur a dit :

— Je pars pour trois ans ; avec ma femme et mes enfants nous visiterons les principales villes de l'Europe. J'aurai du plaisir à revoir Madrid, Vienne, Saint-Pétersbourg, où je ne suis pas oublié et où j'espère retrouver quelques amis. A mon retour à Paris, le vicomte de Lucerolle reparaîtra dans le monde. On croira à une transformation, à une métamorphose ; je ne veux pas qu'on sache la vérité.

Mademoiselle Léontine Blanchard est devenue vicomtesse de Lucerolle. C'est à Lucerolle qu'a eu lieu la cérémonie du mariage.

Un des témoins du vicomte était M. Corbon. Boyer et Thibaut assistèrent au mariage de leur ancien camarade d'atelier. Ceux que l'ouvrier Pierre Ricard aimait devaient rester les amis du vicomte de Lucerolle.

Le jour où Boyer et Thibaut quittèrent le château, après les fêtes du mariage, la belle vicomtesse leur fit présent à chacun d'un joli petit portefeuille en maroquin vert. Dans chaque portefeuille il y avait dix mille francs.

Une autre récompense attendait Boyer à Paris. M. Corbon lui donna la place de contre-maître, qui avait été précédemment destinée à Pierre Ricard. Tous les ouvriers approuvèrent le choix du patron.

— Maintenant, dit Boyer à Thibaut, je suis sûr de pouvoir rendre une femme

…reuse. Je désire un bonheur semblable au tien. Avoir, quand on rentre le […], une bonne petite femme qui vous embrasse et trois adorables bébés qui […]s grimpent dans les jambes, c'est ce qu'il y a de meilleur dans la vie. Dans […]s mois je serai marié.

— Et dans un an?… fit Thibaut en riant.
— Ce sera le premier, et comme je veux faire comme toi…
— Bravo! Il faut des soldats à la France!

La mère Chéron a suivi son fils adoptif; elle est au château de Lucerolle. La […]ve femme s'habitue difficilement à sa nouvelle position. Il lui arrive souvent […]ppeler le vicomte : mon Pierre, comme autrefois. C'est maintenant la mère […]ron qui tient compagnie à l'aveugle; elle ne le quitte presque jamais. Elle lui […]e son bras pour faire tous les jours une longue promenade dans le parc du […]teau. Elle lui a déjà raconté vingt fois l'histoire de son fils adoptif : n'importe! […] Blanchard l'écoute toujours avec plaisir.

On est allé faire à Lours un pieux pèlerinage. Tous se sont agenouillés sur la […]be des morts et l'ont couverte de couronnes et de bouquets.

Louise Verdier s'est retirée à Jouarre. Abandonnée depuis vingt-quatre ans, […]maisonnette était devenue inhabitable. Elle y a mis les maçons et l'a fait restau-[…]. Avec ses murs blanchis à la chaux, ses persiennes vertes et son toit de tuiles […]ges, elle a aujourd'hui l'apparence d'une maison neuve.

Les vieux arbres du jardin semblent eux-mêmes rajeunis. On dirait que leurs […]nches tressaillent de joie quand celle qu'ils ont vue enfant les regarde en […]ssant près d'eux.

M. de Lucerolle n'a pas accepté le remboursement qu'elle voulait lui faire. […]s titres qui représentent sa petite fortune sont restés en dépôt à la Banque de […]nce. Elle a plus qu'il ne lui faut pour vivre dans sa retraite. Mais il y a partout […] pauvres à secourir, des misères à soulager.

Louise Verdier cherche l'oubli des douleurs et des chagrins de sa vie dans la […]rité.

Mais chaque fois qu'elle rencontre sur son chemin une mère tenant par la […]in deux enfants, elle se souvient. Alors ses yeux s'obscurcissent, elle détourne […]tête et s'éloigne en pleurant.

FIN

TABLE DES CHAPITRES

Prologue. 3

PREMIÈRE PARTIE

LA FILLE DE L'AVEUGLE

I.	— La gare de l'Est	35
II.	— Un épisode de l'année terrible	39
III.	— Une amie.	47
IV.	— Au cabaret	53
V.	— Scènes intimes.	61
VI.	— La dot de Léontine	67
VII.	— Rencontre au bois	72
VIII.	— Cousin et cousine.	77
IX.	— Fille et mère	82
X.	— Le premier berceau	87
XI.	— Les questions de la comtesse	95
XII.	— La mère Chéron	102
XIII.	— Le second berceau.	109
XIV.	— Un démon	120
XV.	— La femme de l'ouvrier.	125
XVI.	— Monsieur le vicomte.	133
XVII.	— Le fils vaut le père	140
XVIII.	— En campagne	147
XIX.	— Deux nouveaux amis.	155
XX.	— Le père Ramoneau	162
XXI.	— Une aimable société	170
XXII.	— La Frileuse.	179
XXIII.	— Avant l'expédition	186
XXIV.	— Le vol.	191
XXV.	— La chambre du crime.	196
XXVI.	— Le nom de l'assassin.	202

TABLE DES CHAPITRES

DEUXIÈME PARTIE

LA TACHE ROUGE

I.	— Nouveau crime.	212
II.	— Les pêcheurs	216
III.	— La veillée	222
IV.	— Révélation	228
V.	— Visite aux affligés.	235
VI.	— Consolation.	242
VII.	— L'arrestation	250
VIII.	— Dans l'atelier.	256
IX.	— Le prisonnier	261
X.	— Devant le cadavre.	267
XI.	— La mère et le fils.	272
XII.	— Chez Thibaut	279
XIII.	— Sur la piste.	285
XIV.	— Le comte de Lucerolle.	294
XV.	— Le garni.	300
XVI.	— La revanche de Louise.	307
XVII.	— La préfecture de police	311
XVIII.	— Chez le juge d'instruction.	318
XIX.	— Comment on peut se distraire en prison	326
XX.	— Dans la prison.	330
XXI.	— Ses inquiétudes	338
XXII.	— Cœur de jeune fille	343
XXIII.	— Pauvre mère	349
XXIV.	— Une ancienne	356
XXV.	— Le père et le fils	363
XXVI.	— Le portefeuille.	370
XXVII.	— Le portrait.	376
XXVIII.	— La mémoire du docteur.	382
XXIX.	— Un coup de foudre	387
XXX.	— L'enquête.	392
XXXI.	— Le couteau de Ramoneau	398
XXXII.	— Libre.	405
XXXIII.	— Le pardon	414
XXXIV.	— Les cravates bleues.	422
	Épilogue	428

SCEAUX. — IMPRIMERIE CHARAIRE ET FILS.

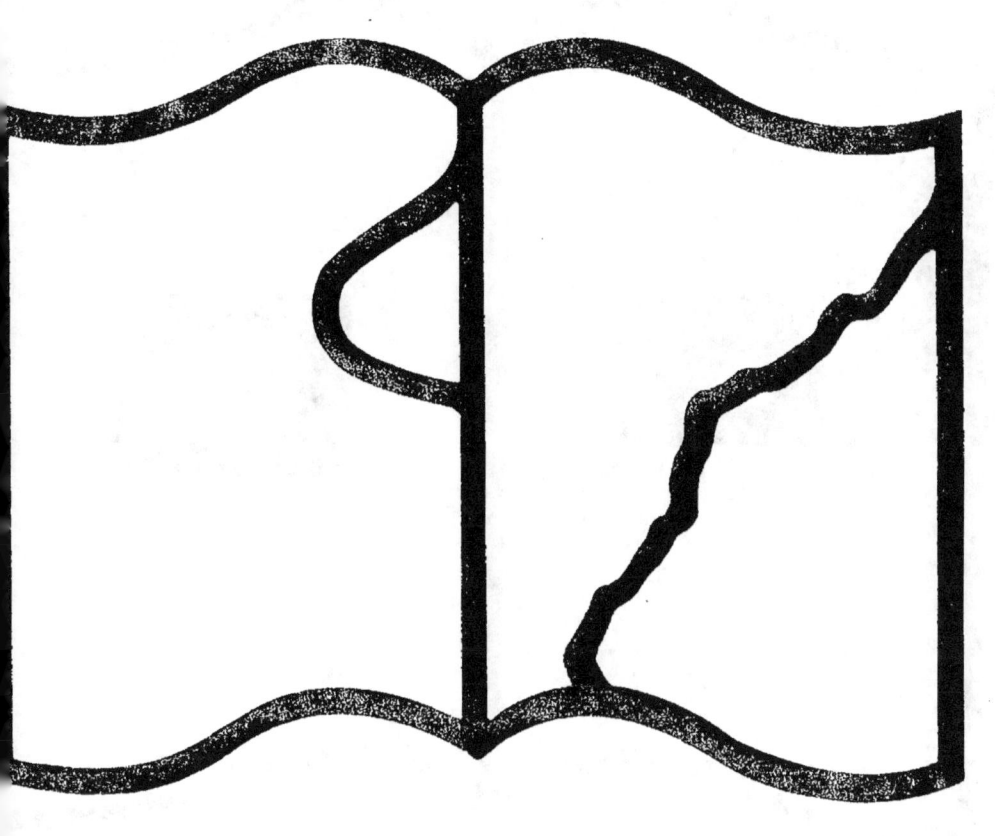

Texte détérioré — reliure défectueuse

NF Z 43-120-11

Contraste insuffisant

NF Z 43-120-14

www.ingramcontent.com/pod-product-compliance
Lightning Source LLC
Chambersburg PA
CBHW050905230426
43666CB00010B/2037